产业扶贫典型案例

国务院扶贫办开发指导司
《中国扶贫》杂志社　组编

中国农业出版社
北　京

图书在版编目（CIP）数据

产业扶贫典型案例 / 国务院扶贫办开发指导司，《中国扶贫》杂志社组编. —北京：中国农业出版社，2020.10（2021.3重印）
ISBN 978-7-109-27328-3

Ⅰ．①产… Ⅱ．①国… ②中… Ⅲ．①扶贫–案例–中国 Ⅳ．①F126

中国版本图书馆CIP数据核字(2020)第176496号

CHANYE FUPIN DIANXING ANLI

中国农业出版社出版
地址：北京市朝阳区麦子店街18号楼
邮编：100125
责任编辑：贾 彬 徐 晖 文字编辑：张丽四 徐 晖 吴洪钟 贾 彬 汪子涵 陈 瑨
版式设计：杜 然 责任校对：吴丽婷
印刷：北京通州皇家印刷厂
版次：2020年10月第1版
印次：2021年3月北京第2次印刷
发行：新华书店北京发行所
开本：787mm×1092mm 1/16
印张：24.75
字数：510千字
定价：90.00元

编　委　会

主　　编：左常升

副 主 编：吴　华　刘晓山　曹金龙

执行主编：王晓霞　周　翔

委　　员：李志刚　刘志杰　么永波　李　军　张宝才
　　　　　崔培元　朱国兵　徐建华　江　洪　黄书荣
　　　　　史文斌　崔建海　史秉锐　胡超文　王志群
　　　　　梁　健　蒋家柏　孟　励　刘贵忠　降　初
　　　　　李　建　黄云波　尹分水　文引学　任燕顺
　　　　　马丰胜　梁积裕　王留根　张伟勤　韩建刚
　　　　　吕宏伟　杨春霆　谷　岩　刘文俊　朱永东
　　　　　路文革　宋文华　郭奎立　蔡党明　李美云
　　　　　梁　健　杨宏博　唐守兵　黄长武　向此德
　　　　　彭锦斌　杨　李　罗　布　王　彪　张明泰
　　　　　马正军　张吉忠　王　瑾　王志强　李挺彪
　　　　　雷贯宏　秦国宝　李秀坤　朱　浩　孟守东
　　　　　胡畅生　王桂楠　王　涛　袁　鹏　余　毅
　　　　　唐　蓉　林主伟　梁茂杰　陈秦唐　吴守清
　　　　　卢贤炜　王晓峰　秦　镝　达　瓦　孟随善
　　　　　化得巧　仁欠本　武　锋　王晓霞　周建文
　　　　　张婉婷　高　辉　周　翔　彭学军　张要杰
　　　　　董文婷　萧子扬　李　岩　李茂林　李新庚

序

产业扶贫是贫困群众稳定脱贫的根本之策,在"五个一批"中居于首位,在脱贫攻坚中发挥着重要作用。只有加快培育壮大扶贫产业,脱贫人口逐步增收致富才有坚实基础,贫困地区才能增强自我发展能力,逐步缩小与其他地区的发展差距。

党中央始终高度重视产业扶贫工作,习近平总书记多次就产业扶贫发表重要讲话、作出重要指示,每到贫困地区调研考察,必看产业基地、必讲产业扶贫,明确指出扶贫是要引导和支持所有有劳动能力的人,依靠自己的双手开创美好明天,反复强调要因地制宜,把培育产业作为推动脱贫攻坚的根本出路。

近年来,各地各部门认真贯彻习近平总书记扶贫工作重要论述和中央决策部署,强化财政、金融、保险、土地等政策支持,扎实推进政策落实、责任落实、工作落实,产业扶贫取得了重大进展和显著成效。经过七年多的精准扶贫,特别是近五年的脱贫攻坚战,我国现行标准下的农村贫困人口从2012年年底的9 899万人减少到2019年年底的551万人,贫困县从832个减少到52个,贫困村从12.8万个减少到2 707个,脱贫攻坚取得了举世瞩目的伟大成就,这在很大程度上得益于产业扶贫发挥的重要作用。建档立卡数据显示,全国贫困人口中有92%参与产业扶贫,脱贫人口中有72%得到产业扶贫的支持,超过三分之二的贫困户得到新型农业经营主体的带动。贫困户人均经营性收入由2015年的1 339元增长到2019年的1 995元,年均增幅10.5%,经营性收入持续增加。很多贫困县和贫困村的扶贫产业实现了从无到有、从有到优的历史性跨越。

在产业扶贫实践中,我们深刻体会到:

产业扶贫是贯彻落实新发展理念的生动实践。我们创新产业扶贫理念和路径，创新机制和模式，走出了创新发展的路子。我们统筹整合各类政策和资源，促进资源高效利用和区域协调发展，走出了协调发展的路子。我们发展绿色产业、绿色产品，实现产业扶贫与生态建设双赢，走出了绿色发展的路子。我们不断完善利益联结机制，强化带贫益贫效果，确保贫困群众在小康路上不掉队，走出了共享发展的路子。我们不断拓宽产业扶贫思路，通过走出去、引进来，加强对外交流合作，走出了开放发展的路子。

产业扶贫是精准扶贫的生动实践。产业扶贫是在最艰苦的地方、最贫瘠的土地、最薄弱的环节做最精准的事。我们坚持把"六个精准""五个一批"的要求贯穿产业扶贫始终。立足实际，回答"发展什么产业、以何种方式发展产业、为谁发展产业"等问题。产业布局上，因地制宜，适宜干什么就干什么；生产资源要素配置上，缺什么就补什么；政策扶持上，因村因户因人施策，以针对性地解决制约群众脱贫增收的突出问题。

产业扶贫是开发式扶贫的生动实践。许多产业项目充分挖掘当地潜力，开发自然资源，如山区发展中药材，干旱地区发展旱作农业，生态脆弱地区开展生态扶贫，充分发挥了区域发展比较优势。开发人力资源，使产业扶贫"既富口袋又富脑袋"。发挥贫困群众脱贫主体作用，通过带贫机制，激发贫困群众内生动力，提升他们的发展能力，增强造血功能，共享发展成果。

产业扶贫是多兵种联合作战的生动实践。产业扶贫是系统工程，我们注重协调联动，多兵种联合作战，形成脱贫攻坚合力。各级扶贫部门主动作为，统筹协调。农业农村部门主抓农业项目，科技部门加强技术指导，文化旅游部门指导乡村旅游发展，林草部门实施生态扶贫，商务部门负责电商扶贫，财政金融部门给予资金支持。国家有关部门都将产业扶贫作为重要工作，形成多方参与、多部门共助产业扶贫的格局。

产业扶贫是久久为功的生动实践。产业扶贫需要一个较长的过程，不可能一口吃成胖子。为确保产业扶贫工作落实到位，我们用绣花的功夫、钉钉子的精神，不松劲，不停顿，一个问题一个问题解决，推动产业扶贫取得实效。各地的生动实践说明，抓好产业扶贫，要坚守初心，要保持恒心。

产业扶贫是抓党建促脱贫的一场生动实践。基层党组织是产业扶贫工作的"定盘星"和"导航仪"，发挥着组织、指导、示范的作用。各地不断创新党建"主业"与发展产业、带贫益贫"主责"结合的方式方法，党员带头实施产业项目，带头实验新品种、新技术，引领贫困群众发展产业项目。党员带头与贫困户结对帮扶，发挥了模范表率作用。乡村两级党组织扎实落实各项扶贫政策，组织贫困群众发展生产，设置公益岗位，改善基础设施和公共服务，基层组织的凝聚力、战斗力全面提升，成为推动产业发展、带领群众脱贫、维护农村稳定的坚强领导核心。

推进产业扶贫责任重大、使命光荣。我们要持之以恒、久久为功，扎实做好产业扶贫工作，为如期打赢脱贫攻坚战、决胜全面建成小康社会做出新的更大贡献。

编委会

2020 年 10 月

前言

产业兴　仓廪实

天道酬勤，天道酬勇，天道酬诚。

收官之年，沉甸甸的年份。通过攻坚克难，艰苦奋斗，我国产业扶贫硕果满枝，香飘小康路。

看，在西北戈壁，又红又亮的大枣辉映着贫困群众的笑脸。

听，在西南边陲，乡村旅游让一个个贫困村华丽蝶变，贫困群众幸福地感叹："日子越过越美气！"

问渠那得清如许，为有源头活水来。这笑颜、这欢声，来源于贫困群众对美好生活的强烈渴望，来源于精准理论指引下的产业扶贫成功实践。

理论：摆脱贫困的方向指引

产业，是社会生产力不断发展的必然结果，是社会分工的产物，是具有某种同类属性的经济活动的集合。产业薄弱，既是一个地方贫困之象，也是贫困之因。

2014年，我国遵循习近平总书记精准扶贫精准脱贫方略，识别出832个贫困县、12.8万个贫困村、7017万名贫困人口。产业薄弱，是这些贫困县、贫困村的共同特征。产业扶贫，是以市场为导向，以贫困地区特色禀赋为基础，以贫困人口脱贫增收、贫困地区区域经济增强为目的的一种扶贫方式，可谓对症下药、精准施策。在习近平总书记提出的"五个一批"的扶贫路径中，"发展生产脱贫一批"位居其首。

开展产业扶贫，产业是抓手，扶贫是目的。我们甚至可以这样理解：产业扶贫的甘甜果实，是为着贫困群众的。这虽是一种"特惠"，但实质体现了公平——是为着贫困群众共享改革发展成果，是为着他们同全国人民一道意气风发地如期迈进全面小康社会。

源清流洁，本盛木荣。追本溯源，我们的思绪飞向了陕北的那个小村庄——梁家河。

早在梁家河时期，年仅20岁的习近平同志担任村支书，带领乡亲们办起铁业社、代销店、缝纫社，因地制宜增加乡亲们收入；到福建宁德工作后，任地委书记的习近平同志立足宁德条件，引领发展、壮大了林业、食用菌、浅海滩涂养殖等产业，有效促进了贫困群众增收。这些实践是扶贫开发事业的经典范例，成为习近平关于扶贫工作重要论述的实践源泉。

党的十八大以来，以习近平同志为核心的党中央把扶贫开发摆在治国理政的突出位置，纳入"四个全面"和"五位一体"总体布局进行部署，全面贯彻精准扶贫精准脱贫方略，全党全社会合力攻坚，脱贫攻坚取得决定性成就，为全面建成小康社会、决战决胜脱贫攻坚打下坚实基础。

习近平总书记对产业扶贫高度重视，殷殷叮咛。

总书记指示我们在产业选择上要求真务实，因地制宜。要找对路子。推进扶贫开发、推动经济社会发展，首先要有一个好思路、好路子。要坚持从实际出发，因地制宜，理清思路、完善规划、找准突破口。

总书记指示我们要开阔思路，辩证治贫。我国现有1 392个5A和4A级旅游风景名胜区，60%以上分布在中西部地区，70%以上的景区周边集中分布着大量贫困村。不少地方通过发展旅游扶贫、搞绿色种养，找到一条建设生态文明和发展经济相得益彰的脱贫致富路子，正所谓思路一变天地宽。

总书记指示我们要用心用情真扶贫，加强带贫益贫制度设计。要探索建立更加有效、更加长效的利益联结机制，确保乡亲们持续获益。

总书记指示我们要科学扶贫，一二三产融合发展，增强扶贫产业的抗风险能力。发展扶贫产业，重在群众受益，难在持续稳定。要延伸产业链条，提高抗风险能力，建立更加稳定的利益联结机制，确保贫困群众持续稳定增收。

总书记指示我们扶贫要与扶志、扶智相结合，促进贫困群众全面发展。扶贫不是慈善救济，而是要引导和支持所有有劳动能力的人，依靠自己的双手开创美好明天。对贫困人口中有劳动能力、有耕地或其他资源，但缺资金、缺产业、缺技能的，要立足当地资源，宜农则农、宜林则林、宜牧则牧、宜商则商、宜游则游，通过扶持发展特色产业，实现就地脱贫。

总书记指示我们要着眼长远，巩固产业扶贫成果。产业扶贫是稳定脱贫的根本之策，但现在大部分地区产业扶贫措施比较重视短平快，考虑长期效益、稳定增收不够，很难做到长期有效。如何巩固脱贫成效，实现脱贫效果的可持续性，是打好脱贫攻坚战必须正视和解决好的重要问题。

循着总书记的谆谆教诲，我们咬定目标，精准施策，在产业扶贫上全力谋实招、攻难关、开新境。

实践：强本固基的精准滴灌

贫困，既贫且困。困者，中间一个"木"，四周一个"口"，言一树被围而不得自由生长。贫困村的困境，很像人体微循环中功能欠佳、生机受阻的薄弱点，只有把这些点激活，并对其培补，共和国的微循环才能通畅、机体才能康健，全面小康社会才能真正实现。毫无疑问，产业扶贫，正是激发生机、培补正气的良方。

产业扶贫，能显著激发贫困地区、贫困群众的内生动力，是开发式扶贫的典型体现。它不仅着眼于物，还着眼于人；不仅致力于增加贫困群众物质上的获得感，还着眼于帮助贫困群众通过参与产业发展而获得志向、观念、信心、技能、习惯、尊严等意义上的提升。只有贫困群众扬眉吐气地自立于天地之间，既摆脱"贫"状，又摆脱"困"境，靠自己的双手过上幸福生活，扶贫才算真正成功。

我国的产业扶贫遵循精准扶贫精准脱贫方略，将精准理念贯穿于产业扶贫全链条、全过程，从谁来"施肥"、施什么"肥"、往何处"施肥"、如何让"肥料"吸收更充分等方面精准发力，因而成效显著。

我们解决了谁来"施肥"、施什么"肥"的问题。我国发挥社会主义一盘棋的制度优势，综合运用财政、金融、保险、土地等支持政策，多部门联动，多管齐下，共育产业扶贫之树。

财政部门鼎力支持。2016—2019年，贫困县实际统筹整合财政涉农资金超过1.2万亿元，其中用于产业发展的资金达4 100多亿元，占比35%。

金融部门鼎力支持。为解决贫困群众发展产业缺资金的问题，我国创新推出了扶贫小额信贷这一金融品种，被评级授信的建档立卡贫困户可获得5万元以下、3年期以内、免担保免抵押的贴息贷款。截至2019年年底，扶贫小额信贷历年累计贷款金额6101亿元，累计贷款户数1544万户（次），各级财政累计安排财政贴息资金397亿元。

科技部门鼎力支持。科技部牵头，联合相关部门指导832个贫困县组建产业扶贫技术专家组4100多个；实施"百千万"工程，对贫困村科技服务实现全覆盖，良种、良技、良法在贫困地区落地生根。目前，全国有84.6万名科技特派员长期活跃在农业农村第一线，他们将论文写在大地上，写在贫困群众的增收账单上。

商务部门鼎力支持。累计支持了1180个示范县，培育农村网商1384万家，实现了全国832个国家级贫困县的全覆盖，2019年全国农产品网络零售额达到3975亿元，带动300多万贫困农民增收。现在，手机已成为农民的新农具，直播成为农民的新农活，江西赣州70多岁的廖奶奶，能将自己亲手加工的咸鸭蛋销至全国。

社会力量鼎力支持。在我国社会扶贫的大格局中，东西部扶贫协作、定点扶贫、对口帮扶将产业扶贫作为重要工作，建设的产业基地、产业园区、扶贫车间发挥了助力脱贫的大作用。山东青岛市对口帮扶甘肃陇南市，发展的8万亩辣椒产业成为当地脱贫致富的支柱产业。浙江安吉县支持四川、湖南、贵州等地发展白茶产业，"白茶扶贫"模式成为先富帮后富的典型代表，得到总书记的充分肯定。

我们解决了在何处"施肥"的问题。搞产业扶贫，不是为了锦上添花"垒大户"，而是为了雪中送炭补短板，一定要让贫困群众充分受益。在产业扶贫中，我国把贫困户嵌入到产业链上，以增强抗风险能力。我国针对农户、带贫主体、扶贫项目、产业链、资产收益扶贫，均出台了相应支持政策。贫困户在力争上游中，再不是单打独斗。比如，湖南省推出"四跟四走"模式，让资金跟着贫苦户走，贫困户跟着能人走，能人跟着项目走，项目跟着市场走。

我们解决了如何让"肥料"吸收更充分的问题。贫困群众受益的模式很多：订单生产、生产托管、技术服务、产品收购、就业带动、股份合作、土地流转、资产租赁，贫困群众可同时享受其中几种收益。比如，广西都安县的"贷牛还牛"模式，内蒙古突泉县"借羊还羊"模式，就让贫困群众在养殖业中充分受益。

我们探索出消费扶贫的好路子。面对产业扶贫的丰硕成果，通过消费扶贫，帮助贫困地区畅通销售渠道。截至今年7月底，中西部省份扶贫产品已认定 76 000 多个，销售额超过 1 000 亿元。

精准滴灌下，产业扶贫这株"大树"茁壮成长、枝繁叶茂：

建档立卡数据显示，近年来，全国共实施了 98 万多个扶贫产业项目，累计建成各类扶贫产业基地 10 多万个。全国贫困人口中有 92% 参与产业扶贫，超过三分之二的贫困户得到新型经营主体带动。

建档立卡数据显示，在全国已脱贫的 9 000 多万人口中，有 72% 得到了产业扶贫政策措施的支持；

据国家统计局统计，全国建档立卡贫困户人均生产经营性收入由 2015 年的 1 339 元增加至 2019 年的 1 995 元，年均增幅 10.5%。

这一个个数据的背后，是一幅幅生动的场景。这正如同一棵树，它的长大，不仅仅是树干的增粗、树冠的增阔，还有芬芳的果实、清新的空气、清凉的绿茵、欢鸣的翠鸟，以及绿荫下乘凉的童叟，以及由这一切共构的美景和生态。

盘点：收官之年的硕果满枝

"道生一，一生二，二生三，三生万物"。凡合道之物，总是有着强大的生命力。

产业扶贫这项系统工程，在习近平总书记精准扶贫精准脱贫方略的指引下，在贫困地区干部、群众的艰苦奋斗下，在全党全社会的合力帮扶下，成长为一株株风景蔚然的参天大树，上沐"阳光"，下扎"厚土"，"肥水"充足，成果丰硕，风光无限好。

业态蓬勃富山乡。脱贫攻坚以来，青稞、大枣、核桃、苹果、花椒、油橄榄、中药材等产业势头强劲，成为贫困地区脱贫致富的支柱产业。一产方面，广西田东县以科技助力，30 万亩芒果甜了百姓的日子；贵州凤冈县精工细作，50 多万亩茶园美了 20 万茶农的光景；河南潢川县一田两用，34 万亩小龙虾蹦出了乡亲们的致富希望；甘肃定西市注重品质提升，马铃薯实现了"三级跳"。二产方面，广西的螺蛳粉做成了街头的大产业；内蒙古巴林左旗的小笤帚走出国门，帮助贫困群众"扫"走了穷日子。三产方面，湖北英山县打造出的"神峰模式"，实现了农业、体育、文化、旅游、康养等产业的融合发展，带动该县及周边 7 万多名群众增收脱贫……俯瞰产业扶贫的种种美景，真是"喜看稻菽千重浪，遍地英雄下夕烟"。与此同时，光伏、构树、电商、旅游等产业扶贫新业态势头也强劲，为贫困群众脱贫致富开辟了新途径。

产业扶贫，成果丰硕。这丰硕，不仅仅体现为产业的兴旺、贫困群众收入的增加，在更广泛的意义上，它是一种推动力。它推动了贫困地区经济和社会的发展，推动了农村供给侧结构性改革，推动了贫困地区基层干部和贫困群众能力的提升，推动了党群干群关系的密切，推动了基层党组织战斗力凝聚力的增强，推动了我党执政基础的巩固。以新疆的和田、喀什地区为例。在产业扶贫中，这些地区结束了没有现代工业的历史，贫困群众开始学习普通话了、见到外人主动打招呼了、讲卫生了、有时间观念了；在产业扶贫中，广大基层干部成为群众发展产业的政策宣传员、信息服务员、科技特派员、市场营销员等"多面手"，与贫困群众心贴心了；在产业扶贫中，当地的葡萄干、核桃、大枣等扶贫产品成为全国的畅销品，美誉度得到显著提升。

通过产业扶贫，贫困地区发生了神奇的变化：贫困村的发展潜力被激发出来，有魅力了；贫困群众提振了精气神，眼睛有光彩了；就连贫困地区的农产品，也因为货真价实、纯天然无污染，吃香走俏了。村、人、物的全方位变化耐人寻味，真是精准风来满眼春，产业扶贫气象新。

再战：幸福生活的新起点

百尺竿头，更进一步。我国产业扶贫虽成效显著，但发展中也还存在不少问题，亟待引起重视和进一步完善。有的产业基础不牢，生产性基础设施薄弱，仓储物流和冷链设施发展滞后；有的产业培育不强，产业链条短，深加工能力和科技支撑力不足；有的经营管理不善，生产管理不科学，经营管理不规范，甚至有半拉子工程存在；有的带贫机制欠佳，群众参与度不高，产业收益分配存在"一股了之""一发了之"情况；有的市场培育不足，重产不重销、重量不重质、重品种不重品牌。

2019年4月16日，习近平总书记在解决"两不愁三保障"突出问题座谈会上指出，产业发展基础薄弱等问题，是需要长期逐步解决的问题。对这些问题，要分清轻重缓急、妥善解决，必须解决且有能力解决的要抓紧解决，不能影响脱贫攻坚目标任务完成；有的问题是长期性的，攻坚期内不能毕其功于一役，但要有总体安排，创造条件分阶段逐步解决。

贫困县摘帽以后，各方面扶持产业发展的资金、项目及相关政策要保持稳定。今后，我们要加强以下工作：一是坚持产业扶贫的发展方向，扶贫产业要发展，带贫益贫力度要加大；二是突出产业扶贫的发展重点，发展壮大带贫主体，提高组织化程度，延长产业扶贫链条，完善带贫机制，激发内生动力；三是强化产业扶贫政策保障；四是加强扶贫资产管理；五是加强消费扶贫。这是我们今后努力的方向。

产业扶贫的百花园千红万紫竞芳菲，她们让大地生机勃勃，让贫困群众干劲倍增，让乡村走向振兴，让中华民族更为强健。在第一个百年目标即将顺利收官、"十四五"即将开局的重要历史节点，我们选取了全国产业扶贫中的部分优秀案例汇编成书，不仅展示成效、介绍经验，还让受益的主体——贫困群众走进书中，以他们真切的获得感去体现产业扶贫的初衷、社会主义制度的魅力。

"时人不识凌云木，直待凌云始道高"。脱贫攻坚波澜壮阔的征程，让我们有无比坚定的信心和决心去迎接一切困难和挑战。我们坚信，产业扶贫必将引领扶贫事业面对更加广阔的市场、更加广阔的平台、更加广阔的未来！

目录

新　机　制

习近平总书记指出，贫困地区发展要靠内生动力，如果凭空救济出一个新村，简单改变村容村貌，内在活力不行，劳动力不能回流，没有经济上的持续来源，这个地方下一步发展还是有问题。一个地方必须有产业，有劳动力，内外结合才能发展。最后还是要能养活自己啊!

产业扶贫是稳定脱贫的根本之策。脱贫攻坚以来，我国因地制宜，加强政策支持、资金投入，加大科技攻关和科研成果推广应用力度，提供金融支持，鼓励社会资本注入，把发展产业作为增加贫困群众收入、激发内生动力的重中之重，综合施策、全力推进，扶贫产业从无到有、从小到大、从弱到强，山西大同的黄花金灿灿，新疆喀什的大枣红艳艳；黑龙江富裕县芦苇编出好日子，青海互助县"土族盘绣"绣出好光景；贵州凤冈县富硒茶香飘致富路，广西河池市种桑养蚕万家欢……真是喜看稻菽千重浪，产业扶贫气象新。

新气象

彩椒辉映七彩生活
河北崇礼区典型案例

　　河北省张家口市崇礼区依托本地独特的自然条件，始终坚持以产业扶贫为抓手，构建以设施蔬菜为主导、露地蔬菜为特色、传统农作物为优势的产业发展格局，逐步形成以彩椒为主，设施番茄、露地大白菜、甘蓝、菜花共同推进的"一主多元"产业发展模式。近年来，通过土地流转、劳务用工、资产入股等方式，带动1300多户贫困户年均增收1200多元，走出了一条特色产业精准扶贫之路，建成了全国最大的越夏彩椒生产基地，被评为河北省首批特色农产品优势区，使贫困户通过发展产业实现持续稳定增收。

崇礼彩椒种植基地

【主要做法】

一、资金政策

建大棚初期,每亩^①补助5 000元。2010—2016年,新建1亩大棚财政贴息900元;对于贫困村农户,每亩再扶持"周转棚"资金2 000元;新建大棚打井配电,贫困村补贴80%、非贫困村补贴60%。为撬动信贷资金投入,政府出台了《崇礼县^②设施蔬菜贴息贷款风险保证金管理办法》,区财政拿出400万元在农行、信用社分别注入200万元资金作为风险保证金,为农民提供贷款担保。农户新建大棚每亩可贷款8 000元,每户可获得2个大棚贷款扶持。制定完善了《崇礼县招商引资全民创业及优惠政策的实施办法》,优先发展和鼓励蔬菜深加工、农业产业化龙头企业,在税收、土地、基础设施配套等方面给予优惠。

二、科技支撑

崇礼彩椒采取现代化智能育苗温室生产种苗。生产过程中,全部依据国家或地方无公害、绿色生产标准进行生产,并根据当地生产实际,与张家口市农业技术推广站合作编写了《彩椒棚室无公害栽培技术规程》和《绿色食品彩椒棚室越夏栽培技术规程》等地方标准。每年邀请河北农业大学、河北省农业科学院、北京三元农业有限公司和张家口市农牧局、张家口市农业科学院有关专家,在崇礼区农技人员配合下开办培训班,深入田间地头指导,通过发放技术明白纸、建立示范基地、召开观摩会等形式进行技术培训,以彩椒为主的农业科技推广服务体系已经形成,农业生产科技含量日益增强。另外,崇礼区以提高以彩椒为主的规模化种植、标准化生产、商品化销售、品牌化管理、产业化经营为抓手,建成省部级、市级标准化生产园区50个。

三、质量支撑

崇礼通过落实绿色彩椒标准化生产关键集成技术措施,完善田间生产管理档案,建立产品质量二维码溯源系统,提高园区建设质量,带动全区彩椒优势产业质量提高。崇礼区农牧局建成了定量、定性相结合的农产品综合质检站,10个乡镇都建有蔬菜质量速测站,21个重点龙头企业或合作社配备了蔬菜农药残留速测设备,27家龙头企业或合作社配备了蔬菜质量溯源二维码设备,全区形成了政府主导、经营主体参与的蔬菜质量安全监测体系。

---

①亩为非法定计量单位,1亩=1/15公顷。
②崇礼于2016年1月27日撤县设区,此文件为之前所发,故保留"崇礼县",下同。

四、龙头支撑

崇礼彩椒规模化程度高，农业组织化程度也相对较高，全区有彩椒龙头企业或农民专业合作社100多家，农民经纪人300多人，负责订购种苗、销售农资、提供市场、联系客商运销产品等，活跃在彩椒生产、供应、销售过程中，成为彩椒优势产区健康稳定发展的保障。

五、产销支撑

从1998年崇礼彩椒种植开始到2000年以订单生产为主，2001年之后，崇礼彩椒种植不再采取订单形式销售，直接进入市场。每年彩椒销售前，崇礼区政府都召开以彩椒为主的蔬菜销售恳谈会，邀请全国各地客商参加，参观基地、举办座谈提出建议。彩椒进入销售期，由崇礼区领导带队，乡镇、部门领导参加组成考察组，到全国主要销售市场进行考察、回访，调查市场价格和销售情况，了解销售客商在当地存在的困难，然后制定政策、措施，帮助客商解决问题，保证销售渠道畅通。

【贫困户受益案例】

吴月进，男，60岁，石嘴子乡摆察村贫困户。被纳入贫困户时，老伴患有心脏病，做了支架手术；两个女儿读大学（现已成家），家庭开支大，一家人生活较为困难。

2007年，随着产业扶贫项目的持续推进，石嘴子乡开展农业种植结构调整，鼓励群众发展大棚蔬菜种植增加收入。吴月进有点犹豫，担心自己不会种而造成经济损失。乡、村干部打消了他的顾虑，告诉他不仅会安排技术员教会技术，还包销售。吴月进终于做出决定，并且一起步就种了四个大棚。

经过一年的辛勤劳动，吴月进当年不仅收回了成本，还获得了将近1万元的收入，经过几年的持续发展，现在他已经实现了稳定脱贫。说起自己的变化，老人由衷地说："政策真好。建棚有补贴，学技术有人教，区里、乡里还帮我们联系销路，如果我们不勤快点把菜种好，对得起谁？"

小小金银花　致富大产业
河北巨鹿县典型案例

　　河北省巨鹿县积极引进龙头企业、强化科技支撑、延伸产业链条，把金银花特色农业与采摘、观光、康养等产业一体化发展，走出了一条中药材产业、健养服务业、康养旅游业一二三产融合发展的产业扶贫新路子。目前全县金银花种植面积13万亩，年产优质干花1.4万吨，亩均纯收入1.5万元以上。2014年以来，全县8.5万余名贫困人口中，通过金银花产业稳定脱贫的达到4.4万人，占全部脱困群众的52%，金银花真正成了群众的脱贫花、致富花。

贫困户在地里采摘金银花

【主要做法】

一、注重"调"，加速实现中药材扶贫产业规模化种植

坚持以"万元钱"为导向，以"五化改革"为动力，大力调整农业种植结构，推动中药材扶贫产业加快形成"一村一品、一区域一特色"发展格局。目前，全县共发展金银花标准化种植基地61个、省级中药材示范园17个，培育金银花生态种植示范基地3 800亩。

二、注重"引"，激发群众发展中药材扶贫产业积极性

以发展壮大村集体示范为切入点，引领群众"跟着干"。目前，全县291个行政村全部成立村集体公司，培育发展集体制标准化金银花种植园39个，种植面积1 787.8亩。引导种植大户、公司、合作社、家庭农场等发展中药材特色种植，对种植金银花规模50亩以上的予以每亩第一年500元、第二年400元、第三年300元连续3年的补贴。群众通过土地流转、入股分红、入园务工等增加收入。在金银花种植、采摘、烘干、储存服务、深加工等全产业链条上，都给予群众帮扶。种植环节，对贫困户新种植金银花的，每亩一次性补贴900元。采摘和加工环节，贫困户为他人采摘金银花的，在领取正常采摘工费后，县财政每千克再补助1元；自种自摘金银花的可享受加工补助，县财政同样为贫困户所加工的金银花提供每千克1元的补助。烘干环节，利用整合资金购置金银花烘干设备，通过租赁方式促进贫困群众增收。为保障全县尤其是贫困户金银花种植收益，2020年4月，推出金银花气象指数保险服务，将由于极端气象灾害造成的金银花减产等损失降到最低，保障群众收入稳定。

三、注重"育"，培强金银花特色扶贫产业竞争力

培育了京鼎穆拉德、王老吉、旺泉食品等一批金银花扶贫龙头企业，开发了金银花食品、饮片、花茶、饮料、植物水等系列产品，逐步摆脱单纯卖原材料和粗加工阶段。以政府主导为主，社会资本参与，发展金银花扶贫配套服务产业。2016年以来，累计投入扶贫整合资金7.9亿元，超过60%用于扶贫产业。2020年产业扶贫项目预计投入整合涉农资金8 241.97万元，比2019年增长22.5%。新上金银花烘干机270台套，再上大型冻干技术设备20台套，3年发展冷藏库400座。同时，积极加大金融扶贫力度，2018年、2019年全县扶贫小额信贷连续两年放贷量全市第一。实现与中国科学院、中国中医科学院、中国管理科学研究院、中国农业科学院、北京中医药大学5家科研机构合作，建设中国中医科学院金银花小分子露剂（巨鹿）研究所、中国农业科学院中药材生态种植土壤复修（巨鹿）研究所、巨鹿金银花研究院等科研机构，不断提升中药

材产业发展科技含量。特别是，成功引进武汉大学生命科学院科技团队"生物菌发酵剂"技术，在金银花种植上全部推广富硒有机肥，进一步提升金银花产品品质。已与中国农业科学院农业质量标准与检测技术研究所签订协议，对包括金银花在内的首批11个农产品制定富硒农产品行业标准，由国家行业协会以协会名义予以发布。

四、注重"推"，持续提升金银花特色扶贫产业影响力

注册"巨鹿金银花""巨鹿枸杞"国家地理标志证明商标，金银花被列为"中国农业品牌目录2019农产品区域公共品牌"，品牌价值评估34.53亿元，影响力指数73.5；"巨鹿·中国金银花产业指数"已成为国内金银花价格的"风向标"。2019年8月、2020年6月，中央电视台15个频道对巨鹿县金银花进行了两个月的免费精准扶贫广告投放；2020年7月，巨鹿金银花水、巨鹿中华血杞等3幅农特产品宣传画成功进驻北京西客站，极大提高了巨鹿金银花的知名度和影响力；成功举办了29届中国金银花旅游文化节，建成了双万亩、金银花园艺小镇、泰然康养园区等一批精品景点，叫响"金银花海、康养福地"品牌。

【贫困户受益案例】

案例一

王振礼，巨鹿县张王疃乡王举庄村贫困户。在2014年识别为贫困户时，上有70多岁老母亲，常年卧床不起，下有8岁的孩子上学，还有一个残疾妻子，生活过得十分艰难。

精准扶贫以来，王振礼在村委和致富带头人的帮助下，积极申请特色农业种植补贴和扶贫小额信贷，种植金银花2亩，通过自己辛勤劳作，平均每年可收入1.5万元，家庭收入逐年提高，当年就实现稳定脱贫，如今的生活过得很幸福。"以前没种金银花时，家里收入少，生活困难。现在种了金银花，每年卖金银花收入不错，存款也超过10多万元。可以说，是这些金银花大大改善了我们家的生活！是我们家的致富之花。"王振礼信心满满，有感而发。

案例二

吉志标，巨鹿县巨鹿镇西辛庄村贫困户，家里4口人。因残致贫，本人肢体四级残疾，两个子女都正在上学，以种地为生，家庭生活很困难。

2019年，在村干部、驻村工作队和帮扶人的引导帮助下，吉志标承包了6亩农田，加上自家3亩土地，开始发展金银花种植，现已种植6亩金银花，并秧苗3亩，他白天在田间辛勤劳作，夜晚学习种植技术知识，经常去参加种植技术培训，通过自己的辛勤的劳动，已经实现稳定脱贫。2019年金银花收益在6万元左右。吉志标说："今年（2020年），金银花长势良好，市场价格又稳定，预计今年能收入8万多元，不仅自己摘掉了贫困户的'帽子'，还要积极带动村民一道靠双手脱贫致富。"

小黄花变身"致富草"
山西云州区典型案例

　　脱贫攻坚以来，山西省大同市云州区因地制宜，把在当地有着600多年种植历史、独具地方特色的黄花产业确立为"一区一业"主导产业，全方位推进、全链条扶持、全产业打造，最终把小黄花做成了大产业。近年来，云州区黄花种植规模从原来的3万亩发展到17万亩，全区有3.2万户贫困户通过经营自种黄花、在黄花合作社务工、享受土地流转费和黄花扶贫合作社分红等途径，每年人均增收3500多元。

　　2020年5月，习近平总书记视察云州区黄花标准化种植基地，嘱托要把黄花产业保护好、发展好。总书记的重要指示坚定了云州区做大做强黄花产业、打赢脱贫攻坚战的信心和决心。云州区干部群众将牢记总书记嘱托，再接再厉让黄花产业成为全区稳定脱贫增收致富的主导产业、乡村振兴全面小康的支柱产业。

大同云州区万亩有机黄花标准化种植基地

【主要做法】

一、统一思想认识，营造黄花产业发展氛围

黄花在云州区有600多年的种植史，加上该地区阳光充足、温差较大、富硒等自然条件，云州黄花一花七蕊，品质优良，在国内黄花市场上公认质量最好，一直以来产品供不应求，销售价格稳步上涨，黄花产业在当地是一个群众认可、效益突出、市场竞争力强的好产业。云州区委、区政府在广泛调研的基础上，统一思想，形成共识，把黄花确定为"一区一业"的主导扶贫产业。为推动黄花产业发展，云州区出台促进黄花产业发展实施意见，制订黄花产业发展规划、特色产业精准扶贫规划，成立了领导小组和黄花办，组建了黄花协会。每年年初召开推进会，总结现状，查找问题，研究解决办法；年中召开现场观摩会，组织乡村干部和群众到先进乡镇、农村观摩，与身边人对比算账，增强调整产业结构的信心；年底开展"冬季行动"，组织发动群众，筹措资金，流转土地，联系秧苗，为来年开春种植做好准备。

二、落实扶持政策，解决黄花产业发展难题

云州区黄花发展有传统、有优势，但过去始终没有做大做强，主要是由于一些环节的"瓶颈"没有突破。2016年以来，云州区举全区之力，拿出"真金白银"扶持政策，突出解决了黄花种植难、灌溉难、采摘难、晾晒难、保险难等"五难"问题，突破了长期以来制约黄花产业发展的瓶颈，为黄花产业发展插上了腾飞的翅膀。近年来，云州区财政累计投入资金5.2亿元：一是给予种植补贴。2016年，对所有新栽黄花种植户给予每亩500元的补助。2017年起，对贫困人口按人均1亩的标准，每亩补贴1 000元，缓解前两年黄花收益不足的问题。二是改善农田水利条件，配套基础设施。连片种植200亩以上，由水务部门免费打井取水，推广节水灌溉6.21万亩。同时，投资2.6亿元，实施万亩农业综合开发、土地整理项目，为22.68万亩农田配套了农田基础设施。三是帮助联系雇工。认真分析本地和周边用工行情，通过网络、微信、上门招工等多种形式，帮助种植户联系本地及周边省份季节性采摘工人3 000多人。四是解决晾晒加工问题。投资1 630万元建设黄花冷库49个，投资750万元建设黄花晾晒大棚75个。投资3 500万元，建设了两个黄花地头加工扶贫车间。对群众自建冷库、晾晒场地和晾晒大棚进行补贴，进一步解决储存、晾晒及烘干等问题。五是开办黄花新险种。采取政府补一点、农民出一点的方式，协调保险公司开办了新险种，每亩保费不超400元，农户每亩最高可获得7 000元的赔付。2019年参保面积5.38万亩，理赔3 751万元，2020年承保7.1万亩，农民抵御自然灾害、市场波动风险的能力显著增强。

三、创新发展方式，提升黄花产业组织化程度

面对农村劳动力不足，土地分散，经营粗放的现状，云州区在扶持培育农民合作社、龙头企业、能人大户、家庭农场等新型经营主体的同时，探索实践由党支部领导、村干部领办合作社，把贫困户吸引进合作社，把分散的地块整合起来，把上级的扶贫资金折股量化到合作社，统一规划使用，统一田间管理，按股给贫困户和村集体分红。这样既解决个别贫困户无法发展黄花的问题，又提升了产业的科技含量、机械化水平和效益，增加了村集体和贫困户的收入。扶贫合作社在入社贫困群众的监督下，严格按照《中华人民共和国农民专业合作社法》规定，统一流转土地，统一种植，统一管理，各村根据不同情况确定村集体与贫困户的分红比例，实现了村集体和贫困户的双赢。入社的贫困户既可按股分"股金"，通过流转土地享"租金"，又可通过参与合作社管理、务工得"薪金"，充分激发了贫困户的内生动力，实现长久稳定脱贫。

四、党员干部引领，助推黄花产业发展

农村党支部是产业发展中坚力量，云州区大力提升农村党支部的战斗力，推动特色黄花产业发展，带动群众脱贫致富。一是选好配强"领头雁"。以村"两委"换届为契机，新任党支部书记43人，新任"两委"班子成员415名，占比41%，35岁年轻干部80名，占比7.6%，平均年龄降低了6岁。在"领头雁"带动下，黄花产业不断发展壮大。二是党员示范带头。发挥党员的先锋模范作用，全区有83名支部书记、650多名党员带头种植黄花。有81名村干部领办黄花合作社，为群众种植、加工和销售黄花提供服务和帮助。如徐家堡村党支部书记白继跃带头种植黄花35亩，村干部每人种植20亩，全村发展黄花170亩，产业带动整村脱贫。三是驻村帮扶指导。发挥包村领导、驻村工作队和第一书记"三支队伍"的作用，帮助群众解决黄花产业发展中的具体问题。各级驻村工作队、派驻农村第一书记倾心为群众办好事、解难题。如山西省地勘局投入187万元，为黄花种植户每亩补贴500元，帮助4个村发展黄花1 774亩。

【贫困户受益案例】

案例一

徐尚宽，大同市云州区峰峪乡徐家堡村贫困户，因缺乏资金、技术致贫，2013年被识别为建档立卡贫困户。

云州区委、区政府出台鼓励种植黄花相关政策后，因资金短缺而致贫的徐尚宽找到了发展方向。2013年，徐尚宽积极响应政府号召，在村"两委"和驻村工作队的帮助下，享受政府每亩500元的补贴，一下子种了28亩黄花。

通过精心管护，黄花长势良好，徐尚宽的收入也逐年增加。2015年，黄花有了收

益，亩收入达到了1000元以上，基本收回了前两年的投入。2016年，黄花进入盛产期，亩收入达5000元以上，全家收入达14万元，这对于一个农民来讲，这简直是天文数字。收入增加了，发展的信心壮大了，他也成了峰峪乡第一批脱贫的贫困户。

"一人富不算富"，为了带动乡亲们同步致富，他创办了合作社，并且帮着贫困户算经济账，带动全村黄花种植面积由原来的不到100亩，发展到了350亩以上，全村贫困户人均种植黄花3亩以上，徐家堡村也成为全区远近闻名的黄花专业村。

案例二

赵子明，云州区峰峪乡东子口村村民，全家4口人，因学致贫，2013年被识别为建档立卡贫困户。

赵子明以前一直种植玉米，收入较低，两个孩子还在上学，家庭生活困难。2011年以来，云州区委、区政府大力发展黄花，每亩补贴500元。2013年，赵子明积极响应政府号召，在驻村工作队的帮扶下开始发展黄花种植，工作队还为其办理扶贫小额贷款5万元，解决了种植初期的资金困难。在他的精心管护下，黄花产生了明显的效益。2015年，22亩黄花纯收入2万元以上；2016年，纯收入达到了10万元以上，不仅解决了孩子的学费问题，还一举还清了贷款。

近几年，黄花的产量越来越大，全家已经管理不过来了，赵子明开始雇佣采摘工进行采摘，自己全心全意做起了管理。2020年，习近平总书记视察山西肯定了黄花产业，他发展的信心更足了，打算2021年流转部分土地，再发展10亩以上。他说："总书记来我们这里视察，给了大家信心和力量，我们老百姓种黄花的劲头更足了，我下定决心还要多种黄花，争取全家彻底拔穷根、奔小康、过上好光景。"

小米做成大产业
内蒙古敖汉旗典型案例

　　敖汉旗是内蒙古自治区贫困人口最多的旗县，是世界旱作农业的发源地。脱贫攻坚以来，敖汉旗集中发力，出台一系列优惠政策全方位扶持，因地制宜地把小米产业打造成扶贫主导产业之一，使这个过去不起眼的传统种植业逐渐发展成为助力脱贫攻坚的大产业。

小米成为敖汉旗脱贫攻坚主导产业

【主要做法】

敖汉旗全面落实"六个精准""五个一批"要求，把产业扶贫作为精准脱贫的治本之策，以贫困人口类别细分为基础，通过发展壮大小米扶贫产业，带动贫困户持续增收。

一、细化"三个分类"，将脱贫路径与产业发展挂钩

对贫困人口精准分类，因户施策，实现了产业扶贫全覆盖。第一类是"两有户"，指有劳动能力、有产业发展基础，但因病因学等外部突发原因致贫的贫困户，共7 600人，占比19.74%。主要通过到户扶贫项目助推，引导其选择适合自身发展的产业实现脱贫。第二类是"一有一无户"，指有劳动能力、无发展实力，因缺资金、缺技术、不懂市场致贫的贫困户，共17 908人，占比46.51%，主要通过龙头企业带动、合作社互助等方式发展产业实现脱贫。第三类是"两无户"，指无劳动能力、无经营能力的贫困户，共12 992人，占比33.75%。主要通过引导其以资产收益等形式参与产业扶贫实现脱贫。目前，全旗17 319户贫困户得到了产业扶贫政策的扶持，较好地完成了"发展生产脱贫一批"的工作任务。

二、抓好"三个结合"，将扶贫产业与供给侧结构性改革挂钩

一是结合结构调整找准扶贫产业发展路子。种植业实施"两压缩、两增加"战略，利用好旱作农业优势。针对玉米产能过剩、价格持续走低的实际，2014年以来，敖汉旗每年压缩玉米、高粱20万亩，稳定增加谷子种植面积。2019年，全旗通过种植业产业结构调整，带动农民人均增收669元。二是结合主导产业找准扶贫产业发展路子。敖汉旗凭借"全球重要农业文化遗产""全球500佳"和"世界小米之乡"三张世界级品牌，连续出台政策，重点发展小米为代表的扶贫产业。旗政府每年预算小米产业发展专项资金4 000万元，用于基地建设、组织召开小米大会、可追溯系统建立及支持企业品牌打造等。敖汉小米声名远扬，全旗谷子面积持续增长，达到90万亩，小米产业优势明显，带动贫困户分享全产业链收益，打造名副其实的"中国谷乡"。几年来，敖汉小米产业覆盖贫困人口2.31万人，占比60%。通过发展小米产业，每亩地比种植玉米增收500元。三是结合特色经济找准扶贫产业发展路子。敖汉旗通过走"规模种植、加工增值、电商外销"的路子，积极为小米产业搭建展示平台，推进敖汉小米产品外销，提升品牌效应。从2017年起，在一年一度的"阿里巴巴"新米节上，旗长亲自登台，通过直播向全国推介敖汉小米。

三、通过"三种对子"，将贫困人口与市场主体挂起钩

一是通过"企业＋贫困户"模式结成对子。近年来，敖汉旗在产业结构调整中引进和培育了一大批龙头企业，利用扶贫龙头企业引领产业发展，开展全产业链谷子种植加工产业，不断增强小米产业与贫困户的利益联结机制。企业与贫困户嫁接主要体现在三方面：第一技术嫁接，企业为贫困户提供全程技术指导，降低了贫困户的种植风险；第二资金嫁接，企业为种植户提供种子以及资金支持，扩大了种植规模，增加了种植效益；第三市场嫁接，企业的保护价回收，贫困户收入更有保障。目前，全旗规模以上加工企业22家，年加工能力4万吨以上，销售网络覆盖全国二三线以上城市。二是通过"合作组织＋贫困户"模式结成对子。采取支部引领、能人领办、经纪人牵头等形式组建各类合作组织，按照"统一标准、统一管理、统一销售、利益共享、风险共担"的原则，以"支部＋合作社＋基地＋农户"的方式，将一家一户组织起来走规模化种植、加工增值的现代循环链条发展之路。合作社充分发挥产品市场占有率高、品牌知名度高、有机认证面积大、产品来源可追溯等优势，加快土地流转，解决分散种植、劳动力浪费的问题；利用集体力量，解决有机生产周转期长的难题；解放劳动力从事其他产业，增加就业机会，解决收入渠道单一的问题。多年来，培育以谷子种植和加工为主的新惠镇扎赛营子、四家子镇南大城农民专业合作社366家。三是通过"种植大户＋贫困户"模式结成对子。对部分没有劳动能力的扶贫对象和外出打工的贫困人口，鼓励其将土地向种养大户流转，增加贫困户财产性收入；对一部分有增收发展项目、有贷款意愿的贫困户，实行扶贫小额信贷政策，支持其发展产业，增加经营性收入。建立了产业指导员制度，将贫困户精准嵌入小米产业各个环节。目前，全旗谷子种植面积由40万亩发展到90万亩，分别占全国和全区的3.8%和17.3%。全旗年均生产谷子4.5亿斤[①]，产值超10亿元，农民人均纯收入增加1 000元，小米产业成为脱贫致富奔小康的强大引擎。

【贫困户受益案例】

温秀云，敖汉旗新惠镇扎赛营子村贫困户，家中4口人，因残致贫。该户在该村惠隆种植合作社互助发展的组织下，借助有机订单种植等优势，种植有机小米17亩，较普通种植每亩增加纯收入200元。同时，该户在合作社长期从事包装这一稳定工种，每月可获得劳务收入3 000元左右，每年可获得劳务收入3万余元。在合作社的互助带动下，该户于2018年实现了稳定脱贫。

---

①斤为非法定计量单位，1斤＝500克。

笤帚"扫"走穷日子
内蒙古巴林左旗产业扶贫范例

　　内蒙古自治区赤峰市巴林左旗，笤帚苗种植和民间加工已有近百年历史，家家户户都种植笤帚苗，享有"中国笤帚苗之乡"的美誉。巴林左旗从实际出发，以脱贫攻坚为统领，按照产业体系发展需求，从拧紧组织保障链、筑牢产品研发链、抓实品牌建设链、扩大技术培训链、强化党建融合链五个方面推进产业带贫，培育形成了种植面积常年稳定在35万亩、年产原苗7000万斤、仓储能力5200万斤、生产能力8000万把（件）、标准化加工厂85家、全产业链实现10亿元产值的笤帚苗特色产业，带动产业链上8万多名群众受益，9363名贫困人口稳定脱贫。从一个个小作坊到全旗首届笤帚苗文化节，一株小笤帚苗在巴林左旗做成了活跃当地经济的大产业，发挥出脱贫攻坚特色产业的强大动力。

巴林左旗开展笤帚制品加工培训

【主要做法】

一、科学布局，拧紧组织保障链

巴林左旗以政策支持为引领，专人专班强化组织保障，组建起由旗委书记和旗长亲自挂帅任组长、相关旗直部门和苏木乡镇主要领导为成员的巴林左旗笤帚苗产业发展专项推进领导小组，下设笤帚苗产业发展办公室，设立三股一室，并明确岗位职责。通过狠抓产业核心区建设，形成以十三敖包镇、哈拉哈达镇和林东镇为核心的特色笤帚苗产业带和七个深度贫困地区重点村产业集中区的"三带七区"产业格局。产业协会采取"一带五统一"的方式运营，即以契约方式带动加工户和贫困户，协会成员统一培训、统一标准、统一价格、统一回收、统一销售。政府对从事笤帚加工的贫困户给予每把0.2元的补贴，给用工企业每家5万元扶贫贷款额度。巴林左旗精准施策科学管理，为产业的发展提供基本指导、量化目标和努力方向，全面激发了笤帚苗产业链的脱贫动能。

二、科学培育，筑牢产品研发链

巴林左旗围绕"新种引育＋制定标准"在品种改良上做文章。一是农业技术"育新种"，积极与国家高粱研究中心河北高粱分所、赤峰市农牧业科学院等国内大中科学院所建立长期合作关系，引进适合本地气候和产品加工需求的优良品种，指导当地种子公司繁育优良品种700亩，通过两块笤帚苗品种试验田，筛出左帚4、龙帚2、赤笤100等20多个新品种，为每年笤帚苗种植筛选适合本地气候和加工需求的优良品种打好了基础。二是自主研发"树新标"，为进一步挖掘产业发展潜能，鼓励合作企业进行家居类、旅游纪念品类产品的开发力度，聘请内蒙古大学、赤峰学院等大专院校的专业设计人员进行图样设计改进和工艺美术指导。同时，与高校达成了"中国笤帚苗之乡城乡品牌形象设计"和"笤帚苗产品研发与推广"两个项目，开发出了7大类100多种款式的产品，小到10厘米、大到1米多的艺术挂件笤帚，品类齐全花样繁多。"转型升级"后的产品，从提高产品附加值上增强了带贫成效，让笤帚制品逐渐卖出了好价钱。

三、擦亮名片，抓实品牌建设链

为进一步让笤帚苗产业"走出去＋请进来"，巴林左旗在品牌推介上亮好名片。巴林左旗组织旗内多家企业参加第4届北京国际新型城镇化产业博览会，通过与国内外客商进行洽谈对接，进一步扩大市场份额并建立了长期稳定的合作关系。邀请专业团队对巴林左旗笤帚苗产品礼品品牌进行全新设计，注册的"敖包""契丹情缘""东傲"

等品牌的笤帚制品，销往北京、上海、广西等19个省份，精品笤帚还远销日本、韩国和欧洲等国家和地区。随着"小笤帚"产业不断发展，巴林左旗吸引了中央电视台《乡村大世界》栏目走进巴林左旗，以笤帚苗产业为主体内容进行节目录制，举办了首届笤帚苗文化节，并成功组织了全旗农牧民笤帚苗绑扎技术千人大赛。巴林左旗笤帚苗产业创造了"四个之最"：全国最知名的笤帚苗生产基地、东北最大的笤帚苗集散地、种类最齐全的笤帚加工基地、全国最大的笤帚交易市场。

四、授渔立本，扩大技术培训链

巴林左旗坚持实用原则，每年根据笤帚苗产业发展需求和从事笤帚苗产业人员提出的培训要求，确定培训内容，采取理论授课和实际操作相结合的方式，通过整合农牧业、科技、工会、妇联、就业等各类教育培训资源，组织发动全旗贫困农牧民、下岗职工、农村留守妇女、青年、有劳动能力的残疾人，积极参与笤帚苗种植技术、加工技术培训，以多种培训方式将群众绑在技术链上，全面提高农户技术水平，每年累计培训2 000余人次。同时，为推动各苏木乡镇把笤帚苗产业发展作为重点工作予以落实，将产业扶贫砍块资金和京蒙帮扶资金优先安排到笤帚苗产业发展中，组织建档立卡贫困户积极参与全产业链的培训、种植和产品加工，通过培训就业推动产业发展和带贫能力。

五、抱团发展，强化党建融合链

为适应笤帚苗产业统一管理与运营，巴林左旗创新思路，将笤帚苗产业链与党建工作相融合，破解笤帚产业链条短、就地转化率低、资金短缺、市场竞争力差、经营模式单一、企业和经营大户各自为战难以形成合力等现实问题，通过党建融合全面优化笤帚产业链各个环节，整合资源抱团发展，全力实现"一村一品"的发展目标。产业党总支制定"43211"服务机制，"4"即"四亮"：总支亮思路、党员亮身份、企业亮承诺、农户亮干劲；"3"即"三带"：协会带龙头、龙头带大户、大户带散户，户户搞加工；"2"即"两免"：党总支免费为村民和贫困户提供笤帚苗加工技术培训，免费提供加工机械设备；第一个"1"即村民或贫困户可以自由选择在加工企业就业或在家自主就业；第二个"1"即加工企业以订单式回收成品。各级党总支坚持从笤帚苗种植品种、制作工艺到产品的全程优化管理，在传统销售渠道的基础上，党总支积极用好"互联网＋"这个最大变量推动笤帚苗产业发展，累计培训电商人才385人，开通淘宝店铺114个。同时，与北京市顺义区进行对接，从融合党建入手，与工美集团、北京市工艺美术学院统筹推进产业发展，在南锣鼓巷建立针对外国游客的笤帚礼品销售点，旅游委和燕京啤酒集团承诺帮助销售笤帚苗工艺礼品，巴林左旗市政部门通过城管和物业，助力销售笤帚苗产品。

【贫困户受益案例】

案例一

在巴林左旗胜隆笤帚工艺坊的车间里，伴随着"噼、噼……"的响声，一眼望到堆放着很多笤帚苗的厂棚内，三五个人捆绑着笤帚手工艺品，呈现出一片忙碌有序的景象，贫困户刘武正是其中的一员。刘武以前收入来源主要靠14亩农田，还需供孩子上大学，2016年村里将其确定为建档立卡贫困户，在给他家提供助学政策的基础上，为解决收入单一的问题，2018年村里将他一家吸纳到村里的这家扶贫车间来。

刘武算了一笔账：他一天能绑11把工艺笤帚，每把能挣8元，一天就有88元的收入，一年在车间干上8个月，仅绑笤帚就能收入2万多元，守着家还不耽误地里的农活。除了绑笤帚，种植笤帚苗也给他带来一笔可观的收入，刘武家种的笤帚苗，每亩地能产200斤苗、400斤籽，苗和籽的毛收入能达到1200元，一把小笤帚"扫"出了刘武的脱贫路。

案例二

家住哈拉哈达镇下山湾村的陆春超，2016年因缺资金和技术，被识别为建档立卡贫困户。别看他是个大男人，但在镇里举办的3期笤帚绑扎培训班上，他可是期期不落，全部准时参加，在课上他也是最积极的"学生"。

陆春超说，因为参加笤帚绑扎培训班的全是妇女，起初还不好意思，但是一想到能学到技术，凭借手艺能致富，他慢慢地转变了思想。通过参加这3期的培训班，在老师的指导下，陆春超凭着一股韧劲和好学的精神，他终于学成了绑扎笤帚的技术，成为培训班最优秀的学员。现在，他已经充分掌握了手编葫芦、按摩锤、五指山、直把子、弯把子、花六子等样式的绑扎技术。

从原来的贫困户，到现在已经脱贫，从原来只靠种18亩地年人均收入不足2000元，到如今年收入4万元，他一家老小的生活，从此就因为这一把把小小的笤帚苗发生了彻底改变。

芦苇编出好光景
黑龙江富裕县典型案例

    黑龙江省富裕县地处嫩江中游左岸，丰富的湿地资源孕育了18万亩连片茂盛的芦苇群落。近年来，富裕县充分利用得天独厚的芦苇自然资源优势，深入挖掘传统芦苇编织业潜力，瞄准芦苇产业广阔的市场前景，建设芦苇加工编织居家式扶贫车间，做强产业链、价值链和利益链，带动乡村和农户持续增收。

    目前，全县芦苇编织覆产业盖56个村、3 000户，带动了近千户贫困户实现增收，产业年产值2 000余万元，村级年增收180余万元，户均年增收近5 000元。

富裕县龙安桥镇小河东村芦苇扶贫产业园

【主要做法】

一、培育经营主体，壮大产业规模

富裕县委、县政府加强产业发展的顶层设计，制定规划、搭建平台、整合资源、落实政策，推进全产业链发展，形成芦苇产业"1 + N"发展格局。一是园区牵动。在龙安桥镇小河东村建立芦苇扶贫产业园，园区占地面积7.8万米^2。集中投放扶贫整合资金1 500余万元，建设库存车间、加工车间等基础设施，采购芦苇扒皮机、芦苇编织机等生产设备，提供收割原料、精苇编织等贫困人口就业岗位，成为全县芦苇产业发展的"发动机"。二是支部促动。由龙安桥镇小河东村党组织牵头领办，成立芦苇编织公司，周边村党组织领办本村芦苇编织合作社，吸纳本村编织户入社，建立起"党支部+公司+合作社+农户"的产业发展模式，形成了党建引领、集体收益、户户增收的产业发展态势。三是能人带动。加强芦苇编制各环节操作技术培训，聘请省内外专业技术人员将园区工人全部培养成为生产能手。选择技术熟练人员12人，每人指导周边4～5个村开展技能培训，每村着重培养1～2名产业带头人和生产能手，负责对全村编织户进行技术指导。全县共培养芦苇编织能人78人，带动全县3 000人参与产业发展，其中贫困人口980人。定期组织开展芦苇编制技能竞赛，不断提高苇帘编制质量和生产效益，让无法外出务工但又有劳动能力的人群和无法从事重体力劳动的人群，在家门口实现就业增收。

二、加强组织管理，创新经营模式

坚持以市场需求为导向，以产品品质为核心，综合考虑各村产业基础、务工成本等因素，探索创新了"园区+农户居家+待料编织""合作社+农户居家+自备料编织""园区+合作社+农户家居+待料编织"三种生产管理模式。"园区+农户居家+待料编织"模式，对于距离产业园区较近的10个村屯，由产业园直接为农户提供芦苇去皮、苇帘回购等服务。村屯产业合作社负责做好组织群众、机械维护等服务，农户领取原料、机械，在家里成立"居家式扶贫车间"编织苇帘，挣取手工费，实现居家就业增收。"合作社+农户居家+自备料编织"模式，对于距离产业园区较远且有芦苇资源的19个村，由村专业合作社为950户农户提供机械维护和苇帘回购等服务，农户自备原料编织苇帘，挣取手工费和原料费，实现居家就业增收。"园区+合作社+农户居家+待料编织"模式，对于距离园区较远且没有芦苇资源的27个村，由产业园直接提供原料，村专业合作社负责芦苇去皮、机械维护、原料运送等服务，农户挣取编织苇帘手工费。同时，结合农户意愿，布局不同打帘尺寸，进一步适应了市场需求的变化。三种生产管理模式，让产业园区、合作社和贫困户之间建立起紧密、稳固的利益联结机制，"居家式扶贫车间"让弱劳动力、半劳动力人口有机会参加产业发展，极大地激发了贫困人口脱贫致富的内生动力。

三、强化政策支持，实施奖励措施

为进一步激发贫困户参与芦苇编织产业的积极性，调动村干部的干事热情，富裕县制定了芦苇产业发展奖励补助办法。对贫困户的奖励补助，在核定每片苇帘基准价的基础上，对日均产量达到 10 ～ 20 片苇帘的贫困户，给予每片 0.2 元的奖励补助；对日均产量超过 20 片苇帘的贫困户，给予每片 0.4 元的奖励补助，吸引更多贫困户通过高标准、高质量编织苇帘实现增收。对村集体的奖励补助，在普遍给予村集体每片苇帘 0.2 元服务费的基础上，对发展较多编织户且带贫助困比例较高的村集体，给予 3 万～ 6 万元不等的资金奖励。

四、组织产销对接，拓宽销售渠道

将原来的"上门收"销售改变成为现在的"走出去"销售，主动对接苇帘国际市场和国内市场，大大降低了销售成本，提高了销售利润，形成了双管齐下的销售模式。在国外市场上，一方面，与兴贸工艺品有限公司、艺源工艺有限公司合作，签订收购合同，确定全年收购价格，避免淡季价格较低的风险，保障产业正向发展。2019年，通过外贸公司销售苇帘 290 万片。另一方面，积极联系国外的商家或超市，搭建贸易渠道，减少中间商差价，提高产品价值。目前已经与日本代理经销商取得联系。在国内市场上，主推喷绘苇帘，与周边的农家乐、旅游景区合作，开发喷绘苇帘旅游产品，现已研制出山水系列、红色系列、定制系列等 5 个系列的喷绘苇帘。2019年，累计销售 2 万余片，销售额 160 万元。在网络市场上，开通电商销售渠道，利用 B2B、B2C 等电商平台，让苇帘成为老百姓手中的宝。同时，正在开发利用抖音、快手等平台进行直播带货。

五、"三位一体"增效，拓宽致富途径

芦苇产业投资少、见效快、受益广、可持续，不仅拓宽了农户增收渠道，更走出了一条生态效益、社会效益、经济效益"三位一体"脱贫致富奔小康的新路子。一是生态效益。在没有开发芦苇编织产业之前，很多农户都将其作为烧火做饭的燃料或点火放荒，造成大气污染；开发芦苇编织产业后，春夏秋季芦苇保护湿地多样性的功能依然不减，冬季成熟的芦苇被收割作为苇帘编织原料得到利用，不仅让老百姓的腰包鼓了起来，还让村屯周边的空气变得清新了。二是社会效益。芦苇编织业的兴起，改变了老百姓以往在农闲时节蹲墙根、看热闹、赌博饮酒等不良习惯，取而代之的是农闲变农忙，老百姓一年四季有活干，家家户户比着打帘、家家户户比着赚钱，百姓生活更有奔头了。三是经济效益。富裕县在实现芦苇产业带动村集体和贫困户增收的同时，还在芦苇建筑材料、芦苇编织工艺品等新领域、新产品开发方面进行着有益的探

索，积极拓展芦苇原料应用领域，延伸芦苇产业链条，增加芦苇产品附加值，在"打资源牌，走特色路"上下功夫。

【贫困户受益案例】

案例一

王玉芬，龙安桥镇小河东村人，54岁，本人三级肢体残疾，家里3口人，丈夫脑出血丧失劳动能力，女儿外出务工，因病于2014年认定为建档立卡贫困户。

脱贫攻坚以来，王玉芬享受低保政策、残疾人补贴政策、直补粮补政策，年收入3 600元。2018年年末，王玉芬在村集体的帮助下，开始居家式编织苇帘，因打帘质量好、效率高，通过扶贫车间就近就地就业，被聘用为芦苇产业园技术员，负责技术培训和成品验收，年收入3.6万元。王玉芬说："这真是个好事，政府这么支持大伙挣钱多好啊，打麻将的不玩了，喝大酒的不喝了，就在家打帘琢磨挣钱。园区看好我打的帘，让我去当培训老师，我可高兴了。"

案例二

刘春华，龙安桥镇小河东村人，57岁，家里2口人，丈夫杜玉江股骨头坏死，肢体二级残疾，因病于2014年认定为建档立卡贫困户。

脱贫攻坚以来，刘春华享受低保政策、残疾人补贴政策、直补粮补政策，年收入5 500元，同时选聘为村里护林员，年工资3 600元。2019年，在驻村工作队的鼓励下，刘春华两口子尝试在家编织苇帘，两人分工，一个编织，一个选料，编织苇帘速度快，一天能打40～50片，年收入1万多元。刘春华说："我家老头股骨头坏死，不能出去打工。现在好了，地里没活我就在家打帘，他没事还能帮我缠缠线、绑绑板，一天打个四五十片，家里不缺零花钱了。"

让牛产业牛起来

黑龙江龙江县典型案例

　　黑龙江省龙江县发挥龙头企业优势和"龙江和牛"种源优势，注册了"龙江和牛""龙江雪牛"和"龙江华牛"等品种商标和产品商标，全力发展壮大肉牛新品系，并把高档肉牛产业作为县域主导产业，与脱贫攻坚有机结合、深度融合，以高档肉牛产业发展带动贫困户脱贫致富。目前，该产业精准带动建档立卡贫困户3 621户，占全县贫困户总数的78.5%，实现了产业发展与精准扶贫共赢。

龙江贫困群众喂养扶贫牛

【主要做法】

一、高位谋划，确立扶贫主导产业

2016年，龙江县通过调研论证，认为发展高档肉牛产业的优势较为明显。一是产业体系完善。元盛公司是全国唯一一家经农业部（现农业农村部，下同）及出入境检验检疫总局批准引进纯种和牛活体的高档肉牛生产企业，是经农业部批准的肉牛标准化示范场。2014年晋升为国家级农业产业化龙头企业。近年来，公司先后投资8亿元在龙江成立了5家分公司，构建了集种牛繁育、冻精生产、基地改良、优质肉牛育肥、屠宰加工、市场销售等衔接紧密、顺畅完整的产业链条。二是服务体系健全。自元盛公司落户龙江以来，龙江县不断完善县乡村三级服务体系。县级有畜牧服务中心，14个乡镇均有独立的畜牧兽医站，158个行政村均设置了村级畜牧兽医服务室；拥有486人的专业技术队伍，覆盖畜牧养殖、繁育改良、疫病防治、饲草饲料等各个领域，服务上有充分保障。三是产业基础雄厚。龙江县是黑龙江省畜牧养殖大县，广大农民素有肉牛养殖的习惯，年肉牛饲养量稳定在40万头，其中基础母牛存栏达10万头，发展和牛改良牛源非常充足。同时，龙江县是农业大县，年农作物秸秆量在300万吨以上，草原面积60万亩，年产优质牧草10万吨以上，农民发展肉牛产业具有充足饲料保障。

鉴于上述优势，龙江县委、县政府把扶贫产业发展的重点放在高档肉牛这一主导产业上，本着减少贫困户经营风险和保证贫困户持续增收的宗旨，制定了《龙江县肉牛养殖产业扶贫项目实施方案》和《龙江县畜牧产业精准扶贫规划》等文件，成立了高档肉牛产业领导小组和办公室，明确牵头县领导，配齐配强人员，明确工作职责，拉开高档肉牛产业助力脱贫攻坚的序幕。

二、探索模式，确保产业扶贫实效

大力实施高档肉牛产业扶贫工程，通过政府搭台、企农合作，实现了企业发展与精准扶贫有机结合。一是"政府＋龙头企业"带动贫困户模式。鼓励贫困家庭大力发展普养，每户建档立卡贫困户购买2头16月龄以上的肉牛基础母牛进行改良，与元盛公司签订改良回收协议书，元盛公司负责回购。依托该路径，已扶持贫困户2 109户，购买肉牛基础母牛4 058头。二是"国有资产＋龙头企业"合作模式。由政府和企业共同出资，组建龙江现代化牧业示范场，固定资产为国有，牧场进行自主经营、自负盈亏，国有资产收益部用于扶贫事业，年最低收益不低于90万元，其中：30万元用于龙江县哈拉海乡贫困户分红，共带动贫困户315户，户均年增收952元；60万元注入全县产业扶贫基金，用于为贫困户设立公益性岗位的工资支出，每个公益岗位年工资3 000元，可带动200名贫困人口就业。

三、政策扶持，助力扶贫产业发展

龙江县坚持政策撬动，在原有普惠政策的基础上，针对贫困户实际又出台了《关于扶持畜牧产业发展助推产业扶贫项目的优惠政策》等新政策，并协调元盛公司出台扶持政策，增强产业发展吸引力，确保贫困户全部参与到产业中来。一是政府扶持产业政策。购牛补助政策，贫困户购买一头肉牛基础母牛补助3 000元；冻精免费政策，政府统一向元盛公司购买和牛冻精，每剂100元，免费提供给贫困户；改良奖励政策，每产一头改良牛犊，奖励改良员200元；见犊补母政策，凡向元盛公司交售一头改良牛犊，给予改良户母牛饲养费1 000元；工资补助政策，对有贡献的改良员给予年工资补助2 000～3 000元；青贮种植补助政策，贫困户种植专用青贮玉米，给予种子货款50%补助；牧业机械补助政策，扶贫合作社、牧场购买大型青贮收获机械的，按国补、县补1：1比例补助。二是元盛公司带贫机制。价格补助政策，收购贫困户的改良犊牛价格，在执行原有高于市场20%的价格政策基础上，每千克再上浮0.5元；收购奖励政策，贫困户每向元盛公司交售一头6月龄改良犊牛，奖励贫困户400元，奖励改良员100元。

四、打造品牌，提升扶贫产业层级

为充分发挥品牌效应，龙江县采取"政府搭台、企业唱戏"的办法，持续推介元盛产业和品牌。一是强化展会宣传。坚持每年参加国内外各种产品推介会、展销会、博览会，广泛宣传和推进"龙江华牛""龙江雪花肥牛肉"品牌，努力扩大龙江华牛及其产品的知名度，抢占高端牛肉市场份额。二是强化网络营销。顺应互联网时代，龙江县大力支持元盛公司实施"互联网＋龙江华牛"销售模式，与京东网站合作建立网上销售平台，并在北京、上海、哈尔滨等大中城市，建立实体销售店、品尝体验店，构建线上线下立体交叉的产品网络销售体系。2019年网上销售6 000万元，推动了"产加销"向"销加产"转变。三是强化科技支撑。龙江县坚持科技是第一生产力，为元盛公司牵线搭桥，与东北农业大学、黑龙江八一农垦大学、黑龙江省畜牧研究所等大专院校、科研院所组建了和牛生产技术攻关专家团队，重点在种牛扩繁、冻精生产、和牛育肥、雪花肥牛肉增产上寻求更大突破。

【贫困户受益案例】

案例一

李宝和，龙江县哈拉海乡红旗村贫困户。因病致贫，妻子患脑瘤、残疾，丧失劳动能力，女儿上小学，家庭人口多，生活比较困难。

2017年以来，李宝和响应政府号召，积极参与高档肉牛养殖扶贫项目，由于饲养科学，管理精心，他已经向元盛公司交售6月龄犊牛7头，收入达6.4万元。

李宝和脱贫致富不忘回报社会，在他的带动下，红旗村30户发展高档肉牛养殖扶贫项目，累计向元盛公司交售6月龄犊牛40余头，销售和奖励收入30余万元。"这些年在党和政府的帮助下，我学到了好的养殖技术，我家里的日子也越来越好了，以后我要好好发展养殖业，让家里的日子越过越红火！"李宝和激动地说。

案例二

张来成，龙江县鲁河乡贫困户。因病致贫，妻子患慢性病需常年用药，一家人的生活仅靠他种地和打零工维持。

2016年，村支书和驻村扶贫工作队在对张来成制定脱贫"一户一策"时，因其自身有丰富的养牛经验，鼓励支持他发展肉牛扶贫产业。依托"政府＋龙头企业"带动贫困户模式，县政府为其购买的2头基础母牛补助6 000元，并帮助他免费进行了合牛改良，母牛下犊后，他又购买小牛犊同时饲养，这样，一头奶牛就能喂2～4头小牛，通过这种方式，他当年创收1.2万元。在张来成的努力下，他家最多时存栏16头牛，"扶贫牛"成为其家庭经济收入新的增长点，实现了从过去单一种地靠天吃饭向种养殖多渠道增收的转变。

现如今，张来成的日子好过了，面对未来信心满满，他喜不自禁地说："养牛是我致富脱贫的希望，在我最难的时候，政府给了我好的政策，等养殖规模再扩大一点，我会带动更多的乡亲一起养牛，一起致富。"

金鸡唱响致富歌

安徽泗县典型案例

安徽省泗县始终把产业扶贫作为提高脱贫质量的根本出路和稳定脱贫的关键举措，全力打造"四带一自"产业扶贫"升级版"，一批产业扶贫龙头企业成为群众脱贫致富的"根据地"。其中，泗县新联禽业有限公司（以下简称新联公司）集饲养孵化、饲料兽药销售、屠宰加工为一体，通过与贫困村共建养殖小区、代养分红、吸纳务工等扶贫模式带贫减贫，走出了一条产业扶贫的新路子。脱贫攻坚以来，新联公司带动6个贫困村发展禽业，助力每村每年增加集体经济收入5万元左右；带动贫困户入股分红5276户；吸纳12名贫困劳动力务工就业，每人年均实现工资性收入3万元以上。

泗县新联禽业公司为群众培训蛋鸡养殖技术

【主要做法】

一、利益共享，把企业群众"连"起来

代养分红促攻坚。2017年年底，为支持"三无"（无劳动能力、无收入来源、无劳动技能）贫困户参与产业发展，推进增收脱贫，新联公司与贫困户、行政村、乡镇政府签订《蛋鸡代养产业扶贫四方协议》，实施蛋鸡代养项目。行政村负责组织贫困户参与项目。贫困户向新联公司投资，户均投入资金720元（按市场价折算约为240只蛋鸡），享受项目收益。新联公司使用贫困户资金，购买代养蛋鸡，每个生产周期（时间约一年半）末按照不低于0.5元/只的标准向贫困户分红。乡镇政府负责协调户、村、企合作关系，全程监督项目实施。截至2019年年底，已组织5 276户贫困户参与项目，共投入资金380万元，第一个生产周期已分红63万元，分红资金占贫困户投入额的16.6%。2020年11月，新联公司计划再次分红60余万元。扶持创业促脱贫。畜牧养殖业是皖北农民增收的重要途径，但贫困户养殖，往往面临着无技术、无资金、无销路的问题。为此，新联公司主动与贫困户签订合作协议，组织订单生产，扶持有劳动能力、有养殖意愿的贫困户，走上蛋鸡养殖的创业路。贫困户养殖过程中，新联公司免费提供蛋鸡苗、防疫产品，定期上门开展技术指导，并以保底价回收鸡蛋。目前，公司扶持的3户贫困户，居家养殖已初具规模，每户每栋鸡舍饲养蛋鸡达10 000～15 000只。务工就业促增收。新联公司和泗县泗城镇胡陈村、丁湖镇吴圩村共建绿色扶贫养殖小区，贫困村出资入股，既促进了村集体增收，也吸纳了贫困劳动力务工。目前，已吸纳12名贫困劳动力务工就业，公司为其缴纳社会保险，每人每月工资2 500～3 000元，年收入可达3万元以上，一人就业全家脱贫。

二、产业共育，将发展合力"聚"起来

科技服务增信心。为发挥企业科技示范带动作用，新联公司组建了放心蛋生产联盟，帮助60户贫困户制定养殖生产计划，组织科技志愿者提供技术服务，切实增强了贫困户养殖脱贫的信心。在县科技部门的指导下，公司创建了新联禽业众创空间，先后开展养殖技术培训12期，培训贫困户300余户。同时，为12户贫困户提供养殖办公场所，代办营业执照等证件，指导养殖粪污处理，保障养殖效益。电商平台促销售。为减少鸡蛋销售的中间环节，提高销售利润，新联公司引导贫困户通过电子商务平台销售鸡蛋。鸡蛋销售前，经公司车间分级、筛选、消毒、包装等工序处理后，统一使用公司品牌，产品更卫生、更美观，提高了销售附加值。目前，新联公司电子商务平台每月可为贫困户网上销售鸡蛋5 000～7 000单，销售额17万～25万元。被帮扶贫困户的鸡蛋30%以上是通过电子商务平台走向市场的。

三、发展共赢，让小康日子"火"起来

统一管理促发展。新联公司正在与泗县付湖农场合作，按照现代化养殖标准建设绿色生态养殖小区，带动贫困户发展养殖产业。新联公司实行"五统一"生产管理，即统一引种、统一供料、统一防疫、统一技术服务、统一销售，降低贫困户养殖过程中的疫情风险、市场风险。养殖小区预计吸纳10多户贫困户入驻养殖，吸纳20余名贫困劳动力务工就业。反哺社会抗击疫情。2017年以来，新联公司采取现金捐赠的方式，向丁湖镇吴圩村、瓦坊乡岳场村、泗城镇关庙村累计捐款9.7万元，用于村级扶贫工作。新冠肺炎疫情期间，为医务人员、交通警察、农村防控员等疫情防控一线人员，捐赠价值约6万元的鸡蛋产品，解决食品短缺问题。

【贫困户受益案例】

案例一

周方方，女，34岁，高中文化，泗县大庄镇万安村贫困户。父母文化程度低，均患有老年慢性病，无法从事体力劳动。周方方既要照顾体弱的父母，还要照顾年幼的孩子，只能靠几亩地的微薄收入维持家庭生活。新联公司了解到周方方的家庭情况后，主动联系，聘任其为公司客服人员，月工资2 500～3 000元，定期缴纳社会保险，提供员工宿舍，并协调解决了其孩子在务工地入学事宜。

周方方刻苦学习掌握了养殖技术，已由客服岗位调整到技术岗位，并已作为公司管理岗位的储备人员接受培养，本人也由刚入职时的少言寡语变得爱说爱笑，乐观自信。"多亏新联公司的帮扶和照顾，我才有了稳定的工作和可观的收入，全家生活不再发愁，既能照顾老人也能培养孩子，感觉有了幸福美满的新生活。"周方方说。

案例二

周怀飞，泗县瓦坊乡岳场村贫困户，患股骨头坏死病，无法从事重体力劳动，妻子患有心肌炎，母亲患有严重哮喘和肺结核，两个孩子上学。全家5口人，仅靠农田收入艰难地维持生活。

新联公司发现周怀飞对养鸡感兴趣，安排专人深入周怀飞家中核实情况，结合该户实际，帮助制定了扶持养殖创业计划。在新联公司和村委会的共同帮助下，周怀飞办理了扶贫小额贷款，建造了鸡舍。新联公司免费为其提供鸡苗，鸡产蛋前免费提供饲料，统一防疫程序，全程跟踪指导。为化解行情变动风险，公司与周怀飞签订鸡蛋保护价回收协议，无论市场价格如何波动，都以4元/斤的保底价回收。

2019年，该户实现养殖收益10多万元。新联公司年会上，周怀飞发言时说："在我们家最困难的时候，是新联公司的帮扶，让我们走上了创业路，发展了养殖业，看到了生活的希望，现在我们已顺利脱贫。"

精准扶贫柚飘香

江西广丰区典型案例

　　马家柚是江西省上饶市广丰区于20世纪90年代柚树良种普查报优活动中选出的优良地方品种，已申请并通过国家地理标志保护产品和农产品地理标志认定。"广丰马家柚"品牌2017年被认定为江西省著名商标，成功选入"生态鄱阳湖，绿色农产品"江西农产品区域公用品牌。

　　2018年以来，广丰区委、区政府把马家柚作为产业扶贫的主导产业来抓，积极探索推行"干部＋贫困户＋致富树"马家柚特色产业扶贫模式，走出了一条贫困户参与度高、特色产业竞争力强、贫困户增收可持续的产业扶贫新路，确保脱贫攻坚高质量、可持续，乡村振兴有产业、有活力。截至目前，已带动2.46万名贫困群众种植马家柚9.56万株，预计总产量将达到500万斤，户均年增收3000元以上。广丰马家柚产业已带动农村及社会就业85 000余人，拉动了果袋、果箱、加工、包装、电商、物流、快递、广告、苗木等诸多相关产业的快速发展，极大地调整了农村农业产业结构，涌现了许多农村新经纪人、电商和微商，带动了农村经济高速发展，在脱贫攻坚战中发挥了重要作用。

江西省广丰区马家柚产业扶贫，甜了贫困户的笑脸

【主要做法】

一、因地制宜施策，推进产业选择精准化

针对产业扶贫项目如何选择，广丰区以"选择一个成熟产业"作为核心理念，通过选强选优，把广丰马家柚产业作为产业扶贫的主导产业来推进。一是产业品牌好。广丰马家柚因其口味好、营养价值高享誉大江南北，获得国家地理标志保护产品和农产品地理标志双重认定，市场前景广阔。二是种植优势大。通过"龙头企业＋合作社"带动，全区马家柚种植面积达18万亩，2018年柚果产量达5 000万斤，果业综合产值达到10亿元。现已初步形成育苗—种植—加工—销售—金融为一体的完备产业链，马家柚已进入快速发展期。三是贫困户受益强。马家柚作为成熟产业，其种植技术成熟，产业收益可观，成熟果亩均收益1.5万元以上。

二、健全利益联结，推进种植模式多样化

为实现马家柚特色产业政策落地见效，广丰区紧盯实际需要，积极健全利益联结机制，一方面，推行"公司＋基地＋贫困户"的产业发展模式，引导龙头企业、农业大户进驻扶贫村，带动贫困户通过土地流转、资产收益、基地就业、技术服务、规模种植等方式，增加收入。另一方面，坚持因人施策，推行"干部＋贫困户＋致富树"马家柚特色产业扶贫方式，按贫困户"每人不少于3棵、每户10棵以上"的马家柚产业扶贫目标，实现全覆盖。在柚苗选择上严格把关，一律采购胸径达3.0厘米以上的柚苗，确保当年或次年挂果，产生收益。在种植模式上，针对有种植意愿和种植地点的贫困户，推行贫困户"零星种植"；针对无种植地点或无劳动能力的贫困户，由贫困户选择到种植基地认购马家柚树，推行"认购种植"；同时倡导和鼓励社会各界人士与贫困户结对帮亲，推行"爱心种植"。通过零星种植、认购种植、爱心种植三种模式，确保所有贫困人口都能享受到特色产业扶贫收益，实现产业帮扶"不落一人"。

三、强化跟踪指导，推进技术服务专业化

为解决贫困户种植技术缺乏问题，广丰区积极构建零距离的技术指导体系，着力增强贫困户种植信心。一是线上搭建信息交流平台。充分利用微信及相关网络平台，建立马家柚技术交流群，把《马家柚产业发展与栽培技术问答》等科普资料编印成电子版相互传阅学习，为马家柚种植提供便捷的技术指导。同时，及时向全区贫困人口和帮扶干部发布气象灾害预警及马家柚种植管理实时指导提醒服务，为马家柚扶贫产业发展"保驾护航"。二是线下提供技能普及服务。依托农业部门、马家柚协会等力量，分批次举办马家柚种植培训班，加强对贫困人口、帮扶干部种植技术的普及培

训，实现贫困人口脱贫能力和帮扶干部产业帮扶能力"双提升"。以乡镇（街道）为单位成立马家柚服务小分队，采取"小分队驻村指导、帮扶干部入户指导"方式，加强对贫困户柚树管理上的实时指导、跟踪服务，面对面、手把手提高贫困户种植技术。

四、整合要素保障，推进政策扶持全面化

充分发挥党委、政府主导作用，建立完善要素保障机制，推动特色产业扶贫取得实效。一是强化政策激励。制定出台《大力推进马家柚产业发展的实施意见》《广丰区产业扶贫到户奖补项目实施办法》等产业扶持文件，实施一系列奖补激励政策，并设立金融产业扶贫小额贷款，激发贫困户发展产业的内生动力。二是拓宽销售渠道。坚持线上线下相结合，采取电商线上销售、合作社兜底销售、特色活动推广销售、爱心人士认购销售等方式，多措并举拓宽广丰马家柚销售渠道。2019年，仅特色活动现场签约马家柚果品订单就达到1 200万斤，交易额1.2亿元。三是发动社会参与。强化各级帮扶干部产业帮扶责任，做到"三帮"，即帮种、帮管、帮销。种植和认购的苗木资金由区财政、帮扶单位（帮扶干部）按一定比例共同负担。鼓励社会爱心人士、马家柚种植企业、马家柚育苗企业等通过捐款、捐树、托管等方式助力扶贫，全面降低贫困户种植成本，让贫困户轻装上阵。

五、助推乡村振兴，推进扶贫效益最大化

广丰区坚持把产业扶贫与乡村振兴工作紧密结合，有机衔接，助推乡村振兴战略有效实施。一是培育了乡土人才。在马家柚特色产业扶贫中，通过强化教育培训和技术服务，既让贫困户掌握种植技术，增加其脱贫致富信心，同时也培养出一批马家柚种植"土专家""土秀才"，使其成为乡村振兴的"领头雁"。二是扮美了乡村面貌。在秀美乡村建设中，通过激发贫困户利用房前屋后、村内空地、宅改空基广泛种植本地树种马家柚，使秀美乡村建设成本有效降低、农村人居环境得到大大改善，生态乡村游、休闲采摘游、农业观光游等旅游新业态蓬勃发展，乡村变成"生态更美、村容更美、庭院更美、生活更美、乡风更美"的幸福家园。三是壮大了村集体经济。马家柚特色产业扶贫不仅发展壮大了产业，还壮大了村集体经济，实现村集体经济收入与贫困户收入"双增长"。如大南镇古村村大力推行企业出资、村集体出力、农户（贫困户）出地的"企业＋村集体＋农户（贫困户）"模式，与农业开发公司合作种植马家柚原种苗，村集体将流转的700多亩土地作为资源入股苗木公司，流转工作及费用由村集体承担，农业公司负责经营管理，村级集体收入年终保底10万元，壮大了村集体经济，为加快乡村振兴提供了坚强保障。

【贫困户受益案例】

案例一

罗来恭是排山镇牌门村的村民，早年妻子出走，失去联系，独自抚养3个尚在读书的孩子，仅有耕地1.7亩、林地2亩，种种原因造成家庭负担较重，生活一直处于贫困状态。2014年他被识别为精准扶贫对象。

借助产业扶贫政策的东风，罗来恭在自家田地上种植了300多株马家柚，一边在农业合作社务工赚取劳务费，一边勤奋学习种植技术。2018年产出马家柚5 000余斤，增收2万余元。"种得好还要卖得好，如果没有镇村和爱心企业家帮销，我一个人都不知道怎么办才好。"谈起每年11月，爱心企业家都会上门收购大部分马家柚，罗来恭充满感激之情。

在自身发展良好的情况下，罗来恭没有忘记乡亲们，他积极帮助指导其他贫困户施肥、剪枝、除虫，向大家传授自己种植的经验和技术。目前，经他带动的贫困户有8户已实现脱贫。

如今，他逢人便说："非常感恩，没有党和政府，就没有我如今的日子。教育扶贫解决了孩子们的上学问题，产业扶贫给了我脱贫致富的机会，金融扶贫给了我资金支持。党和政府还在住房、医疗、就业上给我提供了大量帮助。"他说会把日子越过越好，带领更多的贫困乡亲走上脱贫致富道路，不辜负党和政府对他的关爱。

案例二

郑明扬，1948年生，广丰区湖丰镇回树底村东山一组村民。妻子徐金仙自小患有小儿麻痹症造成了先天性右腿肢体残疾，儿子年近30岁未成家，身体虚弱，无法参加重体力劳动。全家仅靠着郑明扬一个人做点小生意艰难地维持生活。2013年妻子又患上乳腺癌，使本来就困难的家庭雪上加霜。2014年，郑明扬一家被纳入建档立卡贫困户。

被纳入贫困户，郑明扬积极响应政府号召，把家里仅有的两亩地全部种上广丰特色农产品——马家柚。经过精心打理，2016年仅是马家柚种植就为郑明扬家带来25 000元的收入，家庭人均收入超过国家贫困线，顺利实现脱贫，并被评为广丰区"脱贫先进贫困户"。

谈及"脱贫先进贫困户"时，郑明扬脸上洋溢着喜悦，感激地说："感谢党的政策，感谢政府'两不愁三保障'的政策，感谢广丰区委的产业帮扶政策，感谢第一书记，感谢村干部和帮扶人的帮助。我会向其他贫困户宣传：凭党和政府的政策及自己勤劳的双手和坚强的意志，能脱贫奔小康的。我相信，生活会越来越好的！"

百亩千头 寓养于种
河南平顶山市典型案例

河南省平顶山市首创"百亩千头生态方"种养结合模式。该模式以100亩耕地为一个单元，建设一个占地约3亩、每批出栏1 000头生猪、年出栏两批共计2 000头生猪的养殖生产线（以下简称"千头线"），这一做法不仅能将养殖废弃物就地发酵、还田利用、变废为宝，而且投资小见效快，易于复制推广，有利于壮大村集体经济，实现了生态效益、经济效益、社会效益的有机统一。

目前，全市建成带贫"千头线"324条，生猪存栏18万头，带贫8 000多户、2万余人，被誉为"矗立在田间地头的扶贫车间"。"千头线"模式得到了农业农村部的高度评价，新华社、央视等新闻媒体相继采访报道。

平顶山市"千头线"产业扶贫模式生猪养殖场

【主要做法】

一、激励引导，明确政策支持方向

"千头线"的蓬勃发展离不开各级政府的大力扶持。市、县两级把"千头线"作为全市推进畜牧产业扶贫的主要模式，出台优惠政策，加大推进建设力度，积极解决水、电、路、土地等问题，调动社会各界参与扶贫"千头线"建设的积极性。一是市级激励引导。近年来，平顶山市财政累计投入1 600多万元用于"千头线"建设的奖补，每建设完成1条"千头线"市级奖补5万元。二是县级扎实推动。各县（市、区）政府通过整合扶贫资金，支持"千头线"带贫模式的建设推广，累计投入财政资金6 345万元。三是项目倾斜支持。积极实施生猪调出大县等项目，优先支持扶贫养殖企业和生猪育肥"千头线"发展，充分发挥项目的撬动作用，助推产业发展，增强带贫能力。四是专业服务支撑。依托市、县专家技术服务团和基层防疫员队伍，免费提供疫苗与注射服务、技术培训、技术资料、销售信息、技术指导等"五免服务"。

二、多措并举，创新产业扶贫模式

平顶山市各县（市、区）结合实际情况，将"千头线"建设与脱贫攻坚有机结合，探索出了"千头线"产业扶贫新模式。

一是"'千头线'＋代养"扶贫方式。引进龙头企业，依靠龙头企业的资源优势和技术优势带动村级集体经济的发展，地方政府与企业签订"千头线"扶贫代养协议，将"千头线"作为代养基地，为贫困户代养生猪，实现政府扶持、企业建设、合作经营，确保每条线带动10户以上贫困户，每条线拿出不低于2万元进行带贫。通过代养模式进行合作，带贫企业扩大生产规模的成本也得到了降低。

二是"'千头线'＋租赁"扶贫方式。财政拿出一部分资金，支持"千头线"建设，建成后移交贫困村作为集体财产，出租给养殖企业使用，所得收益一部分用于补贴贫困户，一部分用于村里公益事业。在鲁山县，县财政拿出了1 950万元，在各贫困村规划建设了39条"千头线"，作为集体财产，以每条每年5万元的价格，全部租赁给龙头企业进行经营，所得收入60%补贴贫困户，40%用于村公益事业，目前，已经带动贫困村31个，受益贫困户1 551户、4 018人。

三是"'千头线'＋务工"扶贫方式。以"千头线"模式为依托，带动贫困户就业，实现贫困户的持续稳定收益。配合市、县两级开展的扶贫技术培训和技术指导，企业也获得了拥有养殖技术的员工。宝丰的康龙集团建设了"千头线"50条，优先吸纳有劳动能力的贫困户进入企业务工，共带动贫困户198户、700余人，每人月收入保底1 000元。

四是"'千头线'＋土地流转"方式。通过土地流转，妥善解决畜牧企业用地问题，让贫困户共享土地流转的收益、产业发展的红利。在叶县有"千头线"生态养殖项目177条，消纳土地15 000余亩，每亩土地租金约1 000元左右，贫困户通过流转土地增加了收入。

三、变废为宝，实现粪污循环利用

"千头线"选址在大田中间，养殖产生的粪污通过发酵就地、就近用于周边农作物底肥和追肥，是最直接、最有效的农牧结合模式，实现了畜禽养殖废弃物资源化利用和零排放，解决了养殖场异味扰民问题。目前，已创新发展出4种特色模式。一是水泡粪大棚养殖模式。塑料大棚式猪舍，采用水泡粪工艺，粪污经过收集池、发酵池无害化处理后，用于林果地、大田施肥。二是机械干清粪模式。采用标准化猪舍建设方式，机械干清粪工艺，粪道有一定坡度，可使粪尿自动分离，使用固液分离机及氧化塘处理粪污。三是人工干清粪模式。水泥硬化地面饲养，采用"人工干清粪＋氧化塘"工艺。四是发酵床生态养殖模式。采用农作物秸秆加益生菌制成发酵垫料，粪污经垫料发酵后直接形成有机肥，实现零排放。平顶山市的"千头线"模式被《中国农业绿色发展报告2018》列为地方十大模式之一，在全国推广。

四、绿色发展，提升农业综合效益

一是降成本。"千头线"采用下沉式大棚结构，东暖夏凉，易于复耕，符合设施农业用地的土地政策；粪污发酵后再利用，符合国家的环保政策，解决了养殖业发展的土地和环保瓶颈。每条"千头线"固定资产投资约为30万～50万元，造价是同等规模猪场的1/3～1/2，可适用于丘陵岗地、盐碱地、复垦地、板结地等中低产田地区，落地性强，易于复制推广。

二是提产能。根据田间实验，经过改良后的土壤有机质含量可提升2.6个百分点，尤其是在中低产田连续2～3年施用有机肥，地力水平可提升1～2个等级，农作物产量一般可提高10%～30%，对改良土壤板结、提升土地地力、增加土壤有机质含量、提升农产品品质具有重要意义。

三是促增收。发展"千头线"种养模式，产值可达400万元左右，是单纯种粮的20倍以上；效益为40万元左右，是单纯种粮的10倍左右。

【贫困户受益案例】

案例一

樊民召、姬雪花夫妇，宝丰县大营镇古庄村人，年近50岁，老父亲常年有病，欠下了不少外债；老家房子年久失修，部分塌陷，而自己又没有一技之长，靠几亩薄地和外出打零工为生，成为贫困户。

康龙集团得知此情况后，于2013年年初将其招入养殖公司上班，负责两条"千头线"生猪养殖。几年来，夫妻二人在康龙养殖公司年收入10万元左右，现已脱贫，并于2019年在县城永明路明珠花园买房安居。

提起现在的扶贫政策，夫妻二人连声感叹说："这都是党的好政策给俺带来的幸福生活啊！"

案例二

李庆伟，鲁山县马楼乡苏庄村贫困户，大女儿患先天性脑瘫，重度残疾，生活不能自理，妻子专职照顾20余年，全家收入重担压在李庆伟一人身上。

2017年鲁山县畜牧局派来驻村工作队引进资金200余万元建4条生猪"千头线"，李庆伟有活干了，他有开铲车的驾驶技术，专门帮助生猪"千头线"搞建设，再也不用外出打工了，收入还稳定。现在家里空调、冰箱、彩电等家具家电一应俱全，生活条件越来越好。苏庄村生猪"千头线"建成后，每年可为苏庄村创收20万元。苏庄村利用"千头线"收益为全村贫困户每户免费安装了价值5000余元的净水机一台、户用太阳能灯一盏；并在村内主干道两侧种植绿化树、绘制墙体画，安装了太阳能路灯等，村容村貌焕然一新。

"'千头线'给我们指了路，在家门口就能有钱挣，感谢党的好政策。"

一田两用　种养并作
河南潢川典型案例

　　河南省潢川县充分利用水产资源优势，大力推行"一水两用、一亩双收"的"种养并作"扶贫模式，初步形成了小龙虾种苗、饲料、养殖、加工、销售、餐饮、技术服务一条龙发展的全产业链，取得了良好的生态效益、经济效益和社会效益。

　　目前，全县小龙虾养殖面积达38.2万亩，其中"稻虾共养"面积27.3万亩，带动了7 690户贫困群众脱贫增收，亩均增收2 000元左右，小龙虾产业已成为潢川县脱贫致富奔小康的支柱产业。

潢川带贫企业百利合作社场景

【主要做法】

一、强化政策驱动

坚持规划先行。科学制定五年发展规划，即到2021年全县小龙虾养殖面积达50万亩，加工能力达到5万吨，综合产值达100亿元。加大政策扶持。成立了县长任组长的领导小组，出台了一系列鼓励发展的扶持政策。对贫困户自养每亩补助400元，对苗种繁育基地每亩补贴500元，并在全省率先推出小龙虾养殖政策性保险，确保农户养殖无忧，亩均收益不低于1 500元。实施考核督导。把小龙虾产业发展纳入乡镇目标考核体系，一周一督导、一月一通报、一季一观摩，现场推进、奖优罚劣。

二、强化龙头拉动

抓龙头企业。投资3.45亿元，实施黄国粮业水产加工、河南澳嘉食品、鑫亿食品、潢丰小龙虾加工等小龙虾加工项目，提升龙头带动能力。抓基地建设。大力培育小龙虾种苗繁育、养殖基地，以基地服务带动产业发展。黄国粮业投入500多万元建成小龙虾种苗繁育基地，年投放市场虾苗600万尾。全县成功创建国家级稻渔综合示范区2个，省级稻渔综合示范区9个。抓集群发展。以农都集团、华莱时代、三源水产等100多家养殖加工企业为龙头，形成了产业集群，带动全县从业人员达1.83万人，年加工成品虾2万余吨，潢川成为河南省最大的小龙虾养殖加工基地县。

三、强化示范带动

扶持大户做强。鼓励和引导各类民间资本进入小龙虾产业，多管齐下解决融资问题。引导散户做大。全县成立小龙虾协会，引导散养户抱团组建合作社或建立家庭农场，提高市场竞争力。如桃林镇苏营村村干部带头成立小龙虾养殖专业合作社，带动全村养殖户241户，其中贫困户118户。带动新户养好。针对没有经验的新养户，推广"龙头企业＋基地＋技术＋贫困户"和"专业合作社（家庭农场）＋技术＋贫困户"等模式，让贫困群众融入小龙虾产业链中增收。

四、强化创新推动

以技术来支撑。加大与中科院水生所、河南农科院等科研院所的合作研发，组建了全国县级唯一的国家稻渔综合种养分中心，着力提升产业科技水平。靠人才做支柱。先后邀请多位知名水产专家来县指导，帮助解决技术难题。建立小龙虾专业科技服务队伍，举办"稻虾共养"培训班200余期，培训人员2万余人次。用科普来支持。在全省率先制定小龙虾水面养殖、"稻虾共养"等技术规程，推行标准化生产。

五、强化利益联动

围绕建立利益联结机制，探索了五种扶贫模式。贫困户自养扶贫模式。对有自养能力和自养条件的贫困户，实行全要素支持，全过程帮扶，全县自养小龙虾贫困户3 748户，养殖面积达6.7万亩。托管帮扶扶贫模式。对个别无劳力、劳力不足，或生产经验、养虾信心不足的贫困户，采取经营性托管、承包式托管、租赁式托管等方式，将虾苗供应、技术指导、日常保健等核心生产要素托管养殖大户、专业合作社或家庭农场，收益按比例分成。全县托管帮扶的经营主体120多家，托管养殖面积3.6万亩。综合养殖扶贫模式。以龙头企业为主体，连片流转土地，龙头企业负责种苗、饲料供应、技术管理，贫困户通过投资入股、企业务工、承包养殖等自由选择一项或多项合作。目前，黄国粮业、华莱时代等8家养殖规模超千亩的企业主要采取这种扶贫模式。农户租养扶贫模式。对因前期不愿进行基础设施建设投资的农户，以本村小龙虾养殖合作社为依托，与农户以每亩300元的价格签订合作租养协议，先由合作社负责挖沟、围网、防逃等基础设施建设，贫困户再以每亩100元的低价租虾田养殖，减少贫困户的前期投资，此种模式带动贫困户512户。电商扶贫模式。引进农都集团，建立"公司＋基地＋合作社＋渠道＋高效供应链＋品牌化运作"的"3＋3"模式，联合京东、顺丰等快递公司，利用B2B、B2C等电商渠道，让小龙虾产业踏上电商快车。农都集团小龙虾日交易量5万斤，年交易额100亿元左右，相关产业带动3 000名贫困人员增收致富。

六、强化共赢互动

全县把小龙虾产业作为农业供给侧结构性改革的突破口，良性互动循环，多方共赢发展，真正实现了粮食稳产、粮食安全、农民增收、农业增效的有机统一。贫困户找到了增收门路。小龙虾养殖门槛低，家家户户都可养；投资小，亩均一次性投资1 000元；见效快，当年投资当年收益，一年可养两季；效益高，不但小龙虾可卖钱，有机稻米价更高，亩均增收2 000元左右。企业实现了良性发展。企业通过小龙虾与贫困户建立利益联结，不仅让贫困户有稳定收益，企业也得到迅速发展。如黄国粮业建成了繁育基地500亩、种养并作示范基地3 000亩、年处理加工能力8 000吨的加工厂，成为国家稻渔综合种养分中心承建单位、第一批国家级稻渔综合种养示范区单位。产业链得到了有效延伸。小龙虾的产业链涵盖苗种繁殖、餐饮服务、冷链物流、精深加工等方面，推动一二三产融合发展。如创伟水产与郑州大学药学院开展产学研合作，共同研发虾壳甲壳素、壳聚糖清洁制备及其副产物生产工艺，通过精深加工变废为宝，生产甲壳素、虾青素、虾蛋白等高附加值产品，延伸产业链、提升价值链。农业供给侧改革探索了新路子。因"种养并作"严禁使用化肥、农药，降低了水质污染，生产的小龙虾和有机稻米供不应求。如华莱时代与中储粮合作建设有机米生产基地，在北京设立潢川"虾田大米"专柜，每斤售价15～20元。

【贫困户受益案例】

案例一

殷勤良，潢川县仁和镇蔡寺村贫困户。因残致贫，妻子重度残疾，子女年幼要上学，本人无任何技术，家庭生活极其困难。

2016年，在驻村第一书记和帮扶人的引导帮助下，殷勤良承包了15亩水稻，先后养殖了5亩龙虾，平均每期养殖能净赚5000元。他白天干活，夜晚学习养殖知识，经常向有经验的养殖大户请教遇到的难题，辛勤的劳动让殷勤良顺利脱贫致富。2017年，殷勤良继续扩大养殖规模，家庭年纯收入达到5万元，不仅还清了借款，还购置了彩电等家电。

如今，殷勤良脱贫致富不忘党恩，积极回报社会，把积累的养殖经验毫无保留地传授给周边200多名新加入的养殖户，起到了脱贫致富的模范带头作用，成为全县的"脱贫之星"。

案例二

刘永合，潢川县楚孜镇八里村贫困户。因残致贫，老两口都有长期慢性病，常年吃药，儿子残疾，一家人收入来源少，生活困难。

被认定为贫困户后，在扶贫干部的指导下，刘永合从2016年开始养小龙虾，现在家里的8亩田，每年仅养虾收益就有2万多元。2018年他家甩掉了贫困户的"帽子"，还被镇里评为脱贫明星户。如今，小龙虾养殖是刘永合一家人的主要收入来源，他正盘算着再承包5亩水田，扩大养殖规模。

"可以说自从我养了小龙虾，才算真正脱贫了。过去'瞎忙'手头紧，现在'忙虾'有钱花。"每次谈到小龙虾养殖，刘永合的高兴之情都溢于言表。

50万亩脐橙辉映橙农笑颜
湖南新宁县典型案例

　　湖南省新宁县把脐橙产业作为脱贫攻坚主抓手，积极探索"脐橙＋旅游＋扶贫"模式，逐步形成了产业高质量推进的喜人局面。全县脐橙种植面积从2014年16万亩发展到2020年50万亩，年产果量达70万吨、年产值达50亿元，带动10万农户40余万人年人均增收近8 000元，8.37万名贫困人口通过发展脐橙产业稳定脱贫，金色的脐橙成为群众金色的致富产业。

新宁县龙丰果业产业园一角

【主要做法】

一、坚持高位推动，突出产业扶贫的"脐橙主题"

新宁县强化产业扶贫这一脱贫攻坚的关键之举，抓住可持续发展的"牛鼻子"，县四套班子领导、各职能部门高度统一思想，集中力量抓脐橙产业。结合县情出台《关于进一步推进脐橙产业发展的决定》等相关政策文件，将脐橙产业扶贫作为对县级领导、部门、乡镇、驻村工作队进行实绩考核的重要依据，县财政每年整合资金5 000万元以上用于脐橙产业发展。

二、落实金融扶贫，坚持信贷与产业紧密结合

一是算好成本账。一亩脐橙直接成本共计4 000元左右，如果贫困户每户种植3亩脐橙，只需要贷款2万元。二是算好收入账。脐橙产业一般在第四年就能盈利，第六年进入丰产期，每亩收入可达6 000元左右，大部分贫困户从第四年开始就有能力还款。三是算好希望账。即通过科学管理，一棵脐橙树的生命可达50～70年，这样，群众种植一亩脐橙可带来收入近35万元；如果一户种3亩，就有100多万元的可持续收入。算好脐橙的增收账后，新宁县通过落实金融扶贫政策，全力支持贫困户发展脐橙产业，对符合金融信贷条件的贫困户，积极落实扶贫小额信贷政策，由政府贴息，实现了每笔贷款都精准"滴灌"。2014年以来，全县扶贫小额信贷累积近50亿元。

三、强化科技支撑，保障脐橙产业扶贫成效

一是抓好产业扶贫技术服务。设立县级特色产业服务中心、乡镇技术服务站、村级技术服务员，选派861名党员干部组建305支工作队进驻全县重点脐橙种植村，并与湖南农业大学、湖南省农业科学院签订合作协议，与中国农业科学院柑桔研究所共建柑橘试验站。同时，全县培育高素质农民1 980人，6.1万农民得到技能培训，8 700名果农成为脐橙产业"土专家"，贫困群众脐橙生产创业能力得到全方位提升。二是强化示范园区带贫能力。新宁县着力创建现代农业产业园体系，共创建1 000亩以上脐橙标准园104个、现代农业特色产业园省级示范园8个，崀山脐橙产业集聚区被认定为湖南省现代农业特色产业集聚区创建单位，带动了7.2万人就业，3.16万人稳定脱贫。

四、坚持龙头引领，实现扶贫产业健康发展

发展"公司（合作社）+基地+农户""龙头企业+合作社+贫困户"等联农带富模式，采取企业（合作社）联村、帮扶到户等举措，创新农民增收利益联结机制。脐橙合作组织和种植大户在政策激励下，积极扩种脐橙面积，最大限度地带动了贫困户种

植脐橙的积极性。全县参与"千企帮千村"脐橙企业92家，省市级龙头企业11家，合作社296家，3.73万户农户由农民变成股民。在能人、大户和合作社的带动下，果农积极扩大生产，全县种植脐橙5亩以上的大户达到4万户、10亩以上的大户超过8 000户。平均每户工资性收入4.8万元，每年分红近3万元；带动51340名贫困农民就业，每年增加收入1.3亿元。

五、放大品牌效应，提升"山脐橙"扶贫影响力

一是壮大品牌影响。"崀山脐橙"入围国家品牌计划——广告精准扶贫项目，在中央电视台和湖南省广播电视台连续展播；借力湖南卫视等主流媒体推出5集新闻片《百里脐橙连崀山》；连续成功举办五届中国崀山脐橙文化旅游节。二是开拓营销市场。建成1个电商产业园、6个县级电商运营中心、366个村级电商服务站点，覆盖新疆、内蒙古、上海、北京等国内市场，拓展了欧盟、俄罗斯、新加坡等40多个境外市场。积极参加国内大型农业博览会、农产品产销对接活动；与惠农网、阿里巴巴(中国)软件有限公司、苏宁易购等近百家企业形成崀山脐橙销售战略合作关系。三是实施品牌认证。该县脐橙产业持续发展壮大，多家企业和多个基地分别通过国家地理标志保护认证、全国绿色食品原料标准化生产基地认定、国家无公害农产品产地认定、国家绿色食品认证、国家出口果园（企业）认证，崀山脐橙多次获得国家和湖南省优质农副产品评比金奖。2019年，"崀山脐橙"被评定为中国果业最受欢迎的柑橘区域公用品牌10强之一，作为湖南省农产品区域公用品牌被重点培育和打造。崀山脐橙销售均价从2014年1.5元/千克升至2019年4.7元/千克，并获得湖南脐橙的定价权。

六、注重产业融合，实现与乡村振兴无缝对接

推动园区变景区，打造了百里崀山脐橙主题观光走廊，发展脐橙花观光、采摘体验、脐橙宴、脐橙田园小戏等特色旅游项目，打造了3条精品脐橙旅游观光带，建成脐橙旅游观光园21个，休闲农业企业26家，新增就业岗位3 614个，带动5 327名贫困人口脱贫，提升了群众的获得感、幸福感。脐橙重点产区黄龙镇被评为全国农业产业强镇，被认定为湖南省首批10个农业特色小镇之一，成功申报为全省美丽乡村建设整域推进乡镇，桃花、石湾、龙潭桥等5个村成为全市美丽乡村建设新亮点，13个省级、市级美丽乡村示范村建设深入推进，为全县305个村（社区）乡村振兴打下坚实基础。

【贫困户受益案例】

郑远翠，新宁县水庙镇三塘村8组贫困户，全家共4口人。妻子龙小和患糖尿病致双目失明，郑远翠为了给妻子治病花光了全部积蓄，2016年，郑远翠一家被认定为建档立卡贫困户。

脱贫攻坚以来，三塘村成立了脐橙种植示范基地，采取"合作社＋基地＋农户"的经营模式，为村民提供脐橙种植技术及启动资金。郑远翠在驻村工作队和村干部的鼓励下，积极加入合作社，并利用合作社提供的启动资金，种植脐橙25亩1250株。2018年，他家仅脐橙收入达10万元以上，顺利实现脱贫。

摘掉"贫困帽子"的郑远翠，如今在村里主动当起了脐橙种植技术指导员，他经常一边手把手地指导其他群众脐橙种植技术，一边感慨地说："我们一定要用心种，要对得起国家的好政策，不辜负干部的耐心帮扶。"

种蚕养桑富农家
广西河池市典型案例

　　广西壮族自治区河池市把桑蚕产业列为"十大百万"扶贫产业之一，通过狠抓蚕桑新品种新技术的示范和推广，促进农民增收致富。目前，全市桑园总面积达到94.15万亩，占全国种植面积的8.01%；带动养蚕农户近23万户约90万人，占农村人口的30%；实现全市蚕茧收入60亿元，蚕农人均养蚕纯收入6 000元以上；带动建档立卡贫困户2.47万户、贫困人口约7.5万人通过养蚕稳定脱贫。

河池群众养蚕忙，秋富欢

【主要做法】

一、领导重视，高位推动产业

河池市委、市政府把桑蚕产业列为"十大百万"扶贫产业之一，紧紧抓住国家实行"东桑西移"区域布局调整的大好机遇，充分发挥河池市的资源优势，因地制宜，借势发展，将桑蚕产业确定为实现脱贫攻坚重任的主要产业之一。从市级层面精心制定长期发展规划，科学制定年度目标任务，因地制宜层层分解落实。每年都把桑蚕生产目标任务纳入各级党委、政府及有关部门的考核指标，组织力量对各县（区）和责任单位进行督查，及时跟踪问效，年底进行绩效考核。

二、科技助推，实现跨越发展

一是引进桑蚕优良品种。桑品种方面，推广和引进桑树"三倍体"、桂桑优系列、粤桑、湖桑系列等；蚕品种方面，引进两广2号、桂蚕2号、桂蚕N2等，积极进行中、低产桑园改造。

二是推广人蚕分离养蚕模式。通过推广人蚕分离养蚕模式，使蚕房消毒防病容易了、养蚕环境清洁了，养蚕的成功率大大提升，蚕农收益实现了翻番。

三是推广蚕沙处理"三化"模式。通过实行蚕沙企业化收集、无害化处理、市场化营销，使蚕沙真正变废为宝，实现了生态效益、经济效益、社会效益三丰收。

四是推广机械化、省力化种桑养蚕技术，激发蚕农积极性。通过推广全国领先的桑枝机械伐条、框叠式小蚕共育、大蚕简易大棚饲养、省力化条桑育技术、省力化蚕台养蚕、轨道式给桑、自动上蔟技术、快速采茧器等省力化技术和工具，大大提高了工效和经济效益，也提升了农民种桑养蚕的积极性。以刚刚实现整族脱贫的环江毛南族自治县为例，全县贫困户26 322户，其中6 234户从事桑蚕产业，占全县贫困户的23.7%。

五是推广多批次滚动式养蚕模式，促进产业分工细化。创新多批次滚动式养蚕模式，大大提高蚕房的使用率和单个劳动力的产出量，进一步提升了桑蚕生产效益，实现了桑蚕相关从业者各得其所。这一创新的养蚕模式要求大小蚕分开饲养，产业分工更细，促进了全市蚕业的良性发展。

六是推行鲜蛹缫丝生产技术模式，稳定鲜茧价格。全市31家缫丝企业率先在全国推行鲜蛹缫丝生产技术，起到了减少收烘环节、节省成本的作用，每吨生丝比传统工艺降低成本1万元，年产丝0.72万吨，增加经济效益7 000多万元，更好地稳定了全市鲜茧价格。

同时，加大桑蚕技术研究推广应用。以科技创新、创意和创造为突破口，充分利用广西蚕业人才小高地、广西蚕业博士工作站、浙江大学和西南大学等大专院校以及科研院所、广西蚕业技术推广总站等单位力量，建立桑蚕科研示范推广新型服务体系，加快桑蚕资源综合利用和蚕用新机具的研究。加大桑蚕技术指导培训力度，每年组织各级蚕业技术人员到村到屯到点开展各种桑蚕培训，年平均培训蚕农超过2万人次。截至2020年5月底，全市已开展桑蚕技术培训122期，培训5 656人次。蚕农、技术员的种桑养蚕技术得到全面提升，新品种新技术得到广泛推广。

三、建好基地，扩大辐射效应

一是创建示范园区，做强桑蚕产业。河池市打造的刘三姐桑蚕高效生态产业核心示范区带动河池桑蚕产业再发展再跨越，形成"一县一业""一村一品"产业发展格局。该示范区发展集中连片桑园1万亩，辐射带动3镇2乡发展桑蚕示范区8万亩以上，受益农户3万户以上，受益人口10万人以上，于2017年12月8日被认定为自治区四星级现代特色农业核心示范区，2018年4月15日，中国蚕学会授予宜州区"中国蚕桑之乡"称号。2019年德胜镇获批农业产业强镇和一二三产融合发展先导区项目建设，有力地推动了桑蚕主导产业做优做强。

二是建设示范基地，增强带动效应。统筹推进全市11个县（区）县级示范基地和乡级示范基地共同协调发展。2017年以来，河池市把桑蚕产业作为年度"十大百万"扶贫产业绩效考评工作内容，要求每年每个县（区）各完成一个新增高产、优质、高效300亩以上连片县级示范基地和100亩以上乡级示范基地建设，做到看得见、接地气、可模仿，充分带动当地桑蚕产业发展，截至2020年6月，全市已建设县乡级桑蚕示范基地104个，其中县级56个、乡级48个，县级示范区2个，乡级示范园13个。

四、综合利用，延长产业链条

河池市坚持循环经济发展理念，全面推进桑蚕资源综合循环利用，着力抓好桑枝、蚕沙、下茧、蚕蛹等大宗副产品的开发利用。利用蚕沙、桑枝生产食用菌，引进企业生产蚕沙、废菌棒有机肥，首创了蚕沙、桑枝商品化治理模式，初步形成"茧—丝—绸""蚕沙—有机肥""桑—菇—肥"循环利用模式。

一是继续大力发展桑枝食用菌生产。在技术上重点扶持规模化产业化生产的企业，开发桑枝食用菌市场，建立桑枝食用菌品牌等，使桑枝食用菌生产的规模进一步扩大，全市创建有"宜源""柳业""谊人""农科""廖哥山"等5个桑枝食用菌品牌，截至2020年7月底，全市栽培桑枝食用菌3 745万棒，总产量9 117.9吨，总产值8 106.51万元。

二是加大对桑果、桑叶、蚕沙的综合利用。研发桑果酒、桑果汁、桑果醋等产品；推出凉拌桑叶、上汤桑叶、桑叶鸡、桑叶肉丸、桑叶面条、桑叶馒头、桑叶鲫鱼汤、炸蚕蛹等特色美食；创新蚕沙商品化治理模式，有效推进蚕沙综合利用，改善养蚕人居环境，建设沼气池8万多个、中小蚕沙池2.4万多个，每年处理蚕沙50万吨，生产蚕沙有机肥1万多吨，蚕沙处理率达80%以上。

三是进行蚕丝深加工，拓展增收渠道。利用下茧生产蚕丝被，延长了桑蚕产业链，进一步提高了产业抗风险能力。2019年，河池市从事茧丝绸加工的企业已发展到26家，缫丝产能365组（14.6万绪），装机量和缫丝生产能力均占全区总量的1/4，年产蚕丝7 323吨，销售收入达30.6亿元，位居广西首位。全市参与蚕茧收购、加工、流通的企业达到了432家，利用蚕茧下茧、缫丝下脚料、削口茧壳等制作蚕丝被。

四是积极探索桑枝多用途功能。从桑枝中提取生物碱制成人用抗癌药，用嫩桑枝、剩余桑叶、蚕沙等加工畜禽饲料，提升畜禽肉品质，全市有7家桑枝食用菌生产企业（合作社）和广西五和博澳药业有限公司收集桑枝，年收集桑枝2 000多吨。

【贫困户受益案例】

韦天成，环江毛南族自治县（以下简称环江县）大才乡平治屯贫困户。因肢体残疾及子女读书，于2015年被认定为建档立卡贫困户。

脱贫攻坚以来，环江县实施标准化蚕房建设项目，大力推广"农业企业＋农民合作社＋基地＋贫困农户"的组织经营模式，引导和扶持贫困户（农户）发展桑蚕产业。韦天成在帮扶干部、村干部的帮助下，积极加入农民合作社，并于2016年申请扶贫小额信贷5万元，扩大种桑规模达7亩，平均每年养蚕13批，每年仅种桑养蚕收入就可达3万～4万元。2016年，他家依靠种桑养蚕达到脱贫标准，顺利实现脱贫。

2020年，韦天成共获得桑蚕产业奖补5 000元，充分享受到产业奖补政策红利。

螺蛳粉的带贫魔力

广西柳州市典型案例

　　脱贫攻坚以来，广西壮族自治区柳州市依托国家现代农业产业园建设，以工业化理念和网红思维谋划柳州螺蛳粉产业发展，成功创建了以柳南区为核心的柳州螺蛳粉国家级现代农业产业园，形成了以稻、螺、蔬菜等为主导产业的种养基地，把柳州螺蛳粉打造为年产值超过60亿元的大产业。

　　目前，柳州螺蛳粉全产业链提供就业岗位超过25万个，20多万农户参与原材料的种养，4 500多户贫困户实现脱贫致富，人均增收9 000元以上，为稳定脱贫提供了坚实支撑。

柳州螺蛳养殖

【主要做法】

一、强化顶层设计

为把柳州螺蛳粉从"街头小吃"打造为现代化的地方特色大产业，柳州市委书记郑俊康提出要坚持用工业化的理念来谋划和发展螺蛳粉产业。市长吴炜强调要坚持质量为先，用标准化为螺蛳粉产业保驾护航。成立了以市委副书记为组长的柳州市螺蛳粉产业发展领导小组，先后出台了《柳州市大力推进螺蛳粉产业升级发展的实施方案》《柳州市全面推进螺蛳粉产业升级发展的若干政策措施》《柳州螺蛳粉原材料示范基地认定办法》《"柳州螺蛳粉"地理标志证明商标保护工作实施方案》等文件，在资金投入、税费减免、金融支持、基地建设、品牌培育、土地保障、人才支撑、技术支持等方面，全面保障柳州螺蛳粉一二三产业融合发展。

二、讲好一个故事

柳州螺蛳粉是汉族和少数民族饮食文化的完美结合，柳州市深度挖掘柳州螺蛳粉的独特文化，打造多样化宣传平台。编撰出版《柳州螺蛳粉》系列丛书，打好消息、评论、视频等组合拳，形成"市媒—区媒—央媒—全网平台"宣传效果，在中央媒体、海外主流媒体上加强新闻报道，在新媒体、自媒体上通过视频、微电影等传播螺蛳粉故事，开通柳州螺蛳粉冠名的高铁列车，打造了AAAA级的旅游景区柳州螺蛳粉产业园、柳州螺蛳粉小镇，建成并对外开放山湾村螺蛳文化大舞台、螺蛳文化展馆，积极申报国家级非物质文化遗产。结合各类大型节庆活动，开展柳州螺蛳粉主题推介活动。

三、严格一个标准

把质量安全作为柳州螺蛳粉产业发展的生命线，将标准化的理念贯穿整个产业。制定并严格执行《食品安全地方标准柳州螺蛳粉》《柳州螺蛳粉生产许可证审查细则》，严把准入关口。各单位、各部门齐抓共管形成监管合力，专项整治和日常监管相结合，构建市、县、乡（镇）三级农产品监管检测体系，探索建设"柳州螺蛳粉可追溯体系"，严把柳州螺蛳粉产品质量关，严格全产业链监管。

四、建设一批产业集聚区

建螺蛳粉原材料基地，带动一产发展。充分挖掘柳州螺蛳粉重要原材料如大米、竹笋、豆角、木耳、螺蛳等种养优势，聚力打造柳州螺蛳粉原材料产业集群。2019年，柳州螺蛳粉原材料种植养殖规模达到了50多万亩，以市政府名义认定了竹笋、螺蛳、豆角、大米和木耳等柳州螺蛳粉原材料种植示范基地12个，并以示范引领，推动螺蛳粉原材料基地规模化、标准化、产业化发展。在融安、融水、三江等贫困县，结合产业扶贫政策，推广"企业＋合作社＋基地＋农户"的产业扶贫模式，大力推进低产田改造养殖螺蛳或稻田套养螺蛳。融水县拱洞乡经过3年发展，养螺面积2019年已经突破6 000亩，成立了6家养螺专业合作社，带动2 160户农户（其中有1 673户贫困户）参与田螺养殖，实现增收；柳城县的"亚亮酸笋"带动了古仁村28户贫困户实现脱贫。引导柳州螺蛳粉生产企业积极参与到"百企扶百村""万企帮万村"脱贫攻坚活动中来，广西螺蛳王食品有限公司与柳城县共建2 500亩豆角生产基地，吸收了48户贫困户，带动周边180户农户参与豆角种植；与融水县共建木耳基地，带动8个贫困村285户855人实现就业脱贫。

建螺蛳粉产业园，带动二产发展。出台激励政策，推进螺蛳粉企业入园集群化发展。在鱼峰区建成柳州螺蛳粉产业园，打造柳州螺蛳粉生产集聚区、原材料加工基地，培育酱菜加工生产基地，入驻园区的螺蛳粉生产企业及相关配套产业企业30家，日产螺蛳粉达130万袋（日产峰值超200万袋），年营业收入30亿元。在柳南区建成螺蛳粉产业加工集聚区，入驻生产企业25家，柳南区以螺蛳粉为核心成功创建国家级现代农业产业园，已建成2.6万亩的螺蛳粉原材料示范基地，年加工粮食、蔬菜41.7万吨，年产值19亿元。2020年疫情期间，柳州市积极为柳州螺蛳粉生产企业安排了来自融水、三江、融安等地建档立卡的贫困户或农村剩余劳动力进入螺蛳粉生产企业工作，解决就业人口约5 000多人。同时积极引导螺蛳粉生产企业，将部分原材料加工车间搬到受疫情影响小、贫困劳动力集中的融安、融水、三江等县，既解决了贫困劳动力就业难题，促进贫困户稳定增收，又为螺蛳粉生产企业扩大产能提供生产原料和劳动力，达到"双赢"。

拓展产业功能，带动三产发展。柳南区太阳村镇在螺蛳粉龙头企业带动下，一个拥有种养、加工、生产、销售、旅游的完整产业链的螺蛳粉特色小镇正在发展起来。柳南区在太阳村镇打造了"万亩竹海"公园，螺蛳养殖基地赏螺栈道成为市郊农业观光体验、乡村休闲旅游、团队拓展等活动的好去处。2018年、2019年连续两年，柳南区举办螺蛳粉小镇文化节，举办音乐节、嗍螺大赛、百螺宴等活动，共吸引20多万游客前来观光。柳州螺蛳粉电子商务产业园，入驻企业35家，成为柳州螺蛳粉电商发展和创新创业的重要摇篮，成就了广西第一个"中国淘宝村"。2017年以来，柳州螺蛳粉快递出港量每年均超过了2 000万件，占快递总量的80%以上，快递出港量增长8倍。在城市中心地带培育一条螺蛳街，传承和创新发展螺蛳菜品，汇聚各地知名美食，将打造成为柳州美食文化新地标。基本形成休闲农业、餐饮服务、食品加工、电子商务、快递物流、文化旅游于一体的产业发展链条，全产业链带动就业超过25万人，其中建档立卡贫困户约2.3万人。

五、培育一批龙头企业和知名品牌

加强龙头企业培育。柳州市大力实施品牌发展战略，打造螺蛳粉区域公用品牌，2018年7月，"柳州螺蛳粉"地理标志证明商标成功注册。2019年启动国际商标注册工作，已向44个国家和地区递交了注册申请，全部受理，目前已获得了27个国家和地区的商标保护。开展柳州螺蛳粉原材料示范基地建设，共认定12个大米、豆角、螺蛳、竹笋、木耳等原材料种养市级示范基地，大力支持螺蛳粉原材料的"三品一标"认证，累计有12个原材料获得"三品一标"认证。累计18家螺蛳粉相关企业获得农业产业化重点龙头企业称号，其中2家为自治区级。广西螺霸王食品有限公司被农业农村部授予全国主食加工业示范企业称号，广西家柳食品科技有限公司、广西螺霸王食品有限公司、柳州黄氏真味餐饮连锁有限责任公司获广西商标品牌战略实施示范企业称号。

【贫困户受益案例】

案例一

蒙田咪，融水苗族自治县拱洞乡培基村培堤屯贫困户。全家6口人，蒙田咪与丈夫都已50多岁，儿子身有残疾（废弃性肌肉萎缩），两个孙子正在读书，于2013年被认定为建档立卡贫困户。

脱贫攻坚以来，融水县拱洞乡创建了稻螺综合种养示范区，合作社与养殖公司签署协议，通过"公司＋合作社＋基地＋农户"模式，合作社发放种苗，公司负责收购销售。蒙田咪在村委和帮扶干部的鼓励下，加入合作社，发展了田螺养殖6亩，每亩年产600斤以上。"田螺一年收购2次，每斤3.5元，仅卖田螺我家每年能得到12 000多元。加上种田和养鸡收入，2020年收入预计有4万多元，脱贫没有问题。"蒙田咪笑着说。

案例二

黄东恒，柳州市鱼峰区白沙镇王眉村王眉屯贫困户。全家人口3人，因小孩重病，医疗费用很重，于2015年被认定为建档立卡贫困户。

2018年年底，王眉村积极响应柳州市螺蛳粉百亿产业战略，提升脱贫产业质量，组织群众退桉种竹，种豆养螺，努力打造螺蛳粉原材料生产基地。黄东恒在村委的支持下，开始学习豆角种植技术，现已经熟练掌握种植技术，每年种植7亩豆角，每年收入2万元。2020年开始种植竹笋5亩，预计2021年可以收割，另种植有甘蔗5.8亩，年底可有1万元收入。其妻子黄彩球，村里也安排了公益性岗位。"现在政策好，我也努力认真地做工，一年也能有几万元的收入，生活过得可以，下来再把竹笋管好，可以作为以后的养老用了。"黄东恒说。

科技引领绿色驱动 芒果变身"黄金果"
广西田东县典型案例

　　广西壮族自治区百色市田东县地处中国西部的右江河谷腹地，近年来，面对脱贫攻坚、乡村振兴的新形势、新任务、新挑战，田东县以芒果产业扶贫为重点，积极探索、勇于创新，大力开展技术创新、人才培育工作，全力进行芒果绿色食品标准化建设，不断增强产业带动农民脱贫致富能力，全县芒果种植面积达34万亩，采用新技术增加产值12.9亿元，累计有5 400户贫困户、1.6万名贫困群众依靠芒果种植告别了贫困。

广西田东芒果产业园

【主要做法】

一、产学联姻，实现产业发展与科研教育深度融合

田东县与科研单位加强合作，成功与中国热带农业科学院、广西农科院、广西芒果产业创新团队结对，依托学院的人才和技术优势，大力推进芒果种植技术创新，加强上、中、下游的对接与融合，先后开工建设国家芒果种质资源圃、田东芒果试验站等科技平台，提升技术研发水平。定期开展技术指导和培训，全面提升芒果绿色标准化生产水平，制定和执行芒果产业绿色发展标准，推进技术互助协作，促进产业升级。

二、科研攻关，重塑芒果品种结构

围绕芒果科技创新能力提升和产业化发展需求，针对田东县芒果品种结构以早熟品种为主、晚熟品种缺乏、收获期较为集中、市场销售压力大、经济效益不高的难点，通过创建百色芒果研究院和广西田东芒果试验站，先后引进景东晚芒、热农1号等芒果新品种，推广芒果早花摘除技术、小分子诱导技术，促芒果开花；推广采后修枝、病虫害综合防治等先进实用技术，解决芒果丰产稳产等技术难题，填补了市场对芒果晚熟品种的需求，实现了品种结构优化，延长了芒果供应期。

三、强化推广，助力芒果产业开花结果

为保障芒果产业的可持续健康发展，田东县大力推进芒果产业新技术的应用与转化。一是充分发挥农业技术力量，不断组织农业专家、技术人员深入田间地头，通过开展技术培训班、现场实地指导等形式，把先进的管理技术推广运用到生产种植和管理中。二是标准化示范带动，采取"龙头企业+合作社+基地+农户"等模式，让专业合作社牵头，按照合作社相关章程，引导和培训农户进行规范管理，实现芒果种植管理技术的普及推广。经过多年的技术推广与生产实践，"芒果早花摘除技术"和"芒果保花保果集成先进技术"在全县普及推广率达83%以上，每年在百色芒果产区运用面积达28万亩以上，增产达24.8万吨，增加产值12.9亿元。为田东县芒果产业可持续健康发展提供了强有力的制度支撑。

四、生态循环，绿色发展成效突出

紧密结合绿色循环优质高效特色农业要求，全力打造芒果绿色食品标准化建设。一是全面推行"一控两减三基本"的绿色发展模式。按照"一控两减三基本"的总体要求，开展"两减、三增、三结合"行动。在生产过程中，严格根据测土配方与作物需求施肥，减少化肥的使用量。二是增加有机肥使用量，改善农田土壤的通气条件和

酸碱度，走低碳农业之路。采用物理和生物防治措施防治病虫草害，使用低毒、高效农药，禁止使用高毒、高残留农药。另外，项目实施过程中产生的植物性垃圾全部经过粉碎、发酵、消毒和生化处理，把有害物质转化为有机肥料，重新参与再生产。目前，田东县拥有两家有机肥生产企业，年产能力15万吨，结合利用全区土壤大数据平台和智能施肥系统，为农户提供精准施肥配方，实行科学施肥，完全可以实现到2020年全县农作物化肥使用量零增长的目标。

五、创建平台，深化产业融合与拓展服务

一是以10个标准化芒果示范园为龙头，开展示范基地建设，提升规模生产、加工转化、科技集成、品牌营销、产旅互动的综合发展水平，芒果产业从采后处理等粗加工拓展至精深加工、包装印刷等诸多领域，带动二三产业融合发展。二是以4家国家级创业创新基地为依托，鼓励返乡大学生、农民工等进行自主创业，促进大众创业、万众创新。

【带贫情况】

一、做强做优芒果产业，小芒果变成"黄金果"

田东县把芒果产业作为特色产业发展的引擎和引领农民脱贫致富的"金钥匙"，不断加大扶持力度，提高服务能力和水平，推动了芒果产业转型升级。培育出"举家富、百冠、壮乡贝侬"等芒果类注册商标28个，培育芒果标准生产示范基地10多个，成立芒果专业合作社55家。全县芒果种植面积达34万亩，辐射带动108个行政村（其中贫困村28个）15 545户农户5.44万余人，解决3万多名农村劳动力就业问题，年人均（芒果可支配）收入达7 720元；芒果产业辐射带动28个贫困村，占全县贫困村总数的52.83%，累计有5 400户贫困户1.6万人依靠种植芒果告别了贫困。林逢镇东养村、林驮村分别获得第六批和第八批全国"一村一品"（百色芒果、田东香芒）示范村。田东县被列为全国农村改革试验区、国家现代农业示范区，同时获批中国首批特色农产品（田东百色芒果）优势区，国家芒果种质资源圃项目落户田东，更为推动田东芒果走向世界插上了腾飞的翅膀。

二、示范园区拉动，提振扶贫产业链

组织创建国家级芒果产业科技创新示范园，重点培育已初具规模的祥周新洲万亩芒果园、林逢那王芒果标准示范基地、林逢东养那朗芒果标准园等现代芒果示范基地，规划建设总面积5 000亩左右的国家级芒果产业创新示范园区，促进田东芒果产业的集群化发展，做大做强田东芒果产业。

三、电商扶贫"一张网",线上线下"淘金忙"

借助互联网营销张力,全面推动品牌打造、拓宽产品销售渠道。成立电商协会,协会会员220多人;建成电子商务一条街,入驻电商企业30多家。目前全县已建成1个县级电子商务公共服务中心、7个乡镇服务站、13个贫困村服务点、44个供销网点、31个村邮乐购、100个邮政代理网店,基本实现全县乡镇、村电商全覆盖。培育了"农派三叔""桂七恋曲""百冠芒果""七个芒果"等一批区内知名的本土电商企业,依托微信、淘宝、天猫、京东、阿里巴巴等电商平台多渠道销售。2019年1~10月,该县电商实现农产品线上销售额2.5亿元。通过"电商+扶贫",累积实现助农增收225.79万元。

红心猕猴桃　致富金元宝

四川苍溪县典型案例

　　四川省广元市苍溪县地处北纬31°的秦巴山南麓，是红心猕猴桃的最佳适生区。近年来，苍溪县把发展红心猕猴桃产业作为产业立县的重中之重，鼓励支持贫困农户在房前屋后大力种植，结合新型经营主体培育，联户联组联村联片做大做强，推进红心猕猴桃产业向园区化、工业化、全产业链方向发展。

　　目前，全县红心猕猴桃累计栽植39.5万亩，覆盖39个乡镇740余个行政村，年产红肉猕猴桃鲜果12.6万吨，占全省红肉猕猴桃的65.49%，年综合产值60.66亿元，全县1.8万余户贫困户依托小小红心果脱贫致富。红心猕猴桃，已成为群众脱贫致富的摇钱树，结出了增收致富的"金元宝"。

苍溪歧坪天新万亩猕猴桃扶贫产业园区一角

【主要做法】

一、"园区＋庭园"新模式促种植

园区带动连片脱贫。以红心猕猴桃产业园区建设为载体，推进猕猴桃百亿产业融合发展，连片推动产业扶贫。全县围绕"一园五区相融、四个统筹推进"连片规划布局建成万亩现代红心猕猴桃种植产业园区13个、千亩种植园区66个，栽种面积22万亩，产业覆盖全县31个乡镇、218个贫困村。建成猕猴桃加工园区3个，新开发猕猴桃酵素、含片、果酒、饮料、口服液保健品等精深加工产品36种，年加工猕猴桃3万吨，产值8亿元，吸纳用工5 300余人，其中贫困人口2 400余人。建成红心猕猴桃主题旅游园区3个，农家乐1 187家，带动近6 000户贫困户户均增收2 000多元。庭园带动精准扶贫。围绕"一户二亩产业园、三年脱贫超万元"目标，着力"三个一＋四到户"，推进产业庭园建设带动农户增收脱贫。"三个一"，即户建一个产业园，户修一个微水池，户有一个技术明白人；"四到户"，即政策资金到户，干部帮扶到户，技术培训到户，订单保单到户。目前，全县90%以上的建档立卡贫困户建成有1亩以上的红心猕猴桃产业园。

二、"双带＋双促"新机制促发展

一是"合作经营"带农户。全县通过建立"以奖代补""先建后补"、贴息贷款、担保融资、税费减免、优化环境等激励方式，大力引进培育工商资本和返乡创业人员领办龙头企业7家；领办猕猴桃专合社124家、发展社员66 500户；建家庭农场81个，其中贫困户建家庭农场36个。通过采取"新型经营主体＋基地＋农户"方式，合作经营发展红心猕猴桃产业。

二是"四保分红"带增收。创新"四保＋分红"利益联结机制。"四保"，即：保土地租金，全县流转土地20万亩，亩均流转费550元，年土地租金1.1亿元，其中贫困户土地租金1 100万元；保园区务工，合同保障流转土地农户优先务工权，园区农民年人均务工就业收入达3万余元；保订单收购，对农户庭园种植的红心猕猴桃，由各类经营主体实行订单收购，订单生产覆盖面达100%；产业保险，积极鼓励红心猕猴桃种植新型经营主体和农户参与保险，化解风险增加收益，全县参保猕猴桃30.5万亩，参保面达95%以上。"分红"，即：二次返利分红，果王公司推行订单收购，二次返利分红184万元，其中贫困户分红60多万元；反租倒包分红，华朴公司反租倒包年实现超产分红300多万元，其中贫困户分红40多万元；股权收益分红，永宁镇金兰园区探索财政支农资金股权量化改革，按扶贫投入产业发展资金的20%计144万元，折股给127户贫困户254名贫困人口，每人可分得财政支农资金量化股金9 516元。全县"租金＋分红＋农民年务工收益"累计达2亿多元，带动近2万贫困人口增收。

三是"以购代捐"促生产。通过帮扶单位和帮扶个人以适当高于市场价直接购买贫困户农产品的方式，变直接向贫困户送钱给物"养懒汉"的粗放式扶贫为购买贫困户农产品，促其发展的生产造血式扶贫。目前，全县通过实施"以购代捐"激励1.8万建档立卡贫困户种植红心猕猴桃3.2万亩。

四是"以奖代补"促发展。县上每年设立不少于5 000万元的猕猴桃产业发展专项基金、不少于2亿元的统筹打捆项目资金，用于"以奖代补"支持猕猴桃产业发展。对建2亩以上猕猴桃园的贫困农户，户均补助6 000元；对获得绿色食品、有机食品认证的企业补助2万元；对专营店连续5年每年补助1万元宣传广告费；对种植面积在100亩以上、管理运作规范的猕猴桃专业合作社，每年补助工作经费1万元；对首次取得出口基地、国家生态原产地、国家级质量生产安全基地等备案的单位（企业或合作社等）奖励5万元，对复核保持出口基地备案等的单位企业奖励2万元；对出口额达到100万美元以上的单位（企业或合作社等）奖励5万元；对新建验收合格的5 000吨以上气调库奖励5万元、1万吨以上气调库奖励10万元；对参与产业保险的农户县本级财政补贴75%、果农自交25%，新型主体县本级财政补贴25%、自交75%，由保险公司提供每亩每年2 000元的保险。

三、"电商＋品牌"新业态促增效

一是电商拓展市场。着力推进"全国电子商务进农村综合示范县"建设，建成"京东苍溪特产馆"和100多个乡村电商服务站，快速搭建起苍溪特色农产品电商交易平台，年均销售红心猕猴桃鲜果近1万吨、销售额超3亿元，带动贫困户人均纯收入增收890元。

二是推行产品期货交易。目前，苍溪红阳、海沃德线上交易成交量2 100多万手，成交金额20多亿元。拓展国际市场，目前，全县出口美国、欧盟、东南亚等国家和地区猕猴桃15 000吨，实现收入5亿元。

三是树品牌增强效益。通过举办苍溪红心猕猴桃国际订货会、采摘节，在中央电视台等国内知名媒体和网络平台强化品牌宣传，提高苍溪红心猕猴桃品牌知名度和市场美誉度，增强品牌影响力和效益。"苍溪红心猕猴桃"被评为中国驰名商标，获得国家生态原产地保护产品认证、国家出口产品基地认证、绿色食品标志、欧盟认证和质量安全体系认证，多次获得国际农产品交易会金奖，是全国绿色食品标准化原料生产基地、国家出口猕猴桃质量安全示范区等。目前，苍溪红心猕猴桃品牌估值80.99亿元。猕猴桃鲜果产地收购价从2015年每千克16元上涨到24元，果农每亩产值由2018年的16 000元上升到24 000元，亩产值增加了8 000元。

【贫困户受益案例】

案例一

樊明玉，苍溪县歧坪镇樊家山村五组贫困户，2014年因病被识别为建档立卡贫困户。2014年年底，在该村猕猴桃专业合作社的引导、帮扶单位的帮助和产业扶贫资金的支持下，樊明玉开始种植红心猕猴桃，并按照绿色有机化的技术要求种植4亩生态果园。2017年，猕猴桃园开始初步投产，当年收入3万元；2018年进入大面积挂果，当年收入6万元；2019年进入盛产期，亩收入3万元，4亩有机果收入近12万元。他的有机果售价在30元／千克以上，高出普通果1倍多。

"只要用心种，猕猴桃树就是我们的摇钱树，如果种得好，比打工强得多！"谈起发展猕猴桃，樊明玉心里乐开了花。

案例二

高本远，苍溪县桥溪乡长河村四组贫困户，由于缺少发展资金、女儿在外读书等情况，于2014年被识别成为建档立卡贫困户。

精准扶贫以来，桥溪乡以产业扶贫为主线，通过帮扶单位提供猕猴桃苗和改土建园补贴、政府给予信贷支持和新植补助、专业合作社提供技术指导和订单收购等措施，帮助高本远新植猕猴桃12亩。2019年正式产出，高本远当年仅猕猴桃一项收入就超过8万元，不仅还清了贷款，还为女儿添置了一辆小轿车。2020年预计收入12万元，他打算果子卖了后就改建小洋楼。

高本远已成为桥溪乡远近闻名的致富能手，他经常无私地向周边群众传授种植技术，带动周边农户共同发展，群众推荐他担任了长河村的猕猴桃技术员。谈起发展猕猴桃，老高的兴趣真是越来越"高"了！

机制创新 "榨菜之乡" 开新境
重庆涪陵区典型案例

　　重庆市涪陵区是享誉世界的"榨菜之乡"。针对"千家万户的小农户难以应对千变万化的大市场"和"农民的市场履约意识不足"两大现代农业发展难题，涪陵区于2019年在榨菜产业发展中全面推行"龙头企业＋股份合作社＋基地＋农户"的模式，种植订单率84.2%以上，探索建立起"一个保护价，两份保证金，一条利益链"的益贫惠贫机制，让农户及建档立卡贫困户、合作社和企业由相互博弈走向三方共赢，更让榨菜这项传统产业焕发出新的生机与活力。2020年，涪陵区青菜头种植涉及23个乡镇（街道）60万农民，收砍面积72.71万亩，销售总收入141 681.29万元，较往年增加6 153.79万元，农民人均青菜头种植可支配收入1 907元，其中，带动全区12 200余户近70%建档立卡贫困户种植青菜头，户均销售收入2 244元。

涪陵贫困户在种植榨菜

【主要做法】

一、组建股份合作社，打造利益共同体

"千家万户的小农户难以应对千变万化的大市场"是现代农业发展的一大难题。涪陵区培育组建以农民为主体的榨菜股份合作社，构建榨菜产业"三变"改革利益共同体，以创建国家现代农业产业园为契机，组建国有上市龙头企业榨菜集团公司控股的重庆振涪农业科技有限公司（以下简称振涪公司）。财政投入"真金白银"撬动股份合作社发展，由榨菜半成品加工大户牵头，榨菜龙头企业、村集体经济组织、广大菜农（包括贫困户）参与，参股组建榨菜股份合作社。区财政落实专项资金对每家符合条件的股份合作社奖补25万元构建股权结构，振涪公司或农业产业化榨菜龙头企业持股5万元、村集体经济组织持股5万元、村扶贫基金持股8万元，另外7万元用于合作社发展生产或基础设施建设；其他青菜头种植农户以青菜头种植当季的土地经营权入股，种植加工大户以资金和设施设备折价入股。2019年，全区共组建榨菜股份合作社197家，入股农户20 774户，其中一般农户16 464户、贫困户4 310户，国家现代农业产业园区内榨菜股份合作社124家，产业园区内青菜头种植贫困户实现入股合作社全覆盖。

通过在产业链条上推行股份制改造和利益联结，做到联股联业、联股联责、联股联心，解决了"青菜头种植分散、品质难控制、企业半成品加工原料难组织"等问题，建立了产业链动能分工合作机制。合作社成员（农户）主要负责青菜头种植和供应；合作社对榨菜种植实行"投入品、播种育苗、种植技术、田间管理、收砍、初加工（含看筋）、销售"统一管理，承担榨菜半成品初加工生产和供应；签约榨菜龙头企业不仅派员监管青菜头收砍时间节点、初加工（看筋）环节等，保证榨菜原料的供应和质量，还负责精深加工、产品市场销售和品牌打造。通过产业链各经营主体的股份联结，建立了"保底分红＋财政投入资金股权化分红＋农户务工收入＋盈余二次分红"分配机制。农户种菜当季土地经营权价款（按入股价与交售青菜头数量计算的价款）、资产折价和资金入股按5%计算的价款为保底分红，振涪公司或农业产业化榨菜龙头企业不参与保底分红；合作社有经营盈利每年实行盈利二次分红，优先支付市场价高于入股价的差价款给入股菜农，在提取公积金（5%～20%）、公益金（5%～20%）后按股分红，约定时间支付，原则上每年12月30日前支付。

二、落实一个保护价，稳定生产大基地

稳定优质原材料基地面积，是保障榨菜产业持续发展的基础。综合衡量企业需求、农户收益及市场波动情况，研究出台青菜头收购优质优价政策，探索建立"保护

价＋随行就市"价格调节机制，既保证了企业充足的原料供应，又有效规避"菜贱伤农"的现象，极大调动了农户种植青菜头的积极性。2019年，全区70%以上青菜头种植基地实施订单生产，普遍按照"雨水"节气前800元/吨的兜底价格进行收购；榨菜企业以1 865元/吨的保护价格收购合作社的粗加工榨菜原料。收购保护价的落实，有力增强了农户抵御市场风险的能力，种植放心、收益托底，有效实现了农户和合作社的收益预期，确保了榨菜优质原料基地的稳定增长。2019年全区青菜头实际种植面积比2018年增长10%左右。

三、推行两份保证金，形成三方利益链

"农民的市场履约意识不足"是现代农业发展面临的另一大难题。为此，涪陵区在签订保护价收购协议时，全面推行履约保证金方式，构建起三方信用合作机制。合作社向龙头企业交30元/吨的履约保证金，菜农又向合作社交30元/吨的履约保证金，这两份保证金有效约束和规范了农户、合作社、龙头企业的市场履约意识，保证了榨菜企业榨菜生产原料市场供应的平稳和质量，种植户向合作社交了保证金，心里更踏实，收益得到了保障，能够放心地种。2020年，全区农民人均青菜头种植可支配收入1 907元，其中国家现代农业产业园区内榨菜股份合作社入社建档立卡贫困户户均年增收6 000元以上，较往年增收15%。这种保证金机制的建立和推广，也是新时代在广大农村探索构建"人人有责、人人尽责、人人享有"的社会治理共同体的有效形式，必将为推进社会治理现代化打下现实基础。

组建榨菜股份合作社，推行"一个保护价，两份保证金，一条利益链"的联结机制，一条从田间地头到商品货架的产业链的形成，既保障了农民收益和村集体经济组织收益的稳定增长，也保证了企业生产的原材料品质，真正实现了农民、合作社和龙头企业的"三满意"，实现了小农户与现代农业发展的有机衔接。

【贫困户受益案例】

袁亮，涪陵区百胜镇中心村贫困户。2013年因父亲患病、子女读书被纳入建档立卡贫困户。以前他种青菜头收入不稳定，有时二三亩青菜头就可收入三四千元，有时十几、二十亩青菜头却赔了本。2019年，袁亮加入了榨菜股份专业合作社，与合作社签订了保护价订单协议，一下子在村里流转了近30亩地种植青菜头。由于加入了合作社，签订了订单协议，2019年袁亮收获青菜头近80吨，扣除肥料和雇工成本后，单是种植青菜头的单季净收入就达4万多元。如今袁亮一家已实现稳定脱贫，成为当地勤劳致富的"小明星"。谈及青菜头，袁亮总是自信满满地说："加入合作社，有了协议就放心了，2020年下半年我还要种植更多青菜头，扩大规模，争取挣更多的钱。"

抓特色　广带贫　小刺梨做成大产业
贵州刺梨典型案例

　　贵州刺梨是珍贵的天然药食两用植物，被誉为"维 C 之王"，开发利用价值极高。同时，它根系发达，固土保水能力强，对石漠化治理、山区水土保持和生态环境改善具有积极作用。贵州省发展刺梨产业具有悠久的历史、良好的群众基础和得天独厚的生态环境，刺梨产业被确定为全省重点培育发展的12个扶贫产业之一。目前，全省刺梨种植面积位居全国之首，达200万亩。2019年，刺梨产业共实现产值7.5亿元，带动6.5万户农户增收，其中贫困人口2.42万户，户均增收6 138元。

六盘水群众正在采摘刺梨

【主要做法】

一、坚持高位推动，强化政策扶持

成立全省刺梨产业推进工作领导小组和刺梨产业专班，由一名副省长领衔推进。编制了《贵州省刺梨产业发展推进方案（2019—2021年）》，出台了《贵州省刺梨产业发展专项资金申报指南》《贵州省刺梨产业发展专项资金管理办法（试行）》等文件，加大了涉农资金整合力度和支农政策性贷款融资力度。2018—2019年，共投入财政专项资金3.2亿元，投放贵州绿色产业扶贫投资基金5.5亿元。

二、坚持龙头带动，强化技术服务

引进广药集团合作开发刺梨产业，签订战略合作框架协议，争分夺秒，98天时间就开发出"刺柠吉"系列产品，2019年销售收入超1亿元。

推动广药集团与省内刺梨加工企业深化合作，现有重点刺梨加工企业35家。成立贵州省刺梨产业研究院，与中国科学院天然物产实验室等开展贵州刺梨新品研发、功效研究。加强标准体系建设，编发《贵州刺梨系列标准》《贵州刺梨评价通则》，对种植、加工、产品研发等环节进行细化。建立科技推广员和联系员制度，累计培训刺梨种植农户20.4万人次，其中建档立卡贫困户5.8万人次。

三、坚持品牌驱动，强化产销对接

以"贵州刺梨·维C之王"为核心理念，全力打造"贵州刺梨"公共品牌，制定公共品牌管理规则和公共LOGO，目前贵州省内有10家企业获得"贵州刺梨"公共品牌使用权。利用对口帮扶资源，协调"拼多多"免费刊播开机屏广告，在东方有线网络、上海地铁上全年持续免费宣传贵州刺梨扶贫广告。邀请钟南山院士走进电商直播平台为贵州刺梨带货，组织刺梨企业参加国内外展销会20余次，推动刺梨产品入驻淘宝、京东等电商平台，组建贵州省刺梨产业推广运营中心。

四、坚持群众参与，强化利益联结

主要有三种利益联结模式：一是强化种植端利益联结。引导贫困群众以资金（财政专项扶贫资金、扶贫小额信贷资金）、土地等资产量化入股、获得收益。二是强化生产端利益联结。优先安排以土地入股的贫困群众务工就业，增加收入。三是强化销售端利益联结。推广刺梨产业价格指数保险，并纳入地方特色农业保险补贴范围；推进刺梨加工企业、种植户签订保底收购协议，帮助贫困群众有效应对市场风险，目前全省签订保底收购协议的刺梨基地有91万亩。比如，六盘水市水城县成立县林务公司负责前三年投资占股40%，农户以土地入股占股40%（前三年每年每亩保底分红为400元），合作社负责组织刺梨管护、抚育、鲜果采收占股20%。从第四年起，所获收益扣除成本后，三方按4∶4∶2股比分红。2017—2019年，水城县种植的25.27万亩刺梨产生的流转分红金共涉及1.1万户贫困户，户均增收近4 000元。

【贫困户受益案例】

案例一

雷元显是镇远县半屯村的贫困户，虽然腿脚不便，可是脱贫意愿坚决、善于学习，在驻村干部的帮助下，他结合地理优势及当地产业实际，自己嫁接野生刺梨发展刺梨产业。在他和家人的精心管护下，2016年年底，刺梨种植规模达到8亩；2017年秋已初见收益，收获了5 000斤刺梨生果，并且通过羊场镇电商扶贫站和县政务中心帮扶售卖，全部销售完毕，销售额达2万元。雷元显通过自己的努力，不断扩大种植规模，截至目前，已栽种刺梨8 000株，按照2019年每株20元收益的行情估算，2020年收益可达8万元。他说："8万元虽然不是很多，但对于一位普通农民来说足以步入小康了。如今党和国家的政策这么好，尤其是对我们这样的贫困户，不仅有政策扶持，还有专门的帮扶干部帮助我们出点子、想办法，今后我还要不断扩大规模，争取做大做强，就可以帮助更多人脱贫致富。"

案例二

李兴昌，贵州省六枝特区落别乡纳骂村建档立卡贫困户，以前靠种植玉米、土豆为生，家里有两人没有劳动能力，每年只能解决温饱。2013年，为发展村级集体经济，带领老百姓致富，村支书李清茂带领8个村民组长和部分村民代表到盘县天刺梨公司参观学习。回来后，村里决定用陡坡地种植刺梨。李兴昌积极参与，参加了刺梨产业的发展，成为村里首批发展对象，种了几亩刺梨，每年的收入有几万元。"这一季我们家大概收获了8 000斤刺梨，按照每斤2.5元的价格计算，今年我家单是刺梨的收入就达到了2万元。"2019年秋收时65岁的李兴昌无比兴奋。

贫困县结出"甜蜜果"
贵州从江县典型案例

　　从江县是贵州省深度贫困县。为助力该县农业产业结构调整，促进贫困群众增收，贵州省科技厅开辟绿色通道，帮助解决百香果产业发展过程中的种苗质量良莠不齐、缺乏高效种植技术等难题，有效提升了百香果种植水平。截至2020年上半年，从江县已种植百香果12 530亩，预计全年百香果产量达7 500吨、产值约1.1亿元以上，可带动4 708户贫困户户均增收3 000元以上，使百香果成为贫困群众脱贫致富的"甜蜜果"。

贵州从江县百香果产业扶贫基地

【主要做法】

一、开通绿色通道，强化科技支撑

产业要发展，科技支撑是关键。百香果是助推贵州脱贫攻坚的四大精品水果产业之一，但群众认知度并不高，对种植技术和管理方法的掌握程度参差不齐，因此，集中力量打造高标准产业园、做好高效栽培试验示范尤为重要。为此，贵州省科技厅主动作为，于2018年12月出台了《2018—2020年科技支撑脱贫攻坚十条措施》，于2019年1月出台了《关于"14＋2"深度贫困县组织申报科技计划项目的通知》，支持"14＋2"深度贫困县开通项目管理绿色通道，支持成果转化、平台人才等向深度贫困县流动，支持以"科技项目＋人才团队＋企业（合作社）"模式对深度贫困县实施组团式帮扶。针对从江县百香果产业发展中的技术难题，组织专家会诊，帮助凝练科技项目，立项实施"百香果工厂化育苗及高效栽培技术集成与应用"等11个省级科技成果转化重点项目，支持资金1 130万元，派遣科技特派员近100人次，让科技人才把试验写在大地上，把成果留在老百姓的增收账单上。

二、做给农民"看"，带着农民"干"

在具体推进过程中，通过支持龙头企业建立示范园，引导其发挥现场示范作用，做给农民"看"；通过走市场、在线卖等促进销售，帮着农民"算"；通过科技特派员传技术、搭桥梁，引导群众"种"；通过推广"龙头企业＋基地＋农户""合作社＋基地（贫困户）"等模式，带着农民"干"。在这些举措下，"百香果工厂化育苗及高效栽培技术集成与应用"科技项目，按照"公司＋基地＋合作社＋农户"的模式，现已带动340户农户就业，其中贫困户180户，帮助100名临时劳动力实现就业增收。

三、创新发展模式，打造"五金"农民

为让贫困群众在百香果产业中充分受益，从江县委县政府大力完善带贫机制，通过土地流转、土地入股、就业带动、保底分红等形式，打造土地出租有租金、入园务工有薪金、资产入社有股金、二次返利有红金、自主生产有补贴金"五金"农民。通过政策引导、示范带动，鼓励农民积极参与产业发展，增强自身造血功能；通过"大园区＋小业主＋种植户""企业＋基地＋种植户"抱团式发展模式，增强产业抗风险能力，破解农民后顾之忧。

同时，从江县将百香果纳入退耕还林树种，让符合退耕还林政策的农民，享受退耕还林政策；加强对金融、保险等有关部门的协调统筹，完善各项农业保险；加大生产性补助及基础设施建设补助，对适宜种植百香果的企业、合作社、农户给予每亩

1 000元的补助奖励，对贫困户种植百香果给予每亩1 500元的补助奖励。此外，通过示范基地带动，已累计用工4.8万个（其中贫困劳动力1.2万个），每个工每天可收入100～120元，实现增收近500万元。

四、专家请进来，人才走出去

贵州省科技厅以"发现问题—解决问题—凝结经验"为科技扶贫思路，定期组织专家会诊，灵活应用微信、电话等方式服务企业、合作社、农户。同时坚持"引进来＋走出去"，在产业发展过程中不断加强交流学习，先后邀请台湾、福建、广西、海南等地百香果专家深入从江县田间地头开展技术指导，并派科技人员先后到福建、云南、广西等地百香果种植基地实地考察、参观百香果高端种苗生产线等，从中学习高标准示范园的建设及搭架、种质资源圃的建设、品种选育、工厂化育苗等技术，帮助提升百香果种苗繁育中的母本园建设、优新品种引进、花芽黄化、落花落果、肥水调控、病虫害防控、果品分级等高效栽培管理技术；帮助逐步实现工厂化育苗，补齐育苗短板，解决了依靠从外省引进苗木、成本高等方面的难题；成功探索出山高坡陡地形条件下百香果标准化种植的"从江模式"，推进百香果产业加快发展。

五、完善技术体系，推进技术落地

为促进百香果科研成果转化，贵州省科技厅组织专家编写《百香果春季管理技术要点》《百香果夏秋管理技术要点》《百香果冰雹灾后管理措施》等技术资料，拍摄"百香果栽培技术"视频课程，组织各类培训10余期，其中，视频课、夏秋管理技术等技术资料的点击量达到了30万人次，深受群众欢迎。

"种植百香果要注意浇水施肥。浇水的话，最好选择太阳下山的时候再浇，2～3天浇一次水为宜；施肥的话，要松土扩穴再施肥，把肥埋到土里去……"从江县西山镇小丑村的贫困群众杨老天参加百香果种植技术培训后，由衷地感慨道："以前我们不懂种植技术，只知道按照土办法蛮干。经过专家的指导，我们学到了不少技术，也解开了心中的困惑。现在，我们种植百香果的信心更足了，收获肯定能大大提升。"杨老天一家于2014年被识别为贫困户，近几年通过发展小黄牛养殖，于2018年实现脱贫。尝到产业扶贫的"甜头"后，杨老天深知发展产业是行得通、能持续的"致富路"。2020年，在从江县委县政府大力发展百香果、食用菌、林下鸡和蔬菜四大产业的号召下，他与当地14户贫困户一起承包了112亩土地种植百香果，按照保守产量800斤/亩、保底价格5元/斤计算，预计年收入为44.8万元，将带动14户贫困户户均增收近3万元，实现持续稳定脱贫。

【贫困户受益案例】

案例一

覃凤英，从江县贯洞镇八洛村贫困户。丈夫陆永祥肢体二级残疾，还患有帕金森病，常年吃药，因残致贫；儿子大学时当兵入伍，家庭收入来源少，生活困难。

2016年被评为贫困户后，在帮扶干部的帮扶联系下，覃凤英在八洛村千亩百香果基地务工，每天工资为120元，每月可以稳定获得2000元以上的工资，成为她家庭的主要收入来源；她家里的4亩田也流转给了企业发展百香果种植，每年不用管理田地，也能按时拿到4000元租金；除此之外，她每年还有百香果基地入股分红资金2000元。辛勤的劳动让覃凤英一家于2018年顺利脱贫致富。

如今，覃凤英脱贫致富不忘党恩，积极回报社会，在村里起到了脱贫致富的模范带头作用，成为全村的"脱贫之星"。

案例二

梁春美，从江县贯洞镇德卡村贫困户。家中两个子女上学，因学致贫。夫妻两人勤恳朴实，家庭生活条件较为困难。

2020年，在村级指挥所和帮扶人的积极引导帮助下，梁春美通过有组织的劳务就业顺利到贵州从江真尊实业有限公司从江县百香果产业项目基地务工。梁春美通过在家门口就业，每天能有120元的纯收入，每月为家里增收2000元左右。在梁春美的积极带动下，德卡村有近20名农村妇女加入到百香果基地务工。在这里她们切实感受到了国家扶贫产业项目发展为她们带来的福利，在家门口实现就业，既便于她们照顾家中老小，又解决了农村妇女学历低、就业难的问题。

如今，梁春美时刻感恩党的政策，牢记党的恩情。通过一家人的努力，她的家庭收入得到了翻天覆地的变化，2020年7月女儿也顺利从中职毕业，目前已在深圳就业。梁春美全家通过就业脱贫致富，实现了家庭"小康梦"，已经成为村里的榜样。

茶飘香　民致富

贵州凤冈县典型案例

贵州省凤冈县是"中国富锌富硒有机茶之乡"，还是"中国长寿之乡"。脱贫攻坚以来，凤冈县充分发挥得天独厚的地理优势，大抓"畜－沼－茶－林"生态茶园建设，努力提升茶叶品质、加强品牌管理，使小小树叶成为全县高质量脱贫的重要支柱产业。2019年，该县投产的茶园达47万亩，茶农20余万人，实现了全县45万人"人均一亩茶"的目标。2018年凤冈县以零漏评、零错退的成绩精彩退出贫困县行列，其中涉茶贫困户4 013户12 140人实现了脱贫。目前，凤冈县位列"中国茶业百强县"第六位，一幅"以茶富民、以茶兴县、以茶扬县"的蓝图正在变为生动现实。

凤冈茶场

【主要做法】

一、把茶品质种出来

扎实推进"畜-沼-茶-林"生态茶园建设，在茶园中套种红豆杉、雪松、香樟、桂花等，形成"茶中有林、林中有茶"的茶园生态，有效提升茶叶品质。推行生物农药替代化学农药、有机肥替代化肥，在全县打造3个县级"双有机"示范点和10个乡镇"双有机"示范点，塑造"良心产业·有机凤冈"。凤冈县永安镇田坝村现年75岁的陈仕友，在近50年间先后试种茶叶品种13个，带领当地群众发展有机茶种植数万亩，带动子女兴办4个茶企业，把茶叶卖到了欧美市场。

为促进茶产业壮大，凤冈县从放宽注册条件、落实税收优惠、加大财政投入、给予信贷支持、给予项目倾斜、提供用地用电保障、构建信息咨询平台、强化人才队伍建设等方面，加大对农民专业合作社的扶持力度。发展茶叶合作社60余家，吸纳社员2万余户，基地面积达到8万余亩，参与茶叶及与茶叶相关的贫困户从业人员1万余人。

二、把茶品味做出来

凤冈县根据市场需求和茶叶品质、品种优势，发挥春、夏、秋茶个性特色，具体研发加工绿茶、红茶、白茶、黑茶、乌龙茶等产品，提升茶产品综合利用效率。坚持合理规划、科学布局，加大力度在茶叶加工能力不足的区域布局建设茶叶加工厂，截至目前，累计建成加工厂280家，年加工能力达到5万吨以上。依托凤冈县农投公司组建凤冈锌硒茶产业联盟，积极支持企业开发超微茶粉、茶多酚、茶食品、茶饮料等多元化茶叶产品，凤冈锌硒茶饮料、茶酒、茶食品的开发取得了突破性进展。

三、把茶品牌管出来

凤冈县完善茶叶质量检测体系，成立综合检查执法队伍，不定期对种植大户、茶叶专业合作社、茶叶企业的茶园、茶青、茶叶成品进行抽检，对茶叶生产、加工、储运、销售全程监控，建立茶叶质量追溯平台。推行茶企和合作社、村民组、村委会、乡镇、县直部门"五级防控"模式，严抓质量安全管理，全方位提升茶叶质量水平。积极推进"凤冈锌硒茶"茶叶质量认证，完成茶园绿色认证2万亩，有机认证5.18万亩，建成永安镇、绥阳镇茶树绿色防控核心示范区2个，示范面积5万亩。

四、让茶企业挑重担

凤冈县现有茶企业500多家，其中茶叶加工企业280家。凤冈茶企通过领办、创办、参办、协办等方式，积极发展茶叶种植和茶叶精深加工，打造茶叶商标近300个。

贵州国科生态农业发展集团在凤冈投资3亿元，购置工业用地100多亩，配套建设基地核心区茶场3 000亩，建设锌硒茶口服液、浓缩颗粒、含片、矿泉水、饮料等锌硒食品开发、茶叶加工生产线项目，实施"一品带多产"，带动20万亩茶基地生产，促进锌硒茶旅文养食等三产融合发展。

五、让茶产业成为脱贫攻坚支柱产业

凤冈县以茶产业为抓手，通过实施以"三变"为主的农村改革，探索建立"企业＋基地＋贫困户"利益联结机制，进一步有效推动了茶产业精准扶贫、精准脱贫。脱贫攻坚以来，凤冈县通过发展茶产业，实现建档立卡贫困户4 013户12 140人脱贫，带动6 000多户建档立卡贫困户增收，茶叶加工企业利益联结贫困户分红达20万余元。

【贫困户受益案例】

案例一

李华国，凤冈县永安镇田坝社区贫困户，家庭生活极其困难。在政府精准扶贫政策扶持下，李华国种植优质茶叶，发展茶产业，茶叶种植面积逐年扩大，3年就达7亩多。种茶收入成为其家庭主要收入来源，每亩茶年收益大概有8 000元，一年可增加家庭收入56 000元。如今李华国的家庭早已因茶脱贫，因茶致富，现正在申请拆除旧房建新房，对生活充满了希望。

作为一名老党员、小组组长，李华国脱贫致富不忘党恩，努力回报社会，他积极响应党委、政府的号召，带领地方村民积极发展茶产业，产业发展起来后，他把自己长期积累总结的好经验好做法毫无保留地传授给周边50多户新发展的茶叶种植户，起到了脱贫致富的模范带头作用，成为全镇的"脱贫之星"。

案例二

杨秀贵，女，仡佬族，初中文化，凤冈县永安镇田坝村新村组村民，现任凤冈县秀姑茶业有限公司董事长。她身残志坚，通过努力掌握了多项制茶工艺，成为田坝村的第一个女制茶师。2010年，她东拼西凑了3万元，把自家小平房改造成加工车间，购买机器设备开始加工茶叶，注册了凤冈县成友茶叶加工厂，成为全县唯一一家残疾人微型茶企业。

2017年12月，她创立的凤冈县秀姑茶业有限公司被遵义市扶贫开发办公室评为"市级扶贫龙头企业"，2014年被遵义市残疾人联合会评为"遵义市残疾人就业基地"，同时它还是"贵州省残疾人创业就业示范点"，安置了20位残疾人就业。公司在促进农民增收致富方面，充分发挥了带头作用，带动当地茶农特别是种茶贫困户加入公司，完善茶农的利益联结机制。目前公司以"三变"（即资源变资产、资金变股金、残疾人变股民）模式，增加残疾人股东22人，带动500余户建档立卡贫困户和残疾人家庭共同致富。

"五联"促脱贫　核桃富万家

云南凤庆县典型案例

　　云南省临沧市凤庆县为有效解决核桃产业发展中的瓶颈问题，立足"中国核桃之乡"品牌优势，依托临沧工投顺宁坚果开发有限公司龙头企业带动，积极探索"公司＋核桃烘烤站＋核桃专业合作社＋基地＋果农"模式，通过建立"五联"机制，有效解决核桃产业发展中的瓶颈问题，带动广大贫困果农增收致富。目前，全县共有核桃面积172万亩，年产可达13万吨，覆盖全县13个乡镇187个村（社区）8万多农户40多万人，已建成面积1万亩以上核桃种植专业村100个。2019年，全县农民人均核桃可支配收入4000元左右，约占农村常住居民人均可支配收入10950元的36.53%。17025户贫困户在核桃产业发展中受益，占总贫困户数的89.4%。

凤庆县贫困户参与核桃加工产业

【主要做法】

一、联结专业合作社分社形成利益联结体

目前公司名下有23个核桃小龙头烘烤站，依托烘烤站组建了23个专业合作分社，建立农户增收的长效机制和利益保障机制，共有社员2 600户，带动其他农户4.9万户。建立农户增收的长效机制和利益保障机制，对合作社社员在产品收购、生产加工、市场销售等环节加以规范，不断提高产业组织化程度和生产的集约化、规模化、标准化水平，保证了产品质量，提高了产品价格。

二、联结贫困农户，增加群众收入

以服务贫困农户、促进农户增收为目标，公司与烘烤站签订合作协议，烘烤站与1 666户贫困户和其他农户签订订购合同，收购农户鲜果，对贫困户和果农开展科学种植、基地管护、鲜果采收、初深加工等技术培训，实现科技培训全覆盖。实施核桃产业提质增效，通过核桃树涂白、除杂除草、施用有机肥、病虫害防治、修剪整形等措施，提高核桃产量，实现贫困户户均增收500元以上；通过改进烘烤技术，引进新设备，改扩建厂房、生产线提高产品质量，实现贫困户户均增收500元以上；通过实行贫困户剩余劳力就地就业，实现户均增收1 000元以上。

三、联结贫困村基地，做实产业基础

以建核桃烘烤站为载体，提供设备、技术、流动资金等开展核桃烘烤加工，撬动贫困户和其他农户调整产业结构，发展壮大产业基地，从核桃基地管护"合理密植、整形修剪、中耕施肥、病虫防控、筑埂保土、自然集水、树盘覆盖、成熟采收"八个重点环节入手，制定推行科学严格的管护标准和数字管控质量标准，健全完善管理机制，提升基地质量控制能力。制定核桃成熟判定标准，根据不同气候环境严格控制核桃青果采收时节。推行科学的核桃青果采收打落法、拣拾法和机械震动法，并明确制定各种采收方法的程序和标准，提升产业质量，确保原料有保障。目前，扶持带动贫困户建成无公害核桃基地2.3万亩，占合作社无公害核桃基地7万亩（其中野生有机核桃采集基地2 500亩）的32.9%。

四、联结贫困劳力就业，扩大就业规模

在贫困村新建核桃烘烤站23个，将建档立卡贫困户作为用工重点，千方百计增加就业岗位，最大限度地解决当地贫困人口中的剩余劳动力就业问题，增加贫困户务工收入，促进贫困人口就业脱贫。合作社和烘烤站年季节性用工2.4万个，其中聘用贫困

人口用工量5 800个，占用工量的24%。2019年公司及烘烤站共计发放农民工工资800余万元。

五、联结市场，做大做强产业

坚持"市场主导、政府引导、企业主体、社会参与"的原则，采取"龙头企业＋初制小龙头＋合作社＋果农"的市场化运作体系，建立紧密的公司、烘烤站、基地、果农的联结机制，打造利益共同体，实现农户增收、产业增效、企业发展，切实让农户感受到"核桃下得了树、卖得出去、卖出效益"。公司采用线上线下相结合模式，打造"林苍山上""秋吉""0883"等品牌，成为良品铺子、百草味等大型企业供货商；成立子公司临沧工投顺宁电子商务有限公司，新冠肺炎疫情期间通过电商平台为农户销售价值100余万元核桃产品。2019年，公司共收购核桃干果9 276吨、核桃仁837吨；收购坚果干果645吨，支付核桃和坚果收购款共计1.42亿元，为所涉及的4.9万户果农解决了市场销售问题，对4 849户建档贫困户保障了相对较好的价格水平，充分发挥了龙头企业杠杆作用，起到了价格稳定器作用。先后被评为"云南省林业龙头企业""云南省科技型中小企业""规模以上工业企业"，被认定为"凤庆县就业扶贫车间"。

【贫困户受益案例】

田国宝，凤庆县新华彝族苗族乡瓦屋村硬度小组贫困户，母亲年老丧失劳动力，一家人收入来源少，生活困难，于2014年被纳入建档立卡贫困户。

不懂农业生产技术的田国宝通过免费参加临沧工投顺宁坚果开发有限公司组织开展的核桃提质增效现场培训，从2014年开始就积极对自家种植的核桃进行修枝打叉、移密补稀等提质增效管护。通过他精心的科学管护，20多亩种植时间不长的核桃已陆续产出，每年收益已有2万多元。他家不仅顺利脱了贫，还被评为全县"光荣脱贫户"。如今，核桃收入成了田国宝一家的主要收入来源，田国宝还申请了5万元扶贫小额信贷用于巩固发展核桃产业，计划新增核桃种植面积10亩以上，形成一定种植规模。

"以前不是没有想过致富的道，但不是没钱就是不懂技术，现在国家政策好，又免费培训又帮助我贷款，我家核桃长得越来越好，日子也过得越来越好！"说到如今的好日子，田国宝脸上笑开了花。

小咖啡释放扶贫大能量

云南隆阳区典型案例

    云南省保山市隆阳区凭借"保山小粒咖啡"品牌和世界"尤里卡"金奖殊荣，大力实施"公司＋基地＋合作社＋贫困户"的产业化经营模式，实现龙头企业、合作社、贫困村、贫困户利益有机衔接，通过发挥龙头企业加工、品牌、市场等优势，提高了贫困户在产业发展中的参与、组织和受益程度。目前，咖啡产业已成为助推隆阳区脱贫攻坚的"亮点"产业，有效带动咖农1.56万户6万余人增收致富。

保山咖啡基地的群众实行果树套种

【主要做法】

一、重投入

2017年2月，保山市农业局、保山市财政局支持保山比顿咖啡有限公司1 000万元基金；自2017年起连续3年，隆阳区咖啡种植保险覆盖面积6万亩，总投保135万元；龙头企业为咖农购买农业保险27万元。2015—2018年，全区咖啡农业产值平均增幅9.79%，加工产值平均增幅3.29%，龙头企业销售收入平均增幅5.05%，绿色化水平指标平均增幅33.19%，咖啡产业保持着良好发展态势。

二、抓有机

扩大"保山小粒咖啡"绿色有机基地规模。在全区现有绿色、有机咖啡基地9 903.6亩的基础上，开展10万亩国家、欧盟、国际雨林联盟等绿色有机咖啡基地认证工作，规划到2022年使全区绿色、有机咖啡基地达10.99万亩规模，其中通过生物及物理防治、科学用药等绿色防控技术，采取种植荫蔽树、农药减量示范等措施，按国家绿色有机种植标准重点建成1.5万亩绿色有机示范基地。

三、创名牌

组建"保山小粒咖啡"产业绿色有机联盟。基于已取得"保山小粒咖啡"地理认证、商标证书的品牌优势条件，保山市围绕生产、加工、流通、服务全产业链各环节，整合品牌，打造"保山小粒咖啡"乡村旅游目的地1个，"一村一品"专业村17个，省级以上龙头企业、农民专业合作示范社名优品牌各2个，每年组织"10大销售企业""10大咖啡合作社"等地方年度评选活动。

四、占市场

培育自主品牌，提前抢占市场先机。培育5个"10大名品"、绿色食品"10强企业""20佳创新企业"；打造省级以上龙头企业、农民专业合作示范社名优品牌共4个；积极参加国内外商务合作洽谈、展销会，举办"保山小粒咖啡"推介会、展销会、交易会、咖啡文化节；在省级及以上电视媒体广告进行宣传，丰富"保山小粒咖啡"产品销售渠道，抢占市场先机，扩大影响力和占有率，确保外销额占隆阳区咖啡总销售额的60%以上。

五、建平台

立足地缘、资源优势，搭建具有国际视野的滇西边境咖啡拍卖中心。区内咖啡企业已在缅甸、印度等国外区域建有基地、初加工厂，建设覆盖怒江州，辐射缅甸、印度等边境邻国优质咖啡产区的滇西边境咖啡拍卖中心1个，将为国内外采购商提供集信息、展示、拍卖、交易、结算、仓储、物流、融资等一体的"一站式"交易服务，成为为保山小粒咖啡行业提供信息公开、交易公平、服务完善、手续快捷的第三方交易平台。

六、解难题

主动突破产业瓶颈，为咖啡企业和咖啡农户解难题，提高农业产值。政府在企业融资、财政税收、土地等方面提供优惠政策，支持建设优良咖啡种源保存圃65亩、绿色有机示范基地1.5万亩；完成物联网、产品质量追溯体系示范基地6万亩，咖啡基地提质增效3.3万亩；建设院士工作站、咖啡实验站、咖啡技术服务中心各1个；制定"保山小粒咖啡"基地标准、技术规程、产品质量标准各1项，制定咖啡果皮茶及花茶产品技术规程、质量标准各1项。

【贫困户受益案例】

隆阳区潞江镇丛岗村安正富，家庭人口4人，有一子一女，都是大学生，因学致贫。原收入来源主要是务农，但耕地面积少，养殖规模小。

2016年保山比顿咖啡有限公司以"公司＋合作社＋农户"的商业模式，流转该户咖啡面积20亩，期限为14年，流转价格按照首年每亩200元、以后每3年增加10%流转费用的方式支付给农户。农户需将每亩60千克咖啡鲜果交回公司，剩余产量由农户自行售卖，也可按市场价格交给公司。通过公司运营后，咖啡生豆价格达到26元／千克，相比流转前14元／千克的价格增加了12元，年增收2.2万元。目前，该贫困户两个子女已毕业，分别就职于保山比顿咖啡有限公司咖啡厅和咖啡生产车间，每月工资均在2500元以上。夫妻两人常年在该公司咖啡基地干活，人均月收入均在1500元以上。

"以前种咖啡收入很低，现在，我们土地流转费收入一笔、咖啡豆销售收入一笔、务工收入一笔。在家门口就能打工，收入大大提高了，还能照顾好家里，一举多得。"安正富开心地说道。

"苹果之城"的脱贫计

云南昭阳区典型案例

　　云南省昭通市昭阳区立足悠久的种植历史、得天独厚的自然条件，充分发挥中国南方优质苹果生产基地、国家农业农村部地理标志登记保护、中国最有影响力的十大苹果区域公用品牌、中国百强农产品区域公用品牌效应，重点打造"一基地二园三体四区"，通过"龙头企业＋基地＋党支部＋合作社＋贫困户"绑定发展模式，到2019年年底，昭阳区苹果种植规模达60万亩、产量80万吨、产值80亿元，35万群众通过苹果产业实现增收致富，7.2万建档立卡贫困户通过苹果产业实现脱贫。

昭通苹果产业园

【主要做法】

一、狠抓规划引领，坚持走规模化发展道路

昭阳区牢固树立登顶意识，进一步统一思想、形成共识，坚持"老产区抓提升改造、新产区抓基地建设、合理调整早中晚熟品种结构"的思路，提出到2021年，新增高标准示范基地6万亩，大面积规范种植6万亩，昭通超越基地规模从6万亩提高到10万亩，提升改造老果园30万亩，苹果早中晚熟比例从1.5：3.5：5调整到2：4：4，苹果种植规模达72万亩，实现产量100万吨、综合产值100亿元"双百"目标；到2025年，昭鲁片区苹果种植规模达100万亩，实现"百万亩苹果与百万人口"相融的"苹果之城"建设目标，力争产量达300万吨，综合产值300亿元。

二、狠抓招商引资，坚持走专业化发展道路

昭阳区坚持让专业人干专业事，在认真落实省、市招商引资政策的同时，制定完善区级招商引资政策，通过整合项目资金、激励社会资本投入、政府与社会资本合作等方式，支持海升集团等已落户企业继续做大做强，吸引更多优质企业投身苹果产业，建设气调库、冷链物流仓库、交易市场、高标准示范基地。依托昭阳工业园区电商产业园，充分利用一部手机游云南、京东、淘宝、云上苹果App等网络销售平台和微信、抖音、快手等新媒体营销平台，建设昭通苹果产销信息数据中心，全力构建现代化苹果生产体系、经营体系、销售体系。

三、狠抓利益联结，坚持走组织化发展道路

昭阳区以脱贫攻坚为契机，进一步建立健全产业发展、优惠政策与贫困群众利益联结机制，通过"龙头企业＋基地＋党支部＋合作社＋贫困户"等模式，扩大群众在土地流转、生产奖补、入股分红、进园务工、田间学艺等各环节的参与度，实现龙头企业、合作社、电商、农户互相抱团闯市场。到2021年，实现11万户果农与龙头企业、合作社、能人大户等新型经营主体建立稳固利益联结机制，苹果产业受益人口达35万人以上，果农户均年收入达3.5万元，人均年收入达1.2万元，覆盖巩固建档立卡贫困户1.8万余户7.2万余人，真正让苹果成为果农脱贫增收致富的"金果果"。

四、狠抓质量管控，坚持走绿色化发展道路

昭阳区坚持以"标准管理、内涵提升、科技支撑、质量控制"为目标，结合河长制、黑臭水体示范城市建设、农业面源污染防治等工作，加强空气、水源、土壤保护，制定并严格落实昭通苹果有机食品生产、绿色食品生产、新植苹果标准栽培、老果园

标准化改造等生产标准和技术规程。

五、狠抓营销推广，坚持走品牌化发展道路

通过2018年首届苹果展销会，昭通苹果知名度、美誉度、影响力不断提升。在2019年昭通苹果展销暨"昭阳红"品牌发布会上正式发布"昭阳红"苹果品牌。同时，结合特色小镇创建，坚持产村融合、农旅结合、生态宜居、三产联动理念，打造苹果特色小镇，促进一二三产业融合发展。

【贫困户受益案例】

案例一

阳廷德，昭阳区洒渔镇三台村13组贫困户。家庭人口6人，因缺技术、孩子上学等原因致贫，于2015年被纳入建档立卡贫困户。

脱贫攻坚以来，在镇、村帮扶下，当年发展苹果种植2亩，同时加入苹果种植专业合作社。在农业综合服务中心和合作社指导下，通过技术培训，本人种植管理技术显著提高。210棵苹果树通过提质增效，2019年苹果销售收入比2015年增加了2万多元。仅靠种植苹果，家庭收入就有了显著提高，并光荣退出了贫困户行列。

2020年，阳廷德所在片区被纳入昭通市精品果园示范点建设。自己种自己的土地，政府还要给资金补贴，说着说着，阳廷德脸上笑开了花："还是要感谢党和政府的政策好。"

案例二

李明宽，昭阳区洒渔镇大桥村4组贫困户，现有家庭人口5人。本人先天小儿麻痹病，与60多岁的父母住在一起，因残疾、缺少劳动力于2013年被纳入建档立卡贫困户。

被纳入贫困户后，在镇、村扶贫干部的引导和帮扶下，李明宽积极发展苹果种植3亩并加入了合作社。近些年在农技人员的指导下，他的苹果管理技术得到了很大提高，同时对果园进行了提质增效改造，收益大幅增加，家庭收入由纳入贫困户时的13 000多元提高到现在的33 500多元，苹果种植成为李明宽家庭收入的主要经济来源。

李明宽说："通过苹果种植的产业扶贫政策帮扶，现在家庭生活得到了明显改善，日子过得一天比一天好，生活充满了希望"。

雪域高原蔬果香

西藏白朗县典型案例

　　西藏白朗县作为传统的农耕区，自1998年第二批援藏工作开始就围绕探索调整单一的种植结构，引进了大棚蔬菜种植并试种成功。自此，历届县委县政府"咬定青山不放松""一张蓝图绘到底"，充分发挥山东省济南市在干部人才、农业技术、项目资金等方面的援助优势，始终将发展白朗蔬菜作为调整农业结构、促进农牧民群众增收的重要渠道，明确了将白朗打造成为珠峰有机种养加工业重要承载区、聚集区、示范区、引领区的产业发展定位，奋力走出了一条具有西藏特色、白朗特点的现代产业发展之路。

白朗万亩蔬菜产业基地

【主要做法】

为有效解决白朗县蔬菜产业小、弱、散的发展问题，白朗县始终坚持把培育壮大市场经营主体作为绿色蔬菜产业发展的关键，全力扩大招商引资，坚持"走出去""请进来"并重，引进一批科技含量高、市场前景好、发展潜力大的国家农业产业化龙头企业，通过"公司＋基地＋合作社＋农户"的模式，不断带动绿色蔬菜产业提档发展，发挥更大带贫效应。2016年白朗县人民政府通过招商引资注册成立了白朗中农圣域农业科技有限公司，由其实施运营白朗县万亩珠峰有机蔬菜生产基地暨日喀则菜篮子项目（县城核心区）。县城核心区共分三期实施，计划打造白朗县集农业活动自然风光、科技示范、休闲娱乐、环境保护等于一体的生态园区，并着力打入无公害、绿色、有机食品的广阔市场。目前，公司团队已研发种植的蔬菜有南瓜、黄瓜、西红柿、辣椒、茄子、韭菜、大白菜、芹菜等，同时种植了葡萄、枣、冰桃、西瓜、甜瓜、哈密瓜等，品种达十几种，打造有机多品种特色高原有机果蔬，并注册雪域王、九净一品、雪域贡韭三个商标。很多品种已列为西藏自治区科技厅科研项目，并借助政府搭台的各项展销会等平台，全力宣传企业品牌。2017年9月该农业园被选为中央电视台十九大献礼节目《还看今朝》农业项目的实况转播点；2017年10月参加西藏自治区扶贫产业产品展销会，产品得到了自治区领导的高度赞赏；为进一步打造企业品牌，2018年与山东南瓜经销商签订供应合同，实现日供南瓜100吨的订单。目前，公司正在申报日喀则市农牧业产业化龙头企业。基地种植的果蔬主要以订单收购的方式销往日喀则、拉萨等地，实现了"月月有瓜果，天天可采摘"。

【带贫成效】

企业主动将扶贫带动为己任，在尊重贫困群众意愿的基础上，充分利用项目与群众（贫困户）增收的结合点，不断健全利益联结机制，推行"园区＋龙头企业＋合作社＋基地＋农户"等产业扶贫模式，通过土地流转、务工、产业分红等方式大大提高群众收入。项目一、二、三期共解决长期就业187人，其中建档立卡贫困户27人，年人均增收5万元以上，实现了农牧民群众就近就便就业。一期流转土地217.1亩，按照每亩每年2 000元的价格，每年发放土地流转金43.42万元，累计为建立利益联结机制的1 991人发放产业分红277.575万元。另外，通过以工代训、集中培训、上门指导、品种推广等方式，对白朗县从事蔬菜种植的农民进行技术指导，提升群众的蔬菜种植技术及风险防御能力，增强群众和建档立卡贫困人口的自主致富能力，进一步拓宽了白朗县农牧民群众学习新的蔬菜种植技术及引进新品种的渠道。

2018年白朗万亩蔬菜生产基地（县城核心区）被白朗县委县政府评为白朗县脱贫

攻坚产业扶贫明星企业，被列为日喀则市重点扶贫企业、西藏自治区工商联会员单位，同时企业技术骨干多次被评为自治区民族团结先进模范、日喀则市山区人才。目前，白朗中农圣域农牧科技有限责任公司与日喀则国家农业科技园区管理委员会、日喀则珠峰有机农业发展有限责任公司签订《日喀则珠峰现代农业科技创新博览园整体运营租赁合同》，博览园已被列为白朗县国家现代农业产业园的核心区，国家AAAA级旅游景区，已建设成为现代农业技术推广示范中心、生态农业科普教育中心、农旅融合发展示范中心和珠峰现代农业大数据平台。计划3年内达到产销1 000万斤，实现年总产值5 000万元，成为部队、学校、酒店和超市等单位的高原有机蔬菜供应基地，并计划带动建档立卡贫困人口500人，解决就业200多人，每年雇用临时工4万人次。不断提高果蔬供应能力及市场竞争能力，着力将白朗果蔬市场扩展到整个日喀则市乃至整个西藏地区，有效推动白朗县农业经济可持续发展。

政策惠农　茶香藏家

西藏墨脱县典型案例

西藏墨脱县地处雅鲁藏布大峡谷，湿润多雾，海拔适中，适宜种茶。由于长期不通公路，群众习惯了刀耕火种，只种芭米、鸡爪谷等口粮。直到2012年，在县委县政府的努力下，墨脱村拉贡率先试种了90亩茶叶，效果良好。2013年开始大规模推广发展茶园，并于2014年制定了《墨脱县茶叶产业发展总体规划》，从此拉开了发展茶产业的序幕。

截至目前，在墨脱镇、德兴乡、背崩乡、达木乡、帮辛乡、格当乡6个乡镇建成高标准高山有机茶园56个，总规模达16 926.36亩。茶园主要种植福鼎大白、铁观音、梅占、4号茶、楮叶齐等7个品种，同时引进并试种茶叶新品种凤凰单枞、黄观音、英红九号、云抗10号、雪芽100、紫鹃、鸿雁12号、黄金茶8个品种。

墨脱县贫困户种植茶叶

【主要做法】

一、加强组织领导，推进茶业建设快速发展

墨脱县委县政府高度重视茶产业，把茶产业作为促进全县经济社会发展的主导产业，坚持茶产业发展思路不动摇，围绕"基地扩大、质量安全、品牌打造、市场开拓"主战略，形成了主要领导亲自抓、分管领导具体抓，一级抓一级，层层抓落实，齐抓共管的茶产业建设新格局。同时以乡、村为单位，成立茶叶种植合作社，由合作社负责承接该区域茶叶种植项目，实施过程中所需务工人员全部来自种植区群众。

二、大力宣传教育，营造产业发展良好氛围

通过深入乡镇、村组召开群众会议，认真传达县委县政府关于大力发展茶产业的精神，层层发动宣传，调动起群众发展茶产业的积极性和自觉性。通过近几年来的大力宣传、动员以及实际效益，群众观念从"要我种茶"到"我要种茶"发生了大转变，如今群众自愿拿出自家的低产量常耕地用来种茶，对墨脱县产业结构调整及做大做强茶产业提供了坚实的基础。

三、聘请技术指导，制定完善各项管理制度

2013年聘请四川雅安名山县茶叶研究所徐晓辉教授为墨脱县茶叶种植技术顾问，并制定了《墨脱县茶叶产业发展总体规划》《墨脱县茶叶基地后续管理规定》等相关规划及管理办法。为规范全县茶叶种植及资金使用情况，印发了《墨脱县茶叶种植工作推进方案》，使墨脱县茶产业发展各项工作有章可循。

四、下派技术人员，带领群众建设茶叶基地

2013年以来，墨脱县一直以推动茶产业蓬勃发展、实现农牧民群增收为目标，每一个茶叶种植基地从选址、设计、实施、后续管护都安排了茶叶专班工作人员一对一提供技术指导及服务，尤其对茶园土建开发、茶苗栽种和茶叶种植工作进行全程蹲点。动员项目区农牧民群众、尤其是贫困群众积极参与项目建设，让群众在实现增收的同时掌握茶叶种植技术。如今墨脱县的茶叶种植工作从起初的"探索种植"到现在的"科学种植"，有了质的飞跃。在不断扩大现有的茶叶种植面积同时，还会经常"回头看"，研究分析已建茶园的长势、管护以及产量，从已建茶园发现的问题中吸取经验及教训，从而使在建及拟建茶园的设计、种植以及管护更加规范化、科学化。

五、采取科学管理，全程助力群众增收致富

墨脱县茶产业坚持以县委县政府为主导，由茶叶种植工作专班负总责，扶贫办负责筹措资金，农业农村局协助提供技术指导，县直其他相关部门协助办理前置手续等。各乡（镇）、各村委会及项目区群众负责后续管护工作，形成了墨脱茶产业发展大格局，营造了人人参与、人人有功劳的氛围。为更加发动群众积极性，在茶树种植到还未投产的3年生长期内，政府按照2 400元/亩标准发放后续管护费，3年之后实行分包到户制度，由茶园所有者自主经营。

六、加强督导考核，建立健全奖惩并举机制

成立了以项目所在地乡镇主要领导为组长、项目区村"两委"班子及驻村工作队为成员的后期管理督查小组。督查小组负责每季度进行1次实地考核，对考核2次不达标者，直接取消管理资格，交由企业或其他优秀乡（镇）进行管理；对造成重大损失者，追回或扣除误工补贴并追究其相关责任；依据考核情况，年终对管理优秀的乡、村进行表彰，适当给予奖励。

七、开展技术培训，有效提升群众参与程度

近年来，墨脱县结合实际，制定了《茶业科技培训机制》和《农牧民茶叶种植技术培训方案》，针对茶叶病虫害防治技术、茶园管理技术、茶叶种植技术等，举办了一系列内容丰富、形式多样的技术培训，使广大农牧民熟练掌握了茶园管理、茶叶修剪、施肥、病虫害防治等技术，提升了群众的参与程度。

八、注重因地制宜，合理开发利用土地资源

墨脱县立足县域地理位置以及土地现状，合理规划现有土地资源，动员群众将低产田改为茶叶地，将宜林地改为茶叶地。在扩大茶叶种植面积的同时坚决遵循生态红线，把握和践行"绿水青山就是金山银山"理念。茶园开发过程中按山地人工开挖、坡地机械施工建设的原则，合理开发土地资源，保证了在大力发展茶产业的同时不浪费每一寸土地。

九、拓宽产业链条，多举并进助推产业发展

为进一步提高茶产品加工转化增值能力，2015年积极引进西藏文旅集团在县注册成立墨脱县茶业有限公司，采取"公司＋基地＋农户＋实体店（网店）"的产业发展模式，建设茶叶加工厂，由企业负责收购茶青、加工、包装、销售工作。公司在拉萨、成都、林芝、墨脱等地均开设墨脱茶实体销售网点，并成功入驻京东，打开了墨脱茶网络销售新篇章。

畜牧旺　日子美

西藏贡觉县典型案例

　　贡觉县阿旺绵羊是西藏优质绵羊，主要分布在昌都市贡觉县拉妥乡、阿旺乡、哈加乡、莫洛镇等地，其他乡镇也有少许分布。贡觉县根据"做大、做强、做优"的产业发展思路，引进先进养殖技术，立足县域资源优势，不断深化贡觉县阿旺绵羊养殖体系。阿旺绵羊产业坚持走优质、高效、高产的路子，建立健全阿旺绵羊养殖基地，打造昌都市阿旺绵羊品牌，拉动贡觉县阿旺绵羊养殖乡（镇）农牧民增收和农村实体经济的全面发展。目前，贡觉县阿旺绵羊存栏7.3万只，共辐射带动6 200余名群众实现了脱贫致富。

贡觉县组建龙头企业，建设标准化繁育基地

【主要做法】

一、突出政府引导，扶持贫困户养殖

贡觉县因势利导，一是制定出台了《贡觉县阿旺绵羊养殖帮扶政策的实施办法》，计划落实阿旺绵羊扶持到户工程项目5个，为有意愿长期养殖阿旺绵羊的建档立卡贫困户扶持性发放20～50只绵羊，政府与扶持对象签订《羊羔回收协议》，按市场价订单收购贫困户手中的羊羔实现增收。先后投资2 625.69万元，为853户贫困户发放阿旺绵羊15 569只。二是对实施人工种植饲草的群众，政府免费提供牧草种子，并由贡觉县藏东生物科技开发有限责任公司以0.4元/斤的价格进行统一收购，所获经济收益全部由饲草种植户所得。2018年饲草收购量达210万斤，实现经济效益84万元，群众户均收入0.26万元，带动建档立卡贫困户518户2 464人增收。三是分别在拉妥乡、哈加乡、莫洛镇等地修建阿旺绵羊扶贫棚圈627座，提升接羔育幼能力，实现扩繁增收。

二、拓宽销售渠道，丰富产业链发展

贡觉县与昌都市阿旺绵羊餐饮有限公司联合打造的"阿旺绵羊"主题餐厅开始试营业，就市场、客户需求不断改善服务水平。天津市多兴庄园在莫洛镇阿嘎牧场（养殖生态贫困村）发展生态养殖阿旺绵羊，为发展阿旺绵羊产业搭建了平台，树立了脱贫攻坚的信心。

三、加大技术合作，培养专业人才

贡觉县与天津奥群牧业有限公司签订合作框架协议和技术服务协议。技术人员首次在阿旺绵羊种公羊成功实现人工采精；完成对425只阿旺绵羊开展布病检测工作及阿旺绵羊种羊核心群的筛选工作；天津奥群牧业提供的230只代孕羊和种羊在县内成功饲养；完成第一批阿旺绵羊母羊的同期发情（成功率93%），并首次采用人工授精技术完成了对发情母羊的授精。

四、注重品牌效应，确保产业发展思路逐一落实

按照"执行一个标准、确定一个主体、培育一个品牌、制作一张生产模式图、建立一份生产脱贫档案"的要求，推行统一供应生产、统一技术指导服务、统一产销衔接，促进标准化示范园区建设，提高产业与脱贫攻坚现结合能力。以改善民生、实现脱贫为出发点和落脚点，紧紧抓住发展和稳定两件大事，将昌都阿旺绵羊产业发展成国家安全屏障、生态安全屏障、高原特色农产品基地。产业定位为昌都贡觉阿旺羊、高原羊王、西藏领头羊；功能定位为示范引领、强基富民；市场定位为高端市场品牌消费。

【带贫成效】

阿旺绵羊是在长期适应贡觉县气候和自然生态环境条件下，经过长期闭锁繁育和民间自然选育而形成的一个优良绵羊类群。近年来，在党和政府的关怀重视下，阿旺绵羊种群不断扩大，产业化进程逐步加快，阿旺绵羊已成为贡觉县农牧民收入的主要来源。2006年完成阿旺绵羊品种审定，2015年通过自治区品种认定。阿旺乡（昌都贡觉阿旺绵羊）2012年获批成为"第二批全国一村一品示范村镇"之一；2015年入选国家"2015年中国喜羊羊之乡百宝榜"。昌都贡觉阿旺绵羊产业带项目建设以阿旺绵羊及其羊肉、羊毛、皮张等为主要产品体现其直接经济效益。

兴肉牛产业　富一方百姓
陕西勉县典型案例

　　陕西省勉县漆树坝镇唐家坝村位于勉县南部巴山腹地，距县城55公里[①]，与宁强县、南郑县相邻，海拔950～1500米。全村辖6个村民小组，405户1120人。由于地域偏僻、交通不便，信息闭塞，缺乏主导产业，群众贫困面大、贫困程度深。脱贫攻坚战打响以来，经过县有关部门和帮扶单位深入调研，该村决定发展肉牛养殖产业，以"合作社＋基地＋贫困户"的产业化经营模式和服务方式，为贫困户开辟了劳务服务、肉牛认养、饲草供应、土地流转等多种增收途径，使61户贫困户年增收20多万元，参与合作社的贫困户每年还有利润分红，2018年户均分红1000元，2019年户均分红1300元。

勉县贫困户种植牧草

---

　　①公里为非法定计量单位，1公里＝1千米。

【主要做法】

一、成立合作社

2017年，漆树坝镇政府干部在走村入户了解养殖防疫情况时，得知30多岁的张红永养牛经验丰富，头脑灵活，现养牛20多头，在全村范围算是最大的养殖户，便鼓励他成立合作社，把产业做大，带动更多的贫困群众增收。

2017年3月，在帮扶单位中国铁路局西安局集团公司西安机务段驻村工作队的指导帮助下，张红永领头、61户贫困户参与成立了"红永生态种养殖合作社"，修建了360米²的牛舍，完善了蓄水池、饲料仓库、精粗饲料加工等相关设施，选育西门塔尔、夏洛莱和安格斯三个肉牛品种。2018年，产生效益16万元，实现分红6.6万元，61户贫困户户均分红1 000元。为了进一步做大做强肉牛养殖产业，带动更多的村民持续稳定增收，帮扶单位加大扶贫力度，2018—2019年先后投入217万元，建成占地面积1 200米²的钢结构标准牛舍，完善了兽医、配种、消防等9项设备设施，配备了一套专业的消毒防疫设施。2019年，养殖效益持续增长，当年分红7.93万元，61户贫困户户均增收1 300元，人均增收419.6元。

通过"合作社+基地+贫困户"的产业化经营模式，入社贫困户取得利益分红、劳务服务、饲草供应、土地流转等多种收入，形成"兴一个产业，活一片经济，富一方群众"的局面。

二、提供服务岗位

肉牛养殖场建成后，为本村贫困户提供了不少就业岗位，让那些过去没有挣钱"门路"、缺少一技之长的贫困户就近干力所能及的活，做力所能及的事，在家门口就能得到相应的劳动报酬。养殖场喂牛、供料、饲草加工、清洁卫生等工作，都由加入合作社的贫困户承担。2019年，养殖场劳务由贫困户8人承担，共领取劳务费11 950元，人均1 493.8元。

养殖场牧草供应也是贫困户增收的主要途径。唐家坝村荒山荒坡多，牧草茂密，适宜肉牛养殖。村民们根据自己家里情况，利用空闲上山割草，然后卖给养殖场，仅此一项，一个月就可收入1 500元左右。养殖场收购群众种植的高丹、燕麦、玉米（含秸秆）、稻草，为贫困户创收增加了一个来源。2019年，有22户贫困户种植牧草，收入21 408元，户均973元。

三、认养、领养牛犊和母牛

认养、领养养殖场的牛犊和母牛是唐家坝村民增收的主要途径。对于唐家坝村村民来说，养牛并不是什么难事，对牛的习性也了解较多，加之养殖场引进的肉牛品种，抗寒、抗病、耐粗饲、性情温和、无角，便于放牧管理，因此各户认养、领养肉牛的工作很容易推进。在牛犊出生后约5个月断奶时，养殖场就与贫困户签订领养协议，称重后交由贫困户领回饲养，一年后交回称重，多出重量按每斤10元给付饲养报酬，贫困户领养一头牛一年的平均收益可达5 000元。

除了认领牛犊，农户还可根据自己的意愿领养母牛养殖，基地实行"统一提供繁育母牛、统一防疫、分户饲养、统一回购销售、按比核算"的原则，吸纳有条件的贫困户参与养殖，使基地和农户实现双赢。养殖基地统一购买能繁母牛（西门塔尔、夏洛莱），供应给有发展意愿和能力的贫困户，由其自行饲养，在牛犊成长至6个月时按不低于市场价进行回购、售卖，售卖所得按6∶4分成，即贫困户为6成所得，养殖基地为4成所得。饲养期间，无论是领养的牛犊还是认养的母牛，基地都负责提供全过程技术培训、疾病预防和急症处置等服务，免除了群众饲养的后顾之忧。对于有领养意愿，但资金缺乏的贫困户，符合金融扶贫贷款条件的，可办理"免息、免抵押、免担保"扶贫小额贷款，也可在村"互助资金协会"办理低息贷款，用于养牛产业的发展。

这样，一个几乎没有风险的养殖，既可以满足村民们的养殖爱好，还可以增加收入，提高了村民们养殖积极性。2019年通过领养肉牛共带动11户贫困户增收4.4万元，户均增收4 000元。

四、土地流转

唐家坝村对无劳动能力、但有闲置土地或因外出打工常年不在家的贫困户，发动其积极参与到养殖基地土地流转带贫模式中来，按照每亩300元价格签订土地流转协议。2019年该村流转土地100亩，用于牧草等饲料作物种植，其中贫困户土地34.1亩，带动9户贫困户增收10 230元，户均增收1 136.7元。

唐家坝村生态种养殖专业合作社的肉牛养殖，是一个适合当地地理气候、山水环境和村情状况的好项目，加之帮扶单位217万元的资金注入，使这一项目成为卓有成效的高起点、高标准养殖项目。2018年养殖基地为61户贫困户189人分红7.93万元。另外，贫困户领养肉牛、出售牧草、劳动服务、土地流转等年收入超过30万元。现在，这一项目已为全村61户贫困户脱贫致富开辟了一条途径。

【贫困户受益案例】

案例一

贫困户杨桂芳是一位74岁的老人，儿子患有慢性病，为了生计，她也常外出做零工，生活很困难。村里养殖基地建成后，她得知养殖场牛犊可领养，7个月后牛犊出栏由养殖场按市场价回购，领养期间养殖基地提供技术服务和疾病预防，便有了领养意愿。在村干部帮助下,她办了扶贫贷款,领了一头牛犊自己喂养,半年后牛犊被养殖场回购,她赚了5 000多块钱。老人高兴地说:"我活了这半辈子了,从来没赚过这么多钱,今后我年年都要领养牛犊。"像杨桂芳这样的领养户有13户,他们都可按意愿领养牛犊和母牛,赚取一定的收益。

案例二

周自华现年50岁,过去因没有特长和技术,除了经营自家的庄稼地外没有别的挣钱"门路"。自从村里的养殖合作社成立后,他有了增收的路子:贷款领养母牛,利用自家的地种植牧草高丹和燕麦,两年来,所收获的牧草除了自家牛食用外,剩下的全部卖给了养牛场。这两年,仅种植牧草一项每年收入就超过了5 000元。他说:"种牧草比种庄稼简单,可收益比种庄稼强得多。"

马铃薯的"三级跳"
甘肃安定区典型案例

甘肃定西市安定区立足当地气候地理条件，誓把"土蛋蛋变成金蛋蛋"，把小土豆做成了大产业，实现了从"救命薯""温饱薯"到"脱贫薯""致富薯"，再到"小康薯"的富民产业发展"三级跳"，为全区稳定脱贫起到了关键性推动作用。

近年来，安定区马铃薯种植规模一直稳定在80万亩以上，总产稳定在135万吨以上，微型薯生产达到5亿粒，加工能力达到60万吨以上。2019年，马铃薯产业总产值达30亿元，农民人均从马铃薯产业中获得的可支配收入2 200元以上，马铃薯产业收入占到了全区农民人均可支配收入的30%以上。

定西马铃薯研究所培育的马铃薯微型薯，给贫困群众带来好日子

【主要做法】

一、规划建设产业基地，夯实产业扶贫基础

一是注重良种推广。培育壮大爱兰薯业、凯凯农科、农夫薯园、定西马铃薯研究所等种薯企业15家，形成了5亿粒的优质脱毒种薯繁育能力，分别占定西市的62%、全省的50%和全国的29%。2016年以来，每年统筹专项扶贫资金2 000万元，按照"户均1 000斤、扶持5亩薯"的标准，对需求贫困户进行"全覆盖"调种扶持，带动贫困户户均种植马铃薯10亩以上；每年筹措资金1 000万元补贴非贫困户和新型经营主体，大力实施"微型薯补贴入户"工程和"户均一亩种子田"工程，构建了"温室生产原种、基地扩繁原种、田间应用一级种"的梯级种薯繁育推广体系，确保种植环节脱毒种薯"全覆盖"。二是激发主体参与。采取"龙头企业＋联合社＋合作社＋种植户"等模式，由种薯、加工龙头企业牵头组建联合社、联合社对接合作社、合作社组织农户，打破村社和乡镇界限，整流域、整山系地建立了集中连片的种薯、鲜薯、加工薯标准化订单种植基地。2019年，全区10家龙头企业对接280个专业合作社，采取土地流转、合作经营、托管服务相结合的方式，由企业提供良种、化肥、农机和贷款担保等服务，建立标准化种植基地30万亩，带动了近10万户农户参与马铃薯生产。三是突出技术集成。坚持"良种良法配套、农机农艺结合"，全面加强基地新品种、新技术、新机械的应用，组装集成和示范推广了"脱毒良种＋黑膜覆盖＋配方施肥＋农机耕作＋病虫防控"的高产高效种植技术，广泛应用了平田整地、配方施肥、种薯处理、起垄覆膜、适密播种、膜上覆土、田间管理等关键技术，做到了种植品种、种植密度、配方施肥、机械耕作、病虫害防控"五统一"，实现了基地建设标准化生产技术全覆盖。四是强化技术服务。进一步充实了区农技中心专业人员力量，持续落实科技特派员制度，推行目标管理考核与农技人员职称聘评、工资绩效挂钩，将全区187名农业技术人员全部派到生产一线，采取包乡镇、包主体、包基地、包农户的方式，为主体和农户全程提供耕种、施肥、管理、收获等专业技术服务，打通了关键生产技术推广应用的"最后一公里"。

二、抓主体重引领，做强产业扶贫龙头

一是培育壮大龙头企业。立足于马铃薯加工在"全环节升级""全链条升值"方面的龙头引领作用，培育发展了蓝天淀粉、薯香园科技、薯峰淀粉、鼎盛农科等加工企业10家，建成精淀粉生产线10条40万吨、变性淀粉生产线9条7.6万吨、全粉生产线1条2万吨，主食化产品生产能力9.2万吨，形成了上下游配套、产业链完整的加工产业集群。2019年生产精淀粉8万吨、全粉1万吨、粉制品及主食化产品1万吨，消化鲜

薯50万吨以上。二是规范有序发展合作组织。培育发展了马铃薯专业合作组织380个，176个贫困村实现了专业合作社"全覆盖"，涵盖了种薯、种植、加工、营销各个环节。同时，建立了培育认定、分级规范、动态监测、政策扶持机制，并结合甘肃省专业合作社"规范提升年"行动，筹措资金810万元对运行规范、带动性强的65个马铃薯合作社给予重点扶持，规范提升了280个马铃薯合作社，清理淘汰了95个马铃薯合作社，创建了国家级示范社3个、省级示范社17个、市区级示范社68个。三是健全带贫益贫机制。立足于发挥农民专业合作社组织农民、服务生产、对接市场等方面的纽带作用，推广"龙头企业＋联合社＋合作社＋农户"等经营模式，把马铃薯产业上下游合作经营组织、种植大户、广大农户联合起来，构建了企业供种、合作生产、订单收购、价格托底、稳定增收的利益联结机制，保障加工企业原料供应，解决了千家万户"种什么""为谁种""种多少"的产业发展难题。同时，常态化、分层次、分行业地开展经营管理。

三、抓品牌促营销，提升产业扶贫效益

一是提升贮藏能力。注重发挥仓储设施在产业发展中的"中转站"功能，先后整合资金3 600万元，采取独立经营、内外联合、建大平台等模式，扶持马铃薯龙头企业和专业合作组织建设大型恒温库和田间地头贮藏库，形成了80万吨的马铃薯贮藏能力，有效发挥了淡吞旺吐、均衡供应、调控市场、产业增效、农民增收的作用。二是对接终端市场。发挥国家级定西马铃薯批发市场的平台作用和区马铃薯经销协会的纽带作用，构建以国家级定西马铃薯批发市场为龙头、集中产区乡镇专业市场为主体、专业村和种植大户收购网点为补充的三级市场购销网络，与北京新发地、上海江桥、广州江南等大型终端市场建立稳定营销关系。三是拓展网上营销。依托国家级定西马铃薯批发市场，运用"互联网＋"销售新模式，建立了京东特色馆、淘宝特产馆、"羚羊鲜生"等电商平台，建成农村"淘宝"网店23家；应用推广B2C等"智慧农贸"模式，积极推进农产品共同配送中心建设，促进电商营销和直供直销等新型营销模式共同发展。四是突出品牌培育和传播。以绿色化、优质化、特色化、品牌化为方向，成功创建全国马铃薯产业知名品牌创建示范区，"定西马铃薯脱毒种薯"也被认定为国家地理标志保护产品，注册了"新大坪""爱兰""凯凯""圣大方舟""幸泽""陇上绿莹"等10多个知名商标，有效提升了相关产品的品牌影响力和市场认可度。五是建构产业营销体系。建构"仓前仓后配套、线上线下融合、农超农校对接"的营销体系，使"定西马铃薯"及相关产品稳定占领全国各大产区和终端市场，远销东南亚、阿联酋等国家和地区，蓝天淀粉、薯香园科技等龙头企业已成为康师傅、徐福记、上好佳、好利友等知名企业稳定的原料供应商。2019年，全区外销鲜薯50万吨，精淀粉、全粉及其制品10万吨，实现销售收入近12亿元。

四、抓融资推保险，强化产业扶贫保障

一是强化"融政企"合作。抢抓被省政府确定为特色产业贷款再担保业务试点县（区）的机遇，财政筹措 2 000 万元风险补偿金，与甘肃金控定西融资担保公司对接，定期对有需求的龙头企业和专业合作社进行审核推荐，积极争取特色产业贷款支持。2018 年以来共为马铃薯企业、经营主体和农户落实贷款资金 3.6 亿元。二是创新"供应链"金融。按照"抱团式"发展、"产业链"授信、"联保式"服务的原则，依托甘肃蓝天淀粉公司完善的产业链条和良好的企业信誉，以企业组建的福景堂马铃薯联合社为纽带，引导商业银行围绕种植、回收、加工、销售各环节进行评级授信，建立蓝天供应链信用担保及评级授信体系；同时以蓝天公司存货作为抵押，以联合社保证金和合作社、种植户马铃薯销售应收账款作为质押，建立了"农户贷款合作社保，合作社贷款联合社保，联合社贷款企业保"的联保金融服务模式，累计向合作社、农户、贫困户发放贷款 8.4 亿元，有效破解了产业链上各经营主体和种植农户的融资难题。三是推行"全覆盖"保险。针对安定十年九旱，雹灾、霜冻等自然灾害频发的实际，把保险作为稳定产业效益和农户收入预期的重要保障，全面落实全省农业保险"增品扩面、提标降费"政策，坚持贫困户、经营主体、经营设施"全覆盖"原则，致力构建马铃薯良种繁育和基地建设风险稳控保障体系。2019 年全区承保马铃薯面积 68.8 万亩，理赔 372.10 万元，2020 年承保马铃薯面积 66.1 万亩，有效发挥了马铃薯保险在产业扶贫中的"安全网"作用。

【贫困户受益案例】

杜明，安定区石泉乡大坪村贫困户。2014 年因缺技术致贫，被纳入建档立卡贫困户。其间，他的两个孩子先后考上大学，家庭没有其他经济收入来源，生活极其困难。

2016 年，他瞅准了发展马铃薯产业这一路子，在驻村第一书记和帮扶队的帮助下，他申请精准扶贫贷款 5 万元，购买旋耕机、农用车等农业机械，当年种植的 40 亩双垄沟播马铃薯收入 5 万多元，收回了购买机械成本。尝到甜头的他不断总结经验，在 2019 年继续扩大规模，积极流转别人的撂荒地种植马铃薯达 60 亩，当年收入达到 12 万元。

如今，脱贫致富了的杜明办起了家庭农场，带动周边 50 户村民发展马铃薯产业。2020 年全村马铃薯种植面积达到 5 000 余亩，杜明成了全村名副其实的脱贫致富带头人。

"土族盘绣"绣出好光景
青海互助县典型案例

　　青海省互助县是全国唯一的土族自治县，土族传统文化底蕴深厚、内容丰富、传承久远，是青海省"青绣"资源大县。尤其是土族盘绣，工艺精巧、美观实用，2006年被列入第一批国家级非物质文化遗产保护名录，2018年被列入第一批传统工艺振兴目录。脱贫攻坚以来，互助县以土族盘绣技艺为依托，以"振兴传统工艺、助推精准扶贫"为着力点，以"公司＋基地＋农户"的生产模式，在丹麻镇等土族聚集的民族乡镇设立生产基地25处。目前，全县盘绣生产企业、基地、经营户34家，建成盘绣艺术馆和盘绣扶贫产业园各1处，国家级非物质文化遗产"土族盘绣"生产性保护示范基地1处，培养全县绣娘5 000余名。2019年加工盘绣品约10万余件，销售收入2 200万元，绣娘人均增收3 400元，带动了贫困绣娘增收致富。

土族盘绣

【主要做法】

一、精准产业定位，拓宽增收渠道

按照"传承技艺本真性，培育盘绣经营实体，立足盘绣产业发展，合理开发利用"的发展思路，通过"建立盘绣园集中生产，分地区和人群按不同产品类型发放订单"的产业发展模式，将土族盘绣这项古老的指尖艺术转化为助推农村妇女增收致富的途径，成为推动扶贫产业发展的品牌产业。目前，盘绣企业共吸纳建档立卡贫困户553户。如，班彦村是互助县的贫困村，在互助金盘绣土族文化传播有限公司带动扶持下，建成盘绣园，辐射带动周边农户300余户，贫困户农户150人实现就业。自2017年班彦村盘绣园建成以来，共接收"妈妈制造""唯品会"金盘绣公司等各种订单5.4万件，收入共计213.5万元，实现班彦绣娘人均增收1.5万元，并帮助班彦村实现村集体经济"破零"目标，创收达6万元。

二、健全工作机制，培育产业品牌

创新产品研发，完善奖励机制，重点培养盘绣带头人及优秀绣娘，激发内生动力。按照保留传统、迎合市场的要求，通过自主研发和邀请专业团队设计，盘绣产品种类已有服饰、首饰、挂件、箱包、礼品、生活用品、旅游纪念品、政务商务用品等八大类近500多个品种，收到了较好的社会反响。2019年邀请清华美院设计团队，着力研发以盘绣、服饰为主的中高端产品50款。目前，"金盘绣""索隆姑"等盘绣品牌相继注册，进一步提升了少数民族手工艺品的市场竞争力。

三、创新销售方式，提高品牌知名度

为拓宽产品销售渠道，加大产品营销力度，通过建立网点、实体店、盘绣艺术馆，开展多渠道联动销售。如，在中国妇女发展基金会及省妇联的帮助下，成立妈妈制造合作社，利用"妈妈制造"平台，在唯品会、腾讯等互联网平台和美国纽约时代广场广泛宣传及销售。在青海湖、茶卡、西宁唐道、平安袁家村等景点和无锡市新吴区设立销售点。在此基础上，盘绣企业积极参加各类大赛、展会，进一步提高了盘绣品牌知名度。如，由互助金盘绣土族文化传播有限公司设计的刺绣类文化旅游产品荣获历届青海省旅游商品大赛金奖；在全国妇女手工创业创新大赛西部赛区选拔赛中，"土族盘绣创意产品研发及市场拓展项目"成功晋级全国半决赛；组织258名绣娘参加全省第二届"民族团结进步"青海刺绣展暨刺绣大赛，取得各类奖项42项，获得大赛奖金13.2万元。同时，积极参加网络直播带货，参与了我国首档精准扶贫公益纪实节目——上海广播电视台东方卫视《我们在行动》拍摄工作，并参与"带货女王"

薇娅直播间，在线直播推销"盘绣"产品。

四、加强技能培训，提高盘绣质量

互助县以促手艺、拓思路、开眼界、强意识为目标，以"扶志、扶智、扶技"的培训帮扶模式，加大盘绣手工技艺培训力度，通过输送非遗传承人群进高校研培班、优秀绣娘外出学习等多种形式，让一大批优秀贫困绣娘增强了盘绣制作积极性，同时提升了盘绣技艺水平。如，结合非遗传承人群进高校研培班，在清华大学、中国美术学院等高校组织盘绣艺人及传承人参加土族盘绣培训11期437人次；结合精准扶贫工作和"三区"工作，在各民族乡镇举办盘绣培训2100人次；利用大美青海文化宣传活动，组织盘绣农户赴新西兰等国进行文化交流与宣传230余人次。

【贫困户受益案例】

案例一

班彦村54岁的张卓麻什姐，家中5口人，因家庭成员缺乏专业技能、自身发展动力不足，生活贫困，2016年被纳入建档立卡贫困户。张卓麻什姐从小就学盘绣，是一名资深盘绣技艺者，也是国家级非物质文化遗产土族盘绣传承人。2016年，她开始接收金盘绣公司订单，成为村里的盘绣带头人。为进一步提升盘绣技艺水平，她参加了青海师范大学非遗传承人群进高校土族盘绣培训班，并赴甘肃庆阳学习香包制作技艺；随着土族盘绣园的建立，她成为盘绣园的负责人。截至目前，张卓麻什姐的团队里总共有145位绣娘，年龄都在50～60岁，真正过上了"背着娃、绣着花、养活自己养活家"的日子。2019年，张卓麻什姐通过盘绣手艺，收入达到3万元，实现了脱贫。"三年前，班彦村的阿姑们做出的盘绣只能放在家里或者赠送亲友，如今她们绣出的盘绣变成了商品，并通过网络平台销售到了世界各地。"张卓麻什姐很骄傲地说。

案例二

班彦村贫困绣娘李立木他，家中6口人，因家庭人口多，收入低，2016年被纳入建档立卡贫困户。她从小就学会了盘绣技艺，但只是绣绣鞋垫、腰带、配饰等生活用品，从没想到可以凭借自己擅长的土族妇女最基本的技艺增收致富。2015年，李立木他在金盘绣公司及村里盘绣带头人的鼓励下，参加了文化部、教育部"中国非物质文化遗产传承人群研修研习培训计划"成都培训班，并开始接收金盘绣公司的订单。当拿到第一笔订单费时，她高兴了好几天，同时，也被激发起了制作激情，更加坚定了她通过盘绣来增收致富的信心。于是，她又连续参加了6期盘绣培训班，并参加了各类刺绣大赛，荣获了不少奖项。2019年8月，她参加青海省首届"民族团结进步"青海刺绣大赛，荣获了三等奖。2019年，她通过盘绣技艺收入达2万元，实现了增收致富，真正让"指尖技艺"变成了"指尖财富"。

靓丽的"紫色名片"
宁夏典型案例

近年来，宁夏依托资源禀赋，高度重视葡萄产业发展，全力打造"紫色名片"，把发展葡萄产业作为转变发展方式、调整产业结构、促进农民增收、扩大对外开放的重要抓手，走出了一条具有宁夏特色的葡萄产业带动贫困群众脱贫致富的新路子。目前，全区酿酒葡萄种植面积达到57万亩，综合产值达到230亿元，每年为农户提供12余万个就业岗位。其中，青铜峡市现有酿酒葡萄种植基地11.9万亩，种植面积占全区1/4以上。蓬勃发展的葡萄产业为青铜峡人民带来了美好生活，在3～10月葡萄基地最繁忙的季节，到处都是移民务工的身影。连片的葡萄地每年为周边农户提供就业岗位1.3亿人次，工资性收入约1.2亿元，农民收入中的1/3来自葡萄酒产业，有力地带动了农民增收致富。红寺堡区酿酒葡萄种植面积10.6万亩，注册葡萄酒企业28家，产值达4亿元，葡萄酒产业已成为该区增收富民的主导产业。

同心县贫困群众在葡萄园就近务工

【主要做法】

一、建机制，强保障

颁布了《宁夏贺兰山东麓葡萄酒产区保护条例》，出台了《中国（宁夏）贺兰山东麓葡萄产业及文化长廊发展总体规划（2011—2020年）》等15个政策性文件，从苗木引进繁育、葡萄园管理，到酒庄建设、葡萄酒酿造、销售，都制定了技术标准和管理办法，为产区发展提供了政策支撑和法律保障。县（区）出台"三免一补"扶持政策，积极引导、鼓励和支持移民安置区群众发展葡萄产业，通过政策支撑使葡萄产业成为移民群众增收致富的支柱。

二、引龙头，强带动

近年来，自治区出台土地、税收、贷款等一系列优惠政策，吸引中粮、德龙、红粉佳荣等企业纷纷来宁建基地、建酒庄，通过土地流传、签订订单、"企业＋合作社＋农户"等多元化发展模式，强化利益联结机制，将移民群众嵌入葡萄产业发展当中。目前，红寺堡区已有汇达酒庄、天得酒庄、红粉佳荣3家龙头企业，永宁县闽宁镇引进德龙、立兰、中粮等13家企业，通过龙头企业的引领和带动，促进产业发展，促进群众就业，促进移民增收。

三、优服务，强支撑

近年来，自治区坚持"走出去、请进来"的思路，吸引国内外人才助力葡萄产业发展。不断拓展深化与西北农林科技大学、宁夏大学等高校合作，建立酒庄人才培养实训基地、科研示范基地，在产区风土研究、优质酵母研究、"葡萄酒＋"、标准化建设等方面进行重点突破。同时，通过专家教授、科技人员、"土专家"等现场指导，手把手教方法、面对面授技术，提高了移民群众发展产业的技能，坚定了移民群众脱贫致富的信心。

【贫困户受益案例】

2012年5月，马兴成一家6口人离开同心县预旺镇大山里的老家，移民到青铜峡市邵刚镇同富村，住进了政府统一规划建设的新房子，自来水、有线电视、太阳能热水器一应俱全，便利的生活让马兴成脸上成天带着笑容。

搬家靠政府，过日子可不能还等着政府救济。马兴成在村外的葡萄园边观望了一年，认准了家门口打工挣钱的路子。2013年他借钱买了第一辆农用三轮车，拉着乡亲们在葡萄园打工，每天能挣80元，年底收入1.5万元。马兴成是个有心人，务工时积极参加培训，葡萄基地经理手把手教他葡萄枝条上架、夏季修剪、病虫害防治等技术要领，他很快就掌握了葡萄园管理方面的知识，成为周边小有名气的劳务经纪人。

马兴成管理的葡萄园，各项工序完成及时，质量好，效率高，加上他为人诚实，工资发放及时，得到了乡亲们和基地经理们的双重肯定，来找他承包葡萄园劳务的人越来越多了。2016年，他将农用车换成了小型面包车，带领10多人承包了100多亩葡萄园，一年收入3万元左右。2019年他的小型面包车又换成了中型面包车，同时联合了另外一辆面包车，带领30多人承包了300多亩葡萄园，年收入8万元左右。

"现在党的政策好了，我非常感谢这些酒庄给我们创造了务工的机会，让我这个贫困户走上了勤劳致富的路子，过上了富裕的生活。现在我住的是新砖房，吃穿不愁，孩子学习好，家庭和睦幸福，我心里畅快，生活美滋滋的。我的第四辆车要换一辆小轿车，拉上老婆孩子去看看外面的世界。"

养殖业蓬勃发展　致富路越走越宽
宁夏典型案例

　　近年来，宁夏立足资源禀赋和肉牛肉羊产业的养殖传统优势，借助自治区发展草畜养殖业的各项扶持政策，顺应市场规律、完善政策体系、创新扶贫机制、加强产销对接、强化科技支撑，将肉牛肉羊养殖打造为最具优势和潜力的地方支柱产业。2020年，全区奶牛存栏52.1万头，较2019年年底增加8.4万头，增长19.2%，肉牛饲养量136.9万头，同比增长7.7%，滩羊饲养量达到832万只，同比增长3.6%，有力带动了贫困地区农民增收，为打赢精准脱贫攻坚战奠定了坚实基础。

宁夏科技人员为贫困户提供养羊技术指导

【主要做法】

一、强化保障，不断完善产业扶贫政策体系

自治区党委、政府先后出台了《关于推进脱贫富民战略的实施意见》《关于加快推进产业扶贫的指导意见》《关于进一步加强银行业金融机构助推脱贫攻坚的实施意见》等一系列政策文件，不断完善产业扶贫政策体系。制定下发了《进一步完善产业扶贫运行机制的指导意见》等政策文件，综合运用直接补贴、风险补偿、贷款贴息等多种扶持方式，为进一步推进贫困地区扶贫产业特别是肉牛、肉羊产业发展提供了更加有效的政策保障。

二、紧盯特色，精准扶持产业关键环节

肉牛、肉羊产业是宁夏的传统优势特色产业，特别在贫困地区有很好的群众基础。2015—2019年，自治区累计下达用于发展产业的财政扶贫资金198.4亿元，重点支持小型产业扶贫设施建设、贫困村整村推进、已经出列的贫困村巩固提升、贫困户到户产业项目、"四个一"示范带动工程、扶贫车间建设、扶贫小额信贷贴息、产业保险等方面。贫困县（区）紧盯饲草基地建设、良种繁育推广、基础母牛母羊扩量、肉牛肉羊养殖节本增效、饲草料加工调制、养殖示范村建设等关键环节，制定出台补贴政策进行扶持。

三、聚焦脱贫，不断创新减贫带贫机制

大力实施产业扶贫"四个一"示范带动工程，相关县（区）发挥优势，挖掘潜力，不断创新减贫带贫机制。海原县依托华润集团定点帮扶优势，向贫困村与建档立卡贫困户赊销西门塔尔基础母牛，探索出了"华润基础母牛银行"模式，累计向贫困户赊牛28 518头，带动8704户贫困户养牛。2018年年底建档立卡贫困户人均来自肉牛产业的收入达1 100元，占产业总收入的50%左右。盐池县突出"盐池滩羊"品牌带动，农民人均可支配收入由2010年的3 669元增加到2018年的10 684元，辐射带动80%以上的贫困户。西吉县坚持走"家家种草、户户养畜，小群体、大规模"的肉牛养殖路子，饲养总量稳步提升，规模养殖发展迅速，全县肉牛饲养量已达到40万头，基础母牛存栏13万头，农村户籍常住人口人均饲养1头以上，成为全县第一大产业。农民人均肉牛养殖纯收入达到1 700元以上，从过去的回族村回族群众养牛变成全县村村养牛、户户养牛。同时，采取"企业＋代养户"的"托管代养"模式，帮助全县无劳动能力、无养殖条件、无技术和无管理经验的453户贫困户购进基础母牛1 825头，由贫困户自行选择养殖场进行"托管代养"，使龙头企业与农户建立起密不可分的利益链接机制。

彭阳县创新实施"5·30"（贫困户户均养殖5头肉牛或30只肉羊）及其倍增产业扶贫模式，发展"5·30"养殖户1.8万户，每年草畜产业为建档立卡贫困户户均增收5 600元以上。

四、精准发力，扎实推进畜产品产销对接

自治区组织贫困县（区）积极参加产业论坛、产品展销、产品宣传及推介活动，提升产品的市场占有率和收益率。2019年组织区内48家企业参加在北京宁夏大厦举办的产销对接会，展示牛肉、羊肉等一批来自贫困地区的名优特色农产品，北京及京津冀地区的电商、批发市场、商超等企业采购渠道商与宁夏农产品企业现场签订产销订单超过3.3亿元。大力支持贫困村发展产销合作组织，建设农产品经纪人队伍，推进与大型农批市场、超市、学校对接，提供订单收购、直供直销、物流配送等服务。2019年组织全区贫困县（区）30家新型农业生产经营主体参加由农业农村部、甘肃省人民政府主办的"三区三州"贫困地区农产品产销对接活动，集中展示推介宁夏优质特色农产品。深入推进贫困村电子商务建设，引导农业经营主体联合发展农村电商产业，发展农产品线上线下交易，进一步拓宽农产品销售渠道，切实解决贫困户有产品没销路、增产不增收等突出问题。

五、综合施策，切实构建产业科技支撑

依托产业指导组、技术服务组、产业协会"两组一会"，围绕贫困户的需求，一对一、点对点、手把手，大力培训肉牛肉羊品种改良、秸秆饲料加工调制等农业实用技术，确保每户贫困家庭至少1名成员掌握肉牛肉羊养殖实用技术。在贫困县（区）建立产业扶贫技术帮扶示范点180个、肉牛肉羊节本增效科技示范点99个。实施畜牧良种工程，年推广优质肉牛冻精60万支、优秀种公羊1.2万只。肉牛、肉羊良种化比例分别达到85%和90%，出栏肉牛胴体重达到310千克以上，肉羊胴体重达到18千克左右。加强节本增效科技示范，对标国际、国内先进技术和管理理念，建立肉牛、肉羊节本增效科技示范点，示范推广20项关键技术，年节本增效1亿元以上。同时，积极与中国农业大学、西北农林科技大学等科研院所合作，成立了国家肉牛改良中心固原试验示范站、海原县高端肉牛研发中心等创新平台，进一步增强了产业科技创新能力和转化带动能力。

【贫困户受益案例】

案例一

袁启存，64岁，宁夏固原市西吉县新庄村村民，家庭7口人。妻子何德花，59岁，患有颈椎压迫神经、类风湿等慢性病10余年；女儿上初中，儿子在外务工，儿媳照料

两个年幼孙女。2016年前，主要经济来源依靠每年种植6亩左右马铃薯，传统小麦种植作为主粮解决吃饭问题。因患病、劳动力缺乏等因素，大部分土地无力耕作撂荒闲置，收入微薄，生活困难。

通过政策扶持、金融支持、社会帮扶和实施"粮改饲"、薯玉套种、肉牛养殖示范村等产业项目，袁启存家饲草作物种植面积由原来的不足5亩增加到了27亩，肉牛存栏量由原来的2头增加到了16头，目前养殖量达到了23头，人均年可支配收入达到了13 659元。2017年以来，累计享受产业项目补贴资金超过了3万元，购置了大型铡草机，修建了青贮池和标准化牛棚，改造了水暖炕、清洁炉、卫生厕所，实施了危房改造，发展起庭院经济，"两不愁三保障"全面实现。

现在，他见人就说："很高兴我能赶上这个好时代。习主席说了，幸福是奋斗出来的。我们要好好干，越干我们的生活前景就会越好。"

案例二

走进海原县三河镇富陵村建档立卡贫困户马永宏家中，整齐的院落收拾得井井有条，院落里种植了绿色蔬菜，空气格外新鲜，院落东边一排牛舍成了他的经济重地。牛舍里养殖着8头牛，其中5头是华润公司的西门塔尔基础母牛。

马永宏家中4口人，2014年因两个孩子上大学，被识别为建档立卡贫困户。2017年，他家享受易地扶贫搬迁政策，从原丘陵村搬迁至富陵安置点，搬迁前生活在大山里，仅靠种植旱作生活，基本奔波在温饱线上，每年收入1万元左右。搬迁后，依托华润基础母牛银行和小额扶贫信贷，通过肉牛育肥，向外卖出5头牛，收获了11万多元。

马永宏是易地扶贫搬迁后续产业扶持的受益者。他本人高兴地说："搬迁到富陵村，比山里好多了，方便了很多。我赶上了共产党的好政策，从华润公司拉了5头基础母牛，每年4～5头小牛犊，每头牛每年收入也就是5 000元左右。喂牛还是用山里种的草，成本也不大，平时我妻子沙得花在村上干公益性岗位，每年1万元，我还可以在海兴开发区就近务工，每年近3万元。搬迁了确实好，共产党确实好。"

创新管理 天山戈壁结出沙棘"致富果"

新疆阿合奇县典型案例

新疆阿合奇县位于新疆西部天山南脉腹地，属于边境县，自然环境恶劣，戈壁荒滩占全县面积的90%以上，人均耕地不足1.5亩。近年来，阿合奇县因地制宜、培优补短，积极引进耐寒耐旱、抗盐碱抗风沙的经济作物——沙棘，创新采用送水入根、构建基地、专管专护等管理模式，探索建立"企业＋合作社＋基地＋贫困户"的产业发展模式，逐步形成以"育苗－种植管护－采收－产品研发－加工－销售"于一体的发展道路。

目前，阿合奇县已建成6.6万亩大果沙棘基地，带动群众1 200户6 000余人增收，季节性临时用工达2 000人以上，年产量近200吨，可实现年产值约2 800万元，使沙棘真正成为助力群众脱贫增收的"黄金果"和守护生态环境的"主力军"，为脱贫攻坚提供了强有力的产业支撑。

喜获沙棘大丰收的柯尔克孜族果农满脸欢喜

【主要做法】

一、因地制宜，开辟沙棘产业致富路

为实现贫困群众早日摆脱贫困，走向富裕，阿合奇县开展了一场关于农业经济发展思路的大革命——向戈壁进军，向戈壁要效益。2006年，该县以库兰萨日克乡别迭里村沙石地为试点，进行几万株沙棘的尝试性种植初见成效后，阿合奇县积极将大果沙棘作为特色林果业的主栽品种进行大面积推广种植，推进规模化林果种植基地的建设。送水入根，靶向灌溉。依托别迭里水站，沙棘田中铺设了纵横交错的输水管道，管道底部的孔口滴水成流，直达沙棘的根部，形成了倒虹吸自压式滴灌系统。"以点溉全"的灌溉方式对戈壁滩来说，可谓量体裁衣，有效缓解了沙棘灌溉的压力。补栽护种，构建基地。精选朝阳红、状元黄等挂果期长结果率高的优良品种，对生长不佳和已经枯萎的点位进行替种、补种，进一步提升果实产量，目前种植面积达到了6.6万亩，挂果面积2.3万亩，年产量170吨。

二、创新管理，构建产业经营新模式

坚持以沙棘项目带动为主导、生态与经济效益兼顾、基地与零星种植互济的原则，由政府牵头引导贫困户组织成立万亩沙棘基地合作社。技术服务、示范带动。引导农牧民积极发展以农户为单元的小型沙棘果园，采取"合作社管理基地，基地分配到贫困户"的模式，由合作社统一管理，农户分户种植、采摘，统一派遣技术服务队提供产前、产中、产后全程技术服务。农户与合作社签订具有法律约束力的购销合同，双方协商互利收购价，集中经销给加工企业。目前已有1 600户贫困户加入万亩沙棘基地合作社，人均年增收2 000元。风险共担，利益共享。建立沙棘风险保障制度，因非人为因素造成市场变化，导致沙棘原料价格变化时，沙棘原料价格上涨利润的60%归贫困户，40%归合作社；价格下降造成的损失70%由合作社承担，30%由贫困户承担。通过实施订单农业确保合作社和贫困户双方风险共担、利益共享，促进项目健康、稳定实施。

三、多措并举，拓宽产业增收新渠道

强化培训促增收。依托脱贫攻坚农牧民夜校、立志讲习所等培训平台，组织护林员、农牧民群众开展技能培训，切实提升沙棘育苗、修剪、病虫害防治等方面技能，拓宽增收致富的渠道，分享沙棘产业发展的红利。脱贫攻坚以来，通过典型示范，提高群众参与度，引导更多农牧民群众参与沙棘产业发展。强化管护促生长。2017年，沙棘林基地设立了管护站，配备了207名专职管护员，分区开展管护工作，精心实施修

枝整形、除虫去病、扩穴培土、修枝整形等科学管护措施，细心呵护浇灌"致富果"，实现了从"放养式"向"保姆式"的过渡。

四、龙头带动，注入产业发展新活力

酒香不怕巷子深，高产高质的沙棘果逐渐吸引来中科和金之源两家果蔬加工企业落户阿合奇县。企业通过沙棘与贫困户建立利益联结，不仅让贫困户有稳定收益，企业也得到迅速发展。贫困户实现了增收致富。农牧民群众在沙棘育苗、修剪、病虫害防治、采摘等各环节均能受益。尤其是8～10月，正值秋收时节，动员闲置劳动力开展有偿采摘，贫困户家门口进行季节性务工实现增收，同时企业吸纳本地农牧民实现稳定就业。沙棘产业链实现了拓展。按照"公司＋基地＋集体＋贫困户"的发展模式，将沙棘产业发展与农牧民增收相结合，不断增强产业自身"造血"功能及自我发展能力，将禽类养殖融入沙棘产业发展，带动种植养殖业同步发展。特色品牌实现了推广。举办"金山银谷阿合奇·高原猎鹰展珍奇"网络直播活动，促进县域特色产业发展和优质产品销售。淘宝知名主播进行现场直播、媒体全方位进行报道，线上带货助力县域扶贫，为沙棘产品助力，把沙棘产品带给全国各地更多的消费者。一次直播短短3个小时，沙棘产品创收达520 674元。

【贫困户受益案例】

案例一

买买提哈德尔·白先巴义，阿合奇县哈拉奇乡阿合奇村贫困户。因缺技术致贫，家中有8口人，妻子有长期慢性病，于2014年被识别为建档立卡贫困户。

2019年，在驻村工作队的帮扶下，买买提哈德尔·白先巴义被选聘为护林员，参与沙棘管护工作，经过全面培训和技术人员的悉心指导，掌握了沙棘防护实用知识。每逢沙棘成熟时，乡里组织农牧民采摘沙棘果，挣钱最多的就是买买提哈德尔·白先巴义。

如今，买买提哈德尔·白先巴义实现了家门口就业的愿望，家里的收入稳步提高，成为沙棘产业发展的受益者。

"我从2019年9月起当上生态护林员，每月能领到固定工资，2019年摘沙棘果挣了9 000元，2020年种植沙棘苗又挣了7 000元。没想到种在戈壁上的沙棘成了我们增收的'金豆豆''钱串串'"，买买提哈德尔·白先巴义看着这一大片金灿灿的果实有感而发。

案例二

恰尔夏那里·马旦，阿合奇县哈拉布拉克乡阿克翁库尔村贫困户，于2014年被识别为建档立卡贫困户。因缺技术致贫，家里有6口人，子女年幼上学，父母年迈在家务农。自身无任何技术，家庭收入来源单一，生活比较拮据。

2019年8月，新疆中科沙棘科技有限公司发布招聘信息，在村委会的对接帮助下，恰尔夏那里·马旦应聘成为公司一名机械工，负责维修和保养机器，经过近半年的学习和实践，逐渐成为一名技术娴熟的沙棘产业工人。

如今，恰尔夏那里·马旦月工资收入2 800多元，既学到了技术，又能在家门口增收致富，实现了从"放羊娃"到"产业工人"的转变。和他一样，当地18名建档立卡贫困户被中科沙棘公司吸纳就业，实现了稳定脱贫。

"刚来的时候什么也不会，公司就反复给我们培训，现在不仅操作机器没问题，家里电器出现小毛病，我自己动手就能解决"，恰尔夏那里·马旦乐呵呵地说到。

习近平总书记指出，要通过改革创新，让贫困地区的土地、劳动力、资产、自然风光等要素活起来，让资源变资产、资金变股金、农民变股东，让绿水青山变金山银山，带动贫困人口增收。

精准风来满眼春。在脱贫攻坚这场前无古人后无来者的伟大事业中，为了贫困地区、贫困群众与全国人民一道如期进入小康社会，我国迎难而上，创新推出了一批产业扶贫业态，取得了显著成效：实施光伏扶贫，让"阳光力量"成为贫困群众脱贫致富的"铁杆庄稼"；实施构树扶贫，让一片树林改善了生态、育肥了牛羊；实施电商扶贫，打通了扶贫产品走向城市的堵点；实施旅游扶贫，让好风景变为好光景……

新业态

劣势转优势　冷凉成品牌
河北尚义县典型案例

　　河北省张家口市尚义县紧紧抓住2022年北京冬奥会筹办契机，利用冷凉的气候和独特的阳光、风力、冰雪等资源，针对建档立卡贫困人口，构建"零度以下"产业扶贫体系、生产组织体系和扶贫资产经营体系，把劣势转化为优势，打造了"零度以下"新经济、新产业、新的经济增长点，全县23 304户46 174人实现脱贫，贫困发生率由43%降至0.79%。贫困群众由冬闲变冬忙，在冰天雪地里生产增收，进一步增强了获得感和幸福感。

尚义县贫困户在钢架温室大棚内务工

【主要做法】

一、创新零度以下一二三产业扶贫体系

一是充分利用冷凉气候，全力打造特色农业产业。发挥本地气候冷凉、水土无污染的优势，以农业供给侧结构性改革为引领，着力发展高端高效特色种养业。引进北京万德园、北京天安农业、深圳金津果业等18家龙头企业，建成草莓育苗、精品西瓜、有机蔬菜、中药材、燕麦等八大特色农业基地40个，农业种植由传统的"一茬"变"二茬""多茬"，开创了坝上高寒地区冬季种植业生产的先河，农民"冬闲"变"冬忙"，贫困村实现了特色产业全覆盖，拓宽了贫困人口稳定增收的渠道。二是充分利用风光资源，大力发展清洁能源扶贫产业。以贫困村为单位，推进村级光伏电站建设，89个贫困村全部建成了村级光伏扶贫电站，惠及12 943户贫困户，户均年增收750元。引进中核、协鑫、启能3家公司，投入整合资金7 900万元，建设集中式光伏电站10万千瓦，全部收益采取"县级统筹、乡村分配"的方式用于扶贫，覆盖贫困户7 908户，户均年增收597元。全县风电装机总量达到196.75万千瓦，实现产值17.7亿元，成为县域经济发展的支柱产业和扶贫支撑。三是充分利用冰雪资源，大力发展旅游扶贫产业。按照景区带村、能人带户模式，依托草原天路西线旅游精品路线，持续做大做精冬季"冰雪节"、夏季"赛羊会"，建成大青山国际旅游度假区、石人背地质公园、鱼山越野公园三大景区，打造了马莲体育小镇、四台蒙古风情、西城窑回族民俗、十三号主题窑洞等特色旅游示范村15个，形成了"春季踏青赏景、夏季休闲避暑、秋季采摘体验、冬季滑雪探险"全域全季旅游格局，带动1 389名贫困人口就业，人均增收2 664元；977户贫困户出售土特产，户均增收1 580元；184户贫困户发展特色民俗、农家餐饮等项目，户均增收6 652元。

二、打造冷资源生产组织体系

一是统一规划引领。成立扶贫生产组织体系建设工作领导小组，出台生产组织体系建设实施方案，结合资源特色和产业基础，将全县14个乡镇划分为精品瓜果、中药材、马铃薯、精品杂粮等5条产业带，产业统一布局，项目统筹推进。二是统一土地流转。成立县、乡、村三级扶农公司，设立土地流转扶持资金，对精品产业示范基地给予补贴，县财政每年安排特色农业发展专项预算，重点扶持流转期限长、流转面积大、社会经济效益好、带贫能力强的扶贫产业项目。目前全县特色种养产业共流转土地16万亩，带动2 194户贫困户，户均增收1 060元。三是统一整合资金。涉农资金整合使用、折股量化、参股投放，变资金到户为收益到户，倾斜扶持重点产业、重点项目，确保涉农资金使用效益最大化。2019年整合资金3.67亿元，实施扶贫产业项目167个，

所有项目都实现了当年开工、当年投产，带动2.4万户贫困户当年受益。四是统一建设标准。县级出台基地建设标准，农业扶贫产业项目由县扶农公司统一实施，旅游产业项目由县旅投公司全程负责，群众代表全程参与监督。五是统一技术品牌。以打造冬奥会农产品供应基地为目标，统一生产技术、统一加工包装、统一品牌销售，全面叫响有机燕麦、绿色蔬菜、无公害杂粮、精品牛羊肉等尚义特色农产品，打造了"谷之禅""尚义·尚品"等驰名品牌。尚义电商扶贫入选全国精准扶贫50佳典型案例和全国网络扶贫案例。

三、放活扶贫资产经营体系

一是企业合规经营。实行"统一规划、产权归公、企业租赁、收益归农"的经营方式，推动经营企业转变思路，变卖方市场为买方市场，积极发展订单生产。引进道源农业有限公司，采用"企业＋合作社＋贫困户"模式，在坝下山区发展小杂粮种植7 100亩，种植贫困户人均增收3 653元，彻底扭转了优质产品走不出山沟沟、价低卖难的状况。二是建立企户联结机制。大力推行"企村共建共享""公租大棚""宅基地入股"等产业扶贫模式，既搞活了企业经营，又将贫困户有效吸附到产业链上，贫困户出租土地收租金、扶贫资金入股赚股金、打工就业挣薪金，形成了"企业＋基地＋贫困户"抱团发展的利益共同体。如谷之禅燕麦公司通过提高燕麦收购价格，吸引贫困户发展燕麦种植，639户1 248名贫困人口人均增收600元；建设扶贫车间，带动15名有劳动能力的贫困人口年均增收2万元以上；设置产业扶贫基金，销售的每瓶燕麦产品，按销售量提取0.005～0.1元，每年提取近10万元，用于帮助贫困户壮大扶贫产业。三是完善差异分配机制。坚持村级公益事业建设与贫困户就业增收相结合，因村制宜、按需设岗、以岗定人、绩酬挂钩，让有劳动能力的贫困人口通过劳动获得收入，弱劳动能力的贫困人口尽其所能获取收入，无劳动能力的老弱病残贫困人口得到生活保障。全县共设立卫生保洁员、拦河护坝员、森林防火员、治安巡逻员、道路维护员等9类村级公益岗位9 631个，实现贫困村公益岗位全覆盖。四是防范扶贫产业风险。实行扶贫产业项目企业抵押制度，凡是参与扶贫产业项目的企业，必须以等额企业资产作抵押，防止企业出现经营风险时造成扶贫资产损失或恶意转移扶贫资产。与中国人保公司合作，设立农业基础设施和农作物扶贫保险基金65万元，有效兜住贫困户因灾造成损失的风险。

【贫困户受益案例】

案例一

忻龙忠，63岁，尚义县红土梁镇榆树湾村贫困户。因残致贫，老两口都属于弱劳动力，一家人收入来源少，生活困难。

尚义县充分借助东西部扶贫协作机遇，发挥当地土地、气候、劳动力要素优势，因地制宜发展草莓扶贫产业。如今，在红土梁镇一排排草莓大棚显得格外壮观。草莓基地流转了村里的地，他和老伴儿告别了靠天吃饭的日子，做起了"三金"农民。草莓扶贫产业不仅让老忻这样长期守着薄田过穷日子的村民有了稳定收入，也让半高寒地区的尚义第一次结出了鲜红的草莓。

当地干部给老忻算了一笔账，算上务工收入、土地流转金、集体分红，一年他们老两口能挣6万多元，一个月就把过去一年的钱挣到手了。"草莓大棚建好了，有些活儿要加班干，上个月算上加班费挣了5 000多元。"每次谈到草莓种植基地，老忻都是高兴之情溢于言表。

案例二

十三号村充分发挥邻近大青山旅游度假区的优势，成立了张家口市首家农宅合作社，把村内38户闲置农宅作为入股对象，拆掉旧房，建起了150多间具有浓郁地域特色的窑洞宾馆，大力发展"窑洞主题"乡村特色旅游，该村从一个破败不堪的"空心村"，摇身一变发展成为国家旅游扶贫示范村。

何秀兰，57岁，十三号村贫困户，因缺资金、缺技术致贫，全家2口人，老伴儿属于弱劳动能力，家庭收入少，2013年被识别为建档立卡贫困户。每天临近中午，何秀兰在村里的彩色坝头民俗窑洞客栈打扫卫生、整理床铺。"一到假期，来我们村的游客特别多，客栈几乎天天爆满。我一个月工资1 800元，还有200元的全勤奖，在家门口打工挣钱，能照顾80多岁的老母亲"。昔日的农民当上了客栈服务员，说话神采飞扬，连腰杆也挺直了。

生态产业化　产业生态化
河北围场满族蒙古族自治县典型案例

　　河北省承德市围场满族蒙古族自治县地处河北省最北部，是国家重点生态功能区、华北水源涵养区、国家农业可持续发展试验示范区，也是国家扶贫开发工作重点县、全省10个深度贫困县之一。全县森林面积784万亩，活立木蓄积2 610万米³，分别占全省的10.6%和21.8%，森林覆盖率58.8%，有2个国家级自然保护区、4个国家公园、2个4A级景区。

　　为坚决打赢"生态建设"和"脱贫攻坚"两场硬仗，围场县委、县政府大力弘扬塞罕坝精神，聚焦生态文明建设和脱贫攻坚，积极践行"绿水青山就是金山银山"理念，按照"生态产业化、产业生态化"的发展思路，走出了一条生态助力脱贫的新路子。截至目前，累计减少贫困人口14.1万人，169个贫困村脱贫出列。

围场木兰林业集团苗木基地

【主要做法】

一、打造"一企连三产"林业扶贫模式

在兰旗卡伦乡建立占地面积4 200亩的绿化苗木基地，吸纳周边乡镇1 794户贫困户入股，每户每年分红600元，五年到期后一次性返还入股资金；流转73户贫困户土地424.5亩，每户每年可获得租金450元以上；聘用30名建档立卡贫困人口在基地务工，每人年收入5 000元以上。与此同时，公司在建立基地过程中，还注重发展观光林业、休闲林业、健康养生等新型业态和特色经济林、木本油料、林下经济等现代高效林业，实现了一产和二产三产的有机结合，有力地推进了林业扶贫。

二、打造"一林生四财"林业扶贫模式

"林上要果"带动脱贫。打造金红苹果、围选1号杏扁、绿化苗木等林果产业专业乡2个、专业村26个，建成果品休闲观光采摘园18个，年产干鲜果品31.3万吨，产值达到5.7亿元，带动1.6万人增收。"林中旅游"助力脱贫。组建了"万家客栈"乡村旅游发展平台，发展加盟户160户，户均可支配收入在1万元以上，打造特色村镇6个，发展旅游专业村20个，有效带动贫困人口实现稳定增收。"林下间作"促进脱贫。累计发展林下药材种植6 000亩、食用菌种植110万袋，带动8 000多名贫困人口增收。"林间采摘"推动脱贫。大力发展普惠性林业，引导广大农户通过科学合理采摘蘑菇、药材、蕨菜等山野资源增收。

三、打造"一地生四金"林业扶贫模式

土地流转获"租金"。通过大规模流转土地，建设无性大果沙棘、玫瑰花、金莲花等基地近8万亩，每年每亩土地流转租金收入500～800元。资金入股变"股金"。选定承德宇航人、天原药业等7家农业产业化龙头企业实施资产收益扶贫，贫困户户均收益9 000元。就地打工挣"薪金"。带动全县11 278户贫困户参与生态项目建设、基地管理务工挣取薪金，每月收入2 000～3 500元。资源入股分"现金"。2 163户贫困户以土地、技术、树木等资源入股承德木兰林业集团等国有单位，根据收益多少按比例分红。

四、打造"一业配多策"林业扶贫模式

在生态护林员选聘上，优先从符合条件的贫困人口中选聘，全县共选聘800多名贫困人口担任公益林、天保林护林员，每人年工资性收入8 000元。在实施国家重点生态项目上，将工程项目建设劳务需求向贫困人口倾斜，积极组织有劳动能力的贫困户

参与生态工程整地、栽植、管护等劳务，增加贫困人口的工资性收益。在发展经济林产业上，对贫困户发展干鲜果品、木本油料等经济林产业的，不限亩数、优先予以资金补助。在扶贫项目土地使用上，对贫困村村级光伏扶贫电站建设、易地扶贫搬迁等项目需使用林地的，按照"即申即办、特事特办、一事一议"原则，优先保证林地使用。这些优先优惠政策的提出，对促进贫困人口增收、推动扶贫项目建设起到了关键性作用。

【贫困户受益案例】

案例一

刘文，男，围场满族蒙古族自治县新地乡狍子沟村建档立卡贫困户，因病致贫，与80多岁的老母亲共同生活。2016年前，家庭收入渠道主要是种植马铃薯和青储饲料，生活非常困难。

2016年，刘文在乡、村干部积极引导下，参加了全县林业技能培训班，学习了油桃、毛桃、大樱桃等果树栽培技术。他通过申请政府补贴和创业贷款16万元，先后建起了4栋暖棚，2018年经营大棚获得纯收入1.6万元，2019年通过进一步发展实现利润5万余元，生活水平和生产条件得到极大改善，通过发展经济林产业实现了稳定脱贫。

刘文常说："以前守着'绿水青山'过'美丽而贫困'的日子，现在得益于党的好政策，我的收入增多了，生活变好了，从前的贫困日子一去不复返了。"

案例二

李峰，男，54岁，兰旗卡伦乡砖瓦窑村建档立卡贫困户，因病致贫，妻子因病去世，一人独自承担照顾全家3口人的重担，李峰患有肝炎，腿部曾经骨折，劳动能力较弱，生活十分困难。

2016年，木兰林业集团在兰旗卡伦乡建设了园林绿化苗木培育基地，通过乡、村干部积极争取，基地流转该户土地14亩，让其"挣租金"；雇佣李峰入园从事除草、修剪等轻体力劳动，让其"挣薪金"；以6 000元财政扶贫资金入股林业集团，让其"挣股金"。通过一连串的帮扶"组合拳"，李峰年可支配收入达到了1.8万余元，实现了稳定增收。

李峰说："自从有了稳定的经济收入，我的家庭条件得到了明显改善，我对未来生活充满了信心。"

传统工艺乾坤大

河北丰宁满族自治县典型案例

　　河北省承德市丰宁满族自治县依托县域深厚的历史文化底蕴，持续探索传统文化与精准扶贫的有机结合，创新实施了"非遗＋扶贫"模式。通过建立体系、搭建平台、拓展市场、打响品牌等一系列有效举措，破解了留守妇女、半劳动能力和弱劳动能力贫困人口产业增收难题，走出了一条文化产业精准扶贫之路，被文化和旅游部确定为全国"非遗＋扶贫"试点县，典型模式得到联合国教科文组织高度评价，在联合国南太平洋国际培训会议上向世界推广。

丰宁"非遗＋扶贫"培训班

【主要做法】

一、摸清底，建体系

深入挖掘县域满蒙文化和民俗文化，抽调专人对全县非遗文化产业进行全面调查摸底。建设完善了61个非遗项目数据库，建立了专项台账。选取丰宁满族剪纸、布糊画、传统木作技艺、铁编技艺等地方特色非遗资源，聘请专家综合研究，科学编制出台了《"非遗＋扶贫"实施方案》，指导全县工作开展。深化体系建设，县级组建了由县长任组长的领导小组，抽调精兵强将成立了专班，乡镇、村对应成立了专项组织，形成了县、乡、村三级"非遗＋扶贫"工作体系。

二、搭平台，建基地

投资240万元在县经济开发区建设了总面积2 400米²的非遗传承基地，设立了县级"传统工艺工作站"，搭建起全县"非遗＋扶贫"培训、交流、展示、产品研发平台。以县级大平台为依托，将"非遗＋扶贫"作为扶贫车间建设的重点内容，纵深推进平台建设，先后在五道营、土城、黄旗等5个乡镇建成非遗扶贫就业工坊8处，作为吸纳贫困劳动力集中学习、集中创作的基地，形成以点带面的辐射效应。

三、抓培训，传技艺

以培训为先导，组织业内专家编写了《丰宁满族剪纸技法》《中国民间布糊画技法》等适合贫困户学习的专门培训教材。聘请民间艺术大师、非遗传承人亲自授课。多层次广泛宣传发动，重点针对贫困妇女、半劳动能力或弱劳动能力人群开展技能培训。强化政策支撑，对新吸纳的贫困群众每月补贴300元，连续补贴3个月。并通过举办技能大赛等多种形式，鼓励贫困群众积极参与，激发贫困户的"内生动力"。全县累计开展线上、线下培训46期，培训贫困人口860多人，其中40％的学员通过培训，能够实现独立创作。

四、建机制，促增收

建立了订单销售的联结机制。由政府牵头，采取企业合作、消费扶贫、网络营销、景区售卖等多种形式，线上、线下双渠道销售非遗扶贫产品，增加贫困户收入。由非遗扶贫工坊接订单，组织产品创作，贫困户采取工坊集中创作、领取原料在家创作等灵活方式完成任务，获得稳定收益。比如黄旗城根营村30多户贫困户培训结束后不到10天，依托"非遗＋扶贫"工坊，便接到订单1万多元，人均增收200多元。"非遗＋扶贫"开展以来，先后与北京故宫、恭王府、妈妈制造等达成合作，在中国马镇、神仙谷等重点景区设立了展销专区，累计销售额达到400多万元，带动316户贫困户年均增收4 200多元。

五、树品牌，谋发展

将"非遗＋扶贫"示范工作经费列入年度财政预算，设立非遗扶贫引导资金100万元，加快"非遗＋扶贫示范基地"推广、市场营销等工作，完善产业链，打响丰宁非遗扶贫产品品牌。着力增强产品生命力，全面强化非遗扶贫产品研发，与北京故宫博物院设计团队签订了产品研发协议，将剪纸文化与故宫品牌深度融合，成品直接在故宫文创店售卖。同时结合现代元素，不断对非遗产品进行包装融合，运用到陶瓷、铁艺、文化衫、首饰、挎包等实用性产品中，有力增强了市场竞争力，推动非遗作品从产品变为商品、精品，形成非遗产品的产业化发展，为持续、稳定带动贫困群众脱贫致富贡献了积极力量。

【贫困户受益案例】

案例一

丁君方，男，68岁，丰宁满族自治县五道营乡五道营村贫困户，因病致贫。"非遗＋扶贫"模式实施后，村里建起了非遗扶贫满族剪纸工坊，在村干部动员下，丁君方每天由老伴陪着参加培训，因为年轻的时候接触过剪纸，很快就熟练掌握了技能，作品广受欢迎。通过工坊订单，现在丁君方和老伴每天在家里创作，足不出户，一年的时间已经收入1万多元，实现了稳定脱贫。说起"非遗＋扶贫"，老人笑得合不拢嘴，"党的政策好，学习不花钱，原材料不要钱，县里还帮我们卖产品，坐在炕头上就能赚钱，日子好像芝麻开花节节高"。

案例二

张鸣凤，女，67岁，丰宁满族自治县选将营乡二道营村贫困户，因病致贫。患有高血压等慢性病，需要常年服药，老伴郑文会70岁，患有老年痴呆，全家靠低保维持生活。2019年4月，县里依托当地的铁艺灯笼非遗文化，建成了二道营村非遗扶贫产业工坊，张鸣凤第一个报名参加培训，刻苦学习技艺，短时间内就能够单独制作，每月稳定增收1 000元以上，实现了光荣脱贫。在接受市电视台采访时，她动情地说："岁数大了，干不了活儿了。现在有了灯笼这个产业，我拧一个最多能赚100元，糊一个也能赚20元，一边照看着老伴一边就把钱赚了，这种好事以前做梦都不敢想呀。"

发展杂交构树　拓宽扶贫新路

河北魏县典型案例

　　河北省邯郸市魏县始终坚持把产业扶贫作为群众脱贫增收、实现全面小康的根本途径和关键举措，因地制宜，将发展杂交构树作为带动贫困群众长效稳定增收的重要产业发展举措之一。截至2020年，全县建成扶贫产业园区65家，其中发展构树种植10 000余亩，带动贫困户近700户。2019年承办全国构树扶贫经验交流暨产销对接研讨现场会。

工人正在对青贮的杂交构树打包处理

【主要做法】

一、抓产业规划

魏县林盛公司作为扶贫龙头企业，2016年开始在该县北皋镇种植杂交构树2 200亩，2017年新增3 490亩，2018年新增4 440亩，目前全县种植总面积达10 130亩。魏县依托林盛公司，规划了10万亩杂交构树基地项目，计划总投资16亿元，分三期实施，目标是利用5年时间，建设核心基地10万亩、辐射带动100万亩。围绕延链、补链、完善产业链、提升价值链，着力打造杂交构树种植基地、加工基地、养殖基地、食用菌基地"四大基地"，并发展旅游观光、保健品深加工、餐饮、物流等配套产业，增强构树产业带贫增收能力。项目全部建成后，可提供6万个就业岗位，带动11万人稳定增收，对魏县乃至周边县贫困人口脱贫致富将发挥重要作用。

二、抓政策扶持

为促进构树产业健康发展，魏县狠抓资源要素保障，全力予以扶持。在资金扶持上，制定了《魏县支持建档立卡贫困户发展"种养加"项目管理办法》，利用县财政涉农整合资金，对建档立卡贫困户发展构树等特色产业进行补贴，对企业流转土地的租金进行补助。在土地扶持上，健全完善土地流转三级服务网络，县、乡两级成立农村土地流转服务中心，村级设立土地流转服务站，通过宣传相关方面政策，积极引导农户土地承包经营权有序流转，发展农业适度规模经营。截至2020年，全县流转土地近30万亩，其中1.3万亩用于发展构树产业。在金融扶持上。成立县金融扶贫服务中心、乡金融扶贫服务部、村金融扶贫服务站"三级金融扶贫服务网"，与邮政银行、张家口银行、农业银行、农村信用社等进行合作，为建档立卡贫困户提供扶贫小额信贷。

三、抓利益联结

一是"三金"促增收。县整合财政涉农资金入股到构树企业，实现资金变资本，农民变股东，流转土地的贫困户还可得到土地租金，贫困户也可到构树企业打工挣取薪金，实现了分股金、拿租金、挣薪金"三金"增收。二是"五统一"促规范。采取"公司+基地+贫困户"带贫模式，严格执行"统一建棚、统一供种、统一技术、统一品牌、统一销售"等"五统一"模式，促进了构树产业向规范化、规模化、集约化、品牌化发展，持续带动更多贫困户脱贫增收，实现了经济效益、社会效益和生态效益的有机统一。三是"四台农机"促双赢。整合财政涉农资金，为北皋镇东张岗、杨柴曲、北街及东街四个村，购买了四台魏县产的自走式青贮饲料收割机，租赁给林盛公司用于构树收割，仅此一项，4个项目村每年可增加村集体收入11.2万元，租金收益

30%用于壮大集体经济，70%用于建档立卡贫困户公益性岗位支出，实现了集体经济壮大和贫困户增收双赢。

【贫困户受益案例】

案例一

江书芳，北皋镇南刘岗村农民，因上有瘫痪在床的婆婆，下有两个正在读书的孩子，丈夫患有多种慢性疾病，几乎丧失劳动能力，再加上常年看病吃药，导致家庭生活非常困难，于2015年识别为建档立卡贫困户。2016年4月，村里流转土地发展杂交构树种植，江书芳将家里7亩耕地流转给魏县林盛农业科技发展有限公司，并在林盛公司杂交构树种植园上班，每亩地租金900元，一年稳打稳算收入6 300元，平均每月打工能领薪金2 000元左右，刨去3个月冬闲，一年薪金收入18 000元左右，租金加上薪金一年收入两万多元。江书芳说："现在家里安了电话，和老伴儿还用上了智能手机，日子越过越有劲儿。"

案例二

陈付祥，北皋镇陈村农民，60多岁，是全村公认的贫困户，妻子身患癌症，陈付祥本人患有高血压等多种慢性病。2017年，林盛农业科技发展有限公司采取"公司＋农户"模式，将陈付祥家的5亩土地全部承租下来，每年每亩租金900元，一年收4 500元；量资入股每年收益500元；陈付祥进厂务工后，公司根据陈付祥的身体情况，为他安排了计件工种，每月在公司领取2 000元务工费，陈付祥一年可收入近30 000元。他逢人便说，"像我这样的人，现在不愁吃，不愁钱，全凭党的政策好，社会制度好。"

创新"三化"举措 做好"阳光"事业

河北大名县典型案例

河北省大名县依托光照资源丰富优势，紧紧抓住国家光伏扶贫政策窗口期，创新"三化"举措，全面精准发力，建成集中式光伏扶贫电站2座、村级光伏扶贫电站159座、光伏户站1780个，累计并网规模达到125兆瓦，带动1.3万余户建档立卡贫困户稳定脱贫。在2020年疫情防控期间，大名县光伏扶贫产业不仅未受影响，还为贫困劳动力就地就近就业提供了重要出路，产业的稳定性和可持续性经受住了检验，光伏扶贫产业已成为大名县脱贫致富奔小康的支柱产业。

大名县集中式光伏扶贫电站

【主要做法】

一、坚持"多样化"建设，因地制宜规划布局

充分发掘光照资源优势，综合考量选址条件，因地制宜确定建设模式。一是户用光伏扶贫电站点对点。政府投入资金 2 225 万元，在贫困户屋顶上建设小规模、分布式光伏扶贫电站 1 780 座，每座"户站"装机容量 1~1.5 千瓦，带动 1 户贫困户，每年户均增收 1 000 元以上。二是村级光伏扶贫电站全覆盖。整合涉农资金 46 300 万元，为 159 个建档立卡贫困村每村建设一座 300 ~ 420 千瓦的村级（联村）电站，总装机容量 63.54 兆瓦，年发电量 8 000 万度，年发电收入约 8 700 万元。村级（联村）电站产权和收益归建档立卡贫困村村集体所有，通过设置公益岗位、发展小型公益事业等方式，平均每座电站均能够辐射带动本村 60 户贫困户稳定增收。三是集中式光伏扶贫电站强保障。在符合条件的地块建设 2 座大规模、集中式光伏扶贫电站，总装机容量 60 兆瓦，年发电量 7 600 万度，发电收入约 8 000 万元，其中扶贫收益部分主要用于保障县内所有非贫困村无劳动能力贫困户基本生活，积极引导光伏企业履行社会责任。四是"互补"增收益。2 座集中式电站和 159 座具备条件的村级（联村）电站，全部按照"农光互补""药光互补"等模式建设，电池板下种植多彩苗木、中草药、构树等经济作物 600 余亩，每年增加收入 100 万元左右。

二、坚持"市场化"管理，监管并重确保长效

完善"四项机制"，以政府"有形的手"推动市场"无形的手"，让专业的人干专业的事，把每一个光伏扶贫项目都打造成精品。一是平台抓总。县政府聘请专业人士，成立全资国有公司——大名县鼎鼎扶贫开发有限公司，作为光伏扶贫资产运营管理平台，牵头推进全县光伏扶贫项目建设、运维、收益分配等工作。二是一体监管。通过招投标遴选 3 家具有一流资质的建设管理企业，签订分期付款和代管协议，项目并网后由建设企业代运营 3 年，代管期间实时监测发电运行情况，稳定运行后移交。运行期间发现质量问题的，由建设企业限期整改，相关费用从尾款中扣除。三是第三方验收。聘请北京鉴衡认证中心有限公司作为第三方，对每座电站开展竣工验收，逐一出具验收评估报告，质量不达标坚决不并网。四是统一运维。通过招投标选择 1 家专业光伏运维企业，对所有财政资金建设的光伏扶贫项目实行统一运维；并为每座光伏电站购买商业保险，对冲冰雹、强风、雷电等自然灾害风险。

三、坚持"规范化"分配，用足用好发电收益

认真落实国家和河北省光伏扶贫收益分配有关要求，制定出台《大名县光伏扶贫

收益分配管理细则（试行）》，明确支出重点和分配要求，切实分好用好光伏扶贫收益。一是公益专岗增动力。设立保洁员、护路员、护林员、护理员等光伏扶贫专岗3 141个，帮助3 141名贫困劳动力（边缘户）就地就近就业，并根据劳动情况支付差异化工资，防止"简单发钱养懒汉"。村级（联村）电站发电收益除土地租赁、运行维护等必要支出外，80%以上用于支付光伏扶贫专岗等劳务费。二是防控专岗稳收入。2020年新冠肺炎疫情爆发后，利用光伏扶贫收益设置应急值守、检疫检验、网格员等防控专岗495个，解决495名贫困劳动力（边缘户）疫情期间无法外出务工问题。据测算，2020年2～5月，每名防控专员增收约4 000元，有效降低了因务工收入骤减造成的返贫致贫风险。三是兜底救助保基本。对300余名鳏寡孤独等无劳动能力或丧失劳动能力的特殊贫困群体（边缘户），通过集中电站扶贫收益进行常态化兜底救助，帮助其稳定实现"两不愁三保障"，切实防止返贫致贫。

【贫困户受益案例】

案例一

阮东安，大名县龙王庙镇西范堤村贫困户，因残致贫，妻子也有轻度肢体残疾，他与妻子无任何特长技能，家庭生活极其困难。

2018年年底，西范堤村级光伏扶贫电站建成并网后，经过户申请、村评议、镇审核等程序，阮东安成为了光伏扶贫电站的第一批受益户，家庭收入明显提高了，生活也得到了较大的改善。同时，阮东安与妻子双双申请了村里的扶贫公益岗位，负责打扫村里卫生。

"党的政策这么好，咱不能忘了这份恩情，怎么也要干点自己能干的活，绝不能吃闲饭。"这是阮东安和妻子打扫村内卫生时和邻居、村民时常说的一句话。

案例二

赵书英，大名县铺上镇后兆固村贫困户。独自生活，患有慢性病，长期吃药，收入来源少，生活困难。

2019年，赵书英向村里递交了集中式光伏电站受益申请，希望获得一定收入。正巧邻村铺上村建有10座村级光伏扶贫电站，运维公司需要在附近找一部分运维工作人员。在县扶贫办的推荐下，赵书英顺利通过审核，成为了集中式光伏电站收益户，每年可以稳定获得部分收入。同时，光伏运维公司考虑到赵书英的身体情况，给她安排了一些站内除草、种植等轻体力活儿，一天工资60元，并且每天还有5元的餐补，运维公司还为她购买了团体意外保险。

独自生活多年的赵书英，自从参加了村级光伏电站运维工作，生活有了奔头，每天见谁都乐呵呵地打招呼。她还经常去电站溜达一圈，打扫一下卫生，擦拭一下光伏面板。因为赵书英热爱这份工作，所以她一定会全心干好这份"阳光"事业。

唤醒沉睡资源　趟出有机新路

山西灵丘县典型案例

近年来，山西省灵丘县深入贯彻落实习近平生态文明思想，践行"绿水青山就是金山银山"理念，依托县域独特的区位资源和自然禀赋，大力发展有机旱作农业。将红石塄乡的上河村、下河村两个村庄作为试点，先行先试，采取"有机农业＋生态旅游＋美丽乡村"发展模式，开发建设车河有机社区。通过实施农村产权制度改革，积极引入工商资本参与社区建设，有效激活农村沉睡资源。经过近8年的发展，车河社区农业总产值由2014年的19万元上升到2019年的230万元，人均可支配收入已由当初的2 300元提高到1.95万元，增加7.5倍，实现了稳定脱贫、长久致富。2020年8月，车河社区入列第二批全国乡村旅游重点村名单。

灵丘县红石塄乡车河有机社区依山面水的民居

【主要做法】

一、坚持生态为重，变"先天地势"为"发展优势"

灵丘县位于晋东北边缘，毗邻京津冀，素有"燕云扼要"之称，境内水源丰富、气候宜人，森林覆盖率达32%以上。而上河村、下车河村地处省级自然保护区黑鹳自然保护区和青檀自然保护区，经专业权威机构化验分析，土壤、空气和水源均达到发展有机农业、生态旅游的标准，水质达到欧盟、美国、世卫组织制定的饮用水标准，发展有机农业和生态旅游业具有得天独厚的条件。但由于多种因素，长期以来，村民居住环境差、产业发展严重滞后，全村户籍总人口173人，仅建档立卡贫困户就有32户77人，贫困发生率高达44.5%，贫困面积大、贫困程度深。

2013年，灵丘县委、县政府按照"党政主导、规划先行、产业支撑、市场运作、社会参与、共同富裕"的思路，坚持尊重自然、顺应自然、保护自然的发展理念，以生态治理与产业发展并重，实现可持续发展为目标，编制了《车河有机社区建设规划》，与中国农业大学共建教授工作站，推行有机农业与生态旅游相结合的扶贫模式。几年来，政企联合共投入资金1.8亿元，对两村全域27公里^{2}的土地进行综合开发，已建成上下两层130米^{2}新型农居93套，社区内还接入了天然气，建设了污水处理和垃圾分类设施。先后配套了旅游接待中心、有机餐厅、民俗博物馆和有机农产品展示中心、"梦幽谷峡谷乐园""听溪谷冰雪乐园"等体验式休闲旅游项目，成为集有机种养、生态休闲、教育科普、文旅体验为一体的有机社区。

同时，为避免过度开发破坏环境，在社区全域禁止使用化学合成类农药、肥料等，并由农业专家根据载蓄能力测算可养殖的畜禽数量，严格控制养殖规模，实现了社区生态与经济协调可持续发展。2015年车河社区人均可支配收入达到1.5万元，所有贫困户全部脱贫，成为全县第一批退出的贫困村。

二、坚持改革为先，变"创新活力"为"发展潜力"

车河社区根据中央全面深化农村改革的相关精神，秉承向"绿水青山"要"金山银山"的改革理念，积极引入当时正谋求转型发展、致力于回报家乡的民营企业山西金地矿业集团，以"三权分置"的土地改革制度设计，探索实行"资源全流转、村民全入社、三资全入股、收益全保障"的发展模式，积极推进"村社一体、社企一体"为主要内容的农村产权制度改革。由村委会代表全体村民成立了灵丘县道自然有机农业专业合作社，在农户承包经营权不变、承包面积和承包期不变、国家对农户补偿利益不变的前提下，将上车河、下车河两村1 213亩耕地、4万余亩"四荒"地及林地的经营权集中流转到合作社，合作社再将土地承包经营权转让给金地矿业集团旗下的灵丘县车河有机农业综合开发有限公司，由公司负责统一规划经营，每年支付土地流转金500万元，每隔三年递增5%，每年还支付给合作社不低于30万元的基本保底收益。

车河社区产业发展模式改变了原来"一次支付""固定获利"的产业扶贫模式，村民在获得土地流转收益的同时，还能按劳获利，多劳多得，并可通过提供旅游服务获得经营性收入。不仅如此，还享受企业盈利剩余分红等，真正的由传统农民转变为了"现代农民、企业股东"。

三、坚持发展为本，变"优美风景"为"大好光景"

社区采取"公司＋集体＋农户"的经营模式，大力拓宽群众增收渠道。一是引导村民将农居改造成为"乐田居"民宿，增加经营性收入，每套民宿统一定价、统一管理，每晚280元左右，到旅游旺季"一宿难求"。目前，已有来自北京的画家常年租用民宿，年租金5 000元。二是社区内目前已种植有机杂粮、蔬菜700亩，养殖有机鸡3万只、有机羊5 000只，由于农产品插上了"有机"的翅膀，已经远销京津冀地区。如有机鸡蛋，现在每千克售价已达到80元左右。同时与中国质量协会合作，建立质量追溯系统，纳入全县执法监管和质量追溯平台，实现了生产、管理、销售等环节全程追溯。三是每到周末，大同、太原乃至北京、河北等地的游客便慕名来到车河社区，游客通过自然观光、体验劳作，感受田园休闲、享受精致服务，体验独特的乡村田园般的休闲慢生活。积极性高的青壮年劳力通过参与有机种养、旅游服务经营、务工以及社区管理，每年收入22 000～35 000元。社区自2014年规划建成以后，截至目前共接待游客42万人次。

近年来，灵丘县以车河社区成功经验为蓝本，围绕建设"环境美、产业旺、群众富"的美丽乡村目标，按照"资源全流转、村民全入社、三资全入股、收益全保障"的运营模式，创建了红石塄乡全域有机农业示范区，区内先后打造了上下沿河民俗生态区、龙须沟"移民安置＋沟域文化"田园综合体等多个产业发展"新引擎"，并将该模式不断融入到灵丘建设"宜居宜业宜游"山水特色城镇的实践当中。

【贫困户受益案例】

案例一

范中仁，灵丘县红石塄乡下车河村贫困户，因夫妻二人年事高，妻子患慢性病，被识别为建档立卡贫困户。

脱贫攻坚以来，依托良好的生态优势，在村党支部和驻村工作队的共同努力下，下车河村开始发展有机农业。范中仁积极参加村里举办的有机农业种养技术培训，通过参与有机种植养殖每天有100元左右的务工收入，通过土地流转每亩耕地每年有500元的财产性收入。随着村里乡村旅游业的蓬勃发展，在车河有机农业综合开发公司的帮助下，范中仁将家里改造成了乐田居民宿，又增加了一份旅游服务收入，妻子张玉梅也可以在景区做一些保洁类的轻便活补贴家用。范中仁夫妻二人依靠有机农业和生态旅游业每年收入近4万元，达到脱贫标准，顺利实现脱贫。

"发展有机农业就是好，如今我们的收入增加了，村里环境也变好了，来旅游的人也变多了，村支书带领我们走上了一条发家致富的有机路。"范中仁一谈起这几年的发展就高兴得合不拢嘴。

案例二

段洪青，灵丘县红石塄乡下车河村贫困户，因自身肢体残疾被识别为建档立卡贫困户。

下车河村住房均为四室一厅一厨两卫的二层新居。段洪青父亲去世后自己住一室，其余三室改为民宿短租给游客，旅游旺季房屋短租约收入5 000元；土地流转给车河有机农业综合开发公司年收入3 000多元；村里还为他安排了景区保洁公益岗，年收入3 600元；在景区办了餐饮服务部年收入约15 000元；2019年资产收益分红1 200元；全年收入达到了2万多元。

"通过发展有机农业，我们村发生了翻天覆地的变化，我这样的残疾人都住上了楼房，不出村就有活干，还能参与集体分红，这在以前是做梦也不敢想的事情。"段洪青向前来参观的游客细说着如今的好日子。

药草变产业 脱贫有良方

山西平顺县典型案例

　　山西省平顺县地处太行山南段，独特的地貌特征和气候土壤条件孕育了品种丰富且品质优良的中药材资源，拥有"平顺潞党参"和"平顺连翘"两个国家农产品地理标志。在脱贫攻坚中，平顺县将中药材产业确立为脱贫攻坚特色产业，实现了由散到聚、由小到大、由弱到强的发展。依托"山西药茶"品牌，创出了一条太行干石山区产业扶贫新路子。截至目前，平顺县中药材种植面积达到62.76万亩，直接带动贫困人口3.5万人，年人均增收4 100元。先后承办了全国产业扶贫、全省产业扶贫到村到户现场观摩会。平顺中药材产业扶贫案例成功入选全国产业扶贫十大范例，平顺县现代农业产业园（中药材）入选国家现代农业产业园。

平顺野生连翘抚育区

【主要做法】

一、做大产业格局，精心扮靓中药材产业新特色

全域化布局。根据自然地理环境、气候特征和中药材资源分布状况，对平顺的中药材资源进行科学布局、全域规划，推行野生抚育、仿野生栽培、标准化种植等技术，将全县划分为东南山区、西部台地、北部河谷、中部百里滩四个中药材产业园区，发展潞党参、黄芩、连翘等中药材，实现了"山、坡、田、林、路"立体化、全域性种植。标准化育种。打造了潞党参、连翘、柴胡等七大道地药材生产基地，发展了4 000亩标准化育苗基地，从源头上保证种源纯正、品质优良。科学化仓储。建成占地面积200亩，建筑面积8万米^2，仓储能力2.6万吨，集仓储运输、质量检验、追溯管理于一体的平顺中药材仓储基地，将全县中药材集中仓储率提高到70%以上。网络化购销。发挥"1部10站50个联系点"的三级收购网络作用，大力发展电商、微商，采用"线上订单，线下提货"方式，提高流通速率和市场份额，让平顺党参、黄芩、连翘等"国"字号、"特"字牌产品插上腾飞的"翅膀"。特色化加工。依托"山西药茶"区域公用品牌，大力发展药茶产业，投入固定资产1 713.5万元，深度开发连翘、潞党参，研发生产了连翘叶茶、党参茶等药茶系列，初步形成了以连翘叶茶和党参茶为主的生产加工基地4家。连翘叶茶被CCTV7《农广天地》栏目以"农业科技新技术，脱贫致富新门路"做成一期节目《连翘茶背后的密码》在全国推广。2019年生产各类药茶27吨，销售额达545万元。

二、激发产业潜力，全力提升中药材产业新品质

强化政策支持。出台《平顺县"十三五"特色产业精准扶贫规划》《平顺县推进50万亩中药材基地县建设实施意见》《平顺县统筹整合涉农资金实施方案》和《平顺县支持贫困户发展特色产业奖补办法》等一系列政策，向中药材特色产业聚力发力，重点向基础设施建设倾斜，着力提高产业的全链条组织化程度。强化资金扶持。有效整合和统筹农业、林业、扶贫等各部门资金，为中药材特色产业发展提供坚实的资金保障。强化技术服务。积极开展中药材产业科技下乡活动800余场次，编印中药材种植技术书籍1.6万册；邀请高级农业专家现场授课、实地指导，先后引进新品种、新技术20余个，推广中药材实用技术15项，依托扶贫龙头企业研发中心、中国医学科学院药用植物研究所以及山西大学、山西农大等科研单位和高等学府提升中药材产品科技含量。强化市场开拓。着重从中药材产品需求端切入，深挖市场潜力，搭建购销平台，在CCTV4《中华医药》和东方卫视《我们在行动》等媒体上对平顺潞党参道地药材进行了广泛宣传，积极推动中药材药食同源类产品的研发和上市销售，进入销售旺季，中

药材日上市量达70余吨，日销售额达200多万元。强化品牌建设。提升平顺道地中药材品牌的影响力，成功申报"平顺潞党参""平顺连翘"两个地理标志农产品，潞党参口服液、复方利血平片、复方灵芝健脑胶囊等16个国药生产批号，其中潞党参口服液系全国独家产品。

三、优化产业联结，积极扩大中药材产业新成效

龙头带动。引进了山西振东健康产业集团、山西正来医药、长治欣玉科贸等14家中药材种植加工销售企业，规范有序流转农村土地，增加资产性收入，引导企业雇佣流转户和贫困群众就业，增加工资性收入，鼓励企业与农户签订订单、保底收购，降低贫困户市场风险。合作社联动。扶持发展山西金山谷、平顺县君品、平顺县良元等174家新型经营主体和专业合作社，将产业扶贫资金、资产资源折股投放到合作社，作为贫困户的股权份额，每年参与分红，带动8 000余户贫困户增收。大户拉动。通过内育外引，600余户有实力、懂市场、会技术、善经营的种植大户发挥示范引领作用，通过结对子，吸纳贫困户土地流转或务工等方式，直接带动3 000余户贫困群众户均增收4 000多元。人才推动。大力实施新型职业农民培育、"千村万人"就业培训工程，培育中药材实用人才1 000余名；引进高层次专业型人才15名，开发大学生就业见习岗位180个，主动与湖南大学、吉林农大等9所高校结亲，帮助实现中药材提档升级，逐步形成以产业聚人才，以人才兴产业的良好氛围。多元融动。建设山西振东芦芽康养小镇、龙镇村潞党参康养小镇，打造集药食同源、养生休闲、生态保护及旅游等功能于一体的中药材产业示范园区，加快开发一批有市场前景和市场竞争力的高附加值新品，走多元化发展之路，推进中医药养生保健和文化旅游的深度融合。

【贫困户受益案例】

案例一

张廷，平顺县龙溪镇佛堂岭村人，6口人，肢体三级残疾并伴有长期慢性病，因病因学致贫，于2014年识别为建档立卡贫困户。

由于身体和年龄偏大的原因，不能外出打工，在村支书张志建的建议下，扩大党参种植规模，从当初的几分地发展到了现在的3亩，现在收入稳定在2.8万元左右，并参与了村里的潞党参种植专业合作社。

"我们村的合作社与县里引进的山西振东、正来制药等大药企，签订了250亩的保底收购协议。协议规定：年初提供种苗，中间进行技术指导，秋后保底收购。今年的保底收购价是每斤15元，以目前的市场情况看，估计成交价格能到每斤25元左右。"张廷介绍说。

案例二

金保全，平顺县东寺头乡桑家河村人，2口人，缺技术致贫，于2014年识别为建档立卡贫困户。

由于村里地处大山深处，比较偏僻，金保全从山上采回来的药材多年来一直低价直接卖给小商小贩，收入十分有限。通过近年来的驻村帮扶，工作队为该村量身定制的产业提升方案，大大地提高了桑家河村村民收入。主要依托"公司＋农户＋贫困户"的模式，打造野生药茶特色品牌，大力发展生态有机药茶产业。

"我这两个月采收连翘叶给公司做茶，活不重，一个月能挣3 000多元，再加上8月底后采摘青翘和连翘的钱，光这一项产业就能增收15 000元。"金保全说。自从知道连翘叶能做茶后，金保全就来了精神，原先只觉得漫山遍野的连翘花好看，如今不一样了，他瞅着连翘黄花似"黄金"。

让贫困户享受"阳光"温暖

山西天镇县典型案例

    天镇县位于山西省东北端、晋冀蒙三省区交界处，属燕山太行山连片特困地区深度贫困县。天镇县光照资源比较丰富、荒山荒坡广阔，年均日照时间2 842小时，2014年年底被确定为全国首批光伏扶贫试点县后，建成并网光伏发电项目38.98万千瓦；同时建成并网风力发电项目30万千瓦，被评选为中国新能源产业百强县。截至目前，累计投资5.8亿元，建成光伏扶贫项目6.48万千瓦，累计实现收益1.11亿元，受益贫困人口1.7万户4.4万人，在全省率先实现了贫困村村级光伏扶贫电站全覆盖、集体经济全破零和行政村光伏扶贫收益全覆盖。

天镇一畔庄村级光伏扶贫电站

【主要做法】

一、强化"四最"措施，确保电站质量

一是用最适的地块建。在选址上，认真把握光照时间充足、节约集约用地、就近并网接入、便于管理维护四条原则，着眼于最大限度提升光伏发电效率，聚焦温度、海拔、光照角度等关键性技术因素，先后试验示范了地面集中、一村一站、多村一站、农光互补、牧光互补、林光互补，屋顶户用等不同模式，并根据不同建站模式，选用多晶硅、非晶锗硅、铜铟镓硒等多种电池材料，通过总结经验，探寻规律，指导实践，优中选优。二是上最硬的队伍干。在施工队伍招投标中，充分考虑施工队伍资质、业绩和建设模式，强中选强。三是选最好的产品用。无论大小设备、配件，特别是光伏组件、逆变器等核心设备，重点考虑产品品牌知名度、性价比，以及是否当年量产的主流产品，确保产品质量和性能，好中选好。四是以最严的监管抓。聘请专业技术总监，全程参与规划和现场施工管理，严把组件布置、线路连接、设备调试、智能通讯接入等关键技术环节，严格技术交底、方案报审、设备检验、并网试运等关键程序，不放过任何一个细节，保证电站建设质量过硬，精益求精。

二、坚持"三化"管理，确保稳定运营

一是建立专门队伍，推行专业化管理。试点工作开展初期，就提早谋划，采用"政府主导、市场化运作、企业化管理"的模式，组建自己的平台公司，参与光伏扶贫项目设计、招投标、施工建设、运维管理和收益分配全过程，培养出一批爱岗敬业、爱站如家的专业技术队伍。二是落实运维机制，推行制度化管理。选聘新能源行业大型国有企业，对全县村级和户用光伏扶贫电站进行日常巡视、监控和运行维护，并依据国家光伏电站管理标准，建立健全《光伏扶贫电站运行规程》《安全生产制度》等各类规章制度，强化日常运行监测、每月定期巡检、每季清洗组件、年度专业检修和相关运维人员技术、安全培训管理，保证运维工作质量。三是充分运用科技，推行智能化管理。设立光伏扶贫电站监控中心，从2016年开始率先使用先进的光伏扶贫电站智能监测系统，实现了光伏扶贫项目全过程的信息化和智能化管理；2018年在全省首家应用"山西省光伏扶贫收益分配管理系统"，实现光伏收益分配全过程的大数据管理；2019年在全国首批应用"全国光伏扶贫信息管理系统"，实现全部村级扶贫电站实时运行数据的全国联网监控。

三、坚持"三公"分配，确保扶贫效益

在科学合理确定光伏扶贫电站资产权属的基础上，坚持"因村制宜、到户为主，

集中评议、梯度发放，深度为主、兼顾一般"的原则，严格落实"一评议两公示"的工作流程，特别是注重把握群众民主评议这一关键环节，做到"公开、公平、公正"发放。具体分配过程中，以激发贫困群众内生动力为目的，对有一定劳动能力的贫困户通过设立卫生清洁、巡逻管护、矛盾调处等公益岗位，依据工作量大小，合理确定工资性补助标准；围绕公益事业，有针对性地开展环境卫生整治、街巷道路维修、人畜饮水工程、村庄绿化美化等小型公益事业；对失去自理能力和劳动能力的深度贫困户给予现金救助；赢得了群众普遍认可，探索了有益的实践经验。

【贫困户受益案例】

凌晨4时50分，当第一缕阳光照在天镇县谷前堡镇一畔庄村光伏发电板上的时候，村保洁员贾顺已经开始清扫村路。今年（2020年）66岁的贫困户贾顺，2014年因妻子检查出乳腺癌，成为建档立卡贫困户，当时全家收入仅靠23亩盐碱地，每年都是广种薄收、靠天吃饭，家庭人均收入2 210元，面对这一突如其来的家庭变故，贾顺夜不能寐。

为了让这个家庭尽快摆脱贫困，村里召开了村民代表大会，按照"因村制宜、到户为主、集中评议、梯度发放、深度为主、兼顾一般"的发放原则，合理分配村级光伏扶贫集体收益。会上决定除了给予贾顺妻子救助外，还聘用贾顺当村里卫生保洁员和锅炉工。保洁员一年收入3 600元，烧锅炉工资一年是5 400元，光这两项贾顺家就已经达到了脱贫标准。2017年，村里又进行了土地流转，他家品质不好的23亩土地也在村里的帮助下以每亩600元的价格流转了出去，每年的流转金就达上万元，这下贾顺的眉头终于松开了。

每天早上，清扫完村路后的贾顺回到家中吃早饭。六块黄糕配肉馅酱，两个油饼、一碗鸡蛋糕、一碗小米粥是他和老伴的早餐。一日三餐注重了营养搭配，这是贾顺一家脱贫后生活的最大转变。正如贾顺所说："没有国家的好政策，也就没有自己的今天。做保洁、烧锅炉既能让我感觉到为村民尽心服务的光荣，还能缓解家里的困境，最重要的是我觉得只要不轻易放弃，就一定能过上自己的小康生活！"

巧梳妆　开富路
山西乡宁县典型案例

云丘山景区位于山西省临汾市乡宁县关王庙乡，总面积203千米^2，其中核心景区64.21千米^2，辖域所属9个村落都是贫困村，2008年人均纯收入不足3 000元。靠开发煤炭致富张连水同志担任大河村支部书记后，组建了云丘山旅游开发有限责任公司，在当地政府的支持下，先后投资19.3亿元，将一个穷乡僻壤打造成国家AAAA级景区，率先实现了农业转型，解决了农民就业的问题，探索出了一条农旅融合、村企共建的旅游扶贫新路子。

2016年8月，云丘山景区被评定为全国"景区带村"旅游扶贫示范项目。目前，云丘山村委和景区通过发展乡村旅游，推进农旅融合，实施村企共建，带动周边8个乡镇80余个村的建档立卡贫困户2 573户8 793人脱贫致富，户均年增收8 000～20 000元。

乡宁云丘山举办乡村旅游活动

【主要做法】

一、产业转型，探索旅游扶贫新路子

云丘山旅游开发有限责任公司董事长张连水靠改革开放后先行一步开办煤矿富裕起来了，他没有忘记山村父老乡亲，决心带领他们走共同富裕之路。他大胆探索，依托云丘山曾经是"河汾第一名胜"的资源发展旅游业。由于历史原因，山上文物景点遭到损毁，自然植被破坏严重，他认准目标，咬定青山不放松，先后投资19.3亿元，坚定不移修复古迹，保护生态，探索旅游扶贫的新路子。

二、村企联建，打胜山乡脱贫攻坚战

有了明确的发展思路，关键在于领导真抓实干。为发挥云丘山景区的辐射带动作用，2019年5月成立了云丘山乡村旅游中心党委，修建云丘山党群服务中心，村企党员干部交叉任职，共同过组织生活，共同讨论村企发展，利益的关联、资源的统筹、村企的共融凝聚了发展后劲。在上级党组织的支持下，合并原来的大河村、坂儿上村、东沟村、下川村，组成村企一体的新型联盟，成立云丘山党总支和村民委员会，张连水同志担任村党总支书记。这样将景区规划建设和乡村致富、村民脱贫统筹考虑，形成了"以企带村、强村促企、村企共赢"的发展模式，景区建设和乡村发展同时步入快车道。

三、农旅融合，带动乡村产业大发展

农旅融合是乡村旅游和休闲农业发展的新模式，是实现产业融合的新手段。景区形成规模效益后，游人增多，销路增加。为此，公司与周边382户农户成立了上河优质粮食种植专业合作社，种植有机粮食和有机蔬菜，发展农耕体验，将农业发展与旅游产业有机结合，"以农促旅、以旅兴农"。一是通过景区设置的安保队、生产队、绿化队、机械队、客房餐饮及其他岗位直接安排就业人数141人，人均月收入2 550元。二是先后投资210余万元，流转村民土地6 000余亩，村民参与合作社经营和地里劳动，村民在合作社双向受益，户均增收2.5万元。三是合作社免费出资帮贫困户购买猪仔、羊羔，出栏后由合作社帮助销售，户均年增收2万元。四是景区每年定期聘请国内农林专家给村民培训种植、养殖等技术，聘请文化艺术团教授老年人打花鼓、聘请外教对年轻人进行外语培训，提高农民生产技能和旅游服务能力。五是引导当地村民实现自主创业，公司提供平台，实现本地农民向商人、艺人的转变。截至目前，带领当地村民在景区内开办商铺105户，户均年增收4.5万元。六是打造云丘山农副产品直销中心，与京东、淘宝等电商平台无缝对接、资源共享，乡宁县农产品搭建平台，整合县农产

品资源，利用云丘山景区的知名度和社会影响力，借助景区的游客资源，增加生产企业及农民的收入。

四、希望农场，指导残疾智障人能自立

云丘山景区投资1 900余万元，建立"希望农场"，针对自闭症、脑瘫、智力水平低下等特殊群体，高薪聘请2名台湾特教老师长期教授这些人员生活自理的方式和有机蔬菜的种植、糕点的制作等技能，掌握一技之长，让他们由原来的"手心向上"向父母伸手变成能通过"手心向下"自己干活来养自己，自食其力，回归社会。两年多来，先后招收10名智障人士，目前已有3名智障人士具有了正常生活和工作的能力进入社会从业。

五、完善设施，创造农村人居新环境

在当地政府的支持下，公司先后投资1.285亿元，对大河村、长家岭村、塔尔坡村、康家坪村等16个自然村561户居民实现了整村搬迁。移民新村硬化、绿化、亮化、净化等工程一步到位；新建水库4座、半寄宿制小学1座、污水处理厂1座，部分村民实现了集中供暖；修建了68公里旅游公路和12座便民桥，彻底解决了村民出行难的问题。2018年各级政府共补助2 000万元对大河、坂儿上、东沟三个村美化村容，提升美丽乡村的品位。2020年在国家补助900万元的基础上，云丘山村委和景区共投资3 200余万元对康家坪、下川、鹿凹峪三个国家级传统村落进行修复建设。打造农村人居新环境，使之拔掉穷根，永不返贫，全面达到小康水平。

【贫困户受益案例】

李彦彦，云丘山黄花坪村人，家里共有3口人，2014年被识别为建档立卡贫困户。儿子上学，妻子是农民，家庭特别困难。李彦彦属于聋哑人，平时只能靠打零工过日子。一次不慎掉下悬崖，腿部严重受伤，高额的医疗费，导致贫穷的家庭更加贫穷。

为帮助这个家庭脱贫，公司安排李彦彦在景区当保洁员，每月工资3 200元。同时，吸收他爱人到上河优质粮食种植专业合作社工作，月收入2 000多元。公司每年又免费给他家3头爱心扶贫猪，加上扶贫小额信贷政策，将5万元贷款入股合作社使用，每年获得分红收益4 000元，目前，家庭年收入超过了8万元。

现在的李彦彦一家人住进了新房，家里购买了各种新式电器。面对未来，他爱人说："云丘山景区是我们的摇钱树，以后的日子会越来越好。"

种药材　拔穷根

辽宁宽甸满族自治县典型案例

　　宽甸满族自治县位于辽宁省东南部鸭绿江畔，面积6 111.5千里^2，森林覆盖率达78%，是辽东地区中药材主要生产基地县之一。辖区内可适宜种植中草药面积约300万亩。野生中草药资源优质丰富，目前查明药用植物 122个科、960多种，石柱参、辽细辛、辽五味等当地药材具有鲜明地理标志。

　　近年来，宽甸依托独有的野生中草药资源优势，充分发挥中药材企业龙头带动作用，采取"公司＋基地＋农户"的订单生产、股份制合作、入股分红等模式，为种植户提供种苗、技术服务以及签约回收产品，发展建立了辽细辛、辽五味子、关玉竹、人参、刺五加、桔梗、龙胆等道地北药种植基地5万亩以上，直接带动全县20个乡镇近百个贫困村5 000多户（其中贫困户1 484户）药农种植中药材，户均年收益达8 000元以上，形成了地方支柱型特色产业，实现了贫困村、企业和农户多方共赢。

宽甸满族自治县龙胆草药材基地

【主要做法】

一、强化组织领导，制定工作方案

宽甸县委、县政府高度重视中药材产业发展。2018年12月，县政府制定印发了《宽甸满族自治县促进中医药发展实施方案》，2019年6月，县委、县政府成立中药材产业扶贫行动领导小组，制定了《宽甸满族自治县中药材产业扶贫行动实施方案》，依托本地自然资源优势，结合县域经济发展实际，将中药材产业发展纳入县域经济发展总体规划和县政府年度工作目标，并写进了每年的政府工作报告，明确突出中药材产业发展地位。2020年8月，宽甸县被评为中药材产业扶贫模式试点县。

二、多措并举，优化布局，推进落实行动方案，建设省级药材基地

一是优化产业布局。结合中药资源普查工作，科学布局中药材产业发展，引导各乡镇广泛种植道地中药材。乡镇以"企业＋合作社＋农户"等模式推进中药材基地建设，形成"林地农地、因地制宜""一乡一业、一村一品"发展格局。二是建设示范基地。引导、支持省内外中药企业建设中药材产业扶贫示范基地（相对集中连片200亩以上）。参仙源参业有限公司在双山子镇建立的林下野山参基地面积达到5万余亩，存苗量高达10亿株。辽宁林海中草药种植有限公司在青椅山镇茧场沟村建设苍术、白藓皮、中药材基地228亩。天龙药业在硼海镇上甸子村、挂钟岭村发展北苍术、麝干365亩。三是建立"定制药园"。以光太药业为例，其建立的"定制药园"主要有：在振江镇建立了五味子、柱参等"定制药园"近300亩，在石湖沟乡建立了玉竹、黄精、白鲜皮、草乌等"定制药园"215亩，在牛毛坞五道岭子建立了黄精、白鲜皮等"定制药园"100亩，在红石镇建立玉竹、白鲜皮、草乌等产业扶贫基地（定制药园）670亩。县内中医院等医疗机构采用光太药业有限公司以"定制药园"中药材为主要原料药的中药饮片。四是建立良种繁育基地。支持建设良种繁育基地，加强良种繁育技术推广，培育质量稳定、供应充足的种子种苗，石湖沟乡建立玉竹良种基地，振江镇石柱子村建立柱参优质良种繁育基地200亩。通过建立良种繁育基地，切实保障中药材种植贫困户优良种源供应。确立步达远胜利村2 400亩防护林为野山参生态抚育区，为良种繁育持续提供优良种源保护。

三、强化政策引导和资金扶持

一是全面落实扶贫捐赠税前扣除、税收减免等扶贫公益事业税收优惠政策。引导和鼓励企业扩大中药材产业规模，引导、支持贫困户主动发展中药材致富脱贫。通过政策引导推动，发挥专业部门指导服务作用，吸引、利用社会资本持续增加投入，发

挥中药材企业市场主力军作用，统筹发展，合力推进中药材产业扶贫工作。二是统筹使用农林产业发展、企业扶持、科技创新、扶贫资金、壮大村集体经济项目资金等各类财政性专项资金，综合运用财政奖补、减税降费等政策措施，精准集中扶持中药材骨干企业、纳税大户和重点中药材产业。2020年，整合扶贫办、农业、工信等部门资金370万元扶持发展中药材产业。三是强化宣传推介，充分利用各种媒体积极宣传推介中药材产业产品，组织中药企业参加第十三届全国食品博览会暨酒业展览会，推广企业品牌知名度。举办中药材产业发展论坛活动，加强中药材产业宣传推广，增进群众了解中药材产业，激发社会各界关心、支持、投资中药材产业发展。"石柱参""宽甸山参"经国家商标局核准，成功注册了地理标志证明商标。

四、培育经营主体带动贫困户增收脱贫

一是农企联姻订单式扶贫。培育经营主体，重点扶持培育中药材产业企业，采取"中药材企业＋基地＋农户"的订单生产收购模式，实现农企联姻，为分散在各乡镇、村的种植户免费提供中药材种苗和种植管理技术服务，企业指导农户自主管理，签约回收产品。光太药业为村集体提供种苗"签订订单回收"模式村企共建中药材产业扶贫基地3 750亩；为村集体、专业合作社、产业大户、药材公司仅提供技术服务"签约回收产品"共建基地5 400亩。二是业态融合就业式扶贫。以中医药产业为引领，全面推进"中医药＋旅游""中医药＋健康"融合发展，以中药材产业扶贫带动就业扶贫、旅游扶贫。目前，已经建成参仙源参业公司国家级中医药健康旅游示范基地，光太药业省级中医药健康旅游示范基地。建立多个"扶贫车间"，吸纳贫困人口在家乡、在基地、在中药材企业各"扶贫车间"就地就近就业创业，实现就业脱贫。三是统筹资金分红式扶贫。支持发展规模适度的中药材种养大户，组建中药材产业合作社与农户合作，贫困户以土地、林权、资金、劳动、技术、产品参股，合作社定期按比例分红。扶持中药材企业、种植大户与贫困村集体合作，将扶贫资金量化到村集体和贫困户。

五、打造电商平台助力扶贫

政府加强涉中药材产业发展各部门资源的配置，推动"互联网＋农林产品（中药材）"建设，全力打造具有宽甸地域特点的"品味宽甸""满乡印象"等电子商务信息服务平台，提高中药材信息技术服务水平，拓展中药材电商营销渠道。充分发挥农业技术推广服务中心等专业机构作用，为中药材产业扶贫提供信息服务，助力中药材产业扶贫。

【贫困户受益案例】

案例一

林永发，宽甸县振江镇大青村贫困户，家庭人口2人。其妻子有心脏病、高血压等长期慢性病，2015年被识别为建档立卡贫困户。

脱贫攻坚以来，在市林业局和村委会帮助下，村民补齐种植和经营的短板，改造板栗树、种植红松，发展林下参和玉竹。2015年大青村向市林业局申请20万元扶贫资金，建设了200亩玉竹产业示范基地，村民以土地入股，像林永发这样的建档立卡贫困户不仅可以获取土地租金，在基地打工挣钱，还可以获得分红。2019年，玉竹亩产量1 500～2 500千克，平均1亩地可为村民增收4 000余元。林永发家仅在基地这块的收入就达4万元。

林永发说，家里生活之所以发生改变，是中药材产业带来的"生态财"。

案例二

孙玉姣，宽甸县石湖沟乡贫困户。全家4口人，因家庭成员残疾，加上小孩读书，2015年被识别为建档立卡贫困户。

脱贫攻坚以来，孙太姣的丈夫在县内打零工，她在乡帮扶责任人和村委会的支持下，通过发展长短效产业，利用房前屋后发展庭院经济，除养殖家禽外，还种植五味子，村委员和帮扶责任人联系中药材企业与其签订回收协议，保证其销售。2019年，因中药材收益较好，孙玉姣又在村致富带头人的帮助下，扩大五味子种植规模，又投入资金1万元，种植五味子2亩，五味子年预计收益达2万元。

"党的政策好啊！这几年，如果没有乡里和村里干部的帮助，我真不知道我们这样的残疾家庭该怎么生活。现在好了，我可以在家发展产业，生活不用愁了。"孙玉姣感慨地说。

巧做山水文章　谱写攻坚新篇

江苏连云港市典型案例

江苏省连云港市黑林镇地处苏鲁两省交界，属革命老区，是饮用水源地涵养区，全市100万名群众的唯一饮用水源地小塔山水库就在脚下。"十三五"初期，黑林镇识别建档立卡7 067人，识别省定经济薄弱村3个，基础设施薄弱，交通闭塞，山贫地薄，面朝黄土背朝天、撒把种子"靠天收"就是黑林人民生产生活的真实写照。这几年，黑林镇党委、镇政府因地制宜，放大北纬35°世界公认水果最佳生产带的区位优势，确立了"绿色发展、生态富民"的发展思路，以特色林果种植基地为依托、以农业加工龙头企业为骨干、以新型农业经营主体为成员，延长产业链，做好三产融合，打牢富民增收、产业脱贫基础。六年来，黑林镇累计整合农业综合开发资金、移民两区后扶资金及社会资本超6亿元，建设形成了河西-富林-秦埠地猕猴桃产业园、大树蓝莓产业园、富林红桃产业园、新埠地苹果产业园、芦草沟黄桃产业园、石沟现代农业产业园以及种苗研发中心、冷链物流加工中心等"八大园区两中心"，有效带动了丘陵山区农业产业的发展。截至目前，黑林镇"十三五"认定建档立卡低收入人口7 067人全部达到省定脱贫标准，3个省定经济薄弱村全部实现新"八有"；全镇居民定期存款10.16亿元，比上年同期增加1.06亿，同比增长11.6%。

连云港黑林镇产业发展鸟瞰

【主要做法】

一、栽好"摇钱树"，撑起"一片天"

一是强化园区建设，夯实农民增收基础。积极开展产业结构调整，不断整合涉农政策和资金，秉持着每发展一个农业项目，流转一块土地，一个村集体脱贫，一批农民致富，一片果园形成。二是做大特色林果产业，放大农民增收效应。打造"生态＋特色"发展新模式。截至目前，整合利用农业综合开发资金9 000万元建设3万余亩滴水灌溉项目，夯实特色园区基础，共有特色水果园区13个，园区管理每年每亩人工支出约2 000元，共计6 000万元；土地租金每年每亩800元（每三年土地租金上浮50元），共计2 400万元；以10 000亩蓝莓为例，每年亩产蓝莓鲜果约1 500千克，每千克需要支付2元采摘费，共计3 000万元；当地农户可从园区取得各项收入共计11 400万元；该镇现有人口4.6万元，仅此一项，实现年人均增收约2 470元。三是强化龙头引领，增强农民增收后劲。先后引进农业种植、加工类企业13家，其中培育农业上市企业2家、国家级农业产业化龙头企业1家、省级1家、市级5家，形成了江苏省最大的红心猕猴桃基地，拥有目前全国唯一一家蓝莓全产业链新三板上市企业——江苏沃田集团，形成以村民自主创业为主，龙头企业整合推动的"1＋1"发展模式。通过龙头企业的引领带动2 000多户农户发展林果产业，已建设3个村级土地股份合作社，15个村参与土地流转，年收入18万元以上，富林村集体年收入超百万元，河西村、大树村土地流转年收入超50万元。2019年，黑林镇农民人均可支配收入15 095元，省定经济薄弱村全部达到脱贫标准，未脱贫低收入人口从2016年的6 578人减少到680人。3 000多名没有技能、年龄偏大的妇女、老人实现了家门口就业，年人均增收近12 000元。

二、栽好"智慧树"，"创客"满家园

一是培育高素质农民。利用自身优势进一步搭建平台，支持和鼓励农民就业创业，培育文明富裕新农民。继续深化与南京农业大学等重点高校实施产学研合作，开展特色水果种植、网络营销、职业技能等精准技能培训，实现农业专业技术培训800人次、就业技能培训700人次，大力推进农民培育工程，增加农民致富新本领。坚持"组织共建、产业共兴、发展共享"的党建思路，创新开展"党建＋"系列活动，把支部建在产业链上，通过抓好党建促进扶贫开发，实现了企业、村和村民共画"致富同心圆"，带动农民增收致富。二是发展新业态。采取"生态＋互联网"的经营模式，2016年以来，黑林镇发动大学生村官，带动全镇6 000多名留守妇女加入电子商务创业大潮。镇政府邀请电子商务、经济政策、金融信贷等方面的专家来镇里培训人才，各种培训累计达到1 200多人次。目前，黑林镇的38个自然村中，设有28个电子商务服务站，在

互联网开通网店200多家。整个林果产业吸纳6 000多名老百姓在家门口就业实现了三产融合发展，强农富民的良性循环发展模式得到实践。三是营造新环境。整合各类帮扶资金，大力开展镇村环境综合整治，改善农村人居环境。抓好"两河"生态景观带建设。投资600万元，完成育林路主干道黑化、靓化；2019年新建设3 000米²农贸市场；实施新242镇区节点建设，于2019年成功创建国家级卫生镇，打造山清水秀生态宜居乡村。

三、栽好"梧桐树"，引来"金凤凰"

近年来，黑林镇特色林果产业以培养新型农业经营主体为切入点，引导家庭农场、农业企业、社会化服务组织和农村电子商务户，创新"生态 + N"等产业组合方式，融入3万亩林果的"绿色基地"和沃田集团发展过程，带动经营规模扩张，提高规模经济效益。一是创新产业经营模式。采取"龙头企业 + 合作社 + 农户"的经营模式，实现"生态 + 农业"的完美融合。黑林镇凭借3万亩水果生产基地的独特优势，吸引社会各界的广泛关注，激发了当地农民的创业激情，许多商家慕名而来投资兴业，今天的黑林镇已经成为创业的一片热土，云集着家庭农场19个、农民专业合作社23个、农业企业16个，其中上市的两个农业企业被冠名为领跑当地绿色经济的"黑林双雄"。二是拓宽产业经营领域。采取"生态 + 旅游"的经营模式，实现了乡村旅游与农业的完美融合。黑林镇刷新传统业态，坚持规划先行。他们聘请南京市知名旅游规划设计公司，编制了《黑林果香园乡村旅游开发策划》。2019年以来，接待客人20多万人次。目前，黑林镇正在实施"北纬35度奇异国"亲子乐园主体工程计划，落实小芦山民俗民宿等旅游建设项目。2019年，黑林镇居民存款达9亿元，比2018年增加1.2亿元，镇域年人均增加存款2 800元。三是促进产业融合发展。绿色产业崛起，土地流转，解放了被束缚在土地里的劳动力。黑林镇党委、镇政府顺势而为，整合各类帮扶资金，规划布局大树扶贫产业园、吴山工业园，招引服装、箱包等无污染劳动密集型企业，有效解决留守妇女、低收入群体就业问题。目前，仅大树扶贫产业园引进6家企业，2019年新开工建设大赤涧纺织项目、伟达棉纱项目、康兴纺纱项目、黑林村纺织手套项目等。300多个留守妇女及低收入农民华丽转身，变为产业工人，月收入2 000 ～ 4 000元，实现镇村有税收、百姓有工资。

【贫困户受益案例】

任宝霞，赣榆区黑林镇吴山村贫困户。因她是独居老人，本人无任何技能，也无固定收入来源，生活困难。

在村委会和镇政府的帮助与指导下，任宝霞将自己的1.8亩地种植了蓝莓，并加入镇蓝莓合作社，定期有农业专家来指导她果树的种植与打理，并且村支书还帮助她联系相关收购商，使其蓝莓不愁销路，仅靠这一项就可年收入1万元左右。2019年，她的儿媳参加了镇里的电商和技术培训，在采摘季节参与带货销售，通过微商电商销售又每年增加了1万元左右的收入。

如今，任宝霞每当谈起田里的蓝莓时总是喜笑颜开，发自内心地感谢党和政府、社会各界对她家的帮助。

富民的花儿最鲜艳
江苏盐城市典型案例

脱贫攻坚以来，江苏省盐城市大丰区认真贯彻落实"两聚一高"和"产业强市、生态兴市、富民兴市"部署要求，大力发展农旅经济，助推低收入农户脱贫增收。该市的荷兰花海2012年5月开园以来，以其特有的"田园、河网、建筑、风车、花海"五大设计元素吸引着来自四面八方的游客，是国内种植郁金香面积最大、种类最全、形态最美、业态最全的中国郁金香第一花海。2013年评定为"江苏省四星级乡村旅游点"，2014年被评定为"江苏省科普教育基地"，2015年建成国家4A级旅游景区，同年被评为"全国休闲农业与乡村旅游星级企业""全国摄影创作基地"。依托荷兰花市线上线下销售网络，示范带动花海周边8个村、3 000多户农户发展花卉苗木种植，有力地促进了低收入群体增收。

盐城大丰区荷兰花海

【主要做法】

一、加大土地流转，增加农户财产性收入

荷兰花海发挥强磁场效应，走产业富民之路，因地制宜，培植风情特色。积极推进农业结构调整，彻底摒弃百年传统粮棉种植模式，将传统棉农变为现代花农。共流转700多户农户（其中建档立卡低收入农户52户）的5 000亩土地，成功打造出面积最大、种类最多、形态最美、业态最全的中国郁金香第一花海，农民从土地流转中每亩获益950元，增加农户土地流转收入。

二、壮大农旅经济，增加农户经营性收入

新丰镇在花海园区规划建设了郁金香农园、荷兰风情小镇客厅、荷兰风情街等重点项目，不断完善花海旅游功能，使荷兰花海成功跻身国家4A级旅游景区、全国五星级休闲农业和乡村旅游示范点，有力推动了农业生产、旅游观光等产业全面融合，实现"旅游、花卉、婚庆、文化"四大产业竞相发展态势。周边关联行业从业人员建档立卡低收入人口超200人，人均年增收15 000元。2019年以来，花海周边新增农家乐、家常菜馆26家，全镇三产服务业产值三年翻两番，2019年达到23.56亿元。

三、拓展花市产业，增加农户工资性收入

荷兰花市占地面积为15 000米^2，它是借鉴荷兰库肯霍夫公园花市的模式设计建造而成的，于2014年10月正式建成并投入使用，是江苏首家集花卉展示、销售、餐饮、娱乐于一体的综合性国际化园艺中心，目前已吸引20多个餐饮服务品牌入驻经营。为配套做好花市产业，荷兰花海全年提供安全保卫、花卉管培、卫生保洁等公益性岗位200多个，优先安排30多名农村低收入人口，全镇有近100户建档立卡低收入农户直接在花海参与种植和管护，参与农户每年可实现劳务收入1.6万元。韦银和是新丰镇裕北村的低收入农户，现在在花海花棚做育苗工作，每月有2 000元的工资收入，能够长期稳定脱贫。

四、发展电商产业，扩大花卉产品销售

荷兰花市通过"PC电商平台＋App手机移动＋实体店"的模式，整合经营方式，与时俱进，将花卉及相关配套在天猫旗舰店上线运营，顾客在线上订单，在花海官网及微信直接下单购买。同时花市的电商理念，也为当地农民打开了另一扇增收致富的窗口，新丰镇鼓励规模龙头企业、农民专业合作社自建电商平台，开展产品销售，增加经营收入。随着荷兰成立时间最久、认知度最高的OTO实体店"荷兰之家"的落户，

农民找到了更多可学可借鉴的样板，近年先后发展农村电商43户。荷兰花海还开通园艺技术咨询热线，免费解答鲜花管理、花卉栽培养护、庭院花圃建造等各种园艺问题，扶持帮助农民发展花卉产业。目前，已经举办插花培训班5期，培训学员100多人次。

由花拓展，更多富民基地加速崛起，太兴、沙港等村建成万亩花卉苗木集散地，永跃、车滩、赤旗等村建成万亩设施蔬菜基地，发展各类家庭农场38家。这些富民基地，普遍建立"家庭农场＋低收入农户""农民合作社＋低收入农户"等利益联结机制，通过土地流转、入股分红等多种方式带动低收入农户增收。同时新丰镇把发展农旅经济和乡村振兴有机结合，积极实施"三通三千"工程，全面完善提升花海周边农村基础设施，加快建设美丽乡村。3年来，农村基础设施累计投入1.6亿元，新建道路380千米、桥梁460座，大大改善了农民的生产生活条件。

【贫困户受益案例】

韦银和，新丰镇裕北村独居户，由于患有慢性病，且缺乏一技之长，加之2015年不慎摔伤，生活异常困难。按照贫困户纳入流程，被识别为建档立卡贫困户。

结合该户实际情况和脱贫意愿，新丰镇将其2.73亩责任田进行流转，帮助其进行危房改造。时任花海管委会主任王路同志是韦银和的帮扶干部，他经常上门与韦银和谈心，告诉韦银和"幸福是奋斗出来的"，为其讲解身边的致富典型，以身边人、身边事激励其重拾生活信心，树立致富意识。结合韦银和自身意愿将其安排在新丰镇荷兰花海花卉培育基地并提供技术培训。通过半年的努力，韦银和熟练掌握了花卉种植技术，成为了一名育花匠，年收入达24 000元，在2016年年底成为首批脱贫户，为其他贫困户树立了脱贫致富榜样。

韦银和将那句"幸福是奋斗出来的"牢牢记在心里，现在谈起生活，他满怀信心，斗志昂扬。

乡村旅游助脱贫
江西婺源县典型案例

　　江西省婺源县始终把旅游作为推动农民增收、助力精准脱贫、促进农村繁荣的重要产业，带领更多群众参与旅游发展，共享旅游红利。依托乡村丰厚的文化底蕴、众多的民俗古居、良好的自然生态等优势，将乡村旅游发展与扶贫开发有效结合起来，成功走出一条"婺源模式"旅游扶贫之路，乡村旅游成为脱贫致富的支柱产业，实现旅游大开发和贫困农户脱贫致富同享发展成果。2019年全县直接从事旅游人员突破8万人，人均年可支配收入超过3.5万元，全县建档立卡贫困人口5 587户，依托旅游实现脱贫2 460余户，占脱贫户的67%，人均增收达1 670元。

婺源县篁岭小广场十分热闹

【主要做法】

一、把贫困村打造成景区景点

婺源县在乡村旅游发展过程中，注重引入客商开发资源禀赋较好的贫困村，先后在篁岭、庆源、汾水、敕坑、李坑等村落打造了十余个景区景点，并把乡村丰厚的文化底蕴、众多的民俗古居、良好的自然生态等优势旅游资源入股旅游开发企业，村民成股东，村集体和村民获得门票收入的10%或45%的旅游资源费，全县直接受益贫困户560余户1 670余人，年人均增收最少230元、最多达2 340元。同时，对当前不具备开发条件的村落，集中力量提升基础设施和村容村貌，建设秀美乡村，先后开发出画家村、摄影村、民俗村等50余个"不收门票"的景点，促进了当地农特产品销售和贫困群众增收。如，篁岭从一个地质灾害村、贫困村转变为"中国最美符号""国家AAAA级景区"，当地村民通过土地流转、资源分红、返聘就业、开发农家乐、经营土特产等，人均收入从3 500元提升到3万元，户年均收入从1.5万元提升为10.66万元；小桥流水李坑景区年旅游资源费村集体分红30万元，村民年人均2 340元，参与分红的贫困户有12户20人，贫困户李樟富户一家3口人，仅资源费分红达7 020元，同时在家门口经营旅游商品销售，年利润近3万元。同时，村民成了员工，产生了诸如"晒秋大妈""网红渔翁"等网红"造景师""景区模特"，全县有贫困户"造景师"300余人，人均年收入近3万元。

二、把濒危老宅打造成乡村民宿

抓住民宿发展的机遇，引导客商挖掘利用贫困村、贫困户的濒危老宅资源，鼓励客商帮助贫困村完善基础设施、帮助贫困户建设新房等方式置换濒危老宅，实现民宿发展、古民居保护、贫困群众安居、贫困村面貌改善"四赢"发展，贫困户既成了民宿的股东，又成为了民宿企业的员工。"十三五"贫困村虹关村、王村村、庆源村，分别打造了一大批特色民宿，贫困户以老宅资源入股获得分红，又被返聘从事烹饪、保洁、售卖农产品等实现就业。全县共有乡村民宿近600家，有贫困户近1 000人通过民宿发展实现就业，人均年增收超过1.5万元。

三、把传统优势打造成扶贫产业

紧密结合旅游发展的强劲势头，吸引返乡农民工、创业能人回乡创业，引领带动贫困户发展皇菊、茶叶、农家乐、旅游商品加工等特色产业，把贫困村打造成产业村、富裕村。扶持20余家旅游商品龙头企业做大做强，吸引了3 200多户农户从事徽州"三雕"、龙尾砚台、甲路纸伞、根雕、傩面、竹烙画等旅游商品加工，仅江湾镇大畈村砚台加工产业带动农民就业达 1 800 余人，人均年收入达 4.2 万元。全县有"农家乐"4 081 余家，床位 27 200 余个，吸纳贫困户从事服务员、保洁工、洗菜阿姨就业达 660 余人，人均年收入达 1.5 万余元，其中贫困户发展"农家乐"61 家、经营旅游店铺 87 家，户均年收达 2 万元。强力推进"有机茶产业升级、茶品牌提升、茶旅融合"工程，全县茶园面积发展至 19.2 万亩，有机茶园亩均收入 5 000 元，种茶成为农民增收致富的"好路子"。农田变花田，菜花变金花，全县种植油菜 12 万亩，篁岭、江岭、瑶湾等景区景点流转土地种花造景近万亩，支付流转费 300 余万元，其中流转建档立卡贫困户 200 余户，户均受益达 800 余元。

四、把农家特产打造成旅游商品

积极引导和鼓励贫困农户因地制宜发展绿色种养和传统美食加工业，把农家特产打造成旅游商品，让更多不在旅游线路上的群众都能共享乡村旅游发展红利，挣到脱贫的钱。巩固提升茶叶、山茶油、酒糟鱼等传统产业，发展壮大皇菊、蜂蜜、活竹酒等新兴高附加值产业。积极引导贫困户种植有机皇菊，土地亩产值提升到 2 万元；鼓励贫困村以"合作社＋农户"养殖蜂蜜，全县蜂蜜养殖达 3.5 万箱，产量 17.5 万千克，产值 3 500 多万元。策划和举办"油菜花节""晒秋文化节""采摘节"等活动，吸引大量游客参与互动，在农耕体验中购买皇菊、茶叶、香菇、笋干、山蕨、蜂蜜等农特产品，拓宽了贫困群众脱贫增收渠道。

【贫困户受益案例】

案例一

王利保，江西省上饶市婺源县思口镇漳村村贫困户，因事故致残而致贫，妻子患长期慢性病，家庭生活困难。

近年来，婺源县依托生态文化优势，大力发展乡村旅游，通过旅游发展助推精准扶贫，推动乡村振兴。思口漳村风景秀丽，淳朴自然，吸引了无数游客的目光，摄影爱好者纷至沓来，成了为摄影人的天堂。

在驻村第一书记和帮扶干部的引导帮助下，王利保鼓起勇气，开启了"演员"之路。他凭借自己娴熟的撒网捕鱼技艺，巧妙构思，头戴斗笠、身披蓑衣、一根烟杆、一只酒葫芦，在河面上划着渔船"打鱼"，瞬间成了"网红渔翁"。向他预约的拍摄旅游团队纷纷"登门造访"，一叶轻舟、一根竹篙看到了诗和远方，撑起了王利保的脱贫致富之路，"财路"越走越宽。

"网红渔翁"王利保聪明能干、心地善良，是婺源乡村旅游 300 余位"造景师"中的代表，成为了漳村最受欢迎的"人文景观"。撒网之余，村里还为其安排了保洁员工作，每月有稳定的收入。王利保时常说道："政府一心想着老百姓，发展旅游让我摘穷帽，感谢共产党，感恩习总书记！"

案例二

王天生，江西省上饶市婺源县珍珠山乡塘尾村目鱼出组贫困户，妻子患长期慢性病，两个女儿上学，家庭收入来源少，生活困难。

近年来，婺源县依托生态文化优势，大力发展乡村旅游，坚持"乡村旅游＋扶贫"理念，推动乡村振兴。珍珠山乡找准"旅游＋体育"方向，不仅为婺源旅游"动静结合"提供生动实践，还让当地群众吃上了"体育饭"。

王天生勤劳肯干，2018年，在当地政府的支持和帮扶干部的帮扶下，在邻近古驿道开了一家"山里人家"农家乐，年经营收入3余万元。还勤学蜜蜂养殖技术，养殖了40余箱土蜜蜂，年割蜜500余斤，全部通过"山里人家"农家乐游客带货顺销，年增收4余万元。乡村旅游农家乐的发展，使王天生一家年收入超过7万元，并于2018年年底成功脱贫，过上了"甜蜜"生活。

成功脱贫的王天生，在自家农家乐里乐呵呵地请游客品尝土蜂蜜说道："尝尝，自家割的土蜂蜜，甜得很。我们开农家乐、养土蜂，生活甜蜜蜜，真要感谢党、感恩习近平总书记！"

光伏照亮小康路

山东沂南县典型案例

　　山东省临沂市沂南县是山东省20个脱贫任务比较重的县之一，为有效解决无劳动能力贫困户脱贫难题，沂南县抓住国家和省、市相继出台光伏扶贫支持政策的有利机遇，紧密结合当地日照资源充足、荒山荒滩多的实际情况，因地制宜、积极探索实践光伏扶贫产业道路，确立了"政府集中安装、集体统一管理、收益精准到户"的工作思路，创新实施"县级统筹、民主分配、合理设岗、动态管理"的收益分配办法，有效激发贫困群众内生动力，真正解决了弱劳动能力和无劳动能力贫困户脱贫难题。截至目前，共计发放资金7575万元，其中1830万元用于村集体发展村内扶贫公益事业，5745万元用于带动建档立卡贫困人口增收脱贫。

沂南光伏扶贫电站

【主要做法】

一、建管结合，建立专业化运维机制

在建站模式上，聘请山东省电力设计院编制《沂南县光伏扶贫项目实施规划》，对具备安装接入条件的村，利用村公共场所屋顶、院落，建设单村电站；不具备安装接入条件的村，选择适宜安装和电网接入的荒山、荒滩等未利用地，集中建设联村电站。全县已建成单村电站265个，总装机容量12.27兆瓦，联村电站22个，总装机容量32.63兆瓦。2017年6月，全部实现并网发电。在运行维护上，鉴于电站维护专业技术性强、安全性要求高，县里将光伏电站委托县富农光伏公司（国有公司）统一运维，运维费用按照0.06元/度①从发电收入中计提。县富农光伏公司建立监控平台，实时监测电站的运行状况，发现异常及时安排专业人员到现场检查维修，有效保证电站稳定运行。在风险防控上，统一为光伏电站购买财产保险，年保费按照光伏电站价值的2‰缴纳，保费从运维费用中支付。在发生因自然灾害、人为损害等原因导致光伏扶贫电站出现损毁时，由保险公司根据损毁的比例按照投保时光伏电站价值全额赔付，赔付资金用于光伏扶贫电站的重建或维修，确保电站健康有序运行。

二、县级统筹调整，民主分配到户

一是统筹光伏收益，明确分配基数。沂南县制定《光伏扶贫项目管理办法》，每季度县扶贫办根据乡镇贫困人口数量将光伏收益分配到乡镇，乡镇再根据各村贫困人口数量、贫困程度等因素将光伏收益分配到村。村集体按照"村增收、户脱贫"方式，在确保贫困户稳定脱贫的前提下，部分收益用于村内小型扶贫公益事业，提高村级基础设施建设和组织服务能力。光伏收入分配情况要在相应平台进行公示公告。二是落实精准要求，明确受益范围。帮扶精准到户是光伏扶贫带动贫困户增收的核心，沂南县光伏收益主要用于帮扶无劳动能力贫困户和弱劳动能力贫困户，通过设置村级公益岗位，贫困户通过自身劳动获得收益，带动贫困户增收脱贫。三是坚持民主决策，严格分配程序。在光伏收益发放上，沂南县实行"四步工作法"，确保收益精准发放到户。第一步，分析研判。村里召开分析研判会，根据家庭实际情况，确定贫困户从事的公益岗位及收益分配方案。第二步，民主评议。村级召开民主评议会，讨论光伏收益分配方案，并在村内公示。第三步，乡镇审核。村级光伏收益分配方案经村内公示无异议，上报乡镇扶贫办进行审核。第四步，发放收益。根据贫困户公益岗位工作情况，收益由乡镇经管站通过"惠农一卡通"发放到贫困户。

---

①度为非法定计量单位，1度＝1千瓦时。

三、合理设置岗位，激发内生动力

一是设置合理适宜的岗位。根据村内公益事务需求和贫困户行动能力和居住范围，按照"一岗多人"的方式，合理灵活设置公益岗位，引导贫困群众参加公益服务获得劳动收入。沂南县将村级扶贫公益岗位设置为功能类和辅助类2类7项，针对弱劳动能力贫困户，主要设置治安巡防辅助员、卫生保洁协助员、护林防火协查员、村居绿化护理员、邻里矛盾调解员等公益岗位；针对无劳动能力贫困户，设置了违法建设监督员、村居环境监督员等辅助性岗位；新冠肺炎疫情防控期间，增设疫情防控、防疫宣传公益岗，发放宣传材料、监督防止人群聚集。目前，全县使用光伏扶贫项目收益设置公益岗位8 312个，吸纳就业人数16 135人，公益性岗位的设立，不仅使贫困户通过自身劳动获得稳定收入实现脱贫，更增强了脱贫的信心和决心。二是双向选择确定公益岗位。在村民主评议会上，先由有意愿参与公益岗位的贫困户自愿选择岗位，对不愿从事公益岗位的，由村干部做其思想工作，鼓励引导其参与公益岗位，经民主讨论后，为其安排合适的公益岗位，并在村内公示。三是实行公益岗位激励机制。根据劳动强度、条件和能力，分2～3档实行差异化补助。村级成立由扶贫理事会和党员代表组成的公益岗评估小组，按照"一月一自查、每季一调整"的原则，每月对贫困群众参与公益岗位情况进行评估，确定工资发放额度。村里在年终对公益岗位进行综合评议，对岗位职责履行好的进行表彰，并给予一定的经济奖励。同时，统筹考虑贫困户收入情况，对有低保兜底的贫困户岗位工资适当下调，收入偏低的贫困户适当上调，保证政策落实的公平，发挥光伏收益的兜底保障作用。

四、实行动态管理，做到精准帮扶

一是坚持民主评议。村里每季度召开由村"两委"、扶贫理事会成员参加的民主评议会，对帮扶贫困户进行动态调整，对违反公益岗管理规定、工作任务完成差的予以调整岗位或者取消聘用，将符合公益岗帮扶条件的及时纳入，确保公益岗位始终精准用于最需要的贫困户，始终精准帮扶主动劳动脱贫的贫困户。二是坚持公示制度。光伏电站的规划设计、招投标、建设情况等在相应的网站和公开栏进行公示公告。镇、村级光伏收益分配方案、公益岗位设置等都要在镇、村公示，光伏收益发放完成后在村进行公告，让群众全程监督。

【贫困户受益案例】

李先本，沂南县张庄镇下峪村贫困户，54岁，妻子患有脑出血后遗症和语言障碍。

在日常生活中，李先本不仅要照顾妻子，还要照顾年岁已高且身患残疾的父母，无法外出务工，只能居家务农，收入单一。村里用光伏电站的收益设置公益性岗位后，李先本参加了保洁协管员岗位，每周两次参与村内集体环境整治，每月可以获得200元的稳定工资收入。

就像他本人所说："在农村，像咱这个家庭各种原因拽着你，出去打工是不可能了。村里这个公益岗位太照顾我们这种家庭了，十分感谢党和政府，让我们在家门口就能有收入。"

延伸产业链 构树助脱贫

河南兰考县典型案例

河南省兰考县围绕打造河南省畜牧业大县目标，坚持以畜牧业产业化引领农业现代化，逐步发展形成了鸡、鸭、牛、羊、驴养殖和饲草种植的"5＋1"产业体系。将构树扶贫与发展畜牧业有机结合，大力推动构树规模化种植、产业化发展，以小构树助推大扶贫，扎实有效带动贫困群众增收致富。2017年以来发展杂交构树种植2万亩，建成组培中心2个，年产组培幼苗2.6亿株；炼苗基地2个，年炼苗能力1.6亿株；标准化收储加工饲草站2个，年收储能力20万吨；建成国内首个构树干粉加工厂，年可生产构树干粉颗粒饲料20万吨；与河南省科学院合作建成河南省杂交构树工程技术中心1座，派驻专家20余人。构树全产业链带动3300余户建档立卡贫困户增收。

兰考县杂交构树机械化收割场面

【主要做法】

一、建成组培中心和炼苗基地

现有年产1亿株国银卓然组培中心和年产6 000万株中科华构组培中心。配套建成炼苗基地2个，塑料炼苗棚57栋，智能温室炼苗棚1座。外销种苗价格1.5元/株，主要销往甘肃、新疆、四川和河南地区，经营状况良好。优先安排贫困户在组培中心就业，月工资3 000元以上，组织群众参与大棚炼苗育苗和生态管理，参与群众210人，人均月收入增加2 500元。

二、推广规模化种植

在滩区流转土地2万亩，引导、鼓励农民通过土地流转、土地入股、土地托管等方式入股构树种植企业。第一年每亩租金900元，从第二年开始，除900元租金外，另外每亩地分红15%，既能缓解企业经济压力，留住企业在本地发展，又能为农户增加一定的收入。村集体经济资金入股构树种植企业，每年享受入股资金的10%作为分红。创新"承包＋雇佣"的模式。由农户承包构树田间管理，公司提供田间管理所需的专业物料，并派专门的农业技术指导员指导构树田间管理作业，保证公司和承包人收益，带动农户近4 000户增收，其中贫困户269户893人。

三、提交收储加工能力

在东坝头镇滩区建成现代化饲草站1座，可收储青贮裹包构树饲料20万吨；在谷营镇新庄村建成全国首家干粉厂（盛华春干粉厂），2020年4月正式投产。配套购买了宗申收割机2台、德国科罗尼收割机6台、种植除草机械9台套、卷管喷灌机12台。设计年生产能力2万吨。

四、拓展构树品牌化发展渠道

通过积极引导，在扩大生态饲料外销的同时，与本地畜禽养殖龙头企业合作，年消纳构树青贮近2万吨，通过以种带养、以养促种，发展了构树牛、构树羊、构树鸡等一系列生态产品，成功申报"兰考构树"地理标志，有机构树羊、有机构树猪、有机构树鸭等有机产品认证已进入有机转换期。在天地鸭业、旺基农牧、花花牛、绿色守望、华润五丰等畜禽养殖龙头企业中，推广使用构树青贮饲料进行饲喂。如：绿色守望羊业公司采取构树青贮饲料，打造有机构树羊品牌，年可出栏有机构树羊3 000余只，市场反映较好；禾丰天地鸭业在饲喂肉鸭过程中添加构树干粉，鸭肉品质有较大提升，提升了产品附加值；2019年以来，与兰考县晓鸣企业结合实施"构香鸡"产业扶贫项目，累计向全县9 900多户贫困户提供了鸡苗77万余只，每户配套提供构树苗50棵。雏鸡以庭院散养方式饲养，饲喂时以杂交构树茎叶作为青饲料提升鸡肉品质，带动贫困户户均增加收入1 100元。

【贫困户受益案例】

案例一

雷玲，兰考县东坝头镇杨庄村村民，家中2口人，因患过大病，被识别为建档立卡贫困户。

家里在黄河滩区有耕地6亩，2016年，在统一组织下，将土地流转给国银农牧种植杂交构树，平常在炼苗基地务工，在家门口实现灵活就业，一年务工可获得收入2万元，年底还有土地流转分红5 000多元，当年就脱了贫，摘掉了"贫困帽"。

"家里的地原来种小麦，一年忙到头也挣不了多少钱，现在用土地入股国银，我在炼苗基地干活，一年下来拿两份收入，日子比以前好过太多了。"雷玲提起这几年的变化，十分开心。

案例二

庞青兰，兰考县东坝头镇长胜村贫困户，因子女上学，家里劳动力少，被识别为建档立卡贫困户。

在县统一组织下，被盛华春植保公司录为正式员工，家里的4亩土地也被流转种植构树，她在盛华春植保公司负责厂区保洁工作，每月工资2 320元，年底还有土地流转分红收入，子女上学也有相应政策支持，生活也越过越有奔头。庞青兰通过参与构树全产业链解决了就业问题，实现了在家门口就有稳定收入，从根本上提高了他们的生活水平。

"现在我就在家门就可以上班，有了稳定收入，家里子女上学也不用愁……"庞青兰说着就止不住地高兴，她的脸上满是对未来美好生活的向往！

山庄巨变
湖北英山县典型案例

　　2013年以来，湖北省黄冈市英山县神峰山庄积极探索绿水青山转变为金山银山的现实路径，成功走出一条市场导向、生态依托、三产融合、村企联姻的产业振兴新路子，构建起以英山县为中心、辐射全国20余省份、销售额近4亿元的农产品产销网络，带动英山县及周边7万农民增收脱贫，打造出一个可持续、可复制、可借鉴的产业扶贫模式——神峰模式。

　　2018年，"神峰模式"被国务院扶贫办编入全国扶贫培训教材，总经理闻彬军荣获全国脱贫攻坚奖奉献奖。2019年4月，神峰山庄"能人带户"创业扶贫入选"第二届中国优秀扶贫案例报告会"产业扶贫优秀案例。2019年10月，"神峰模式"被列入文化和旅游部《新时代乡村旅游面对面》培训教材。

英山贫困户在产业基地务工

【主要做法】

一、做强产业，提供坚实支撑

立足英山县资源禀赋和生态优势，把企业的核心产业定位在发展山区有机农业上，突出产业集群发展，推动农业向规模化、标准化、品牌化、绿色化发展，为实施精准扶贫提供坚实支撑。一是建基地。山庄在英山、罗田两县7个乡镇40个村，流转土地6 850亩，建成40个蔬菜、水果、养殖、水产基地；以定点订购方式，在全国14个省份发展总面积2.5万亩的二级基地26个。二是严品控。在农产品生产过程中，树立"大别山粮草肉油全程可控"生产理念，推行"猪-沼-菜""果茶林-散养鸡-菜（鱼）"等生态循环农业模式，建立严格的有机农业标准化生产制度，确保品种品质的原生态。三是树品牌。注册有先稆坛、神峰山庄"当年味""黑禧猪"等96个自主绿色商标，拥有18项国家专利，一批农产品通过国家绿色食品认证、获得国家地理标志产品。

二、健全机制，搭建增收平台

与村级自强互助脱贫合作社紧密合作建产业基地，通过"公司＋合作社＋贫困户"形式，形成两种产业扶贫利益联结机制，促进贫困人口依托产业持续稳定增收。一是果蔬种植业"土地流转＋基地务工""两金"（租金＋薪金）扶贫机制。通过村级自强合作社与贫困户签订土地流转合同，流转贫困户承包土地的经营权，统一开发管理。先后与周边的2 283户农户签订土地流转合同，其中贫困户1 304户。合同约定优先安排贫困户劳动力在果蔬生产基地打工，每个劳动力一天60～80元，一年可获得务工收入2万元左右。二是特色养殖业"公司＋专业合作社＋自强互助脱贫合作社＋贫困户""两社"带动扶贫机制。牵头成立"先稆坛黑禧猪养殖专业合作社""先稆坛眼镜山鸡养殖专业合作社"，通过与各村自强互助脱贫合作社签约，实行统一原生态良种繁育、统一提供猪崽鸡苗、统一技术指导服务、统一标识跟踪监督、统一收购销售，带动1 000多户贫困户养殖黑禧猪和林下散养土鸡，人均增收5 907元。通过签订五方协议（乡镇政府、金融机构、市场主体、村委会、贫困户），帮助有贷款意愿贫困户获得"两免一贴"扶贫小额信用贷款，解决生产资金缺乏问题。

三、融合发展，拓宽就业渠道

积极推进生态农业与旅游、教育、文化、体育、养老等产业深度融合，大力发展农特产品深加工、都市农乐园服务、文化生态餐饮、休闲农业旅游、中医药健康旅游、康体养老等新业态，为农村贫困劳动力提供更多就地就近就业机会。先后开发了生态农业体验游、革命老区红色游、乡村风情休闲游、历史文化观赏游等旅游综合线路和林冲康养度假区，投资兴建了客房、餐厅、剧场、会议中心等，成立旅游大巴车队，每天接待能力达到1 700多人。直接吸纳当地农民成为企业正式员工1 456人，种养基地吸纳用工2 000多人，其中贫困户劳动力860人。

四、开展培训，提升"造血"功能

坚持"让贫困户在家门口找到人生价值，来一场有尊严的脱贫"的价值追求，注重志智双扶，通过开展多种形式的创业就业培训，助推"造血式"脱贫。一是开展致富带头人培训。与乡政府合作举办村干部、农民专业合作社、种养大户培训班，培育农村致富带头人。二是开展贫困农民实用技术培训。举办有机蔬菜种植、果树栽培、黑禧猪养殖、眼镜山鸡养殖等各种专题现场实用技术培训和贫困劳动力培训。三是开展农民员工、营销人员综合素质培训和岗位培训。成立农民培训学校、先秾大医商学院、大别山新型职业农民培训学校，对农民员工开展服务员、演员、导游员、市场营销员等"九大员"培训，让员工成为技术强手、营销高手。

【贫困户受益案例】

案例一

沈小飞，孔家坊乡郑家冲村贫困户。公公常年卧病在床，又有两个孩子上学，家里负债累累。

2013年进入神峰山庄后，通过学习锻炼和自己的努力，她很快被评为神峰山庄的模范员工，当上山庄工会女工部长、文艺晚会主持人、客房部经理，现任合肥市神峰山庄农乐园管理公司总经理，年薪几十万元。

神峰山庄还与她家签订黑禧猪养殖销售协议，负责她家的黑禧猪养殖技术培训及销售，光养猪一年纯收入10万元，2016年就已脱贫过上富裕的生活。沈小飞2020年5月还获得了湖北五一劳动奖章。

沈小飞自豪地说："是神峰山庄给了我重生的大舞台，让我的家人过上了幸福生活！"

案例二

方平，金家铺镇岳家冲村人。母亲是残疾人，奶奶双目失明。为照顾家人，她无法外出务工，一家重担全压在丈夫身上，家庭条件特别困难。

神峰山庄开业后，她试着来应聘，总经理闻彬军了解情况后，让她在餐厅当了一名服务员。经过学习培训，加上工作努力，她很快成为餐厅大堂经理，每月基本工资3 000多元，过年还有年终奖。山庄为了解决她的后顾之忧，每月还补贴她家600元生活费，保障了母亲和奶奶的基本生活。

开员工大会的时候，方平流着眼泪说："闻总是我的大恩人，山庄就是我的家，要不是有闻总这样的好领导和山庄这个大家庭，我家真的太难了！"

燕儿谷里笑声欢
湖北罗田县典型案例

湖北省罗田县燕窝垸村位于大别山腹地南麓，因三面环山、形似燕窝而得名，过去因为穷、乱、差，被戴上了一顶"厌人垸"的帽子。2013年，燕儿谷公司入驻燕窝垸村，探索出"村企联建"新模式，带动周边6个村共同发展，这条全长12公里的山谷成了一片承载梦想的"燕儿谷"，燕窝垸村也实现了从"厌人垸"到"美人垸"的华丽蜕变。2019年，燕儿谷村企联建助推旅游精准扶贫模式入选《2019世界旅游联盟旅游减贫案例》30个成功典范之一，燕儿谷也先后被评定全国旅游扶贫"公司＋农户"示范项目、全国"万企帮万村"先进民营企业、国家3A级景区、全国首批国家森林康养基地。

据统计，在燕儿谷公司辐射带动下，2019年村民通过出租土地、村内务工获得收入500多万元，销售竹笋、软萩粑、甜柿、腊肉、油面等特色农副产品增收300多万元，村民人均年收入达到16 000元，是9年前的10倍。他们脸上那开心的笑容，成为燕儿谷最明媚的景色。

贫困群众在罗田县燕儿谷公司务工就业

【主要做法】

一、党建引领村企联建

坚持抓党建促发展，燕儿谷公司与村党支部成立了村企联合党支部，建立"公司＋集体＋群众代表＋专家"的决策机制，对涉及群众利益、涉及"精准脱贫""美丽乡村"建设等重大决策采取现场会议、通讯会议等形式，组织群众代表和专家共同商讨，由村企联合作出决议。为了打造乡村旅游的"一站式"服务，由公司出资、村委会出地，联合建设1 100米²的办公楼，既是党群服务中心，又是游客接待中心。坚持村企共建，将公司发展和集体建设、村民获益高度融合起来，村委会以荒废的橘子园、村小学荒地入股公司持股10%，村民以承包经营权作价入股，从农民变为员工、再从员工变为股东，实现了身份转换和就业增收方式转变，更好地共享了发展成果。

二、能人回乡抢抓机遇

燕窝垸村在村级发展中，注重发挥村级党组织的核心和引领作用，聘任回乡创业能人徐志新为村支部第一书记，以"支部＋美丽乡村＋公司"村企联建的形式，探索出"五结合"(即：政府扶贫与企业扶贫相结合、政策扶贫与产业扶贫相结合、短期输血与长期造血相结合、扶村与扶户相结合、扶贫攻坚与企业发展相结合)的产业扶贫工作法、"七联建"(即：联合党建、联合规划、联合决策、联合投资、联合办公、联合环保、联合双创)的美丽乡村建设模式，抢抓扶贫政策机遇，建成了茶梅小镇、茶梅园、苗圃基地、梅岭、乡村工匠学校、中小学生研学实践营地、婚纱摄影基地、康养中心、黄冈地标优品网红直播基地、电商中心、快递合作点，逐步形成了"农旅文养教"等多业态融合发展的乡村经济转型示范综合体。村干部何从志说："跟徐志新干，心里踏实，干得有劲！"

三、生态改善强村富民

大力推进垸村整治，将村庄规划和景区规划合并在一起，建成人工湖、外婆桥、徐家老屋、燕归园等特色人文景点，投资8 000多万元建成占地600多亩桂花冲、500余亩采摘园、650余亩茶梅园、100余亩盆景园，1 200亩坡地退耕还林，所有通村通组的路旁种上行道树，做到"绿化景观化、景观特色化、特色产业化"，村容村貌焕然一新，生态环境不断改善，为村民和旅客创建了宜居宜游的良好环境，真正实现了村在景中、景在村里。村民通过土地流转的形式，把自家土地出租给公司，年均可获得租金500元/亩。燕儿谷公司为村民提供了固定和临时工岗位200多个，每年支付土地租金120万元，发放村民务工工资283万元，累计为村里增加收入800万元。2019年仅燕儿谷片区就有返乡农民工本地就业164人，发展农家旅馆12家、农家乐45家、合作社5家。

四、产业融合抱团发展

2017年9月燕儿谷连片6个村成立了联合党委，进一步创新了"联组织、联规划、联资源、联产业、联文化"的村村联合机制，把党组织建在产业上，片区市场主体均以燕儿谷商标命名，充分利用好大别山地区"两山夹一沟"的特色地形，突破以村为单位，以山区自然沟域为单元，连片发掘和整合大别山沟域范围内的自然人文资源，集成生态涵养、观光农业、乡村旅游、传统文化、养生养老、研学教育等产业内容，"沟域经济"特色鲜明、蓬勃发展。2018年，全村接待游客20多万人次，旅游营业收入1 900万元，2019年旅游营业收入达到2 100万元。

【贫困户受益案例】

案例一

郭志才，罗田县骆驼坳镇燕窝垸村贫困户，夫妻两人共同生活，妻子常年抱病，不能做重体力劳动活，其本人无任何技术，家庭生活极其困难。

2016年，燕儿谷公司安排他外出学习水电技术，经过培训学习，燕儿谷公司聘请他为公司的水电管理员，每月务工收入3 138元，并随着工龄每增加一年，工资增加100元，加上流转给燕儿谷公司的土地租金，他的年收入达到4万元，实现了稳定增收脱贫。

脱贫后的他感叹："从负债累累到脱贫致富，是党的政策好，是燕儿谷公司好，是家门口就业好。我一定要努力工作，珍惜今天的幸福生活。"

案例二

王汝明，罗田县骆驼坳镇燕窝垸村贫困户，因缺资金致贫，老两口无任何技术，收入来源少，生活困难。

在燕儿谷公司的帮扶下，在扶贫干部的指导下，王汝明一家依托荒山牧草资源，养牛11头、生猪3头、鸡500只。同时，承包猪头石水库养鱼，还种植优质水稻10亩，可谓猪牛鸡满圈、粮豆谷满仓，每年收入达到2万多元。 2016年他家甩掉了贫困户的"帽子"，还被评为"脱贫致富先进典型"。

让一方山水带富一方人

湖南武陵源区典型案例

　　湖南省张家界市武陵源区既有闻名世界的张家界风景名胜区，又是传统的农业县区。近年来，武陵源区委区政府以习近平总书记精准扶贫理念为指引，坚持"基在农业、惠在农村、利在农民"的原则，在"旅游＋扶贫"的带动下，全域旅游带贫主体与全区1 574户贫困户5 131人建立了紧密的利益联结关系，贫困户在产业链中稳定受益，使"旅游＋扶贫"成为促进贫困户增收的"金钥匙"，产业扶贫硕果累累。

张家界市武陵源区杨家坪村乡村旅游示范村建设

【主要做法】

一、绘就产业发展新蓝图

武陵源区通过做优做强乡村旅游、农业、文创三大带贫产业，绘就"旅游+扶贫"产业发展蓝图，出台了《武陵源区乡村旅游发展实施指导意见》《武陵源区产业精准扶贫规划》等系列政策文件，投入财政产业扶持资金达1.5亿元以上，调动特色民宿、农家乐，农业龙头企业、农民专业合作社、文创企业等带贫主体的积极性，撬动社会投资达30亿元以上，通过打造武陵源峰林峡谷特色民宿体验区和实施"一县一特""一乡一业""一村一社"等带贫项目，培育带贫主体强劲的造血功能，确保贫困人口真正脱贫。

二、全域旅游带动结硕果

武陵源区充分利用世界自然遗产资源，大力发展旅游产业，将产业扶贫与精品景区、特色城镇、美丽乡村"三位一体"的全域旅游高质量融合发展，成为国家首批全域旅游示范区，此模式每年带动农民增收达4亿元以上，其中5165名贫困人口增收达4000万元以上。

乡村旅游带动。武陵源区凭借秀丽的山水风景和浓厚的民俗文化，大力发展乡村旅游，为农民提供家门口就业机会，让农民转变为旅游从业者。目前，"张家界市—中湖—天子山"和"张家界市—协合—索溪峪—张家界村"两条精品线路上有特色民宿、农家客栈、农家乐达700多家，带动农民从事乡村旅游服务8000多人，其中贫困人口1000人以上，每年乡村旅游带动农民增收达2000万元以上。

农业产业带动。武陵源区积极创建湖南省农村一二三产业融合发展示范县，建成鱼泉贡米、天子山剁辣椒、湘阿妹菜葛、武陵源头茶叶4个省市级产业园，培育发展省级农业龙头企业1家，市级农业龙头企业11家，农民专业合作社76家，龙头企业产业链融合、农业功能融合、农业渗透融合走上良性轨道，带动建档立卡贫困户通过发展优质水稻、精品果蔬、绿色茶叶、特色养殖等产业受益，近年来贫困户享受区、乡、村三级产业分红累计达1000万元以上。一是菜葛产业。近年来武陵源区整合扶贫资金2000万元支持菜葛种植、产品提质和品牌创建发展，全区葛根种植面积达0.5万亩，2019年菜葛产业产值达4700万元，直接受益农民5000多人，每年带动贫困户2300人，年人均增收达1000元以上。二是天子山剁辣椒产业。累计投入扶贫资金200多万元扶持天子山剁辣椒公司做强做大，发展七姊妹剁辣椒基地400亩，带动天子山街道贫困户168户453人，年人均增收1000多元。三是武陵源茶叶产业。投入资金200万元扶持武陵源茶叶产业发展，其中武陵源头茶叶公司流转贫困村黄家坪村、黄河村集体土地1 030亩发展茶叶产业，聘请建档立卡户58人长期从事茶园管理，年支付长期务工和季节性采茶工资45万元以上。四是武陵源茶叶产业。投入资金200万元扶持武陵源茶叶产业发展，其中武陵源头茶叶公司流转贫困村黄家坪村、黄河村集体土地1 030亩发展茶叶产业，聘请建档立卡户58人长期从事茶园管理，年支付长期务工和季节性采茶工资45万元以上。五是"一村一社"扶贫产业。2019年来武陵源区按照有特色、有基础、有主体、有效益、有市场的"五有"原则，投入扶贫资金180万元，挖掘培育了22个"一村一社"扶贫产业，发挥"一村一社"产业短平快的作用，为贫困户提供种苗、肥料、技术跟踪、兜底销售帮扶，开展形式多样的田间课堂培训等，带动贫困户481户年均增收达300元以上。

文创产业带动。投入扶贫资金491万元引进乖幺妹土家织锦产业，其产品涵盖艺术品收藏、居家装饰、服装、服饰和实用类产品600多种，申请专利122件，公司累计培训土家织锦技师1 200多人次，现有产业工人180多名，是目前武陵山片区最大的土家织锦研发中心和生产基地，带动索溪峪街道1 463名贫困人口脱贫致富，走出了一条"文旅融合发展，产业带动扶贫"的特色路子。投入扶贫资金410万元引进扶持熊风雕塑产业做大做强，流转土地86.5亩，在索溪峪街道双文村打造湘西首个民俗风情雕塑公园，并建成了湘西最专业的写生、创作、实习、培训、接待基地，解决4个村31户贫困户务工就业。

三、健全发展机制促脱贫

武陵源区建立健全"全域旅游＋扶贫""四跟四走"产业扶贫带动机制，"劳动务工型、土地流转型、订单收购型、入股分红型、种养托管型、合作帮扶型"等产业帮扶模式得到广泛运用，产业扶贫变输血为造血，贫困户和村集体长期获得产业发展红利。据统计，2019年武陵源区农村居民人均可支配收入达14 384元，比2018年人均增收1 200元以上，其中贫困户人均增收达1 000元以上。

技能提升。武陵源区编印《武陵源区产业扶贫技能培训资料汇编》《武陵源区产业发展实用技术手册》，采取技术单位、龙头企业、合作社相结合的方式，对全区扶贫产业"点对点""一对一"巡回培训，2016年来累计组织各类产业技能培训班200多期，培训农民2万人次以上，其中贫困户8 000人次以上。

品牌培育。天子山剁辣椒、湘阿妹菜葛、禾田居茄子、天门红茶、天子绿茶等16个产品获得绿色食品认证，系列扶贫产品获得专利13件，湘阿妹菜葛种植基地获评国家级葛根种植农业标准化示范区，"天子名翠"和"鱼泉贡米"获评湖南省著名商标，金毛猴红茶获评米兰世博会金奖，"两品一标"认证和基地创建从占比耕地面积比例均位居全省前茅。

产品营销。积极参加农博会、展览会、年货节、扶贫日等活动，以多种形式促进线下产品营销，并通过众创空间、供销云商、农村淘宝等电商企业和智慧武陵源、微信、抖音、京东等电商平台促进线上销售。各经营主体紧跟科技新前沿，瞄准消费新趋势，将"互联网+""生态+"等现代新理念引入生产经营活动，创新生产方式、经营方式和资源利用方式，将"旅游+产业"的边界扩展到更广的范围，实现生产、生活、生态共赢。

村集体经济发展。各村级组织在农民自愿的基础上，采取返租倒包、租赁承包、土地入股等多种形式流转土地，发展特色民宿、旅游店铺、特色产业，增加村级集体经营性收入。依托项目优、发展快、前景好的产业主体，以土地使用权等资源形式参股，增加村集体股份合作收入。如协合乡的协合村、李家岗村、土地峪村等5个村与张家界湘阿妹食品有限公司签订菜葛土地流转协议，公司统一经营管理，每年给每个村返产业分红资金3万元；天子山街道黄河村与张家界天子山剁辣椒有限公司签订土地流转协议，每年获得辣椒产业分红资金3万元；熊风产业每年给双文、双星、田富、金杜4个贫困村集体分红资金共计32万元。

武陵源演绎了经济社会量质齐升的蝶变，实现了从养在深闺到享誉世界、从偏僻山区到宜居宜游、从靠山吃山到生态优先的转变，为贫困群众打开了致富之门。2016年武陵源区在全省率先脱贫，2017—2019年连续三年持续巩固，武陵源区产业扶贫之路越走越宽广。

【贫困户受益案例】

周志年，武陵源区协合村建档立卡贫困户。全家在校读书的有三人，再加上儿子、儿媳体弱多病，一家人的日子较为紧张。

精准扶贫开始后，当地政府安排周志年在张家界湘阿妹食品有限公司上班，每年工资能有3万多元。周志年的丈夫、儿子虽身体不好，属弱劳动力，但该企业给安排了其力所能及的工作，父子俩一年加起来也能挣到2万多元。此外，土地流转、产业分红每年还能为他们带来8 000多元收入，孩子们也都享受了教育扶贫的帮扶。

面对越来越宽裕的光景，周志年感恩地说："国家的政策真好啊！像我们这样的人家，现在经过帮扶，不仅孩子们读书的费用不发愁了，而且到年底还能有点结余，日子真是越过越有盼头。"

金融助力　精准滴灌

农发行海南省分行典型案例

　　近年来，中国农业发展银行（以下简称农发行）海南省分行以产业扶贫为主攻方向，主动联合省扶贫办、省工商联创新搭建了"农业政策性金融产业扶贫合作平台"，汇聚了42家农业领军企业，累计投放扶贫贷款126亿元，引导加入平台的企业在海南5个国定贫困县和儋州市等贫困地区兴产业、建基地、促就业、投资金，推进53个产业扶贫项目落地开花，与当地贫困户建立了深度利益联结机制，直接帮扶和辐射带动全省贫困人口9.6万/人次，开展了政策性金融探索，是建立脱贫长效机制的生动实践。

"海南农业政策性金融产业扶贫合作平台"启动仪式

【主要做法】

一、创新建立"政策性金融＋平台企业＋贫困人口"的深度利益联结机制

农发行海南省分行吸纳的南繁育种基地、火山石斛产业园、海南翔泰渔业、口味王槟榔、传味文昌鸡、春光食品等42家企业都是在涉农行业地位领先、带贫效果良好、经营效益优良、扶贫社会责任感强的优质企业，在平台的引领下，42家企业积极对接地方政府产业扶贫规划及招商引资项目，到贫困地区设立生产基地或建立专业合作社，构建平台企业与贫困地区和贫困户利益联结机制，自平台成立以来，该行累计向42家平台企业发放产业扶贫扶贫贷款126亿元，有效推动了石斛种植，文昌鸡、生猪养殖、渔业、槟榔、椰子加工、种桑养蚕以及五指山红峡谷漂流、屯昌梦幻香山、琼中百花岭旅游、琼中全域污水处理等53个兼具经济、社会、生态和扶贫效益的特色产业和基础民生设施扶贫项目，有效解决了贫困地区产业发展和项目建设缺少龙头企业带动等问题，实现了金融扶贫精准滴灌。同时，积极引领平台企业参与"万企帮万村"精准扶贫行动，共有20家平台企业与22个贫困村签订了帮扶协议（占全省已签订帮扶协议的114家贫困村的20％），该行信贷支持的企业进入"万企帮万村"精准扶贫行动台账管理的有45家，共帮扶了351个村，惠及43 310名贫困人口。

二、创新建立扶贫项目金融服务保障机制

一是提供主办银行服务，根据平台企业产业发展规划，主动提供融资融智融商服务，为企业量身定制融资服务方案，满足企业未来发展规划内合理的信贷增长需求。二是开辟绿色办贷通道，优先保障扶贫项目的信贷规模，优先受理和调查审批扶贫贷款项目，实行优惠利率政策，扶贫贷款利率定价水平比金融同业平均水平低93个基点，实行减免中间业务收费等优惠政策，几年来累计为企业节省财务成本6 000万元。三是提升办贷效率，推行会商会审限时办贷机制，信贷前中后台人员在调查评估、审查环节提前就扶贫贷款相关要素进行会商会审，在确定项目准入后，同步到位一站式调查审查，进一步提高办贷效率。四是创新供应链金融服务模式，依托平台企业的良好信用和平台企业与其上下游客户的真实交易基础和稳定合作关系，以平台企业为核心，通过供应链金融服务模式，将扶贫信贷资金及时注入上下游企业中，帮助平台企业与上下游企业共同做大做强。五是创新抵质押担保方式，42家平台企业中90％以上是民营企业，该行针对民企尤其是涉农民企普遍缺乏银行认可的传统抵押物等问题，创新探索运用财产权、经营权、股权、收费权、存货浮动抵押、生物性资产抵押、商标专利权抵押等方式，切实解决了平台企业融资难的问题。六是提升平台企业帮扶质效，每季度召开平台座谈会，组织研究扶贫政策和金融运用，帮助平台企业提高投融资水

平和帮扶精准度及扶贫质效，促进企业间在关联行业和产业链上开展互惠互利的交流合作。

三、创新建立平台企业风险互助机制

为增强平台企业整体风险防控能力，有效克服农业类企业普遍存在的经济周期困难，该行探索研究建立了风险互助基金机制，打造银行风险与企业资金困境的"缓冲器"。一是倡议由平台企业根据贷款额度一定比例的标准共同出资建立风险互助基金，若平台某一企业因经营原因无法偿还到期贷款本息，经共商程序后，先由基金给予代偿，以"抱团"方式帮助企业渡过周期性难关。二是该行可根据平台企业的产业扶贫项目质效采用信用贷款方式给予支持，借款人根据该行要求按应抵尽抵原则对自有房产、土地等有效资产办理抵押担保，抵押担保争取覆盖实质性风险敞口。三是若借款人无法偿还到期贷款本息，该行将按比例扣划企业自身缴纳的风险补偿金作为代偿，剩余部分通过向借款人追缴、依法处置承贷主体抵质押资产等方式收回贷款。

四、创新建立稳固脱贫长效机制

为进一步巩固海南省脱贫攻坚成果，确保"贫困现象不反弹、脱贫群众不返贫"，同时及早做好脱贫攻坚与乡村振兴衔接工作，该行与平台企业前瞻性研究，创新建立了服务脱贫攻坚长效机制。围绕"脱贫不脱政策"，依托产业扶贫合作平台，由平台企业自愿筹集，建立"稳固脱贫成效基金"，对接稳固脱贫成效监测信息，通过参与村集体经济组织或致富带头人经营分红的方式，用于支持全省年均收入4 300元以下贫困边缘人口，推动基金可帮扶人数增长了14倍，防范致贫返贫风险，有效强化了稳固脱贫成效。

【帮扶案例】

槟榔，海南特色热带作物之一，与椰子并列为海南"三棵树"产业。海南口味王科技发展有限公司作为海南省槟榔收购加工最大的民营企业，在该行的引导下加入"海南农业政策性金融产业扶贫合作平台"，积极开展脱贫攻坚工作，在该行近20亿元贷款的支持下，该公司主要收购海南万宁、琼海、屯昌及陵水等地的槟榔干果，有效带动了当地贫困户种植槟榔增收，并鼓励当地贫困户到公司就业，解决了153名贫困户就业问题，贫困户年平均工资可达4万元，有效推动了贫困人口稳定增收、稳定脱贫。该公司2020年被海南省扶贫开发领导小组授予"打赢脱贫攻坚战"先进集体。

一地生五金 产业促增收

四川古蔺县典型案例

　　四川省古蔺县地处乌蒙山腹地，境内地形起伏较大，相对海拔为1543米，日照充足，属典型的山区农业县。脱贫攻坚以来，该县因地制宜创业扶贫新模式，将生态资源优势转化为经济优势，紧紧围绕"4＋5＋N"特色农业体系建设和现代农业园区建设，不断完善现代农业经营体系，持续推动四大特色农业产业扩面增效，园区示范带动性日益增强。截至2019年底，全县农业产业年产值达46亿元，是2014年的3倍；全县农村居民人均可支配收入14 034元，是2014年的2倍。目前，新建村级脱贫产业园区218个，培育省、市、县级现代农业园区11个，并通过"一地生五金"的利益联结机制，辐射带动8.8万名贫困群众脱贫增收。

古蔺县贫困户采摘猕猴桃

【主要做法】

一、突出特色引领，推动资源优势向产业优势转变

坚持立体布局。全县坚持"一盘棋"，在海拔700米以下赤水河干热河谷区域重点发展甜橙，在海拔700～900米区域重点发展桃李，在海拔900～1 100米区域重点发展猕猴桃，海拔1 100米以上区域重点发展中药材，实现"立体种植、错季出产、优势互补"。坚持种养循环。创新探索"地种林草—林草养殖—养殖产粪—粪肥还地"种养模式，在甜橙、猕猴桃、中药材等种植区域，规划建设肉牛、生猪、土鸡等畜禽养殖场，实现"以养带种、以种促养、种养循环"。建成云上牛郎现代农业园区等62个种养循环示范基地，辐射带动2.25万户贫困群众，年户均增加收入3 000元以上。坚持高效优先。坚持"不求其多、但求其特，不求其全、但求其精"，成片成带布局，梯次有序推进，大力发展品质好、效益高的优质产业，严格控制低效产业规模，农业产业逐步实现从"好的不多、多的不好"到"业态丰富、优质高效"跨越。全县已建成优势特色产业基地68万亩，农业产业总产值达46亿元。

二、突出融合发展，推动单一农业向综合业态转变

推进产销融合。积极引进培育巨星、新希望、牛郎牧业、金海畜牧等4家龙头企业，建设生物有机肥厂、生猪全产业链项目和肉牛、丫权猪精深加工综合体。持续创建特色农产品品牌，59类农产品通过"三品一标"认证，54类农产品获"四川扶贫"集体商标授权。强化产销一体对接，扎实开展消费扶贫，推动农产品进商超、进市场、进机关。推进农旅融合。围绕建设西部旅游休闲度假目的地，大力实施农旅融合、文旅融合乡村旅游项目，积极培育休闲农业、生态康养、乡村餐饮等新业态。通过创造文旅产业岗位和成立文旅产业扶贫基金，带动周边行业发展20余个，直接创造就业岗位达5 000个以上，辐射带动2万贫困群众脱贫增收。推进产村融合。坚持把特色产业与美丽乡村同规划、同部署、同推进，结合产业发展配套水、电、路和基本公共服务设施，全力推进美丽宜居乡村建设，实现以产兴村、产村相融，让乡村更吸引人、更留得住人。马蹄镇荣膺全国"一村一品"示范村镇，桂花镇获评"四川省森林小镇"，箭竹乡团结村等6个行政村入选国家森林乡村推荐名单，建成29个宜居乡村省级达标村。

三、突出机制创新，推动粗放发展向注重效益转变

创新园区推进机制。编制国家、省、市、县四级现代农业园区发展规划，形成园区梯次发展格局，以园区规范化建设带动产业规模化、集约化、标准化发展。制定园

区建设实施方案和管理办法，创新"园长推进制"，实施"六化工程"，2020年整合财政涉农资金5 515万元，加快推进园区提档升级。全县已建成市级园区1个、县级园区10个，2020年力争培育省级园区1个、市级园区2个。创新减贫带贫机制。坚持"抓农业就是抓富民"理念，创新保土地租金、保务工就业、保订单收购、保农业保险、保收益分红"五保"利益联结机制，引导农民与新型经营主体形成"利益共同体"，防止"只富老板不富老乡"。创新农技推广机制。积极与科研院所建立合作关系，示范推广农业新技术、新品种、新成果，让特色产业插上"现代化"翅膀。与省农科院合作建立猕猴桃产业博士工作站，为专业合作社和农户提供全程技术服务，短短3年时间，就让一片野生猕猴桃园发展成为"万亩蔺州绿肉"。带动贫困群众524户2 628人，年户均增加收入3 000元以上。

四、突出保障支撑，推动单向发力向多方联动转变

强化政府引导。出台《加快发展农业特色产业助推脱贫致富奔小康的意见》，设立1亿元农业特色产业发展基金，配套制定鼓励精深加工、品牌创建、科技创新、招商引资等政策。明确政府不搞大包大揽，财政资金不直接投入产业发展，只起示范带动和撬动社会资金作用。坚持"资金跟着项目走、项目跟着产业走"，确保"集中力量干大事""一年干一片、年年有成效"。强化市场主体。多渠道、多层次、多形式培育农业新型经营主体，确保市场主体成为产业发展主角。培育国家级专业合作社2个、省级专业合作社15个、市级专业合作社34个，培育省级家庭农场9个、市级家庭农场18个，培育省级农业龙头企业3家。充分发挥财政资金杠杆效应，形成"政企民银"多元投入格局。2016年以来，共整合财政资金16亿元，吸纳各类社会资本42亿元。

【贫困户受益案例】

案例一

陈龙花户，古蔺县东新镇民主村贫困户，因病致贫。陈龙花一家6人，公公和婆婆长期吃药，丈夫张细忠祖母每年都会来家里住半年，家里有3个老人和4个小孩，经济十分拮据。

2017年，东新镇因地制宜大力发展猕猴桃产业，帮扶干部多次入户动员陈龙花。经过考察和反复考虑后，陈龙花同村里的另一名农户合伙种下60余亩猕猴桃，园区需要管理时她起早去劳作，空闲时在工地做工。2019年，她家猕猴桃开始挂果，收入达10万余元，家庭生活水平发生质的改变。

"现在政策那么好，不管多难，既然已经选择了就要坚持下去，一定要把猕猴桃种成功，彻底摘除穷帽子。"陈龙花坚定地说。

案例二

胡如福户，古蔺县彰德街道三道水村贫困户。其妻子患有长期慢性病，长年服药，子女年幼要上学，本人又无任何技术，家庭生活极其困难。

胡如福以往种植的主要经济作物是烤烟，但由于缺乏劳动力和专业技术，收成不好。2015年，帮扶干部、村组干部推荐其改种脆红李。在三道水脆红李专业合作社帮助下，胡如福改种专业合作社优质脆红李果苗10亩，并通过技术管理人员指导，脆红李长势良好，次年脆红李收入达2万元。于是胡如福继续潜心学习脆红李种植技术，悉心照料脆红李果林，一遇到问题就向三道水脆红李专业合作社请教。2017年，胡如福继续扩大脆红李种植规模，同年其子女大学毕业顺利参加工作，家庭年纯收入高达10万元，配齐了彩电、冰箱等家电，生活质量明显提高。

"真的是多亏了政府的帮助，又发苗，又包技术培训，本来没有任何特长的我，如今也能管好一大片李子林，而且年年都丰收，让我真正摆脱了贫穷的日子。我要把自己的经验毫无保留地传授给周边新加入的种植户，带动大家共同致富。"胡如福感慨道。

藏彝生活馆　扶贫好平台
四川德阳市典型案例

　　四川省德阳市立足帮扶地消费市场和受扶地农特产品双方优势，以消费扶贫为抓手，搭建扶贫产品展销平台，促进扶贫产品销售和贫困群众增收，探索出一条由短期帮扶向长效帮扶转变的新模式，为巩固脱贫攻坚成效、建立解决相对贫困的长效机制提供了有益经验。组建的德阳藏彝春天生活馆，是由德阳市旌阳区协同凉山文旅集团旗下阿斯牛牛春天实业公司具体筹建，德阳市广汉、什邡、绵竹3个县级市积极配合，对口帮扶的阿坝藏族羌族自治州若尔盖县、阿坝县和凉山彝族自治州甘洛县、喜德县、越西县、金阳县6个县全面参与，共同建设了这一集展销、餐饮、体验、教育为一体的扶贫产品展销平台，从2019年7月建成运营以来，销售额已超过1500余万元，惠及对口帮扶的6个县3300余户12900余名贫困群众。

德阳市藏彝春天生活馆

【主要做法】

一、坚持政府主导，搭建展销平台

德阳市与对口帮扶的2州6县精心谋划，采用"公益性展示＋市场化运作"模式共建展馆园区，累计投入资金1 000余万元，依托"小平台"撬动"大市场"。一是坚持政府主导。德阳市、县两级党委、政府共同策划，由德阳市旌阳区与阿斯牛牛公司共建，帮扶县和受扶县共同参与，仅用6个月时间就建成藏彝春天生活馆并投入使用。二是强化政策支持。德阳市研究出台房租、装修、物业、物流、运营、用工补贴等一系列支持政策，大力支持场馆建设、运营和企业发展；凉山、阿坝2州6县统一做好产品组织等工作。三是明确功能定位。在藏彝春天生活馆内设置特色蔬果、生态肉类、休闲饮品、文化创意等6大展销区，涵盖了生鲜、精包装等若干产品，建成了由阿斯牛牛公司自主运营、自负盈亏的扶贫产品展销平台，成为德阳市内首个消费扶贫专馆。

二、拓宽营销渠道，凝聚工作合力

德阳藏彝春天生活馆遵循市场规律，采取市场化运作模式，着力在产品物流、销售模式、品质品牌上下功夫，构建扶贫产品展销平台良性运行机制。一是畅通物流通道，联动大市场。通过开辟农特产品物流专线，通过藏彝春天生活馆与藏区彝区28个生产基地、扶贫产业园建立"点对点"合作关系，实现农特产品同步上市、同步推出、当天到货，山里的"好东西"顺利走出大山。二是融合线上线下，拓展销售渠道。推动产品"上网触电"，依托阿斯牛牛和德阳本土电商平台建立"网上下单、产地直供"网销模式，不断拓展扶贫产品销售渠道。突出线下销售功能，在藏彝春天生活馆内开设展销、餐饮、文创、生活体验等多样性功能，满足了广大消费者的不同需求，促进扶贫产品销售，消费者可在馆内随心所欲购买产品和体验藏区、彝区特色文化服务。三是做优品质品牌，塑造良好形象。严把产品入口关、质量关、包装关，促进受扶地产业规模化发展、产品标准化生产，提升特色农产品质量；依托"四川扶贫"公益品牌和"大凉山"区域品牌，大力宣传越西甜樱桃、金阳青花椒、甘洛中药材等特色农产品，不断提升品牌知名度和群众认可度。

三、强化优势互补，促进提质增效

充分发挥帮扶地市场优势和藏区彝区特色农产品优势，通过藏彝春天生活馆扶贫产品展销平台，把受扶地特色优质资源优势转化为经济优势、带贫优势。一是产销对接，需求互补。充分利用德阳—成都市场优势，既有效拓宽了藏区彝区特色农产品销售半径，又满足了帮扶地广大市民的多元化消费需求，丰富了市场产品供给。二是顺应市场，优化产业。坚持"以销定产"，通过生活馆销售情况大数据分析，精准对接市场需求，推动供给侧结构性改革，大力培育适应市场的产业，帮助受扶县优选1～2个产业，引导不适应市场产业减量腾退，累计投入7 500余万元建成贡椒产业园、中药材产业园等扶贫产业园区8个、园区面积1.4万余亩。三是多方投入，补足短板。针对受扶地产业园区建设资金、技术等薄弱环节，共同引进阿斯牛牛、四川国源农业投资公司、四川米老头食品有限公司等20余家企业参与扶贫产业园区建设，投入资金5 700万余元；引入山东等地苹果、甜樱桃技术团队常驻扶贫产业园区开展技术指导，促进贫困地区扶贫产业提质增效。

四、创新联结机制，提升脱贫质量

德阳藏彝春天生活馆着力创新"平台＋政府＋企业＋市场＋贫困户"的利益联结机制，将受扶地贫困户纳入产业链利益链，实现带贫益贫的目标。一是强化利益联结。建立对口带扶产业园区，通过土地租赁、园区务工、入股分红等形式，增加贫困户土地租金收入、务工收入、股份分红收入等，共带动3 300余户12 900余名贫困群众增收。二是深化购销合作。积极推动以购代扶、以购代捐组织藏区彝区产品"五进"（进机关、企业、商铺、食堂、餐桌），10余家机关企事业单位食堂与生活馆建立供销关系；促成生活馆与洋洋百货、大润发超市等10余家商贸企业建立销售合作机制，40余家单位与6县签订"以购代捐"协议，总金额达1 000余万元，直接采购或促销2州6县扶贫产品。三是提供就业机会。依托藏彝春天生活馆平台与产业园区建立劳务输出机制，吸纳当地贫困群众就近就业2 520人。同时，选聘深度贫困地区贫困人口到生活馆工作，增加务工收入、提升经营理念，为当地发展致富培育"领头雁"。

【贫困户受益案例】

案例一

加潘五呷莫，彝族，越西县保安藏族乡平原村贫困户。因其丈夫患病、家庭收入来源少，生活极度困难致贫。

2018年，旌阳区投入100万元，与越西县共同努力，引进专业龙头公司，成立尔苏生态农业综合示范园，采取"公司＋合作社＋农户"的生产经营模式，鼓励贫困群众发展苹果等特色产业，并通过德阳藏彝春天生活馆展销平台销售扶贫产品，显著拓宽了销售渠道，提升了产品销量，助推贫困群众持续稳定增加收入。加潘五呷莫就是其中的受益户之一，自园区成立以来，加潘五呷莫不仅流转土地种苹果，还能到园区务工实现就近就业，通过合作社分红、园区务工等方式，2019年增加收入3万余元，并实现顺利脱贫。

"现在我们可以在这里打工，加上土地流转和分红，一年的收入比以前翻了好几倍，感谢共产党让我们过上了好日子，卡莎莎！"贫困户加潘五呷莫高兴地说。

案例二

王邦花，越西县大瑞镇瑞塘村贫困户。因儿子是一级残疾、家庭收入来源少、生活困难等原因致贫。

德阳藏彝春天生活馆扶贫产品展销平台建成以来，主动对接越西县的朱大姐特色食品有限公司，设立展销专区，将越西特色产品豆腐乳、萝卜干等推向德阳市场，深受德阳市民的喜爱，也使朱大姐特色食品有限公司快速发展，每年销售额同比增长30%，带动贫困群众持续稳定增收。王邦花就在该公司扶贫车间务工，每月务工收入3 000余元，年增加收入3万余元，既照顾了家庭、又增加了收入，于2018年顺利实现脱贫。

"以前没到扶贫车间务工时，家里收入少、很穷，真的过得造孽得很，感谢党的好政策。现在到朱大姐特色食品有限公司上班，我既能照顾儿子，又不耽误挣钱，现在啥子都不愁了，日子也一天比一天过得好了。"王邦花对未来充满信心。

让好风景变成好"钱"景
重庆巫山县典型案例

　　重庆市巫山县是中国旅游强县，也是国家扶贫开发工作重点县、生态文明示范县。近年来，巫山县依托得天独厚的自然和人文资源，紧紧抓住全市唯一的全域旅游创建试点县机遇，坚持将全域旅游作为拉动县域经济发展和助推脱贫攻坚的新战略、新引擎，走出了旅游助推脱贫攻坚的新路子，探索出两大"旅游＋扶贫"新模式，为巫山实现高质量脱贫奠定了坚实的基础。按照"一城两轴三片十一廊道"和"一心三线"旅游空间布局打造大景区，依托乡村旅游带动2 085户贫困户脱贫。

重庆巫山县曲尺乡乡村旅游扶贫点

【主要做法】

一、依托大景区辐射带动大扶贫模式

（一）依托景区辐射带动贫困户直接就业脱贫。景区项目建设过程中，与施工企业协商提供劳务用工指标，优先安排建卡贫困户人员，带动17个涉旅乡镇918户贫困户3 561名贫困群众直接就业。景区、酒店营运管理直接提供就业岗位5 208个，带动563户建卡贫困户1 572余人直接就业。依托旅游公路提供长期性公益岗位2 051个，直接帮助751户建卡贫困户3 383人实现稳定就业，人均每年增加收入2万～3万元。

（二）依托景区消费带动贫困户创业增收脱贫。依托景区辐射的17个乡镇45个贫困村进行旅游扶贫开发并建成一批乡村旅游景点，鼓励当地村民参与旅游开发，培育出313家农家乐、305个农村电商网点、58家茶馆酒馆、49家乡村旅馆等旅游新业态，带动贫困户1 127户5 366人脱贫。组织景区、宾馆、酒店、商店定点购买贫困村村民农副产品，帮助贫困户1 355户6 097人实现稳定脱贫。成立旅游合作社、产业合作社等乡村集体经济组织，搭建电商平台，为游客、景区经营企业提供农副产品，帮助贫困户销售农副产品。

（三）依托景区项目建设带动贫困户直接增加财产性收入脱贫。巫山县依托景区项目建设，积极利用"三变"改革模式，实现资源变股权、资金变股金、农民变股民，帮助农民实现财产性收入增加，带动贫困户实现脱贫。依托景区旅游业态项目，利用村民的闲置房屋、设备等资源，通过租用或入股的形式参与旅游项目建设，获得该项目租金或分红收入，直接增加村民财产性收入。如巫山县万亩茶园项目以"公司＋合作社＋村集体＋村民"的模式签订四方协议，村民利用土地以村集体组织的名义统一打包成立专业合作社，由公司对专业合作社实施兼并收购，并负责项目建设和营运，其中公司占股32%、合作社占股32%、村集体和村民合计占股36%。项目建成后的前3年，企业以300～350元/亩土地补助给村民；第4年开始，企业按照人头分红占50%的模式分配给村民。依托景区旅游民宿项目，租赁村民闲置房，通过土地流转方式，直接增加村民尤其是贫困户财产性收入。如巫山县三峡院子项目，旅发集团与神女景区内柳坪村10社原有7户贫困户签订房屋租赁合同，以固定的价格租赁房屋20年，并一次性付清租金，直接增加贫困户财产性收入。同时，旅发集团将村民房屋改造为特色民宿酒店后，优先安排7户贫困户在内的50余名原住民就业，帮助贫困户增收脱贫。

二、发展乡村旅游带动扶贫模式

巫山县先后出台《加快乡村旅游发展的实施意见》《巫山县国家和市级乡村旅游重点村名录及县级乡村旅游示范村创建计划方案》等，通过整合资源、创新模式、融

合发展将乡村旅游业培育成全县旅游产业的重要增长点。按照乡村旅游发展总体规划，结合乡村振兴总体要求，坚持以交通为先导、以产业为基础、以文化为灵魂，积极创建30个乡村旅游国家和市重点村名录及县示范村，通过大力发展乡村旅游，增加农民收入，最终实现脱贫致富。2019年全县从事乡村旅游行政村110个，乡村旅游从业户数4 150户，旅游经营场所业775个，总收入3 938.25万元，累计带动2 085户贫困户脱贫。

（一）柑园村乡村旅游模式。通过招商引入新村民，由新村民与集体经济组织共同成立以民营资本为主导的多种所有制企业，共同参与乡村旅游建设和运营。由村集体组织收储老村民的部分房屋和土地，按收储价格转让给新村民，建立利益联结机制，实现老村民、集体经济组织共同享受利益。由新村民独立投资建设示范性项目，项目建设完成后按5%的经营股份分配给村集体经济组织共同运营，通过增加村集体经济组织收益反哺村民收益。同时，新村民直接提供公益性岗位，吸纳老村民就业，增加收入。

（二）权发村乡村旅游模式。由国有公司、民营企业和村集体经济组织共同组成混合制企业，建设和运营乡村旅游项目。由村集体组织收储老村民的部分房屋和土地，按收储价格转让给国有公司，民营企业与国有公司分别占51%和49%的股权共同投资建设项目，建立利益联结机制。项目建设完成后，国有公司释放5%的股份给村集体经济组织，由民营企业、国有公司和村集体组织共同运营，实现老村民、集体经济组织共同享受利益，推进建设业态丰富的乡村产业链，带动乡村旅游多元化发展。

（三）哨路村乡村旅游模式。引入生态康养民营企业和新村民，由生态康养民营企业、新村民、集体经济组织组成股份制企业，民营企业投入重资产，新村民投入轻资产，建立利益联结机制。依托康养项目建设，村集体经济组织征收规划范围内村民的土地和房屋，直接增加村民财产性收入。生态康养民营企业对乡村旅游项目给予技术和资金支持，依托生态康养项目引领乡村旅游发展，同时吸纳村民务工，帮助村民增收。生态康养区内的宾馆、酒店、商店定点购买村民农副产品，帮助贫困户村民销售农副产品，通过增加收入实现脱贫。

【贫困户受益案例】

徐承梅是曲尺乡哨路村1社村民，被认定为贫困户。近年来，随着巫山机场的建设及三峡云端生态康养小镇的建设逐渐完成，哨路村的交通和环境得到了有效改善。她家以房屋入股的形式，与投资人一起合作开办农家乐。现如今，她家的农家乐已经成为了集纳凉度假、娱乐、餐饮为一体的农家乐园，旺季的时候每天能接待100余名游客，平均每天收入能达到6 000余元。谈起现在的生活，徐承梅高兴地说道，现在生活水平比以前好多了，在政府大力支持下，家庭年收入10万元左右。通过开办农家乐，徐承梅一家早已丢掉了贫困户的帽子，还带动了周围3户贫困户在农家乐就业。

山区种构树　致富有新路
重庆巫溪县典型案例

　　巫溪县位于重庆东北部，地处渝陕鄂三省市交界处，是国家扶贫开发工作重点县、武陵山片区贫困县，是重庆市最贫困的山区县之一。2014年识别出贫困村150个、贫困人口8.6万人，贫困发生率达18%，为重庆市最高。巫溪县针对贫困人口多、贫困程度深、脱贫难度大等特点，将构树扶贫产业作为脱贫攻坚的主要抓手，把构树扶贫与山区畜牧发展相结合，按照"种养结合、因地制宜"思路，探索和发展"山地型"构树产业扶贫模式。

巫溪杂交构树育苗大棚

【主要做法】

一、政策引路，发挥构树产业政策的扶持作用

巫溪县充分发挥政府引导和培育作用，强化构树产业政策扶持，积极推进构树扶贫试点工作。一是成立构树产业工作领导小组。成立以县政府分管领导为组长，县发展改革委、县农业农村委、县科技局、县经济信息委、县人力社保局、县林业局、县扶贫办等单位主要负责人为成员的构树扶贫试点工作领导小组，统筹推进试点工作。二是整合部门资源形成工作合力。通过整合各部门力量，运用各职能部门的产业发展政策，整合基础设施、产业发展、退耕还林、石漠化治理、生态修复、商贸扶持、就业扶持、集体经济扶持、资产收益扶贫等政策，共同推进杂交构树扶贫产业发展。三是出台扶持政策形成构树产业发展的良好机制。根据巫溪县产业发展实际情况，巫溪县2016年印发《关于大力推进构树扶贫工程的实施意见》，分年度出台《构树扶贫工程试点工作方案》，利用对口帮扶资金、整合财政涉农资金等，在产业发展初期，对构树扶贫试点项目在种苗栽植、基地管护、构树饲用、加工建设、技术培训等方面给予全面扶持。

二、科学引路，确定不同区域的科学合理种植

巫溪县因地制宜，分海拔进行不同区域试点构树产业种植。巫溪县是典型山地地貌，立体气候，在构树种植过程中分区探索构树产业最佳发展方案。为此，巫溪县根据区域实际和气候特点探索不同区域的密植标准，一是低海拔区，在峰灵镇龙寨村（约400米）华旺农业山羊养殖基地栽种150亩，通过重庆市畜牧科学研究院实用价值测定，其中粗蛋白含量约23%。二是中海拔地区，在塘坊镇双柏村（约800米）山羊养殖小区栽种520亩，菱角镇九盘山羊养殖小区（约600米）栽种200亩、大河乡民主村（约600米）栽种300亩（饲养）进行试点，粗蛋白含量约24%。三是高海拔区，在胜利乡洪仙村（约1 400米）人川农业山羊养殖基地栽种50亩，粗蛋白含量约18%。对县域不同海拔、不同土壤、不同气候差异性测试，最终选择出理想的种植区域进行推广种植。

三、典型引路，形成与贫困群体的利益联结机制

巫溪县通过构树产业的扶贫带动机制，以带动贫困户增收为核心，建立企业与贫困户利益联结机制，通过贫困户流转土地获得租金、投资入股获得股金、参与种养获得收益，最大限度增加贫困群众收入。一是"基地带动"模式。选取种草养羊基础较好的塘坊镇建设构树扶贫示范基地，采用"企业＋专业合作社＋村集体＋农户"的模

式，由村集体与本村农户、贫困户、养殖大户共同组建构树专业合作社，构树专业合作社将种植的构树交与企业经营管理，企业每年缴纳固定收益给构树专业合作社和村集体，达到增加村集体经济和带动贫困户增收目的。塘坊镇双柏村专业合作社种植构树520亩，引进广东启穗农业发展有限公司首批接管250亩，入股到构树专业合作的103户农户户均分红达2 500元，村集体经济创收约3万元。二是"大户引领"模式。支持养殖企业、大户探索"种养结合、自产自销"的构树发展引领带动模式，通过畜禽养殖、粪便还田、构树种植、饲料加工实现绿色循环发展。菱角镇九盘村养羊大户汤穆成试种200亩，饲养构树山羊240只，通过土地流转、吸纳务工带动周边15个贫困户户均增收3 000元。三是"散户自给"模式。对居住分散、土地不集中的贫困户每户选择种植1～2亩杂交构树，在满足自家饲用的同时，采取与企业签订构树产品回收协议。目前200户农户（其中贫困户146户）种植的构树300亩与广东启穗农业发展有限公司签订《构树种植回收协议》，公司免费指导种植技术，对鲜构树叶、干构树叶、构树皮保价回收，并在每年年终时按全年交售的构树总量，对贫困户的构树产品按每吨100元分红。

四、产业融合引路，扩大构树产业的综合效益

构树产业必须与上下游产业结合，才能发挥其市场效益和长远效益。巫溪县引进广东启穗农业发展有限公司等龙头企业，以延伸产业链形式推进构树产业发展。一是组建组培和种植基地。以武汉大学为技术支撑，启穗公司组建构树组培和种植基地，高校与公司合作加强杂交构树优质品种组培苗繁育的研发力度和技术管理。二是建设饲料加工厂。启穗公司建设构树饲料加工厂，将全县范围内基地、大户、农户种植的无法自销的构树统一回购，统一加工。三是培育构树畜禽品牌。启穗公司建设生态食品加工厂，发展构树羊、构树猪、构树鸡等系列畜禽养殖业。

【贫困户受益案例】

雷青贤，巫溪县土城镇黄龙村贫困户。因残致贫，户主身体不好，家有一个女子上大学，家庭收入仅靠妻子一人维持，日子很紧张。

2019年3月，村"两委"和帮扶人了解相关情况后，积极鼓励雷青贤加入巫溪县华佳农业专业合作社，安排到专业合作社种植杂交构树，月均工资达4 000元，同时还养了5头构树毛猪。到2019年底，雷青贤家5头构树猪出栏，每头获利2 000元，加上种植构树工资，年纯收入达4.6万元。2020年4月，雷青贤同专业合作社签订构树养殖协议，由合作社提供养殖技术和养殖饲料，实行代销。如今，雷青贤养殖毛猪规模达到30头，预计到2020年底，年家庭纯收入可达到10万元。

哈尼梯田伴生致富新景

云南元阳县典型案例

云南省元阳县阿者科村充分发挥地处红河哈尼梯田世界文化景观核心区、距多依树梯田景区2千米、距元阳县城35千米的区位优势，以及纯哈尼族村落民族文化资源优势等，大力发展旅游扶贫。通过引进中山大学研究生团队指导经营，坚持规划引领、保护利用原则，实行内源式以村集体企业为主导的旅游开发模式，截至2020年2月，阿者科乡村旅游发展公司共计收入71万元，全村64户户均分红5 440元，26户建档立卡贫困户通过旅游扶贫增收致富。

元阳阿者科乡村旅游发展分红大会

【主要做法】

一、科学规划，确定建设精品旅游村目标

阿者科村按照科学规划、分步实施、整体推进的思路，以"加强保护、文旅融合、适度开发、永续利用"发展理念，编制了《阿者科计划》，确定了建设精品旅游村的总体目标，同时将总体目标划分为三个阶段建设目标。一是近期建设目标（2018—2020年），将阿者科村建设打造成云南省原生态文化旅游村，成为全省民族文化旅游的标志性旅游村，带动全村群众基本上实现旅游脱贫；二是中期建设目标（2021—2025年），将阿者科村建设成为中国著名的民族原生态文化旅游村，带动全村群众基本达到小康水平；三是远期建设目标（2026—2030年），全面优化提升阿者科村旅游发展水平，将阿者科村建设成为世界知名的原生态文化旅游村，达到世界精品旅游村水平，带动全村群众实现旅游致富。

二、守住底线，切实保护好梯田和古村落

阿者科村践行"绿水青山就是金山银山"理念，坚持守住保护哈尼梯田和千年古村落的底线，通过确定阿者科村保护利用规则，强化村民对遗产资源保护的责任意识。一是不破坏传统村落格局，所有旅游产品开发，均要以梯田、古村落保护为首要前提，恢复传统生产生活设施，带动3家农家乐餐馆为游客提供服务，1户经营起了乡村小客栈，村内服务功能得到了完善，主打预约式精品旅游接待，发展深度体验式旅游；二是不引进社会资本，不接受任何外来社会资本的投入，主要孵育本地村民自主创业就业，拓宽村民增收渠道；三是不租不售不破坏，不允许村民再出租、出售或者破坏传统民居，违者视为自动放弃公司分红权；四是不放任无序经营，旅游公司对村内旅游经营业态实行总体规划与管理，严控过度商业化，保护村落的原真性。完成了公厕改建、水渠疏通、房屋室内宜居化改造等工作，引导村民制定村规民约，组织村民整治村庄环境，积极做好门前"三包"，定期开展村内大扫除，使村内环境卫生有了很大改观，宜居宜游环境大幅度提升。

三、打造精品，不断完善旅游产品体系

阿者科村围绕"赏田园风光、忆古村乡愁"做文章，坚持推进文化与旅游融合发展，开发了活态文化、哈尼族传统祭祀、民族服饰、哈尼婚俗表演、艺术营地、影视写真、红米酒品尝、哈尼族传统舞蹈、梯田捉鱼、泥雕体验、欢乐磨秋、野趣园等体验产品及活动，不断完善旅游产品体系，努力将阿者科村打造为文化旅游精品、大众游客基地。

四、创新模式，建立长效的增收脱贫机制

阿者科村积极探索和创新，实行内源式村集体企业为主导的旅游开发模式，形成了长效的增收脱贫机制，带动了群众增收和贫困户脱贫致富。通过建立良好的利益分配机制，引导和调动村民参与旅游的积极性，组织村民成立了阿者科旅游发展公司，具体负责经营旅游产业，公司收入归全村所有，村民对公司经营进行监管。确定合理的分红规则，乡村旅游发展所得收入中，三成归村集体旅游公司用于公司日常运营，七成归村民进行分红。村民分红又具体分为4部分，即传统民居分红40%、梯田分红30%、居住分红20%、户籍分红10%。通过建立长效的增收脱贫机制，让村民享受到了乡村旅游带来的效益。

【贫困户受益案例】

高烟苗，家庭人口5人，普通劳动力2人，学生3人；种植稻谷2.96亩，玉米3.34亩；家庭收入主要来源于种养殖以及本地务工，致贫原因为缺技术。

高烟苗户在政府的引导帮助下，积极参与阿者科村旅游发展，通过脱贫攻坚与乡村旅游发展，除了继续发展传统的种养殖产业外，高烟苗的房屋在农村危房改造的过程中，尊重该户的意愿，重新对房屋内的功能区进行了设计，在注重舒适宜居的同时也兼顾其经营农家菜馆的意愿，在村子里开起了农家菜馆。同时高烟苗经过村民推选成为了阿者科乡村旅游公司的总经理，负责管理村内旅游的日常事务，月工资收入2 000元。此外，该户还享受阿者科乡村旅游发展分红三次：第一次1 400元，第二次1 840元，第三次2 000元，共计5 440元。

高烟苗说："以前我们住不好、吃不好、穿不好，通过脱贫攻坚与乡村旅游发展，大大改善了生产生活环境，腰包也比以前更鼓了。以前一直都觉得我们的传统民居是破房子，现在通过一系列的政策支持与培训，传统民居正儿八经成为了金窝银窝。现在我们对明天充满希望，坚信只要跟着党和政府走，日子一定越来越好。"

"阳光"力量带来"铁杆庄稼"
甘肃渭源县典型案例

　　甘肃省渭源县把光伏扶贫作为推进脱贫攻坚的重大产业项目和增加贫困群众收入的民生工程，创新工作思路，着力构建"光伏＋"全产业链光伏扶贫保障体系，为135个贫困村和1.02万户贫困户提供了持续稳定的增收渠道，全面实现扶贫电站"收益长期稳定、分配科学合理"的目标，"阳光"力量带来"铁杆庄稼"。

渭源县光伏扶贫电站

【主要做法】

一、创新收益分配模式，通过设立公益性岗位，激发贫困户内生动力

全县81个光伏电站总发电总量约为7 200万度（其中18.137兆瓦按照0.88元每度的价格结算，42.112兆瓦按照0.75元每度的价格结算），135个贫困村村均每年通过村级电站获得收益40万元左右，村集体经济收入在短时间内，实现了从无到有到不断壮大的实质性转变。

在收益监管上，建立了渭源县光伏扶贫信息平台，对电站发电量、发电收益、资金分配、款项到账等全过程进行监管，全程公开，主动接受乡镇、贫困村、贫困户监督，让乡镇、贫困村、贫困户明白电站"家底"，确保光伏扶贫信息的真实、可视、阳光、透明。

在收益分配上，制定了《光伏收益分配监管办法》，按照"四议两公开"议事规则，在优先保障因重病、二级以上残疾、重灾而导致的失能、半失能，家庭生活特别困难等特殊救济户的前提下，确定公益性岗位和数量，通过购买贫困户劳动的方式，按照每年先考核、后发放的原则兑付薪酬，对光伏收益进行分配。全县共设立垃圾清洁员、道路维护员、水管员、光伏电站管护员等公益性岗位及临时性村级公益岗位服务人员4 168人，人均年工资报酬5 000元左右，再加上村级公共基础设施建设劳务费，两项支出达到光伏电站总收益的80%以上。同时，除特困群体救助资金及村级公益性岗位等支出外，村集体年均积累3万～4万元，用于产业培育发展、公益管护基金设置、道德积美超市建设、五星级文明户奖励、贫困大学生资助等方面。

在公益岗位考评上，建立以驻村帮扶工作队、乡镇驻村干部和村委会成员为主要成员的考核小组，按"先考核、后分配和多劳多得、多劳多奖、动态调整"的原则，对贫困户公益性劳动进行考核，确定等次，按考核等次发放劳动薪酬，切实增强了贫困群众的获得感，进一步激发了贫困群众的内生动力。

二、创新电站建设模式，通过推行"农光互补"，实现扶贫效益最大化

在规划设计方面，按照"光伏＋农业"的模式，充分发挥光伏电站的空间效益，实现土地收益最大化，通过大力发展"光伏＋食用菌""光伏＋蔬菜""光伏＋中药材育苗""光伏＋养殖"等农光互补产业，实现用地集约化，扶贫效益最大化，互补食用菌1 600亩，设施蔬菜、党参和黄芪育苗等种植业750亩，互补特色养殖业150亩，互补率达到85%以上。

在带贫机制方面，制定出台企业"零租金""三年两减半"等优惠政策，招引企业建设光伏食用菌产业园，通过构建"龙头企业＋合作社＋基地（园区）＋农户"的"四

位一体"产业发展模式，落实"五统一分一标三提高"（统一规划地块、统一开展培训、统一提供良种和农资、统一技术管理、统一产销对接、分户生产经营受益；建设标准化的产业基地；提高产业、农民、市场主体的组织化程度）的带贫增收机制、三保底再分红（"三保底"，保贫困户收益最大化、保最低生产经营效益、保循环再生产；"再分红"，首次60%利润分配后，剩余40%的部分按贫困户、龙头企业、合作社4∶4∶2的比例再次分红）的利益核算机制，使贫困村在获得光伏发电收益的基础上，贫困群众通过参与基地建设、就近务工、实操培训、承租承包、订单保障等多种经营方式获得收入。

在增收成效方面，通过大力发展农光互补产业，贫困户和贫困村实现了多渠道增收，1 042户农户（其中建档立卡户486户）通过土地流转户均收益2 600元；1 280户贫困户通过承租光伏食用菌大棚，年均收入1.5万元以上；830人通过就近务工人均每年实现劳务收入6 000元以上；135个贫困村每年村均获得发电收益40万元以上。同时，培育带动了仓储、物流、加工等相关产业，实现了农光互补规模化、链条式融合发展，光伏发电、配套产业收益叠加效应持续放大。

三、创新电站运维方式，加强日常管护，确保电站长期稳定发挥效益

按照"运营维护企业专业、年发电量保底、运营维护费用合理"的原则，通过公开采购的方式，择优选择有实力的企业对全县光伏电站进行统一运营维护（以下简称运维），确保发电量持续稳定。明确保底发电量要求，每千瓦发电量不得低于1 300度，如保底发电量达不到要求，将按照运维费用30%～70%的比例予以扣除，保证发电量持续稳定。有效降低运维成本，按照"合同10年保持不变、运维费用按照8分/瓦支付、电站主要设备质保期延长3年"的协议原则，强化运维企业履约监管，避免了运维期间因企业变更造成费用逐年增高、设备更换权责不清等现象的发生，运维成本得到了有效降低。及时对光伏电站进行确权。制定了《渭源县光伏扶贫村级电站资产监管管理办法》，并召开全县光伏扶贫村级电站资产交管和收益分配专题培训会，对村级光伏扶贫电站及设施农业向相关乡镇、村进行资产量化和托管移交，明确电站所有权归村集体所有。

目前，项目建设单位、16个乡镇和135个贫困村签订了《渭源县光伏扶贫村级电站及设施农业发展交管协议》，贫困村和项目建设单位签订了《渭源县光伏扶贫村级电站运维管理协议》，并由县人民政府为贫困村颁发了村级光伏电站产权证。持续强化日常监管，每个电站由村"两委"从建档立卡贫困户中确定电站管护人员，由运维企业负责专业培训、绩效考核，并按照考核结果支付工资，每人年均工资6 000左右，对考评不合格的管护人员，由村"两委"负责更换，解决了由于村级电站分散、日常监管难的问题。

【贫困户受益案例】

黄某是渭源县田家河乡某村民，家中3口人，以前他是一个游手好闲、靠低保金度日的典型懒汉，等靠要思想非常严重。尤其，对乡村干部意见很大，他一旦有闲时间就蹲在路边，一看到乡干部进村就急忙上前"拦路上访"。

2018年，通过乡村干部的思想教育，他申请了村级保洁员公益性岗位，通过劳动，从村级光伏收益中获得4800元劳动报酬，随着收入进一步的增加，他的思想观念也随之发生了巨大变化，慢慢开始对自家的产业结构进行了调整，他家种植百合5亩，每亩收入8000元。2019年，黄某继续扩大百合种植规模，家庭纯收入达到44800元，辛勤的劳动让黄某顺利走上了脱贫致富奔小康的道路，过上了好日子。

特别是提到光伏扶贫，黄某脸上挂着甜甜的笑容说："在我们老百姓眼里，光伏电站就是在地里'种太阳'，太阳一出来，我们感觉钱就来了，心里暖洋洋的。"

宜居更宜业　幸福新起点
青海尖扎县典型案例

　　德吉村隶属青海省尖扎县昂拉乡，位于尖扎、化隆两县交界处，在实施易地扶贫搬迁之前只是黄河边的一片无名荒滩。尖扎县坚决贯彻落实习近平总书记重要讲话精神，坚持以脱贫攻坚统揽经济社会发展全局，紧密结合县情实际，把易地扶贫搬迁作为脱贫攻坚的重中之重，按照"山上问题山下解决"的思路，将946名生活在高海拔、高寒地区，无法就地实现脱贫的贫困群众搬迁至生存条件和发展空间相对较好的德吉村，开启了贫困群众的幸福生活。　2019年德吉村接待游客30万人次，车辆5.2万辆，旅游综合收入740万元，群众分红80余万元，使搬迁群众靠山靠水靠旅游捧上了金饭碗。

尖扎县德吉村旅游扶贫项目

【主要做法】

一、充分挖掘优势资源，让贫困群众吃上"旅游饭"

在易地扶贫搬迁安置过程中，尖扎县瞄准德吉村依山傍水，景色宜人，乡村旅游发展潜力巨大的优势。2018年将7个乡镇30个村生存条件恶劣、基础设施严重滞后，就地无法脱贫的251户946名贫困群众（包含25户80名非建档立卡贫困户）进行了集中搬迁安置。在后续产业发展上，坚持以特色文化旅游业为主导产业，县扶贫、旅游、交通、水利等行业部门通过"多个渠道注水，一个池子蓄水"的办法整合资金，将民俗文化、射箭文化、黄河文化、农耕文化等特色文化元素，积极融入基础设施和公共服务设施建设中，并规划建设了独具民族风格的藏式住宅，实施了休闲广场、民俗风情园、水上游乐码头、自驾游营地、露天沙滩、婚纱摄影基地、花海、农耕体验、农家乐、美食广场等文化旅游后续产业项目。动员90余户搬迁群众开办了各具特色的农家乐，50余户搬迁群众在美食广场经营土烧馍、酸奶、糌粑、酿皮等当地特色饮食，逐步打造出"品地方美食，住藏式民宅，游黄河风光"的旅游发展模式，将搬迁群众的脱贫致富牢牢绑定在产业发展链上，开创了文化旅游与脱贫致富融合发展的新局面。同时，为了从更大格局、更高层次、更多领域去谋划和提升德吉村后续产业发展，引进旅游服务公司对德吉村景区进行市场化运营，使景区的旅游开发逐步走上正轨。

二、积极培育特色农业，让贫困群众在家门口挣上钱

为了走出一条符合德吉村实际的后续产业发展路子，坚持把特色农业作为提高贫困群众自我发展能力，实现持续增收、稳定脱贫的根本举措。通过土地流转、租赁等方式，积极引导和扶持贫困群众创办以苗木、藏茶种植和农事体验为一体的综合性观光农业园，形成了集聚优势和规模效应。苗木合作社培育的苗木，通过与当地政府签订协议，在每年的国土绿化中自产自销；藏茶种植区和农事采摘园通过就地吸纳贫困户为合作社员工的方式，增加贫困群众收入。120名搬迁群众通过苗木培育、藏茶种植和农事采摘等年收入达100万元以上，年人均增收达7 000元，切实解决了贫困群众就近就地打工难的问题，让搬迁群众在家门口就挣上了钱。

三、打造新型能源产业，让贫困群众有稳定的"阳光"收入

因地制宜、精准施策，充分利用德吉村光照资源丰富的有利条件，通过扶贫开发与新能源利用及节能减排相结合的方式，利用援建资金在德吉村发展户用光伏扶贫产业，为251户搬迁户在屋顶安装光伏发电系统并接入电网，采用"自发自用、余电上网"模式，每户每年实现7 000余元的稳定收入。在后续产业发展中，德吉村不仅坚持

绿色发展，而且还为无劳动能力或弱劳动能力的搬迁群众谋到了生计，改变了他们只能靠政府兜底维持生计的困境，真正让搬迁贫困群众有了一份稳定的"阳光"收入。

四、努力创造就业岗位，让贫困群众在致富路上增强自信

在德吉村打造之初，一些搬迁贫困户是典型的"懒汉"，"等靠要"思想比较严重，"干部干、群众看"的现象不同程度存在，一定程度影响了易地扶贫搬迁工作的进程。为了激发搬迁群众的内生动力，彻底消除"等靠要"思想，县委县政府积极发挥"引路人""铺路人"的角色，坚持物质脱贫与精神脱贫两手抓、两促进。在打造德吉村的过程中，始终坚持问计于民，问需于民，让搬迁贫困群众拥有更多的知情权、参与权，发挥群众的积极性、创造性。为实现搬迁群众每家每户都有一人稳定就业的目标，先后开发生态公益性岗位、景区管理、设施维护员等就业岗位，直接解决就业达352人，占德吉村全村劳动力的70%，使贫困群众在易地扶贫搬迁中有参与感、在建设德吉村时有存在感、在物质上有获得感。

五、创新社会治理模式，让群众安居又乐业

德吉村搬迁户来自周边7个乡镇，生活条件参差不齐、生活习俗各不相同，加之德吉村旅游发展不断向好，外来流动人口管理难度徒增，给社会治理带来了巨大挑战。当地党委政府针对新形势，开创"网格化""信息化""社区化"的管理服务模式，将德吉村划分4个网格，配备网格员负责矛盾纠纷调处、环境卫生整治、治安巡逻防范等工作。在交通主干道、出入口安装高清视频监控探头，每个家庭安装紧急报警按钮，实现紧急情况"一键报警、全村响应、同步上传、快速反应、及时处置"。推行村党支部领导下的社区化服务管理工作，建立"一门受理、集成服务"的社区化便捷服务机制，让办理事项"小事不出村、大事不出乡"，极大地方便了搬迁群众。

【贫困户受益案例】

在德吉村内，开办农家乐最有代表性的就是贫困户加羊索南，加羊索南以前的生活就是典型的"靠天吃饭"，三年前，一场大雪冻死了他家中的70多只羊，一夜之间，一家人的生活陷入谷底，也让他成了贫困户。

2016年，通过易地扶贫搬迁，加羊索南一家从山上搬下来，住进了德吉村，他积极响应党和政府的号召，参加了农家乐培训班，在家中办起了农家乐。2019年7月，他的新家迎来第一批游客，因爱学习、有想法、懂经营、吃得了苦，仅三个月的时间加羊索南就赚了14 000元，比以往一年赚得还多，成为了搬迁群众中首先摆脱贫困的代表。因致富路子宽、创业手段强，作为当地首批的致富带头人，2019年10月加羊索南被村民推举当选为德吉村村长，带领全村人民增收致富。

金融扶贫的撬动效应
宁夏盐池县产业扶贫范例

　　宁夏回族自治区吴忠市盐池县立足贫困户发展产业缺少本钱、产业发展面临自然灾害、市场波动风险，贫困户贷款难、贷款贵、无担保、无抵押等产业扶贫难题，将扶贫小额信贷作为脱贫富民的重要举措，聚合政府有形之手、市场无形之手和群众勤劳之手精准发力，走出了一条"依托金融创新推动产业发展、依靠产业发展带动贫困群众增收"的富民之路。全国扶贫小额信贷培训班连续两年在盐池县召开，金融扶贫"盐池模式"向全国推广。截至目前，盐池县扶贫小额信贷贷款余额4.97万户，贫困户贷款覆盖率达到68.5%。通过扶贫小额信贷，不仅解决建档立卡贫困户"1＋4＋X"特色产业资金难题，而且提振了群众脱贫致富的信心，促进了产业与金融的良性循环，使以滩羊为主导的特色产业对群众增收贡献率达到80%以上，为农村经济发展注入了充沛动力。

盐池县贫困户喜获信用3A级评定

【主要做法】

一、完善诚信体系，解决贫困户贷不上款的问题

一是全力打造诚信环境。按照信誉推荐互联互带模式建立小额信贷诚信环境，为落实扶贫小额信贷政策打下了坚实基础；同时，扎实开展"三先开路话脱贫"、新乡贤评选等活动，农村信用环境发生了重大变化，"有借有还、再借不难"的观念根植于心，金融环境始终保持良好的发展态势。二是创新"631"评级授信系统。建立了建档立卡贫困户评级授信系统，改变原有银行评级授信标准，将建档立卡贫困户的诚信度占比提高到60%，家庭收入30%，基本情况10%，根据评级结果确定授信额度（3A级可贷10万元、2A级5万～10万元、A+级2万～5万元、A级2万元），解决了贫困群众无人担保无物抵押难题。三是建立四级信用平台。把对建档立卡贫困户评级授信的成功做法运用到所有农户，建立了乡、村、组、户四级信用评定系统，将60%诚信度细化为10%的精神文明建设和50%诚信度，家庭收入30%和基本情况10%占比不变，即"1531"模式，将全县所有农户的信用情况分为四个信用等级，实行政银社民四位一体共同评定、共同认可、共同应用，信用等级越高，享受贷款优惠越多。四是用好用活互助资金。自2006年互助资金项目试点以来，盐池县严格实行"2242"的管理运行模式（占用费的20%作为公积金、20%作为公益金、20%作为风险准备金、40%作为运行成本），从2017年起，暂停公积金提取，将占用费分配比例统一调整为运行成本70%，公益金30%，原则上运行成本的70%用于互助社管理人员工资补贴，支付工资补贴后剩余的资金滚入到本金，30%用于互助社办公经费开支。互助社所提取的公益金优先用于为互助社社员购买保险，剩余部分可转入村集体经济，解决空壳村的问题。2019年制定印发了《盐池县"村级发展互助资金"管理办法（试行）》，严格互助资金管理。目前全县102个村级互助社共办理借款1.5万户2.59亿元，其中建档立卡贫困户5 096户8 577.5万元。

二、建立风险防控网络，解决金融机构风险大的问题

一是建立政府风险补偿基金。研究出台了《盐池县建档立卡贫困户扶贫小额信贷风险补偿基金管理办法》，与涉农银行建立风险补偿合作机制，向各银行整合注入8 000多万元扶贫小额信贷风险补偿金，银行按1∶10的比例提供扶贫小额信贷，因重大灾病等不可抗力因素造成不能偿还的，由风险补偿金和银行按7∶3的比例分担，降低银行借贷风险。二是严把评级授信关口。明确评级授信对象为有发展意愿、有创业能力、有产业项目、有良好信誉的建档立卡贫困户。出台了贫困农户评级授信管理办法，实行"一次摸底、四级评审、两轮公示"，确保扶贫小额信贷政策惠及真正需要贷款发展

的建档立卡贫困户。三是强化金融信贷监督。创新建立了"金融扶贫管理系统"平台，将贫困户信用评级、贷款情况、银行放贷情况等扶贫保险信息及时录入系统，实行扶贫贷款月统计、季通报、年考核制度，由扶贫办、人民银行、各金融机构组成联合工作组，对贷款进展数据进行分析整理，及时协调解决问题，合力防控信贷风险。

三、创新推出保险扶贫，解决群众易返贫的问题

盐池县将保险机制纳入脱贫致富的"工具箱"，推动商业保险与产业发展、市场需求有效融合，创新推出了"扶贫保"。一是量身打造扶贫保险。为全县所有农户量身打造了"2＋X"菜单式扶贫保，其中"2"属于基础险，包括家庭综合意外伤害保险和大病补充医疗保险，"X"属于选择性险种，根据产业发展需求，量身打造了特色农业保、羊肉价格保等系列产业保险，由农户根据自身实际选择险种。这种保险"组合拳"的做法较为灵活，群众可以根据自身发展条件和能力组合购买人身保险和财产保险，既兜住了因病因灾因意外致贫返贫底线，又为群众发展产业增收致富保驾护航，更培养了群众保险意识。二是实行最低保费，最优保额。协调保险公司对农户实行低保费、高保额的特惠政策。特别是2018年以来，盐池县对全县所有农户扶贫保执行一个标准"普惠"政策，对建档立卡贫困户和一般农户2个人身保险（家庭综合意外伤害保险和大病医疗补充保险）补贴80%，对X扶贫保险中产业保险群众自筹部分，由财政补贴40%，构建了全县贫困群众风险保障体系，增强了建档立卡贫困户脱贫攻坚内生动力，让每一名贫困群众在小康路上不掉队，为群众发展产业保驾护航，确保群众脱贫路上"零风险"。三是建立风险保证基金。设立了1 000万元"扶贫保"风险分散补偿金，保险公司在一个保险周期内亏损的情况下，亏损部分由风险分散补偿金承担60%，保险公司承担40%，在盈利的情况下，盈利部分60%返回风险分散补偿金，周转使用的盈亏互补机制，在确保建档立卡贫困户脱贫路上不掉队的同时，也保证了保险公司的投保积极性和理赔及时性。

【贫困户受益案例】

案例一

宁夏盐池县王乐井乡曾记畔村，曾经是一个"吃水没有源、走路很艰难、三年两头旱、口袋没有钱"的穷村，现在变成了周边最富的村，2006年10月，曾记畔村被国务院扶贫办和财政部确定为全国首批村级互助资金试点村。

家住曾记畔村的建档立卡贫困户王昶，父母早亡后，他便一直跟随哥哥嫂嫂生活。嫂嫂去世后，他入赘到一户人家中当上门女婿，结果老丈人、丈母娘也去世了。他便带着妻子、两个娃、一口锅、两床被子又回到了曾记畔村。当时只能暂住在一个四处漏风的破窑洞里。他想做事，但找遍了亲朋好友，都没有人愿意给他担保贷款。

2013年底，王昶被纳入建档立卡贫困户。从那时起，各项扶贫政策便"铺天盖地"地朝着这个苦命人扑面而来。通过金融扶贫评级授信，村上给他贷了3万元，他用这3万元发展养羊，慢慢地，他的贷款额度增加到5万元、10万元，养殖规模也不断在扩大。对他来说，最重要的是扶贫小额信贷政府还给贴息，让他有了发展的底气、没了后顾之忧。

搭上"金融快车"的王昶，现在住着宽敞的大瓦房，买了小轿车，还在县城买了房子。金融扶贫政策彻底改变了他的生活条件，他逢人便说"吃水不忘挖井人"，党和政府帮助了我，我要用勤劳的双手努力回报这份恩情。

案例二

家住花马池镇盈德村的陈菊花是位独居女人，从固原市原州区搬迁而来，丈夫因病早逝。每当路过别人宽敞明亮的大瓦房，陈菊花都会深深地朝里望一眼，她也有过上好日子的冲动，可每当孤零零地回到她那家徒四壁的家中时，她迷茫极了。

2014年，她被纳入为建档立卡贫困户。从那时起，她的家越来越热闹，越来越有"人气"了。帮扶责任人和扶贫干部隔三差五便来她家，帮她理现状、做计划、讲政策。这几年间，她在银行贷了扶贫小额贴息贷款，开始扩大黄花种植规模，还种了2亩多玉米，养了猪和鸡，到2019年底，她家年收入达到12 490元，比2014年增长了五倍多。2020年，光黄花她就卖了2万多元。看着手中的存折，过去的日子走马灯似地出现在她眼前，过去是低矮潮湿的土坯房，现在住的是宽敞明亮的大瓦房，水泥路通到家门口，离县城只有10千米，看病、买东西别提多方便了。她还报名参加了县里组织的刺绣培训班，农闲之余鼓弄鼓弄刺绣。

她总是笑呵呵地说："现在种啥补啥、养啥补啥、贷款还给贴息。村上广场都硬化了，健身器材也多了，现在的日子过得可暖心了。以前一到晚上我就偷偷抹眼泪，现在跳完广场舞我就回家拾掇拾掇房子、看看电视。真是很感谢党的好政策。"

电商架金桥　果农走富路

新疆阿图什市典型案例

新疆阿图什市素有"瓜果之乡""无花果之乡"的美誉。近年来，阿图什立足丰富的特色农产品及农副产品资源优势，将电子商务作为实施精准扶贫、精准脱贫、促进贫困群众增收致富的创新举措，大力实施电商扶贫工程，加快推进"互联网＋"电商扶贫新模式，拓宽农产品线上线下销售渠道，助力脱贫攻坚。

目前，阿图什市已建成覆盖市乡村三级的电商服务站点和物流配送体系，其中乡镇电商服务站7个，村级电商服务点51个，个人网店179家，依托电商扶贫累计帮助贫困户销售无花果、木纳格葡萄等特色林果1 011万元，2017年被评为国家级电子商务进农村综合示范县。

阿图什市通过物流将订单发往全国各地

【主要做法】

一、建立"电商扶贫"运营模式，探索发展新路径

阿图什市是国家级深度贫困县，当地自然环境恶劣、生产生活方式单一、内生动力不足，导致群众生活只能在温饱线上艰难挣扎，所以如何让贫困群众稳定脱贫致富是阿图什市人民多年的期盼和出路。2015年中共中央、国务院印发的《关于打赢脱贫攻坚战的决定》中明确指出，要大力推进"互联网＋扶贫"，实施电商扶贫工程、进一步创新扶贫工作思路，集聚社会各界合力，激发贫困群众内生动力，2016年被商务部被评为国家级电子商务进农村综合示范县，项目于2017年5月开始投入运营，2017年6月份成立电商公共服务中心，电商服务中心按照《关于印发阿图什市电子商务扶贫工作方案的通知》和《阿图什市电子商务扶贫专项行动方案》要求，把电商扶贫作为助力脱贫的重要举措，把推进农村电子商务发展作为重要抓手，电商扶贫取得积极成效。阿图什市创建电商公共服务中心，着力于激发贫困群众内生动力，帮助销售贫困群众农副产品为出发点，结合相关工作要求建立二维码溯源追溯系统、"天门果缘"县域电商公共品牌、电商服务站点建设、电商沙龙、O2O线下体验馆、生鲜工厂等，走出了一条独具特色的电商扶贫新路子。

二、立足实际形成上下联动，拓宽电商扶贫新路子

阿图什市电商扶贫模式的主要特点是"本土、精准、大方向"，确保工作接地气、接群众，实际成果突出，具有可复制性。电商公共服务中心工作主旨是"立足县域，扎根于村落"，不定期的举办各类电商扶贫线上线下促销活动，进一步扩大产销渠道、拓宽品牌知晓率。线上销售能确保不断拓宽本地农副产品的销售渠道和增强产品认识度；线下销售能确保满足当地生产生活需求。实行线上线下联动，不仅能进一步激发贫困群众内生动力，更能树立贫困群众稳定脱贫致富的信心，同时，也逐步实现了贫困户农特产品"卖得掉、卖得好、卖得久"的脱贫致富目标。

三、采用"电商＋企业＋贫困户"发展模式，探索脱贫致富新方法

阿图什市电商扶贫工作采用"电商服务中心＋企业＋贫困户"的先进发展模式，有效建立了销售企业与贫困群众的利益联结，保证了企业生产加工的稳定货源，也有效拓宽了贫困群众农产品的销售渠道，最终实现多方共赢的局面。2019年9月，阿图什市电商服务中心就通过孵化企业来统一收购农户家（贫困户）种植的无花果，并通过微商团队、电商平台来拓展销售渠道、增加销售数量。从2019年8月24日～9月20日，通过电商扶贫销售平台以帮助贫困群众销售无花果多达3 675单，销售金额为58.06多万元。

四、电商扶贫受益成果显著，带动贫困群众新发展

阿扎克乡提坚村位于乡政府东南面，距乡政府1.5公里，面积3.01平方公里，耕地面积3 906亩、林地44亩，其中：果园面积3 611亩、其他耕地295亩，人均耕地面积0.91亩。2017年阿图什市开始大力发展电子商务工程，电子商务给当地农特产品带来了新的发展机遇，为农副产品的存储、流通、销售、加工带来了新的生机和希望，也为贫困群众稳定脱贫增收致富插上了腾飞的翅膀。阿图什市阿扎克乡提坚村作为阿图什市电商公共服务中心重点帮扶单位，成了阿图什市电商扶贫发展道路上的最大受益者，也成为带动当地贫困群众学习电商知识、大力发展电商企业的聚集地。

【贫困户受益案例】

案例一

吐逊江·司拉木是阿图什市阿扎克乡提坚村建档立卡贫困户。2018年，吐逊江·司拉木报名参加村委会组织的职业技能技术培训班，学习掌握了特色林果栽培技术，提高了无花果栽培技术。在电商扶贫帮扶干部的帮助下，依托"互联网＋"电商模式，实现自家种植的无花果与电商营销平台、冷链物流成功"联姻对接"，打开了销路，获得可观收入，尝到了电商扶贫的甜头。

"我参加学习特色林果栽培技术培训后，种植了10亩无花果，通过村电商扶贫站的帮助，我的无花果卖了好价钱，年销售收入达到了3万多元，多亏了电商扶贫帮助我提高了销售收入，现在我已经脱贫了。"吐逊江·司拉木兴奋地说道。

案例二

米娅沙尔·依马木，阿图什市松他克乡买谢提村贫困户。2017年，在扶贫干部的帮助下，米娅沙尔·依马木开办了一家小型百货商店，并报名参加了村里举办的电商扶贫培训班，掌握了基本电商操作技能。2019年她享受了1.6万元的电商扶贫启动补助金，开办了一家网店，经营起了电商，每年盈利8 000元，如期实现脱贫。

"在电商致富带头人的指导下，我的网店经营慢慢有了起色，收入也越来越多了，日子也一天比一天好了，电商扶贫真是我们果农的致富法宝。"米娅沙尔·依马木高兴地说道。

习近平总书记指出，发展扶贫产业，重在群众受益，难在持续稳定。要延伸产业链条，提高抗风险能力，建立更加稳定的利益联结机制，确保贫困群众持续稳定增收。

扶贫贵在精准，难在精准。如何让贫困群众在发展产业中精准受益，切实将产业扶贫的成效体现为贫困群众的获得感？各地怀着对贫困群众的深情，勇敢探索，精心设计，注重精准滴灌，建立完善带贫益贫机制，为贫困地区贫困群众量身打造了利益联结机制，体现了社会主义的制度魅力。

新机制

做好土地托管　加强利益联结
河北行唐县典型案例

　　河北省行唐县始终坚持把发展脱贫产业作为带动群众持续增收、实现稳定脱贫的根本之策。从农业供给侧和需求侧两端发力，积极探索"金丰公社"产业扶贫模式，以土地托管为主要抓手，通过"聚资源、建网络、做服务"，为广大农户提供覆盖全程的土地托管、农资套餐、金融保险、产品销售四大服务，进一步优化土地、农资、人力、科技、资金等生产要素配置，实现了土地的集约化、规模化、组织化、社会化高效经营，把更多的劳动力从土地中解放出来，贫困群众不仅可以稳定获得土地收益，还能通过务工就业获得工资性收入，产业扶贫工作取得扎实成效。目前，行唐县金丰公社已实现土地托管面积4.8万亩，涉及10个乡镇59个村，辐射带动5580个农户、2万余人，其中带动贫困户775户增收脱贫。先后有210名贫困人口通过金丰公社的培训走向农机手等工作岗位，保证他们脱贫不返贫。

行唐县金丰公社发放农资

【主要做法】

一、"一站式"托管增收

通过全方位、现代化土地托管服务，将单个农户组织起来，由公司统一管理，形成适度的土地和劳动力经营规模，在降低经营成本的同时，提升农业质量和效益。农户把承包土地交给金丰公社统一管理后，仍拥有承包权和收益权，金丰公社拥有"种管销"全程闭环式经营权，并承担一切费用，粮食产出后由金丰公社划价收购，扣除一定数额托管费（每年每亩885元）后，将剩余收益全部返还给农户。农户在土地耕种上就可以当"甩手掌柜"，"坐享"收益，腾出时间和精力外出务工或发展其他产业。以单个农户种植5亩土地为例，农户自己种植，按照每亩玉米产出1 200斤、小麦产出1 000斤计算，每亩毛收入2 340元，减去生产成本1 610元（按照抽样统计，每季玉米种植成本765元、小麦845元），每亩纯收入730元，5亩地纯收入3 650元。由金丰公社托管，每亩产出保底收益2 340元，减去托管费885元，每亩纯收入1 455元，5亩地纯收入7 275元，年增收3 625元，效益可翻一番。另外，托管后至少可解放一个劳动力，务工每年最低收入2万余元，对比自种模式，该农户每年至少可增收2.36万元。同时，针对未实行土地全程托管的社员，金丰公社还可提供灵活多样的农资农机套餐服务，通过种子、化肥、农药的合理配给和厂家批量进货的价格优势，每年可节约支出725元/亩（每季小麦节约支出375元/亩，玉米节约支出350元/亩）。

二、网格化服务覆盖

金丰公社着力构建县、乡、村三级服务网络，为广大农户提供贴身服务的土地托管。目前，已建立县级服务中心2处，乡村服务分社36家，吸纳社员3万余人。乡村服务分社采取土地合作模式，巩固承包权、放活经营权、保护收益权，充分发挥老党员、老干部、种粮大户和村"两委"的组织力，每流转500亩以上建立1个分社，分社主任按流转土地数量提成。由于规模化经营，减少了垄埂，每流转100亩就多出5亩耕地。按照企业发展规划，到2020年年底，乡村服务分社将达到100家，实现乡镇和中心村全覆盖，为加快土地托管提供有力的服务体系保障。

三、大数据运营高效

实行"农业服务＋大数据＋社员App"运行模式，金丰公社研发了一款融农业服务交易、农机师调度、社员可追溯服务、种植信息互动、在线教育、娱乐等六大功能于一体的金丰公社社员App，整合了上下游资源，为广大种植户提供灵活、高效、可扩展、易操作的服务平台和手机端体验。通过金丰公社社员App，社员可在线上购买农资套餐，定制托管等服务，实现农产品产销对接，还可查看从种到收的全程服务情况，在线交流农业知识，接受线上教育；同时，App还可在线实时监测农业服务供需关系，优化资源配给方案，为农机师提供稳定充足的订单来源和专业技能培训。金丰公社投资800万元自建日处理200吨、300吨大型粮食烘干生产线各1套，2座面积为6 000米^{2}的粮食储存库，建起了"粮食银行"。

四、多举措脱贫增收

金丰公社为社员提供种植全流程闭环式服务，解决了农户生产的所有后顾之忧，所有的服务政策都向贫困户倾斜，建立稳定脱贫的长效机制。核心的农资和技术。对贫困户免费提供生产资料，仅2018年，就免费为730户贫困户提供了8万余元的种子、化肥等生产资料；提供一站式农资产品，降低产品价格，提升品质可靠性，避免伪劣农资问题；全程的营养解决方案和植保方案，实现了合理匹配，科学种植，降低成本，减轻土地的环境污染。省心的种地方式。对贫困户免除土地托管费，提供全程土地托管服务，让农民享受高效、专业、全方位现代化农业服务，从种到收无需操心，实现了农业生产性服务均等化。放心的销售渠道。目前，金丰公社通过发展订单农业，已与正大集团签订40万亩的玉米种植订单，与鲁花集团签订1.5万亩以上高油酸花生订单，与蒙牛富源牧业合作发展1万亩以上青贮玉米，实现了"产供销"一体化。安心的种植收益。对贫困户优先聘用务工，带动180名贫困人口就业，人均年可增加工资性收入约4 280元。免费为贫困户提供农业机械设备操作培训等，贫困户农机手经过培训成为职业农技师，在金丰公社统一调度下，每年每人服务面积超过2 000亩，人均年收入可达5万元以上，帮助贫困户持续稳定增收。与社员签订亩产"保底＋分红"协议，通过示范田比较，以分社前3年的平均亩产为保底，增收部分按社员和金丰公社3：7分成。收获后，按协议产量返还农户，花生高于市场价格3～5角/斤，小麦高于市场价格5分/斤～1角/斤，彻底打消了农户顾虑。贴心的金融支持。与光大银行签约，为有需求的社员发放"福农贷"，每户最高可获贷款20万元，用于购买农机具，2018年已发放1 300万元，为贫困户社员发放5万元以下3年以内的扶贫小额信贷，有效解决了贫困农户致富缺资金的问题。同时，还设立了"爱心扶贫援助基金"，每服务1亩耕地，从中提取1元注入基金，用于扶持贫困户家庭学生入学、用于贫困人口重大疾病及意外事故援助。

【贫困户受益案例】

案例一

郭合江，因残致贫，无劳动能力，全家6口人，家庭生活极其困难。2019年，郭合江把自己的7.3亩地托管给金丰公社。通过金丰公社提供的耕、种、收、售一站式服务比自己种每亩地降低了415元的种植成本，仅种植小麦这一季，7.3亩地就可增收3 785.05元。

"上年纪了，种不好地，如今村里只剩下老人，不懂现代农业，自己种植成本高，舍不得购买质量好的种子和化肥，产量还上不去，没有金丰公社，将来我这些地都要撂荒。"每次谈到麦收，郭合江都不禁讲起自己的地，高兴之情溢于言表。

案例二

杨建敏，行唐县独羊岗乡南叉村贫困户。因自身无任何技术，孩子上学、老人年迈，一家人生活困难，2017年认定为建档立卡贫困户。

2019年加入金丰公社托管5亩地后，一下有了3份收入。杨建敏不仅托管土地增加收入，还加入金丰公社当农机手，年收入至少增加4 280元。因为有了更多闲暇，杨建敏又和妻子在镇上开了个面馆，一家人日子过得其乐融融。原来杨建敏自己种小麦每亩产量为835斤，收入1 002元。加入金丰公社后小麦每亩产量为985斤，收入1 132.75元，5亩地收入5 663.75元。现在地里不用管了，农忙时去金丰公社上班，闲暇时管理自己的面馆，一家人日子蒸蒸日上。"可以说是金丰公社大大改善了我们家的生活！"杨建敏有感而发。

"三个院子"开新境 脱贫致富助振兴
河北平乡县典型案例

　　作为已脱贫摘帽贫困县，河北省邢台市平乡县立足县情实际，创新带贫减贫机制，聚焦小康抓振兴，探索实施"支部院子"引领、"脱贫院子"增收、"幸福院子"惠民"三个院子"脱贫致富新模式，建成253个"支部院子"、1129个"脱贫院子"、318个"幸福院子"，带动6000多名贫困群众人均年增收万元以上，1270名农村孤寡、留守老人得到悉心照顾。

平乡县的烙画葫芦带动贫困户脱贫致富

【主要做法】

一、"支部院子"强根基，筑牢基层党建"桥头堡"

党建是纲，纲举目张。坚持"党建＋"理念，注重发挥党建统领作用，最大限度调动和激发贫困群众的积极性和主动性。

（一）"支部＋协会"夯实阵地。启动农村党组织建设3年行动计划，开展"百村示范、村村达标"党建示范村创建活动，通过规范组织生活、做好主题党日等，全面加强党支部对经济合作组织、志愿者协会、企业联合会、乡风文明理事会等农村各类组织的领导，推动建立以支部为核心的基层党建联盟，做到"专业带草根""以强帮弱""以点辐面"。目前已投入1 300万元，完成253个村级智慧党建平台的改造升级，建成党建示范村60个，整顿软弱涣散村党组织21个。

（二）"干部＋能人"盘活队伍。实施"领头雁"培树工程，对村支部书记实行星级管理，星级评定与工资待遇挂钩，支部书记与支部同星同级，目前已有188个支部书记享受月工资4 000～6 000元的待遇。开展"挂党牌、送报纸、订刊物、搞体检、包街道、划分责任区""六个一"关爱行动，每年在脱贫攻坚、创新创业等方面评选出50名农村优秀党员，全县通报表扬，提升荣誉感。同时推行能人治村，将880多名退休干部、致富带头人、"田秀才""土专家"等，充实到村"两委"班子，进一步选优配强基层干部队伍。

（三）"党员＋好人"带动群众。开展"我是党员向我看""好人服务无极限"活动，注重发挥8531名农村党员、1.1万名农村好人示范带动作用，组织优秀青年、平乡好人、热心群众担任乡村"网格员"，参与扶贫济困、移风易俗、环境卫生事业，激发群众"主人翁"意识，调动群众参与社会治理的积极性，集聚脱贫攻坚和乡村振兴正能量。目前，已经投入1 200万元发展村集体经济，有3 000多名有帮带能力的农村党员、5 000多名农村好人发挥自身特长，认领各类岗位8 000个，结成3 000多个帮扶对子。

二、"脱贫院子"促致富，拓宽脱贫增收"新门路"

围绕产业去谋划，适合干啥就干啥。依托县域自行车、童车、电动玩具、纸制品等特色产业，结合"空心村"治理，把农村闲置院落就地改造成"微车间""微工厂"，变产业优势为扶贫优势，开启"居家挣钱"新模式。

（一）"规范化"打造小院。严格执行"五个统一"规范标准：统一标志，统一悬挂行业类别标牌；统一标准，贫困户自主创业或至少吸纳带动3名以上贫困人口就业；统一挂牌，院内按原料、配货、生产等功能分区挂牌，安全合格、整洁有序、无污染、无噪音；统一信息，户主、就业贫困人口信息全部上墙公示；统一约定，优先保障贫困人口就业、工资发放，提供免费技能培训等。目前已建成电商、快递物流、手工业等"脱贫院子"1 129个，惠及贫困群众6 000余人。

（二）"保姆式"服务小院。坚持"缺什么补什么，要什么给什么"原则，依托中国北方（平乡）国际自行车、童车玩具博览会，阿里云创新中心等平台，提供"生产、帮办、贷款、信息、培训、销售"6项服务，全力保障水、电、气、暖等供应，全方位提供金融支持、注册登记、政策解读等服务，全程提供"保姆式"帮扶、"妈妈式"服务。

（三）"项目式"发展小院。按照"抓项目"理念，通过上下游产业链条服务推动小院发展。一是配套支撑，发挥好孩子、富士达、强久、恒驰等29家龙头企业带动作用，培育形成312个缝纫、注塑、组装配套生产"小院"。二是销售支撑，依托4个"中国淘宝镇"、21个"中国淘宝村"等平台，打造形成物流仓储、电商扶贫等360多个致富小院。三是孵化支撑，依托电商创业园、星创天地、众创空间等平台，提供技术指导、拓展市场等，先后有80多家"脱贫院子"发展成小微企业。

三、"幸福院子"惠民生，架起为民服务"连心桥"

小康不小康，关键看老乡。依托县乡两级精神文明实践中心，采取"政府补贴＋社会资金"方式，租赁农村闲置房屋建成318个"幸福院子"，吸纳爱心群众开展照顾孤寡老人等文明实践志愿服务。

（一）搭建精神文明实践阵地。按照"就近集中、邻里互助、抱团养老"原则，采取"政府补贴＋社会资金"方式，县财政专门列支520万元建设"幸福院子"，做到"餐厅、宿舍、活动室、电视、空调、洗衣机"等硬件设施"十五有"，并配备一名专职管理员，负责环境卫生、洗衣做饭、生活护理等日常事务，每季度免费发放香皂、毛巾、食用油等生活必需品，目前共吸纳孤寡、留守老人等困难群众1 250余名，3 000多名爱心人士志愿开展义务理发、免费体检、孝老爱亲饺子宴等志愿服务活动700余场次，邻里和睦乡风文明氛围日益浓厚。

（二）搭建政策理论宣教阵地。组织文化、法律、扶贫等不同领域工作人员，成立200多支"小马扎"宣讲小分队，通过菜单送学、订单选学、"小故事""微课堂"等形式，定期开展"讲理论、讲政策、讲法治、讲文化、讲故事"的"五讲"宣传教育，共巡讲3 600多场次，受益群众2.3万人次。

（三）搭建矛盾纠纷化解阵地。依托县乡两级依法推进发展治理中心，组织离退干部、基层调解员、退伍军人、公益律师等成立"公众智库"，定期到小院义务"坐诊"，为群众提供免费的专业法律知识援助，让群众真正学法、懂法、守法、用法。同时，对一些邻里小纠纷、婆媳小矛盾，站在人情道德、法律法规角度开展依法、依规、依情调解，努力实现"大事化小、小事化了"。目前，已经累计"坐诊"2 600多人次，妥

善化解各类矛盾纠纷、信访隐患680余件，

【贫困户受益案例】

案例一

王亚琳，平乡县田付村乡艾村贫困户。由于奶奶身体残疾，常年吃药，全家收入只靠几亩薄田，生活特别困难。初中毕业后，王亚琳到外地打工。一次偶然机会，得知家乡有人在网上开网店卖童车、玩具。正好扶贫部门有政策，免费提供电脑、打印机等设备，还免费培训网店销售技能，从此他便开启了电商致富之路。从一开始几天卖一辆，到后来一天卖几辆，销量越来越大，不到一年就购置了一辆小汽车，在相关部门的帮助下还建成了"脱贫院子"，建立了自己的童车组装车间，带动了10多名贫困人口稳定就业增收。他说："感谢党的好政策，使我由贫困户变成了致富带头人，自己过上好日子的同时，我也要带动周边的贫困户脱贫致富，共同奔小康。"

案例二

赵凤彬，平乡县中华路街道办事处西田村人，70多岁。在来到"幸福院子"之前生活过得很枯燥，平时除在家看电视外，就是在大街上坐着晒太阳。自从村里建立了设备齐全的"幸福院子"，村里的孤寡老人也有了活动场所，大家下下象棋、玩玩扑克、聊聊家常，每天都过得很充实。他说："没想到政府为我们老年人想得这么周到，'幸福院子'里冬天有暖气、夏天有空调，还能吃个现成饭，让我们老有所依、老有所乐，感觉自己提前过上了小康生活。"

整合"四资"造"五金"

河北故城县典型案例

　　河北省故城县坚持把产业扶贫作为稳定脱贫的根本之策，充分发挥种养资源优势，做好资源、资产、资本、资金四篇文章，着力培育"金鸡""金蝉""金奶牛""金猪""金棚"等"五金"扶贫产业，带动全县4 477户贫困户、9 115名贫困群众每人年均增收3 800多元，为打赢脱贫攻坚战、实现乡村振兴奠定了坚实基础。

故城县特色农业园区的工作人员正在扦插金蝉卵枝，帮助贫困群众增加收入

【主要做法】

一、放大资源优势，筑巢引凤强带动

龙头企业带动是产业扶贫的关键抓手。故城县立足和发挥耕地资源、农产品资源、劳动力资源、农业市场主体资源相对丰富等优势，着力建设东大洼、茂丰两个省级现代都市特色农业园区，推进土地流转规模化、基础设施现代化、高标准农田普及化、农业劳动力组织化，并配套建设科研中心、冷链物流中心、人力资源培训中心、中农国发大市场等高端专业化设施，为各类市场主体发展扶贫产业创造了良好环境。在此基础上，出台现代都市特色农业发展促激政策、招商引资优惠政策、重点项目建设支持办法等优惠政策，派出驻北京、上海、深圳三个招商小组常态化精准招商，先后引进建设了计划总投资200多亿元的泰国正大肉鸡、石家庄以岭中医药、康宏奶牛、新希望和天邦生猪、绿康特色果蔬等五大现代都市特色农业全产业链融合发展项目，形成了多重覆盖全县贫困群众的"五金"扶贫产业模式。

二、强化资金支持，创新模式促增收

强化资金支持是产业扶贫的重要保障。故城县着眼优化资金配置，提高使用效率，以涉农整合资金、扶贫专项资金为引导，以信贷融资为杠杆，以市场投资为驱动，探索形成了"党建引领、龙头带动、农户入股、合作经营、金融保险兜底"的"五金"产业扶贫模式，为贫困群众开辟了多元增收渠道。一是"金鸡"模式。贫困村集体以扶贫资金入股，建设泰国正大肉鸡全产业链的养殖环节生产设施，交给正大集团租赁经营；一年多来正大集团累计支付租金4 400万元，惠及全县所有贫困户，户均年增收3 240元。二是"金蝉"模式。贫困村集体与石家庄以岭药业集团合作，以订单农业的方式发展"果树+金蝉+棉花+杂粮"林下立体高效复合式种养，带动1 500户，户均年增收4 000元。三是"金奶牛"模式。创新扶贫"奶牛贷"，符合条件的贫困户利用扶贫小额信贷政策贷款购牛，依托康宏奶牛全产业链发展奶牛养殖，带动824户，户均年增收6 300元。四是"金棚"模式。创新扶贫"棚窖贷"，符合条件的贫困户利用扶贫小额信贷政策贷款购置智能大棚，依托绿康特色果蔬产业链，统一育种育苗、统一技术指导、统一品牌包装、统一市场销售，带动326户，户均年增收5 900元。五是"金猪"模式。依托新希望和天邦生猪养殖全产业链，贫困村集体统筹发展订单饲料、劳务派遣服务等，带动500户，户均年增收1 000元。

三、引入社会资本，村企共建稳脱贫

社会资本投入是产业扶贫的有力支撑。故城县以深入开展"百企帮百村"活动为

载体，结合"五金"扶贫产业强链、补链、延链，本着自愿原则，协调有爱心的130家企业与142个贫困村建立了紧密型利益联结机制，形成了贫困村、贫困户与帮扶企业共建共享共赢的"造血式"扶贫新格局。一是打造"农商通""扶贫馆""创新港"三大电商运营平台，创新"扶贫合作社生产加工+电商平台线上营销+村级服务站线下代销+社会各界人士亲情推广"的消费扶贫模式，推动各类扶贫产品广销全国。二是协调企业根据自身发展需要在贫困村建设扶贫车间或扶贫中转站，带动就业2 000多人，人均年增收500元以上。三是村企合作发展订单种植，种植订单高粱1万多亩、订单玉米1.4万亩，亩均年多增收200元以上。四是借势农村产权制度改革，盘活贫困村土地、房屋等低效利用或闲置资产，交给企业租赁经营，带动142个贫困村，村均年增收2万多元。五是成立县慈善总会，聚焦特殊困难家庭生产生活，引导企业和社会爱心人士开展慈善救助，发放救助金456万元、救助物资总价值134万元，切实筑牢了扶贫堤坝。

四、加强资产管理，完善机制求长效

管好扶贫资产是产业扶贫的内在要求。故城县建立了扶贫资产资本的长效管理机制，进一步明确所有权和经营权，全面放活经营权、确保收益权、落实监管权，实现了资源变资产、资产变资金、资金变资本、农民变股东，为提高扶贫资产收益，实现乡村产业振兴提供了有力保障。重点健全完善了五项机制：一是组织领导机制，构建了县统一领导、部门分工明确、乡镇直接管理、村级具体管护，扶贫、审计、财政、产权交易中心全程跟踪监督的管理体系。二是台账管理机制，对扶贫资产资本精准分类定性，精准产权归属，精准登记造册，做到账账相符、账实相符。三是信息采集机制，建立扶贫资产资本管理智能平台，推进项目基础信息、资产管理现状等信息入统上网，实现了扶贫资产信息一网可查，大数据分析一触可及。四是运维管护机制，成立国有公司对扶贫资产资本进行日常运营，县政府对扶贫资产资本经营中的重大事项及收益的分配使用进行监管。五是利益分配机制，坚持"先归集体后分配"的原则，经营性扶贫资产收益主要用于贫困户承担农村保洁、保绿、治安、护路等公益性岗位工资支出，对无劳动能力、残疾、大病等特殊困难群体适当进行资助，剩余部分由村集体统一支配，主要用于村级小型公益事业建设。

故城县以整合"四资"充分激发要素活力，以发展"五金"产业扶贫带动可持续增收，形成了村、户、企良性互动、协同发展的生动局面，使贫困群众有了溢于言表的幸福感和获得感。

【贫困户受益案例】

案例一

马士才，故城县武官寨镇付官屯村建档立卡贫困户。全家3口人，因妻子患白血病，加上孩子读书，2014年被认定为建档立卡贫困户。

脱贫攻坚以来，马士才在扶贫小额信贷、产业奖补等政策的支持下，通过"金棚"产业项目，年租金收入3000元左右，务工收入1万元以上。同时，马士才还发展了光伏项目，年均增收1300元，在自家院内喂了100多只鸡，种植20余米^{2}的小菜园，年均增收1000元左右。

在党的扶贫政策和扶贫人员的努力下，马士才家的小院内飘出了久违的笑声，一家人对生活充满了信心和美好憧憬。

案例二

于建民，故城县郑口镇翟杏基村建档立卡贫困户。全家2口人，因自身残疾、缺乏技术，2014年被认定为建档立卡贫困户。

脱贫攻坚以来，于建民在驻村工作队和帮扶责任人的帮扶下，通过"金奶牛"产业项目，年均增收4000元左右，通过"金鸡"产业项目，增收3900元左右。同时，于建民在村内从事保洁公益岗位，年收入7200元左右。

"做梦都想不到，我这么个残疾人家庭，一年下来也能挣这么多钱，日子也能过得这么好了！"于建民对未来的生活充满希望。

对接大平台　发展"跑步鸡"

河北武邑县典型

　　河北省武邑县林地资源丰富,脱贫攻坚以来,该县从京东平台引进适宜在林间散养的"跑步鸡"项目,采用"一引双联"(即政府引平台,平台联合作社、合作社联农户)模式,并借助互联网平台,使每只"跑步鸡"售价不低于150元,取得了显著的带贫效果,走出了一条电商扶贫新路径。

京东"跑步鸡"基地

【主要做法】

一、政府引平台，扶贫桥梁架起来

武邑县全县林地面积37万亩，发展林下经济具有得天独厚的资源优势，2016年引入京东集团发展扶贫"跑步鸡"，政府给予积极扶持。一是资金支持。组织14个贫困村453户贫困户，以扶贫资金入股形式成立养殖扶贫合作社，用于养殖场基础设施建设，并支持财政资金70余万元为合作社完善了水、电、路等养殖设施配套。二是保障用地。按照京东集团提出的建设标准和技术要求，武邑县协助养殖合作社流转林地近300亩，建设养殖基地，每亩林地饲养量不超过80只，较常规散养鸡密度降低了一半，最大限度满足了养殖要求。三是定制保险。定期组织县畜牧专家进行防疫等技术指导，每年支出保费9万元，为每只鸡投保1.8元定制意外险，出现意外死亡每只赔偿60元，分担养殖风险，确保贫困户利益。四是加强监管。政府对参与项目建设运营的电商平台、合作社、保险公司，通过协议明晰各方权责，监督协议执行，确保项目健康运行。

二、平台联合作社，培育品牌响起来。

京东平台负责线上运营并与县政府一起，为合作社提供"六大服务"，打响"跑步鸡"品牌。一是科学选定鸡苗。聘请中国农业科学院专家经过多轮评选，选定具有国家种禽论证的太行柴鸡作为养殖品种。二是制定技术标准。从场地设计、鸡苗购进、饲料选择、养殖防疫、出栏屠宰、冷链物流等方面全程规范，制定了全国第一个散养鸡养殖技术企业标准。三是贷款支持养殖。京东为每户贫困户提供4 500元免息贷款，用于鸡苗、饲料购置，每年投入流动资金189万元，实现了贫困户零成本养殖。四是网络监管销售。电商平台投资200多万元研发产品质量追溯系统，开发"跑步鸡"二维码和计步脚环，实现了养殖全程可视，每天运动量可查，保障了品质。五是定价回收成品。平台按约定价格回收成品"跑步鸡"，其中每只鸡20元用于贫困户分红。六是产品策划宣传。先后组织200余家国家级新闻媒体进行重点报道，提升了产品知名度，打响了京东"跑步鸡"品牌，在京东商城平台每只卖到了168 ~ 188元，好产品培育成好品牌，好品牌卖出了好价格。

三、合作社联农户，贫困户参与富起来。

合作社作为管理主体，实行双向托管。上联平台，受平台委托负责建设基地、购进鸡苗、出栏屠宰、财务结算等养殖管理；下联农户，受贫困户委托进行资产管理。全程经营管理。实行全程品质控制、全程用户监督、全程质量追溯的生态"三全"管理，保证产品品质。

【贫困户受益案例】

案例一

栗希升，武邑县清凉店镇王贤兰村贫困户。因缺劳力致贫，本人严重高血压，妻子风湿性关节炎，家庭生活极其困难。

2016年，在驻村第一书记的引导帮助下，栗希升以6 000元产业扶贫资金加入京东"跑步鸡"产业扶贫项目，除年分红2 000元以外，他还在合作社做给鸡防疫、捉鸡等零工，年收入5 000元，流转给合作社的土地租金年收入500多元。有了基本的生活保障后，栗希升老两口又在工作队的帮扶下，养了3头能繁母猪，近两年生猪行情好，共繁殖小猪89只，收入达到了11.5万元。

栗希升通过加入京东"跑步鸡"合作社脱贫致富，带动周边群众纷纷加入该产业扶贫项目，全县累计达到400多户。故事被央视《新闻联播》、河北《新闻联播》《河北日报》等媒体宣传，成为全县的"脱贫明星"。

案例二

王连军，武邑县清凉店镇王贤兰村贫困户。因缺资金致贫，其母亲瘫痪在床7年，妻子有慢性病，由于无法外出务工，家庭生活极其困难。

2016年，在驻村第一书记引导帮助下，栗希升以6 000元产业扶贫资金加入京东"跑步鸡"产业扶贫项目，除年分红2 000元以外，他还为合作社打零工，年收入10 000元以上。2018年，驻村工作队帮助力王连军申请50 000元小额贴息贷款，购买了大型拖拉机、收割机、旋耕机等农机，为周边村民耕地耩地，年收入40 000多元。2019年工作队又帮助他流转土地40亩，年收入4.5万元；又养殖了3头能繁母猪，年收入3万元。

选好种子　托起未来

河北阳原县典型案例

　　河北省阳原县从种植、养殖产业最顶端的种源入手，大力调整产业结构，着力推动科技创新，形成了"政府＋龙头企业＋科技团队＋示范基地＋贫困群众"协同发力、良性互动的良好发展局面，走出了一条科技助推产业扶贫的新路子。近年来，阳原县引进抗寒苹果、皇菊花茶、北冰红葡萄等种植新品种15个，推广种植张杂谷子、鹦哥绿豆等优质杂粮杂豆达到30万亩，建成种猪、种驴繁育基地4个，累计投入产业扶贫资金达到9.35亿元，贫困户实现了2～3个产业项目的多重覆盖，户均增收达4000元，产业扶贫效益得到明显提升。

阳原县要加庄乡的谷子种植基地

【主要做法】

一、坚持高位推动，强化政策支持

阳原县成立由县委书记、县长任双组长的产业扶贫领导小组，下设12个工作专班负责工作推进，各乡镇、县直各部门也成立相应的推进机构，明确工作职责，以最高规格、最强力量推进产业扶贫。县级层面印发《阳原县养驴产业发展扶持办法》《组建阳原县良种驴繁育中心的方案》等系列文件，从顶层设计上对产业发展做出指导和规范，确保各项政策措施及时落地落实。特别是加大资金支持力度，累计投入1 300多万元持续为贫困户免费提供优质杂粮杂豆籽种，投入扶贫资金7 060万元建设了河北省唯一的具有育种繁育资质、年出栏12万头的优质种猪繁育基地，覆盖贫困户1万户，年户均增收400元，推动县域生猪养殖产业发展水平实现整体跃升。积极承办"建设科技示范大棚，助推农业产业扶贫"现场观摩会、国家食用豆产业技术体系科技扶贫示范观摩会、全国驴产业座谈会等全国性会议，搭建起"政府＋龙头企业＋科技示范基地＋＋农户"交流互动的有效平台，为产业发展奠定了坚实基础。

二、精选优良品种，打造优势品牌

按照"高效、优质、生态、品牌"的发展思路，聚焦优良品种的选育和优势品牌的打造，瞄准杂粮杂豆、葡萄、生猪、驴、牛等传统产业深入开展"种子革命"，从根本上调优农业产业结构。推广种植的张杂谷系列较原品种亩均增产150千克、增收600多元；引进种植的皇菊新品种第一次实现在冷凉地区露天种植成功，为冷凉地区种植皇菊开辟了新路径；引进种植的"黄金米"成功打入北京、上海高端消费市场，优良品种带动产业提质增效的效果愈加明显。推动实施了正奥新种猪核心育种、扶农良种种猪繁育、全国优质种驴选育等一批核心育种项目，有效提升了全县养殖业的核心竞争力。大力实施品牌战略，成功打造了"供佛杏""鹦哥绿豆""阳原驴"三个国家地理标志和"原味桑干""阳原扶贫"两个区域公共品牌，形成了"原上皇"小米、"往柿"西红柿等系列扶贫品牌矩阵，培育了锦绣海棠苹果、金寅浩冰红葡萄酒两个"金奖"产品和泥河湾杂粮"中国驰名商标"，有效地提升了阳原优质特色农产品的知名度和影响力，为产业持续健康发展注入了活力和动力。

三、培强龙头企业，建设示范基地

建立县级领导包联重点企业制度，统筹协调县直部门、乡镇主动服务，及时解决手续办理、融资贷款、项目用地等方面的难题，合力推动企业快速发展壮大。近年来，先后培育壮大了桑阳牧业、禾牧昌牧业、正奥集团、默然民安、泥河湾杂粮等一批农业产业龙头企业，特别是正奥集团、泥河湾杂粮成功在新四板上市，在全县形成了良好的示范带动效应。截至2020年，全县龙头企业贫困户覆盖率达到100%，每年可为贫困户提供资产收益4 800多万元。依托这些龙头企业建成了以新希望六和、正奥集团、默然民安为核心的种猪繁育、生猪养殖基地，以禾牧昌、芦子囤、南梁为核心的肉牛养殖基地，以桑阳牧业、农华牧业为核心的养驴基地，此外，推动建设了阳原驴良种繁育基地、鹦哥绿豆良种繁育基地等一批良种繁育示范基地，为全县扶贫产业健康发展构筑了有力基础支撑。

四、强化科技支撑，提升发展质量

大力实施科技扶贫行动，主动对接中国优质农产品开发服务协会、中国农产品市场协会等单位，拓展与中国农业科学院、河北农业大学等高等院校、科研单位合作关系，聘请了7支全国知名专家团队，加强产业技术指导服务，提升发展质量和效益。特别是在推动驴产业发展上，与中国农业大学、河北北方学院专家合作，成立"张家口驴产业研究院"，开展乳肉兼用驴选育、生产性能提升、优良品种和关键技术推广，建立阳原驴品种遗传资源保种场，率先抢占驴产业的世界科技高地。在推进生猪养殖上，与全球最大的纯种猪集团加裕公司开展战略合作，共同培育具备与加拿大同级别的纯种猪。与中国科学院签订了院士工作站合作协议，与中国农业大学、江西农业大学、北京市农林科学院畜牧兽医研究所等知名院校在生产管理体系、生产工艺、批次化生产管理技术、人才队伍培养和建设等方面开展深入合作，规划建设中国北方第一个民营种猪基因库及第一个全球化种猪基因平台，为产业扶贫构建起了有力的科技支撑。大力培养农业科技型人才，采取走出去培训、引进来指导、职业教育助力等多种方式开展实用技术培训，培养乡土人才，将农业科技真正送达群众的田间地头，打通了产业扶贫的"最后一公里"。

【贫困户受益案例】

案例一

白振印，阳原县要家庄乡小庄村贫困户。2018年，在河北省科技厅驻村工作队的引导和帮助下，种植张杂谷10余亩，每亩收益达到1 400余元，只此一项，年收入就达1.5万元。2019年，白振印继续扩大种植规模，种植张杂谷20余亩，收益达到了3万余元。因年龄偏大，自己种植能力有限，2020年他叫回在外打工的儿子白俊明共同发展杂粮杂豆种植，种植面积达到了30余亩，预计收益可达5万元以上。

白振印感慨地说："共产党的政策好啊，扶贫干部都是真心实意为我们农民办实事，县里每年都给免费提供谷种，现在还有高科技的飞机帮咱种田，当农民也有奔头。"

案例二

李全升，化稍营镇下沙咀村建档立卡贫困户。2018年3月，在驻村工作队帮扶下，李全升发展优质绵羊舍饲养殖项目。为了帮助李全升提升养殖能力和水平，驻村工作队帮助其引进优质绵羊新品种240多只，同时聘请市农广校、县畜牧局专家为其提供技术指导和科技支持，并从养殖设施建设、防疫灭病、饲料搭配等各个环节给他提供帮助。经过科学饲养，悉心照管，当年出栏140只，实现收入3.5万多元，实现了当年脱贫出列，2020年6月经过民主推选，李全升高票当选"致富带头人"，成为脱贫致富的典型。

在"致富带头人"表彰会上，李全升激动地说："我家曾经是因病致贫的贫困户，感谢党的好政策，选派了一支好工作队帮助出主意、想办法，找门路，引领我家走上了致富路。如今生活富裕了，日子红火了，家里干净了，村里变美了，我作为一名党员有责任、有义务帮助大家共同致富。"

精准施策开新局
河北海兴县典型案例

　　河北省海兴县牢牢聚焦贫困群众持续增收这条主线，按照"因地制宜、突出特色、优化整合、整体推进"的工作思路，走出了一条具有海兴特色的"3＋3＋3"产业扶贫之路。

贫困群众通过发展产业过上了新生活

【主要做法】

一、三大领域，因地制宜谋划产业

充分依托本地资源禀赋，在全方位、多层次调研的基础上，因户因人精准施策，大力挖掘传统特色产业，构建了"海陆空"联动发展的产业扶贫格局。一是写好"靠海"文章，发展海洋经济。发展水产养殖。坚持集约、高效、灵活经营模式，发展海水、淡水养殖6.2万亩，年产鱼、虾、蟹5 000吨以上。发展水产加工。延长产业链条，提高水产品附加值，建设水产品加工厂8个、冷冻库51个，注册"海之兴"品牌，海兴特色水产品扶贫带动能力显著增强。发展海洋附属产业。依托县域东南部渔网加工传统产业，以带动贫困群众就业、壮大贫困村集体经济为目标，建设47个渔网加工类扶贫车间，直接带动155名建档立卡贫困群众实现就业。二是发挥"陆地"优势，发展种养加和光伏产业。发展特色种植业。实施1 514亩秋雪蜜桃、香酥梨和1 500亩金银花种植扶贫项目，建设储存恒温库11座，积极推进消费扶贫，带动66个村集体和贫困户实现一年种植、长期收益。发展特色养殖业。依托百亩林下养殖和万只扶贫鸡入户项目，大力发展生猪、肉鸡、肉牛等畜禽养殖，年存栏达453万头（只）。发展特色加工业。投资5 000余万元实施农产品储存加工、高湾吨兜袋、张常丰石磨面粉等扶贫项目，辐射带动80多个村、2 300多名贫困人口实现稳定增收。发展光伏产业。500兆瓦光伏领跑者基地项目实现并网发电，年收益5亿元；引进70兆瓦全扶贫模式电站项目，建设24个村级光伏扶贫电站，年收益1 200万元，收益持续20年。三是加强"空地"联动，发展电商扶贫产业。构建农村电商网。投资1 500万元，在全县84个贫困村和500人以上的行政村设立农村电商服务站，统筹线上电商、线下实体，为扶贫农产品做好"空中"销售服务。打造电商产业链。创新实施"市场+电商+龙头企业+合作社+农户"模式，鼓励引导电子商务和龙头企业建立稳定供需关系，整合扶贫资金600万元，注入正大公司和鹏程商贸两家电商企业，扶贫资金年保底收益48万元。培育电商生力军。通过技术培训、资金支持等方式，帮助200余名贫困群众，利用消费扶贫数据库系统、832农副产品销售网络等平台，开网店、做微商，实现挣钱养家。

二、三种模式，优化资源壮大产业

坚持"龙头带动、合作经营、集约发展"的原则，对现有基础产业进行资源整合、结构优化，积极探索产业发展新模式，大力提高规模效益和辐射带动能力。一是龙头带动增动力。充分发挥龙头企业对扶贫产业的带动作用，成立海兴县益民扶贫开发产业有限公司，对全县扶贫产业实行公司化集中统一管理，提高贫困群众在扶贫产业项目中的参与度，保障扶贫产业效益最大化、长效化。二是集约发展壮实力。实施"产业＋合作社＋基地＋农户"发展模式，构建完整的产销链条体系，加速壮大扶贫优势产业集群。截至2020年，全县建有农民合作社192个，参加合作社建档立卡贫困群众2 187户，建设各类产业扶贫基地184个，发展扶贫车间4家、扶贫就业驿站130家。三是引领创业添活力。深入开展"三包四帮六保五到位"和"百企帮百村"活动，通过政策引导、资金支持、技术培训等方式，推进贫困群众创业创新。建立县乡村三级金融服务网络，开启"政银企户保"金融扶贫业务，累计发放扶贫贷款3 096万元，帮助3家企业和219户贫困户解决发展产业资金短缺问题，实现创业增收。

三、三条渠道，叠加覆盖释放效益

拓宽产业扶贫收益渠道，将贫困群众按照个人和家庭基本情况分类分档纳入扶贫产业链条中，让所有贫困户都享受产业链增值收益，实现持续稳定增收。一是挣薪金。依托扶贫产业，针对壮劳动力，通过龙头企业打工、外出务工就业、小微产业从业等方式，协调安排贫困群众就业；针对弱劳动力，用村级光伏收益设立安全巡逻员、卫生保洁员等公益岗位，安排贫困群众就业。目前全县3 099名有就业能力的贫困劳动力全部实现就业。二是挣租金。将土地资源、公共资产等股权化，唤醒农村沉睡的资源，变资源为资产进行承包租赁，贫困户按比例获得收入。依托光伏领跑者基地、特色水果种植等产业项目，流转土地15 700亩，30个村集体及贫困户受益。三是挣股金。按照每户2 000元的标准，整合扶贫资金近700万元，注入84个贫困村合作社，合作社再将资金投入扶贫龙头企业用于生产经营，经营收益用于贫困户和贫困村，实现贫困群众资产收益扶贫全覆盖。

【贫困户受益案例】

赵金树，海兴县张常丰村建档立卡户，家里2口人，本人患有重病，曾做过开胸手术，虽身体正在慢慢恢复，能够简单自理，但是不能干重活，正常打工挣钱更不现实。

2017年春，在扶贫政策的支持下，村里流转土地100亩引进优质秋雪蜜桃种植项目。赵金树妻子赵淑芳平时照顾丈夫，而且不出家门就可在本村桃园从事除草、梳果、套袋、摘桃等工种，每年仅此一项可实现增收8 000元以上。如今她家的日子越过越好。

赵淑芳总是说："是秋雪蜜桃让俺家的生活更有奔头，俺作为一个老太太，觉得现在没有给政府添负担，值了！"

创新"七位一体" 推进产业孵化
河北平山县典型案例

河北省平山县在疫情防控常态化背景下，按照"党委领导、政府主导、政策引领、市场运作、大众创业"的思路，整合扶贫、就业等资源，在县域中部古月镇打造了全省首家扶贫创业孵化园，创新实施了"孵化园＋创业主体＋扶贫车间＋产业基地＋科技创新＋金融保障＋贫困群众"七位一体产业孵化模式，探索出了一条孵化主体创业、培育特色产业、带动群众就业的太行山区贫困群众稳定增收新路径。在孵化模式带动下，1.4万多名贫困群众实现了脱贫增收。

平山县古月镇扶贫产业孵化园

【主要做法】

一、搭建孵化平台，打造"三个基地"

围绕贫困群众创业就业，利用扶贫、就业等政策，建成了建筑面积5 500米^{2}的河北省首家扶贫产业孵化园，吸纳68个带贫益贫创业主体，免费提供创业场地、技能培训、市场开拓、金融保障等服务。

聚焦创业就业需求，打造就业实训基地。按照"国有资产+扶贫资金+第三方运营单位+贫困户"的模式，利用闲置粮库、学校等资源，改造建设就业扶贫车间，发展茶叶炒制、猫砂生产、箱包加工等手工作坊，目前就业人员年均收入2万元以上。整合人社、职教、成人学校等部门职能，开办特色产业、劳动技能、传统工艺等培训班，提高群众就业本领。邀请河北农业大学、西柏坡农业产业研究院专家教授，以及第三方培训机构，面向全县建档立卡贫困人口，免费培训农艺管理、家政服务、烹饪等技能，2020年以来通过"订单式""菜单式"等模式共培训260多人次。

聚焦创新示范需求，打造致富人才基地。深化贫困村创业致富带头人培育，结合基层治理创新，成立青年人才服务中心，吸纳高校毕业生、返乡农民工、退役军人等优秀青年，建立了9 300多人的农村青年人才库，结合个人特点、意愿和实际需求，重点开展党的政策、产业培育、基层治理、市场分析、企业管理、电商运营等培训，组织培养了一批青年扶贫突击队、乡村后备干部、脱贫致富带头人，致力打造"永不撤走的工作队"。

聚焦消费扶贫需求，打造产品购销基地。借助扶贫产业孵化园，发挥古月镇区位、交通、产业、资源等优势，打造全县扶贫产品聚散中心，设置了500米^{2}的特色农产品展销大厅，已吸纳60多类300多个扶贫产品入驻。孵化园设立市场、质检、物流、仓储等专业部门，为扶贫产品交易提供服务保障。

二、创新联结机制，打造"三种模式"

借助农业供给侧结构性改革，创新实施"市场、产品、基地+贫困群众"联结机制，成功实现了产业发展闭环链条，持续增加贫困群众收入。

孵化成果"走出去"，带动扶贫产业壮大。经过创业孵化和实训基地精准培训，打造了一批创业主体和致富能手，因地制宜发展了特色产业和手工业，目前共培育特色林果、食用菌、豆制品、中药材、小食品等10余种扶贫特色产业，发展了连翘茶、酸枣汁、关山蜂蜜、营里木耳、古月豆腐等60多类特色扶贫产品。

特色产品"聚起来"，提升规模品牌效应。平山县域面积大、地貌复杂，造成了农特产品多样化、规模小、分布散的特点，既不成规模，也没有品牌。利用扶贫产业孵化园，建设扶贫产品集散中心，按照统一标准、统一品牌、统一质量、统一价格、统一平台、统一运营"六统一"模式，打造了"平山好物产·古月好味道"地方特色品牌，产品进入了省会、县城的大型超市，上线"美团外卖"，年销售额9 000多万元。

销售渠道"上云端"，形成完备购销链条。利用孵化园平台，注册成立名优农产品销售公司，吸纳联盟会员单位入股参与，与京东开展战略合作，开办网络商城，将购销基地和联盟单位的60多类特色农产品，通过京东电商支持流量优势优先推介，全网销全国卖，扩大销售渠道，带动贫困群众增收致富。

三、孵出精神士气，扶起脱贫志气

围绕解决贫困群众"精神贫困"问题，发挥党建、实训和典型三个引领作用，激发脱贫致富的内生动力。强化党建引领，按照"孵化园中党旗飘、产业链上建支部"思路，创新党建扶贫模式，依托孵化平台设立临时党支部，结合人才基地设立优秀青年人才党支部，组建豆制品加工、特色食品生产、特色种养殖等若干产业党小组，真正把党员聚在脱贫一线。目前，孵化园临时党支部和优秀青年人才支部，共培育脱贫致富能手83人。实训体验引导，依托实训基地，组织有就业意愿的贫困群众进入扶贫车间实地体验，手把手教技术、面对面学经营，对有创业就业意愿的就地签约。比如，孵化园区所在地古月镇，通过实训体验，促成创业86人、稳定就业630多人。典型示范引领，按照可比、可学、可赶的思路，评树"扶贫创业标兵"，涌现出巾帼英雄齐丽莎、蜂蜜大王赵晓兵、连翘茶专家左险峰等一批先进典型，用群众身边的鲜活案例，激励和引导贫困群众自强自立、勤劳致富、光荣脱贫。

【贫困户受益案例】

高文彦，平山县古月镇高洼村贫困户。因妻子智障，女儿上学，收入来源少，家庭生活困难。

近年来，在当地齐文阁农业合作社的帮扶下，开始种植红薯，家庭生活状况有所改善。平山县扶贫创业孵化园成立后，通过技能培训、能人带动，高文彦掌握了红薯粉条加工技术，并开始一边种植红薯，一边与齐文革农业合作社建立合作伙伴关系，成立文阁粉条坊，预计年加工红薯70余万斤，辐射周边20余个村，本人年收入达到3万余元，带动20多个贫困户年均增收8 000余元。

现在，高文彦逢人就说，"党的政策好，孵化园的帮助大，我们贫困户的生活一天比一天好。"

"三花一林"织锦绣

河北枣强县典型案例

　　河北省枣强县积极探索脱贫攻坚与乡村振兴有机衔接，因地制宜发展富民乡村产业，创新实施金银花、玫瑰花、高油酸花生和杜仲叶林"三花一林"特色扶贫产业项目，形成"一村一品""一县一业"产业格局；不断完善"农户＋合作社""农户＋公司"利益联结机制，持续拓宽农民增收渠道，确保贫困群众高质量脱贫、不返贫。

贫困户在种植金银花的田里除草

【主要做法】

一、深化"一个认识"，即抓扶贫必须坚定不移抓产业，着力解决好产业可持续问题

在巩固入股分红、光伏和特色种养等"5＋3＋N"产业扶贫体系的基础上。2020年，枣强县围绕农业产业供给侧改革，推进"一减四增"，调减非优势区高耗低质低效农作物种植面积。通过外出参观学习、市场前景调研分析，结合地域实际，谋划种植了金银花"北花一号"10 598亩，实现了贫困户人均一亩全覆盖，主要分布在大广高速、邢德路、肃临线等交通干线及林业大方（其中，沿路林花套种6 600亩，打造规模千亩方2个，500亩方3个）；积极推广高油酸花生种植示范方0.5万亩，辐射带动发展3万亩；建设大营镇杨白塔村和枣强镇八里庄村玫瑰花种植示范方2个，种植面积0.35万亩；发展杜仲叶林种植0.1万亩，形成了金银花、玫瑰花、高油酸花生和杜仲叶林"三花一林"扶贫产业格局。通过培育规模化、现代化、可持续发展增收产业，带动全县农业结构深层次调整，力争用3~5年的时间发展"三花一林"产业面积10万亩。

二、创新"两种模式"，即"资产收益"和"联农带贫"模式，着力解决好主体责任和收益分配问题

"资产收益"模式，即"林下借地、托管运营、乡镇统筹、收益共享"，安排1586万元财政专项扶贫资金，支持金银花产业发展，由乡镇委托专业合作社管理，实施"种管销"一体化运营，产业收益实行村级二次差异化分配，增加贫困村集体和贫困户收入，无劳动能力的贫困户可直接分红，有劳动能力和弱劳动能力的贫困户，通过参与公益岗位获取收入，贫困户每年人均可增收2 000元。

"联农带贫"模式，即"借地托管、带苗入社、联农带贫、抱团发展"，由贫困户购置种苗，以种苗加入村级合作社，在集体用地、农村空宅、旧房拆除等闲散土地进行种植，专业合作社负责管理，乡镇验收后给予贫困户成本补贴，收益由村集体、贫困户、非贫困户合理分配。同时，村级合作社为其他农户提供种苗赊购，次年产生收益后收回垫欠资，进而带动整村金银花产业发展。目前，全县11个乡镇已与育鑫、老牛等17个农民专业合作社达成合作。

三、用好"三类资源"，即沿路沿线、规模大方、房前屋后，着力解决好种植用地问题

对"沿路沿线"，在邢德线、肃临线、大广高速两侧，由县政府统一征收绿化造林，林下发展金银花（共计6 600亩）。如：在大营镇十八行村道路两侧打造的700亩种

植示范区，2020年已产生收益。

对"规模大方"，由各乡镇利用辖区内造林大方或农业园区种植金银花，经营主体负责运营管理，资产收益由经营主体与所在村庄进行分成，目前已打造规模大方近4 000亩。

对"房前屋后"，由各行政村利用集体用地、闲散土地发展庭院林花经济，已打造大营镇杨白塔村示范点，涉及村内30余处空地，共种植4 500余株，预计每年收入8万余元（贫困人口每年人均可增加收益1 000元以上）。

【贫困户受益案例】

案例一

杨宝坚，枣强县恩察镇杨黄洼村贫困户，现年73岁，五保户、特困户。2015年识别为建档立卡贫困户。

由于年龄大了身体也不太好，地里种庄稼成了他的一块心病，2020年，他将家中承包地流转给了枣强县泰乐种植专业合作社种植金银花，不仅每亩能收入700元的土地流转金，还能领到分红，同时每天还到合作社打零工。杨宝坚虽然年老体弱，但是打理金银花比种地要简单很多，所以他完全能够胜任，日均收入60元。在杨黄洼金银花种植基地，每天都能看到杨宝坚忙碌的身影，在炎炎夏日杨宝坚成为了恩察镇杨黄洼千亩金银花产业基地的"座上宾"。通过产业收入、务工收入、政府扶持资金，杨宝坚可实现年收入1.8万余元，为稳定脱贫、防止返贫奠定了扎实的基础。

案例二

杨岐立，枣强县大营镇杨白塔村贫困户，有两个孩子，因病致贫，本人因患再生障碍性贫血不能干重体力活，小女儿正在小学读书，儿子刚初中毕业，未参加工作。2017年因病返贫，重新识别为贫困户。

2019年，大营镇杨白塔村从山东引进金银花种植技术，发展种植金银花，杨岐立第一个报名，将自己的9亩承包地委托给衡水育鑫农业种植专业合作社经营。2020年，枣强县号召发展金银花产业，杨岐立又种植4亩林花间作项目，在杨岐立的带动下，全村9户18人全部加入合作社。在金银花种植、管护季节杨岐立夫妇每天都到合作社打零工，月收入3 000元左右，同时还参加了村里的公益岗位。"种了一辈子地，现在也种不动了，交给公司以后，有他们专业人负责种、负责收，今年就能见到收益，对他们还是很有信心的，我们家跟公司签了30年的合同。"杨岐立这样说。

创新"香菇贷" 金融助产业
山西交口县典型案例

　　山西省交口县地处吕梁山脉中段，绿地多，耕地少，传统种植业发展滞后，但海拔高，夏季气温不超30℃，昼夜温差大，是理想的夏菇生产地。近年来，交口县借助"金融信贷"助推器，创新"香菇贷"，以贷款促产业，以产业促脱贫，形成了以夏菇为主导的脱贫产业，成为远近闻名的"夏菇之乡"。

　　目前，交口县通过小额"香菇贷"，累计发放小额扶贫信贷3.2亿元，孵化出韦禾农业发展公司、天麟农业发展有限公司、长河菇业等一批规模化香菇企业。每年夏天4000万棒的香菇种植量填补了我国沿海香菇生产区夏菇生产季的空白，带动全县4200户贫困户户均增收3万元以上。

交口县夏菇大棚厂区

【主要做法】

一、推出"香菇贷"助力夏菇产业发展

夏菇是交口县脱贫攻坚的主导产业，为促进交口县夏菇产业农户信贷业务线上化、批量化、规范化、便捷化、普惠化发展，针对大部分贫困户缺资金、缺技术、缺管理、缺劳动能力的实际，交口县采用"政府＋企业＋银行＋贫困户"的产业扶贫模式来助力贫困户实现脱贫目标。

产业扶贫模式即政府出台产业扶贫政策作保障，公司提供种植香菇的菌棒、大棚和技术，有意愿种植香菇的贫困户、合作社包棚生产，银行推出带有各自特色的"香菇贷"，在风险可控的情况下为从事香菇种植的贫困户、合作社修建大棚、种植香菇、承包经营香菇大棚、香菇加工销售等提供有利的资金支持，助力贫困户脱贫致富。产业扶贫模式实现了产业发展和贫困户脱贫的双促进、双提升。

"香菇贷"启动以来，随着一个个贫困户华丽转身变成"菇农"，"香菇贷"渐渐成为当地贫困户稳定增收的致富伞。目前，食用菌产业已成为交口农业发展的主导产业和乡村振兴的支柱产业。全县食用菌产业规模达到4 000万棒，香菇年产量达到2.5万吨，产值实现3亿元。先后建成韦禾、天麟两个现代化示范园区和双池枣林"十里香菇长廊"，发展龙头企业5个、专业合作社65个，培育500万棒以上示范乡镇2个、专业村52个，带动4 200多户贫困户户均增收3万元以上。

二、出台"香菇贷"相关政策，推动扶贫小额信贷快速发展

为有效推广"香菇贷"，加快扶贫产业发展，保证小额贷款安全快速发放，交口县召开了有政府、人行、银监、银行和保险公司参加的扶贫小额信贷投放工作会。在修订完善《交口县创新金融扶贫工作实施方案的通知》《交口县扶贫小额信贷助推食用菌产业发展的实施方案》的基础上，研究制定了《交口县小额贷款保证保险风险补偿暂行办法》，建立了扶贫小额信贷助推食用菌产业发展工作机制，为小额扶贫贷款安全发放提供了制度保障。

同时，人行交口县支行和农行交口县支行合作，结合实际推出了《中国农业银行交口县支行惠农e贷特色产业模式——蘑菇贷金融服务方案》《中国农业银行交口县支行关于拟采用产业带动发放小额扶贫贷款的方案》，有力的助推了交口县全县各金融机构规范、快速发放小额贷款。

为让贫困户熟悉了解金融政策和"香菇贷"等小额扶贫贷款产品的贷款流程。人行交口县支行组织撰写了《交口县金融扶贫知识宣传手册》，内容涵盖了金融助推脱贫攻坚模式简介、扶贫工作中常用金融名词和政策名词通俗解释和扶贫小额信贷政策问

答等内容，为小额信贷投放创造了良好的信用环境。

三、创新模式，保障小额"香菇贷"安全运行

为保证香菇产业健康持续发展，交口县推出了"香菇价格险"，贫困户每棒交0.36元保费，保险公司保证每棒收入4.5元，保证了贫困户不会因市场波动或天灾人祸收入受损。为简化贷款流程，提高发放效率，将金融机构的贷款流程和所用文书统一格式，既节约了时间、统一了标准，又提高了办事效率、避免了分歧。这些文书主要有公司和带头人签订的"购价合同"、带头人与贫困户签订的"就业协议书"、贫困户与实施主体签订的"帮扶合同"以及"受托支付合同"和"委托扣款协议书"。

【贫困户受益案例】

案例一

韩双狗，交口县桃红坡镇西交子人，现年52岁，没有成家，单身一人，没有正当职业，每天在村里东逛西逛，靠村民、亲戚接济生活，生活异常困难，按程序被识别为"发展动力不足、意愿不强"的贫困户。

脱贫攻坚战打响后，乡镇帮扶干部和第一书记、村"两委"干部多次上韩双狗家了解情况，给他做思想工作，终于让他发生了转变。2016年在村干部的帮助下，韩双狗凭借3年期5万元的"香菇贷"资金支持，建起了自己的香菇大棚。

让大家更想不到的是，自从种上了香菇，韩双狗一改东跑西奔的日子，每天待自家棚里，为准备出菇的菌棒解口、洒水、观察大棚温度湿度，认真细致，毫不含糊，像是完全换了一个人。

重拾自信的韩双狗在村里又重新抬起了头，决心要通过自己的努力脱贫致富。目前他通过种植香菇已经脱了贫，年收入2万元左右。

韩双狗说："张海峰书记手把手教我放风（香菇袋剪口放风），有好政策，有这么好的干部，村里人全种，他们能种成，咱为啥做不成。"

案例二

原秀平，交口县石口乡山神峪村人，多年来都是种地卖粮食为生，没有其他经济来源，一年辛苦下来，只能赚到5 000元的收入。家有5口人，上有无劳动力的老人需要赡养，下有孩子需要上学，生活困难，2015年被确定为建档立卡贫困户。

脱贫攻坚战役打响以来，乡里组织农民种植香菇，2016年3月，原秀平抱着试一试的想法凭借3年期5万元"香菇贷"的资金支持，在自家院子外面的空地上搭起塑料大棚，种上了香菇。

俗话说"万事开头难"，刚开始种香菇的时候，管理、技术方面都不懂，效果不太好。乡里组织农民学习，请有经验的菇农教导，通过1年的摸索和学习，原秀平学会了

技术，学会了管理，收益不错，他感觉比种地强多了。

经过4年的发展，现在制棒、摘香菇、剪香菇、晒香菇等一系列工作对于原秀平来说已经是再熟悉不过了。香菇大棚发展的也越来越好，从1个棚发展到了4个棚，为了种香菇方便，买了三轮车，还建了冷库，年收入3万元。原秀平还准备扩大香菇产业发展规模，继续走香菇种植之路。

原秀平介绍说："前两年卖的香菇，基本把建棚的钱赚回来了，还有点余头，再以后出的香菇，就都是我自己挣的，这蘑菇棚还能一直用五六年咧。"

建立"五有"机制　蔬菜走出国门

山西繁峙县典型案例

　　脱贫攻坚，产业先行。2017年，山西省繁峙县委、县政府把"一村一品一主体"作为脱贫攻坚工作的主抓手，不断探索深化"企业＋合作社＋产业项目＋贫困户"帮扶带动新模式，全面推行"五有"机制（村有产业、有带动企业、有合作经济组织、户有项目、有技能），全力推动特色扶贫产业发展壮大。该县大营镇老泉头村依托优质水土资源、冷凉气候环境和蔬菜种植传统，大力发展脱水蔬菜产业，走出了一条以蔬菜生产加工业销售为主导产业的脱贫路子，人均可支配收入由2014年的3 100元增加至2019年的12 600元，2017年年底老泉头村实现整村脱贫。

　　由一村到一镇到一县，蔬菜产业在繁峙县得到迅速发展，2020年全县蔬菜种植面积达3万亩，带动7 235户贫困群众人均增收8 000元左右，蔬菜种植加工产业已成为繁峙县脱贫致富奔小康的一大支柱产业，加工的脱水蔬菜出口韩国、日本、菲律宾和部分欧洲国家。

贫困农户参与蔬菜种植园区日常管理和劳作

【主要做法】

一、坚持市场导向，小产业融入大市场

为了确保农产品能够适销对路，降低生产风险，老泉头村在发展农业特色产业中，从一开始就树立市场理念，主动融入国内外大市场。一是村干部带头闯市场。为打消村民担心种植蔬菜销售难的顾虑，老泉头村党支部书记崔二平身先士卒，先后赴邻近的应县以及内蒙古、山东、河北等地进行考察和招商，引进山东省菏泽市润隆食品有限公司，与该村涌泉蔬菜种植专业合作社合作成立亨隆绿蔬农产品有限公司，新上红萝卜和苗子白蔬菜深加工脱水生产线两条，从事蔬菜订单种植和脱水蔬菜加工、销售。村"两委"班子成员本着"带领农民干、做给农民看、拿我做实验、风险自己担"的原则，带头种植蔬菜，带领村民更新观念，蔬菜种植规模不断扩大。二是瞄准市场选产业。借鉴蔬菜种植大省山东和山西省内蔬菜种植大县的经验，经过反复市场考察、分析论证，老泉头村制定了发展蔬菜种植加工的产业规划，全村1 700亩改良盐碱地全部种上了蔬菜，规模化种植胡萝卜600亩，甘蓝800亩，带动本村251户756人稳定脱贫增收。三是开拓国外大市场。依托产品优良的品质，该村生产的脱水蔬菜非常畅销。随着品牌影响力、市场占有率不断扩大，老泉头村积极谋划将产品打入国际市场。亨隆绿蔬农产品有限公司和山东润隆食品有限公司抓住发展机遇，合作成立晋鲁诺佳食品有限公司，联合打造外向型蔬菜出口示范企业，完成海关备案，产品远销韩国、日本、菲律宾及欧洲各国。

二、强化利益联结，贫困户嵌进产业链

为密切利益联结，让村民有稳定的收入，该村采用"公司+合作社+农户"的模式，把贫困户"嵌"到产业链上，把企业"连"到扶贫线上，把社会"引"到扶贫路上，共同带动贫困群众就业创业、增收致富。所有贫困户在产业发展、土地流转、务工就业、股份合作中共享产业链上的增值收益，得到多重实惠。一是土地流转有分红。农户以土地流转方式入股合作社，合作社根据当地市场行情对入股土地进行折股量化，以老泉头为中心的17个村共流转土地1.4万亩，受益农户1 520户4 655人，人均增收1 200元。二是入社打工有收入。企业与合作社生产经营中，就近雇用当地农户，共吸纳农户1 057人（其中贫困户713人，占比67.5%），人均月收入2 000元左右。三是企业就业有工资。晋鲁诺佳食品有限公司吸纳1 400多名村民就业（其中贫困户500多人），人均月收入4 000元左右。四是蔬菜种植有效益。对于没有加入合作社的农户，企业与合作社向其提供育苗、农机和技术指导等服务，发展个体经营的蔬菜订单农业，仅此一项可带动全镇1 800多名贫困人口，人均增收2 600元左右。

三、突出辐射带动，十里八村走上致富路

一花独放不是春，百花齐放春满园。繁峙县大营镇老泉头村的脱水蔬菜产业示范带动作用突显，不仅让本村脱了贫，而且辐射带动周边农村的群众实现稳定增收致富。一是做强龙头带动。晋鲁诺佳食品有限公司先后投资4 500多万元，扩建了2期工程，建设4条生产线，3座恒温库，年加工脱水蔬菜8 000余吨。2017年，又新建成丰悦华蔬菜加工厂，可生产高品质脱水蔬菜4 700吨。2家企业共签订蔬菜种植合同1.8万亩，带动周边5个乡镇14个村，用工2 000余人，年产值达5 600万元。二是做大园区带动。老泉头村产业扶贫的成功，坚定了大营镇发展蔬菜种植加工园区的决心，在全镇4个片区17个村规划建设蔬菜种植园区，进一步辐射带动周边6个乡镇发展蔬菜种植。三是全产业链带动。随着蔬菜种植加工产业的发展壮大，产业链不断延伸拓展，带动蔬菜育苗、农资产品销售、农机服务、住宿餐饮、道路运输等相关产业快速发展壮大。

【贫困户受益案例】

谢香林，繁峙县大营镇小庄村人，务农为生。三个子女均在校读书，家庭收入低，属因学致贫的建档立卡贫困户。

在老泉头村发展壮大脱水蔬菜产业的机遇下，谢香林最初在本村流转土地24亩，争取扶贫小额贷款5万元，购置灌溉设施，大规模发展蔬菜种植，并与一家蔬菜加工企业签订销售合同。2016年，谢香林种植胡萝卜、辣椒30余亩，实现家庭人均增收5 200元。到手的收益大大激发了谢香林发展产业的热情，2017年，谢香林牵头带动本村17户贫困户发展蔬菜种植300余亩，每亩增收2 000元，成为村里的致富带头人。

创业成功的谢香林每次见到县乡的干部，就开心地讲："像我这样的老农民也能带着大家致富，是村党支部带领得好，更是党的扶贫政策好。"

产业扶贫开药方 "放母收羔"拔穷根

内蒙古突泉县典型案例

　　内蒙古兴安盟突泉县地处大兴安岭南麓浅山丘陵地带，属于典型的半农半牧地区。突泉县始终坚持牢牢抓住扶贫产业这个脱贫攻坚的"牛鼻子"，几年来，探索形成"放母收羔"产业扶贫模式，让农民不花钱先养羊，激发了贫困户内生动力，全县脱贫攻坚夯实了产业基础。经过几年努力，"放母收羔"模式已经带动贫困户426户，家庭年平均可增收20 000元左右。

扶贫龙头企业与贫困户签订协议书发放基础母羊

【主要做法】

一、企业提供母畜，供给农户繁殖，产仔归农户所有

在县政府协调下，县内优质养殖业扶贫龙头企业与贫困户签订协议书，商定企业发放适龄已孕的基础母羊10只给每个贫困养殖户，贫困户在自家庭院饲养，合同期3年。贫困户按第一年4只、第二年和第三年分别3只的"433"比例逐年向企业返还30斤以上的公羊羔作为服务费用。合同到期后企业收回基础母羊，其余羔羊归农户所有。

二、企业全程，跟踪服务，饲料及服务费用从回收仔羊收益中扣回

贫困户与企业签订合同后，企业对养殖户进行养殖技术培训，并在养殖过程中，以低于市场的价格向养殖户供应优质母羊料及羔羊料，并提供全程技术指导服务。合同期内，企业以成本价提供同期发情人工授精服务，父本采用纯种澳洲白、白萨福克等，确保羊羔质量，保证仔羊成活率在95%以上。同时，通过企业及时回购适龄公羊，解决群众养殖公羊支出成本高等问题，提升养殖户利润空间，使其效益最大化。

三、仔母羊育成繁殖，仔公羊育成出栏，借羊三年还企，贫困户形成自有规模量

企业给每个贫困户投放的10只基础母羊当年可生产两胎次，养殖户可得羊羔40只，归还公司4只公羔，剩余公羊羔可直接出售给企业，母羊羔次年开始成为基础母羊再生产，扣除饲养成本，户均年增收可达10 000元以上。2018年以来，共投放基础能繁母羊11 000只，截至2020年，投放户数426户，收羔7 000余只。今后，突泉县将继续鼓励贫困户发展"放母收羔"产业模式，同时，大力扶持企业发展壮大，延伸产业链条，带动更多贫困户稳定增收。

"放母收羔"产业发展模式，是突泉县脱贫攻坚工作实践中探索的有效带动农户发展产业的模式之一，在带动贫困户持续稳定增收中发挥了重要作用，其见效周期短、增收幅度大、养殖风险低、零成本养殖得到了全县广大贫困户的认可，符合贫困户产业发展意愿，为贫困户脱贫增收谋求了一条持续稳定无风险的致富路，极大地调动了贫困户的内生动力，产业发展氛围越来越浓厚，产业扶贫形成了"突泉模式"，为全县打赢打好脱贫攻坚战打下了坚实基础。

【贫困户受益案例】

张树宪，突泉县六户镇双兴村贫困户，妻子脑出血大手术，于2015年评为建档立卡贫困户。

脱贫攻坚以来，在镇领导和村书记的建议和推荐下，借了10只怀孕基础母羊在家饲养，他心中既有欣喜也有一些担忧，怕产羔达不到数量，自己费心养殖最终效益不高。母羊到他家的第一天就产下一只健康的羊羔，饲养一路顺风，他乐得合不拢嘴，对"放母收羔"项目一下子充满了信心。如今已经是第三个年头，他是越养越有劲头，每年除了返给公司的羊羔，还获得出栏肉羊收入15 000元，自家还剩6只羔羊。

2020年，张树宪又跟公司申请领养了20只基础母羊，一提起"放母收羔"项目他都是眉开眼笑、赞不绝口。

"1＋4"，金鸡欢鸣向小康

辽宁北票市典型案例

　　辽宁省北票市充分发挥畜牧产业优势，创新实施了"1＋4"产业扶贫模式，即党委和政府牵头、金融机构参与，选择经济实力雄厚、社会责任感强、贷款信誉好的企业建设扶贫农场，通过合作社发展产业项目，达到带动建档立卡贫困户脱贫，实现五位一体、多方共赢的目的。

　　"1＋4"产业扶贫模式，使农业产业化龙头企业不断发展壮大，农产品深加工产业链条不断延伸，村集体经济活力不断增强，贫困群众收益不断增加，取得了良好的经济效益和社会效益。截至目前，全市共建设"1＋4"肉鸡养殖扶贫农场25个，带动贫困户11 696户24 406人次，为贫困户返利3 762.8万元。

辽宁北票"1＋4"肉鸡养殖扶贫农场

【主要做法】

"1 + 4"产业扶贫模式，其中"1"是指党委和政府，在该模式中起主导作用；"4"是指银行、企业、合作社和贫困户。

政府牵头主导。市委、市政府充分调动了扶贫、农经、畜牧、水务、环保等部门的积极性，下基层、到乡镇、入村屯、进农户，帮助研究解决问题，协调推进工作，形成了扶贫工作合力，积极主动选地方、调地块，为企业服务，建设扶贫农场。政府扶贫部门牵头与金融机构、企业开展合作，并签订三方合作协议，明晰各自权利和责任。建立"增信"机制，每年拿出一定额度的扶贫专项资金作为风险补偿基金，充分发挥扶贫资金"四两拨千斤"的杠杆作用。

引入金融助力。北票市委、市政府与农业银行北票市分行开展合作。市政府部门为农业银行北票市分行注入风险补偿基金，农业银行北票市分行以放大10倍于补偿基金的额度投放贷款，并执行优惠利率，助力产业发展，带动贫困户脱贫致富。

突出龙头带动。国家级扶贫龙头企业——北票市宏发食品有限公司是以养殖肉鸡和生产加工肉鸡系列产品为主的北票本土企业，是肯德基和双汇集团长期供货商之一，经济实力雄厚，社会责任感强，贷款信誉良好，多年来在产业扶贫带动贫困户稳定脱贫方面作出了重要贡献。公司派出近20人的小分队到各乡镇看点、选点、定点，规划建设扶贫农场。承担"1 + 4"扶贫农场建设及设备安装，并独立经营发展产业，企业每年按照合作社注入资金总额的10%定额返利。同时，充分发挥宏发食品有限公司培育肉鸡养殖大户多的优势，将肉鸡养殖大户也纳入到"1 + 4"产业扶贫模式中来，扩大扶贫产业链条，由政府交纳风险补偿基金，宏发食品有限公司担保，银行发放贷款给肉鸡养殖大户，带动贫困户共同发展项目增收。通过实施"1 + 4"产业扶贫模式，不但有效带动贫困户增收，企业年产值也由2015年的13亿元提高到当前的40亿元，实现贫困户增收和企业发展双赢。

合作社收益分配。由乡镇组织成立扶贫专业合作社，吸纳贫困户入社，精选能人担任合作社理事长。合作社负责和宏发食品有限公司签订相关合作协议，以及对贫困户年度收益分配发放等工作。通过建设"1 + 4"肉鸡养殖扶贫农场，企业与各乡镇签订了租地合同，利用当地集体荒山建设农场，农场所在地的村每年可获得集体收入1万元以上，进一步壮大了集体经济。

贫困户受益脱贫。贫困户纷纷主动加入合作社，参与企业产业发展；通过这种"投资不投劳、投入有产出"的方式，确保丧失劳动能力和无劳动能力的贫困户实现稳定脱贫。

【贫困户受益案例】

案例一

徐林，北票市章吉营乡三官营村贫困户，本人已经70多岁，老伴身体有病，长年买药看病需要花钱，生活很困难。

2017年，三官营村里成立了心系民养殖专业合作社，组织村里贫困户都加入了合作社，通过"1＋4"扶贫农场带动，徐林每年可获得收益1500元。"加入合作社，收入增加了，日子是一天比一天好了。"徐林的脸上挂满了喜悦。

案例二

张树山，北票市东官营镇炮手村贫困户，张树山与妻子两人都患病干不了重活，基本丧失劳动能力，生活困难。

2016年，张树山加入合作社，参与"1＋4"产业扶贫，每年可获得返利收益1500元，生活得到了改善。"有了这笔收入，我们两口子能够用这笔钱买些医药品，同时还可以利用余钱买些鸡鸭鹅等家禽来喂养，日子比以前好了很多。"

五叠加一带动　稳增收促脱贫
吉林大安市典型案例

　　吉林省大安市处于大兴安岭南麓集中连片特困地区，是国家级贫困县，辖18个乡镇、223个行政村、619个自然屯。脱贫攻坚战役打响以来，大安市始终把推动扶贫产业发展作为重中之重，坚持聚力到户、受益精准，因地制宜、产业精准，科学设计、项目精准的原则，加大金融支持力度，大力实施"五叠加一带动"扶贫产业发展模式，即：发展种养产业、庭院经济、光伏项目、扶贫公益岗位、电商产业和经营主体带动，做到每户贫困户至少享受2项产业扶贫政策，每户都有稳定的增收渠道和收入来源。截至2019年年底，全市建档立卡贫困人口18 270户、32 811人，累计脱贫17 813户、31 941人，94个贫困村全部退出，剩余未脱贫457户、870人，贫困发生率从2015年年末的14.8%下降到0.33%。

大安市群众发展庭院经济种植万寿菊

【主要做法】

一、推进种养产业叠加

实施脱贫攻坚，项目落实是重点。2016—2017年，为避免边缘户攀比，推行"阶梯缓冲式"建档模式，按照贫困程度，分类确定"三星、二星、一星"贫困户，根据贫困户发展意愿，采取"见物不见钱"方法，实行差异化扶持。一是全力扶持"三星户"。发展大棚的2016年每户补贴8 000元，2017年每户补贴12 000元；发展养殖的2016年每户补贴5 000元，2017年每户补贴8 000元。二是重点扶持"二星户"。发展大棚的2016年每户补贴5 500元，2017年每户补贴12 000元；发展养殖的2016年每户补贴3 000元，2017年每户补贴5 000元。三是贷款扶持"一星户"。发展生产所需项目资金，由农商行侧重种植业、农行侧重养殖业提供贷款，财政予以限额贷款全额贴息。两年来，共发展3 904栋大棚和近40万头畜禽，并持续发挥效益，贫困户年户均增收1 200元以上。

二、推进庭院经济叠加

结合吉林西部农村院落面积大、灌溉条件好等实际情况，大力发展庭院经济。连续四年发展庭院经济，贫困户每平方米补贴3元（每户最高补贴1 000元），非贫困户每平方米补贴1元（每户补贴不超300元），全面推进"一乡一业""一村一品"产业规模化发展，整合全市各包保部门资源力量，统一步调，合力推进，积极组织各乡、村与龙头企业、农业合作社等经济体签订收购合同，形成了以万寿菊、油葵、谷子、黄菇娘、红干椒为主要种植品种的庭院经济发展模式，确保实现建档立卡贫困种植户庭院经济订单全覆盖。累计发展庭院经济1 777万米^2，落实订单面积1 405万米^2，重点发展黄菇娘、红干椒、谷子、油葵、万寿菊等特色作物，庭院经济"一村一品"初步形成规模，贫困户年户均收益达1 300元以上。

三、推进光伏项目叠加

抢抓国家光伏扶贫政策机遇，与江苏爱康、青岛昌盛等光伏企业达成合作协议，累计完成光伏扶贫电站总规模16.33万千瓦，其中，集中式扶贫电站7个，总装机11.5万千瓦，分布式村级电站87个，总装机4.83万千瓦。制定了《大安市光伏扶贫项目收益分配监督管理办法》，根据该办法每年由精准扶贫领导小组根据实际情况和需要制定年度光伏收入分配方案，3年共"分红"4 610万元，平均增收2 520元，除光伏"分红"实现贫困户全覆盖外，收益还用于壮大村级集体经济、开展小型公益事业等。

四、推进扶贫公益岗位叠加

认真贯彻落实党中央、国务院和吉林省关于就业扶贫工作的决策部署和政策措施，紧紧围绕贫困劳动力的脱贫需求，有针对性地实施"精准就业服务、公益性岗位安置、技能培训提升、转移就业创收"等重点任务。一是强队伍建台账。市级层面成立就业扶贫工作领导小组，各乡镇安排专人负责，并在每个贫困村培育一名返乡创业致富带头人。强化信息系统管理，将贫困人口录入就业信息子系统，共录入贫困人口32 811人。二是增投入扩规模。2017年以来，选聘贫困人口护林员2 618人次，发放补助1 556万元。开发扶贫公益岗保洁员3 295人，每人年收入3 600元。从2020年5月1日起，将补贴标准提高到1 000元，安置贫困人口保洁员1 436人。计划以非全日制工作方式安置3 200人以上，每月补贴200元或300元。三是选岗位建载体。结合实际情况，引导农民工和贫困劳动力转移就业，4年来每年平均转移就业达2 417人。共创建就业扶贫车间8个，安置58名贫困劳动力就业。

五、推进电商产业叠加

充分利用"互联网＋"改革发展的机遇，大力发展农村电子商务，刺激农村消费市场。走出一条"工业品"进村、"农产品"进城的发展之路。一是电子商务服务站全覆盖。在全市223个行政村全部完成村级电子商务服务站建设，贫困户能通过电子商务服务站线上销售本地特色农产品，增加贫困户收入，为贫困户脱贫致富打下坚实的基础。二是城乡物流高效配送。创建国家级电子商务进农村示范县，大力发展物流业，着力解决县乡村三级物流配送，解决农村商贸物流"最后一公里"的瓶颈问题。三是打造乡镇品牌建设。结合本地电商企业优势资源，加大电商扶贫推进力度。在全市各乡镇通过农村合作社打造本地特色农产品的品牌培育，以合作社的形式带动更多的贫困户脱贫致富。脱贫攻坚以来，建成1个电商产业园、1个电商物流园、17个乡镇物流中转站、8个线下体验店、229个村级电商服务站（含10个场站）。10种特色农产品实现网上销售，2019年仅黄菇娘就实现"上行销售"420万元，"大安黄菇娘助力脱贫"登陆央视。

六、推进经营主体带动

按照项目资金跟着贫困户走，贫困户跟着合作社走，合作社跟着龙头企业走，龙头企业跟着市场走"四跟进"产业扶贫思路，发展3种带户模式：一是"龙头企业"＋基地＋贫困户模式，农业产业化龙头企业与贫困户签订订单，流转土地，建设基地，优惠收购，开展劳务，形成"利益共享，风险同担"的经济联合体；二是合作社＋贫困户模式，发挥种植、养殖业合作社的技术优势、市场销售优势，吸纳贫困户入社，贫困户以自身享受的低息贷款、贴息和项目补贴等优惠政策进社入股分红，实现"捆绑"致富；三是政策性投资＋贫困户模式，利用国家扶贫政策性投资与贫困户脱贫有效结合，帮扶贫困户。截至目前，全市10家龙头企业、60家合作社和15家家庭农场参与带户增收，累计带动贫困户12 391户增收致富。

【贫困户受益案例】

案例一

陶洪才，大安市月亮泡镇殿元村西根宝店屯贫困户。因病致贫，本人患有糖尿病，子女在职业中学读书，2015年人均收入2 800元，被评为建档立卡贫困户。

脱贫攻坚以来，乡村及驻村工作队积极为陶洪才研究产业发展项目，根据实际情况，为陶洪才提供基础母羊7只（合作经营），大棚1栋（加入合作社）。同时，他积极发展庭院经济种植万寿菊，并被聘为村保洁员，目前年人均收入达到12 000元，远远超过了脱贫标准，顺利实现脱贫。

"以前的我是个对生活失去了信心的人，现在通过扶贫对我的帮扶，特别是各级领导对我的开导和鼓励，使我对今后的生活充满了信心，我们家的生活会越来越好！"陶洪才信心满满地说。

案例二

朱庆忠，大安市海坨乡黑山村钟围屯贫困户。因患胃癌，胃切除2/3，2015年年底被评为建档立卡贫困户。

2016年，大安市政府扶持朱庆忠饲养基础母猪3头，就产仔猪26头，收入2万多元，当年年底就退出贫困户行列。在村干部和驻村工作队员的帮助下，院子里种上了谷子，因为完全施用农家肥，每斤小米至少能卖7元钱。每年夏秋季节，朱庆忠还到村后的河里摘蒲黄，卖到电商服务站，再增加一项收入。如今，朱庆忠每年通过卖猪崽、种谷子、摘蒲黄的收入和村里光伏项目给的补助，一年下来有4万～5万元的收入。

"我家现在可不是脱贫呢，是致富咧！"朱庆忠憨厚地笑着说。

挖"三闲" 促"三增"

黑龙江方正县典型案例

黑龙江省哈尔滨市方正县牢固树立"绿水青山就是金山银山"的生态文明思想，立足生态优势，结合精准扶贫，将打造绿水青山与实施产业扶贫深度融合，深挖农村闲置劳动力、闲置时间、闲置菜园，大力培育和发展苗木产业，促进了农业增效、山川增绿、村集体和贫困户增收，走出了一条生态扶贫之路。

目前，全县打造种苗组培与繁育中心1处，绿化苗木、红松果林和大榛子示范基地31处，村集体苗木基地63处，有1539户参与苗木产业发展，共发展绿化苗木2167亩、红松果林3042亩、大榛子1850亩，形成了县、乡、村、户四级联动，科研、种苗、繁育全体系发展，技术指导、市场销售、管理服务全程化的主导产业体系，带动1539户贫困户稳定脱贫，人均年增收1500元以上，实现了打造绿水青山和实施产业扶贫有机融合，经济效益、社会效益和生态效益有机融合。

方正县松南乡红旗村樟子松容器育苗培育基地

【主要做法】

一、种苗培育先行，上下联动配套，打造苗木科研、示范、繁育一条龙

方正县现有建档立卡贫困户1 657户3 297人，70%为老弱病残户，绝大多数没有外出务工能力，只能在村内从事力所能及的劳动。针对这一情况，方正县充分利用苗木市场行情好、投入与管理成本低、产品增值率高、贫困户参与度高的特点，鼓励支持贫困户利用房前屋后菜园繁育绿化苗木，鼓励支持各乡镇、村屯利用收回的宅基地、闲置废弃地、机动地和闲置校舍、厂房等集体资源，大力发展苗木产业，夯实产业扶贫增收基础。

一是县级抓种苗繁育。2018年，方正县与东北林业大学种苗繁育国家重点实验室合作，投资554万元，建设了种苗组培与繁育中心，高标准打造县级种苗繁育示范基地320亩，选育适合林地条件的彩叶绿化树种、优质坚果红松、樟子松、山核桃等景观苗木和经济林品种，每年可提供各类组培苗、优质种苗400万株以上。

二是乡村抓示范基地。投入扶贫资金160万元，重点建设了会发镇平原村、松南乡黎明村、天门乡新兴村、德善乡德善村共4处、200亩的扶贫苗木示范基地钵体容器育苗项目，栽植景观苗木、红松、樟子松种苗93万株。会发镇平原村和县园林办合作，采取"双方共建、保底分红"的模式，由县园林办出管理与技术，平原村利用扶贫基地50栋大棚，建成了以小叶丁香、冷香玫瑰、金焰绣线菊等绿化灌木、花卉为主的种苗繁育基地，每年为城区绿化和贫困户繁育苗木提供优质苗源73万株，村集体年纯收入超过24.6万元，其中保底租金10万元，分红收入14.6万元；带动10户贫困户就近到基地打工，户均年增收8 000元以上。

三是农户抓庭院扩繁。积极鼓励贫困户利用房前屋后菜园进行苗木扩繁，种苗由县扶贫办和县林草局从种苗繁育基地贷给贫困户，先记账，苗木出售后再结算，贫困户不用投入资金，只需负责日常除草、打垄、抹芽、浇水等管理工作，无论年龄多大，只要能侍弄菜园，在家门口就能把苗木繁育干起来。苗木长成后，由县林草局统一分级回收、优质优价，用于县内绿化和对外销售，倒出的地块组织贫困户进行第二次繁育，确保贫困户脱贫产业增收可持续。截至目前，全县有1 539户建档立卡贫困户利用菜园参与苗木繁育，占建档立卡贫困户总数的92.8%，繁育苗木1144亩，户均0.74亩，年增收1 500元以上。

二、壮大集体经济，厚植脱贫基础，形成农户增收、山川增绿、集体增效一盘棋

方正作为生态大县，把建设"绿色银行"、壮大村级集体经济作为脱贫基础，促进

贫困户、贫困村持续增收的重要抓手，充分利用各村收回的宅基地、闲置废弃地、"五荒地"等资源，采取村集体领办、合作社和能人示范等多种形式，推进退耕还林，大力发展绿化苗木和经济林产业，打造"绿色小银行"。比如：松南乡黎明村5.3亩苗圃种植樟子松3 180株、16亩钵体容器育苗示范基地培育樟子松61 000株，3年可带动村集体增收45万元，共吸纳16户贫困户打工，户均年增收2 000元左右。目前，全县63个村共打造"绿色小银行"1 023亩，其中：9个贫困村建成苗圃181.5亩，占村级苗圃面积的17.74%。各村"绿色小银行"已经成为拓宽村集体持续增收的稳定渠道，成为贫困户稳定脱贫的坚强靠山。

三、组建工作专班，全程跟踪服务，实现技术指导、市场销售、管理服务一体化

方正县采取"业务专班+志愿者团队+帮扶干部"的模式，由县林草局牵头组建了50人的技术指导专班和6人的销售服务队，成立了由苗木繁育技术能手担任队长，95名大户、能人、技术人员和村干部组成的"绿卫志愿者服务队"，并充分发挥65个驻村工作队和1 449名帮扶干部的作用，从种植、管理、销售等多方面进行跟踪服务，及时帮助浇水、除草，对于出现病虫害的苗木，及时联系林业专家诊治，保证树苗成活成才率，保证苗木产业走实走稳、高质量发展。近两年春季，共帮助贫困户销售萌条81万棵，"两根一杆"杨树苗31万株。

【贫困户受益案例】

王云朋，大罗密镇大罗密村建档立卡贫困户，54周岁，1口人，肢体二级残疾，因残致贫，2014年年底被识别为建档立卡贫困户，2018年年底实现脱贫。

王云朋自2018年响应政府栽植树苗政策以来，利用自家园子扦插杨树苗1万株，2019年卖出萌条8 000棵，收入800元；2020年卖出"两根一杆"3 500株，收入5 600元；2021年还能卖出"三根两杆"4 000株，预计可获得收入8 800元，3年来累计可增收15 200元，年均可增收3 800元。

王云朋说："自己二级残疾，行动不便，以前没种树苗时，感觉什么也干不了，生活很困难。现在种了扶贫树苗，不光增加了收入，而且信心也足了，感觉还有更多的事情可以做"。

"五销模式"两头甜

安徽铜陵市典型案例

2019年以来,安徽省铜陵市积极探索"五销模式",做实消费扶贫,通过搭建平台展销、网络渠道促销、帮扶单位购销、培育品牌助销、龙头企业带销等方式,着力打通制约消费扶贫的痛点、难点和堵点,推动贫困地区农副产品融入大市场,为助力坚决打赢脱贫攻坚战、推进实施乡村振兴战略做出积极探索。截至目前,"五销模式"直接帮助销售贫困地区农副产品8 600多万元,有效解决了贫困群众农副产品"销售难"问题,同时让本地市民吃上了特色农产品,实现了"两头甜"。2020年5月,铜陵市消费扶贫"五销模式"在全省产业扶贫现场会上作典型经验交流。

2019年铜陵市推进消费扶贫暨贫困地区农产品展销会

【主要做法】

一、政府引导，搭建平台"展"销

举办产销对接会集中展销。2019年9月23—24日在全省率先举办铜陵市推进消费
扶贫暨贫困地区农产品产销对接会，将全市55家贫困地区产业化龙头企业、合作社、
家庭农场以及部分贫困户的100余种优质农副产品搬到市区集中展销，让市民知晓、接
受、认可，有效提升了产品的知名度和美誉度，展销的农副产品现场销售一空。对接
会上18家单位现场签订1 300余万元产销对接协议，全部按期完成采购交易。打造线上
平台长效展销。指导支持铜陵港航集团开发"铜官乐"消费扶贫电商平台，设置扶贫
产品和特色产品专区，目前已上架产品105个，集中推介、展示、销售贫困地区特色农
副产品，以"互联网＋精准扶贫"模式，引导社会力量便捷参与消费扶贫，倾力打造
"永不落幕的网上展会"，正式上线运行5个多月以来，注册会员4万余人，交易额2 000
多万元。

二、市场运作，线上渠道"促"销

依托本土电商促销。面对突如其来的新冠肺炎疫情，在全省率先出台政策，引导
电商企业开展"抗疫助农"活动，对疫情防控期间收购贫困村合作社、贫困户农副产
品的给予收购金额10%的补助。目前蟹之都等电商企业已收售贫困地区农副产品1 000
余万元。借力知名电商促销。推动本土电商企业与京东、阿里、拼多多等平台合作，
相继建立铜陵特产馆、枞阳特产馆、专营店、微平台等，年销售总额上亿元，范围覆
盖铜陵市1县3区，并针对贫困地区、贫困户的农产品建立微平台、小程序，快速有效
解决农产品上行问题，让贫困地区特色农产品卖得出、卖得远、卖出好价钱。

三、精准对接，帮扶单位"购"销

以"一结双包"定点帮扶为切入点，从2019年起将消费扶贫纳入帮扶内容，建立
消费扶贫精准对接机制，推动全市2个结对区和272个包村单位全面参与消费扶贫。精
准摸清供给。市扶贫部门牵头组织开展贫困地区农副产品摸底，对236个农产品经营主
体的300多种产品分成五十大类，编制贫困地区农副产品目录清单，对每个产品的产
量、产地、供货主体、销售时间、联系人及联系方式等信息进行全面统计。合理引导
需求。倡议各级工会优先采购贫困地区农产品发放职工福利，鼓励帮扶干部自主购买
结对贫困户自种自养农产品。2019年以来，全市各帮扶单位工会福利采购贫困地区农
产品4 800余万元。积极组织对接。推动国企、高校、医院等单位与贫困地区签订农产
品产销对接协议，建立长期定向采购合作机制；引导电商参与服务采购贫困地区农副

产品，编制若干配送套餐，方便帮扶单位集中采购和市民网上购买。2020年4月铜陵有色集团公司还专门走进结对帮扶村举办消费扶贫农产品订购会，现场签订消费扶贫协议460万元。

四、整合资源，培育品牌"助"销

立足实际发展优势产业。将贫困地区特色农业项目优先列入优势特色农业提质增效行动计划，大力推进"三品一标"标准化生产示范，培育县级以上"一村一品"专业示范村82个，其中国家级示范村2个，省级示范村8个，涌现出一批省内乃至国内外知名度较高的品牌农产品。模式创新放大品牌效应。大力推广"地理标志＋龙头企业＋农户"等产业化经营模式，枞阳媒鸭每年出售约50万只以上，腌制的枞阳媒鸭蛋6 000万枚以上，媒鸭产业总产值超亿元，带动了1 300多户贫困户增收。枞阳媒鸭商标富农案例入选国家商标富农和运用地理标志精准扶贫十大典型案例。

五、规划引领，龙头企业"带"销

立足枞阳县传统农业大县的实际和资源禀赋，市县一体谋划，上下联动实施白茶、设施蔬菜、花卉苗木、稻鱼（虾）综合种养、水产健康养殖、秸秆综合利用等特色种养业六大"万千工程"，实现每个产业工程面积万亩（万吨）以上、带动贫困户千户以上。通过企业联村、利益联结、政策联动，带动群众持续增收，目前，已辐射带动193个村产业发展，建成白茶种植2万亩、稻虾（稻鱼）混养5万亩、设施蔬菜种植1万亩、花卉苗木种植1.5万亩、净水养殖10万亩、秸秆综合利用20万吨。采取"龙头企业＋合作社＋农户"等模式，对贫困户的农产品进行收集、分级、包装、检测、配送，与消费地市场实现精准对接，带动贫困地区和贫困户农产品销售，解决千家万户小农户难以与千变万化大市场对接的难题。

【贫困户受益案例】

案例一

施祥龙，铜陵市枞阳县藕山镇白荡湖村因病致贫贫困户。此前身患尿毒症，其妻子用自己的肾挽救丈夫在当地传为美谈。病愈后，施祥龙创办家庭农场，实施稻虾共作，并且规模越做越大，不仅自己2018年脱了贫，还带动10名贫困劳动力就业。

施祥龙家庭农场在政府的推动下，与专业电商合作，注册了"施祥龙"商标，对稻虾米进行包装、合理定价，并且通过政府展销平台展销、线上渠道促销、帮扶单位购销等方式销售。2019年，施祥龙实现稻虾米出货22万余斤，其中近20万斤是通过消费扶贫方式销售的。2020年受疫情影响，施祥龙1万斤稻虾米积压，铜陵本地国有企业出资打造的"铜官乐"消费扶贫电商平台得知消息后，为其举办专场公益助销活动，仅用时54分钟，1万斤大米便销售一空。2019年仅种植稻虾米的年收益就达11万元，2020年施祥龙又扩大规模，种植面积达到500多亩。施祥龙连声感慨："消费扶贫为我解了燃眉之急，产品销路有了保障，也让我更有信心做好自己的产业。"

现在，施祥龙把女儿女婿叫回来一起发展，他自己还开通了抖音账号直播带货，信心满满。

案例二

朱长顺，铜陵市枞阳县会宫镇晓春村贫困户，因缺技术致贫。

2015年，朱长顺通过帮扶办起养殖场，其养殖的本地鸭产蛋量大，通过制作咸鸭蛋提高产品附加值，但销路不佳。通过精准帮扶，朱长顺与蟹之都贸易有限公司建立合作关系，其生产的咸鸭蛋顺利加入蟹之都公司旗下"小枞"农产品区域公用品牌。2020年疫情期间通过蟹之都公司成功售卖积压的鸭蛋3万余枚，他做的咸鸭蛋还成为了枞阳县长"直播带货"的特色产品。

2019年，他家光养鸭年收益就有6万多元，2020年收益将超过10万元，稳定走上了致富路。"有龙头企业的带动，我们个体经营户就有了靠山。"朱长顺说。

水患致贫　治水脱贫
安徽颍上县典型案例

　　颍上县南临淮河，北靠西淝河，颍河、济河贯穿县境，素有"五河三湾七十二湖"之称，地处沿淮低洼地，是海拔高度仅19米的行蓄洪区，2011年被确定为国家扶贫开发工作重点县和大别山片区县。20世纪90年代，颍上县为配合抗洪救灾，行洪、蓄洪45次，造成经济损失约62亿元，当地长期陷于无法发展稳定长效产业的困局。近年来，颍上县按照"宜水则水、宜牧则牧、宜渔则渔"的原则，大力发展水产养殖、水禽养殖、水生蔬菜"三水"产业，探索出了一条"以水兴县、以水富民"的好路子。

颍上县王岗镇淮罗庄台新貌

【主要做法】

一、治理水患，破除制约产业发展瓶颈

面对"水利不兴、百业不举"的严峻形势，颍上县先以治淮为重点，筑堤建坝，开沟挖塘，蓄泄兼治，着力完善庄台及行蓄洪区的水利功能，加快水患向水利的转变，变"民生洼地"为"生态宜居高地"。一是治洪灾。先后完成了临淮岗洪水控制工程颍上境内工程、姜唐湖联圩工程、淮北大堤颍左堤加固等重点工程建设，共修堤347.3公里。淮河洪水通过拦、蓄、泄、调等措施得到全面控制，根除了洪灾。二是除涝害。对县内行蓄洪区和四大洼地进行了全面治理。排涝标准基本达到5～10年一遇，结束了大雨大害、小雨小害的局面。三是兴水利。先后兴建排水灌区10余处，有效灌溉面积52万亩以上。兴建引水灌区3个，有效灌溉面积76万亩。全县有效灌溉面积达到128万亩，把低湖洼地变成了产业发展高地，不再无雨即旱灾。四是建庄台。投入2.6亿元，按照"减总量、优存量、建新村、分步走"的要求，对沿淮22个庄台基础设施和公共服务设施高标准改造升级，拆除庄台违建，全面整治脏乱差环境。大力实施小花园、小果园、小菜园、小鱼塘、小水塔、小公厕、小广场、小污水处理站、小生活平台"九小"工程，将蓄洪低地变为产业发展宝地，把民生洼地变为生态宜居高地，脏乱差的偏僻庄台变成了旅游福地。

二、因地制宜，规划引导

针对地理条件和资源特点，县政府编制出台《沿淮行蓄洪区适应性农业发展规划》《颍上县水域滩涂养殖发展规划》，明确在长期淹水湖洼地域，尽可能实行退耕还湖、还水、还湿，发挥湿地生态功能，利用丰富水草资源，发展淮河麻鸭、皖西白鹅等优质水禽；在水稻产区、淮河颍河河道滩涂区、沿淮蓄滞洪区和沿湖低洼地区扶持发展水生蔬菜；在八里河、煤矿塌陷区、灵台湖等重点水域发展水产养殖，着力发展"三水"产业，走农牧结合、立体种养、产业脱贫发展之路。目前，发展水产养殖面积47.2万亩，其中稻虾、稻鳅、稻蟹等稻渔综合种养26.7万亩，鱼菜共生种养模式5.5万亩，水面养殖15万亩，水产品产量4.7万吨，渔业产值11.3亿元；发展莲藕、茭白、菱角、芡实等水生蔬菜10万亩；发展鸭、鹅等水禽养殖300万只。利用沿淮洼地水草繁茂的优势，发展牛、羊养殖10万头，"三水"产业版图日益完善，成为全县脱贫攻坚的主导产业。

三、政府推动，政策扶持

出台《颍上县人民政府关于支持沿淮及低洼地区发展适应性农业的意见》《颍上县

人民政府办公室关于支持行蓄洪区生态农业发展带动脱贫攻坚若干政策的通知》等文件，加大资金支持力度。2017—2019年，连续3年对稻渔综合种养明确给予奖补。对当年新增稻田综合种养面积50亩以上的，每亩奖补300元。对贫困户发展优先支持，凡贫困户自己发展稻田综合种养4亩以上的，每亩奖补1 000元，每年最高补助5 000元。凡稻田综合种养经营主体带动贫困户脱贫的，按带动脱贫户数量每个奖励1 000元。对达到"一村一品"示范村标准的，每村扶持100万元，达到特色产业扶贫示范村的，每村扶持50万元，共拨付扶持资金1.15亿元。县政府出资8 000多万元设立农业发展小额信贷风险保证金，为全县行蓄洪区发展特色产业的贫困户和带贫主体，购买"保自然灾害、意外事故、实际收入"的农业综合保险。

四、科技支撑，培训指导

为解决"三水"产业发展的技术难题，与武汉水生植物研究所、安徽农业大学、安徽省农科院签订科技协作协议，聘请专家担任颍上水生蔬菜及稻田综合种养发展技术顾问。与国家大宗淡水鱼产业技术体系、安徽农业大学、安徽省水科所、安徽省渔业协会4家国内知名专家团队开展水产养殖结对帮扶。每年多次举办各类产业培训班，累计培训6.5万人次，先后组织县乡村干部、专业合作社负责人、种养大户等赴县内外、省内外参观学习60余次，组织农业技术人员进村入户，开展田间培训服务。

五、多种产业发展模式促贫困户增收

支持园区、龙头企业、合作社、能人大户、家庭农场带动贫困村、贫困户发展特色产业。支持行蓄洪区贫困户自主调整种养结构，发展特色产业或以其他方式参与产业发展。完善利益联结机制、带贫减贫长效机制，促进贫困村集体经济和贫困户增收。

一是通过新型农业经营主体带动。县委书记、县长亲自带队去合肥、武汉等地招商引资，引进湖北省监利县楚莲源莲藕种植专业合作社建设项目，注册成立颍上县御莲源莲藕种植专业合作社，流转土地面积1.2万亩种植莲藕及产品加工，公司通过"两入股一合作"模式有效带动贫困户脱贫增收。其中通过流转102户贫困户土地入股及带资入股方式，带动贫困户每户年增收5 000余元。为200个贫困户提供特色种养技术指导和产品销售服务。通过劳务合作方式就业68人，其中贫困户14人常年务工，收入1.5万元。全县78个园区、85家龙头企业、697家合作社、287个家庭农场共带动贫困户47 166户125 756人发展农业特色产业，实现了稳定增收，有力带动了各乡镇"三水"产业的发展。

二是通过建设基地园区带动。引进安徽省云富翔有限公司，注册成立颍上县铭阳渔业有限公司，在夏桥镇罗洋村、郭圩村流转土地4 700亩，发展稻田小龙虾（河蟹）等生态综合种养。2020年，发展河蟹养殖1 500亩、鳜鱼养殖600亩、稻田养殖小龙虾2 200亩、种植睡莲300亩、发展经果林100亩。平均亩产小龙虾120千克、河蟹110千克、鳜鱼230千克、水稻550千克，亩效益3 000元以上。提供100多个就业岗位，现已带动50多户贫困户实现就业脱贫。铭阳渔业有限公司积极拓展销售渠道，与当地永辉等大型超市签订长年供货订单，小龙虾等水产品已通过省进出口检验检疫局检测合格。目前，全县已建成芡实、莲藕，养鹅、养鱼、稻田养虾、稻田养鸭等特色种养基地400多家、万亩龙虾养殖基地3个、千亩龙虾养殖基地26个、煤矿塌陷区珍珠养殖8 000多亩。

三是通过扶持发展一村一品带动。全县78个贫困村均实施了特色产业扶贫项目，每村均有1个以上的农民专业合作社和1个以上的产业扶贫基地，其中26个贫困村达到省定特色种养业扶贫"一村一品"专业村标准，有52个村达到特色村标准。关屯乡三里村以稻虾综合养殖作为主导产业，通过发展龙虾养殖基地带动了102户贫困户，其中提供务工岗位12户，贫困户带资入股40户，土地入股50户。通过注册合作社绿色产品品牌和电商销售等手段，2019年三里村集体收入达到15.2万元。

四是通过扶持发展自种自养带动。激发贫困户自我脱贫和发展的内生动力，尊重贫困户意愿，力争帮扶每一户有条件、有劳动能力的贫困户发展一项以上特色种养业。根据奖补标准，每年给予每户5 000元产业发展扶持资金。目前，已发展到户产业项目26.87万个，兑现贫困户产业发展扶持资金3.567亿元。特色产业发展达标户累计53 437户，发展水生蔬菜5.85万亩、水禽20万只、水产养殖2.84万亩。关屯乡古城村贫困户武德利6口人，发展芡实下养鱼综合种养项目，通过流转其他群众低湖地，已扩大到80亩，年平均增收8万元。

"白茶银仓"的带贫效应

福建寿宁县典型案例

福建省寿宁县竹管垅乡地处鹫峰山脉南麓，海拔300～700米，年均气温16℃，土壤富含硒、锌等微量元素，是闽东的知名茶乡。过去，由于茶园管理水平不高、茶企规模较小、茶叶附加值低，茶产业增收致富作用未能充分发挥。脱贫攻坚以来，竹管垅乡利用白茶可饮可藏、越陈越香的商品特性，把发展茶业作为精准扶贫的重要抓手，将白茶的存储销售与现代银行的经营管理相结合，创新推出政府搭建"白茶银仓"、村委投资建厂、贫困户种植、茶企生产、第三方销售的共同受益模式，带动壮大村集体经济，助力脱贫增收。全乡现有茶园面积1.3万亩，人均茶园面积1.5亩，全乡33户148名建档立卡贫困人口实现脱贫。

"白茶银仓"体验馆

【主要做法】

一、推行"合作社＋农户"

依托条件较好的江岔村级组织，成立茶叶专业合作社，吸纳贫困户以茶园入股。茶企按成品出厂价提供给合作社，销售额扣除仓储、办公、推介、运输等必要费用后，纯利润按投入资金额和有效茶园入股进行分红。合作社对贫困户示范推广先进茶叶科学技术和无公害生产管理模式，带动所有茶农按照质量标准和市场需求组织生产，建成连片有机茶园800亩，并由政府按标准给贫困户提供种植补贴。

二、引入民资回归建厂

通过定向招商，引导当地在外经商企业回乡投资建设占地4.5亩的标准化厂房，申办QS认证（2018年10月1日以后为"SC"标志），以自销直营和专供两种方式生产、储存、销售白茶茶饼，并引进茶企和标准化生产设备、技术，设计系列包装，与茶农签订高于市场价的茶青收购协议，为茶农增加收入。

三、利用闲置资产仓储

存储白茶饼具有较高的升值空间，且风险低，提供存储和销售业务，可购买后存储再委托销售。竹管垄乡将江岔村闲置的小学校舍修缮成可存储白茶的"白茶银仓"，交付给江岔村委会管理和使用，开设有标准化仓储间4个，建筑面积500米^2，预计存储茶饼10万个。全乡9个行政村村委会各投入10万元用于采购白茶饼，统一存入仓储室，实行严格入库存案、全程跟踪记录，打造集"专业仓储、现代物流、等级评定"为一体的创新服务供应链仓储。

四、探索运营管理模式

植入现代银行经营管理理念，强化品牌定位，建设了"白茶银仓"服务中心，占地面积110米^2，建筑面积330米^2，提供展示、销售、可视、电商办公、接待、培训等业务，开展茶文化交流、茶事活动、产品推介等活动。通过实施"我＋1"产业扶贫计划、可视化扶贫定制茶园、公共品牌推介、电商线上销售以及拍卖、众筹、对接商会等形式多渠道销售白茶饼，并策划扶贫公益互动项目，鼓励客户参与扶贫公益行动，每购买1片白茶饼，捐出1元扶贫基金，直接与贫困户结对帮扶，实现消费、收藏、扶贫公益的有效衔接融合。

【贫困户受益案例】

案例一

吴法堂，寿宁县竹管垅乡江岔村贫困户。因妻子常年患病，两个孩子上学读书，支出大，于2016年识别为建档立卡贫困户。

2017年，竹管垅乡以茶产业为依托，推出"白茶银仓"茶叶促扶贫模式，吴法堂以茶园入股加入了"白茶银仓"顶雾香合作社，开始开垦茶园，种植新品种茶树，茶叶销路有了保障，每年还能获得茶园分红。吴法堂还在村"两委"、合作社的鼓励和帮助下，借助扶贫小额信贷政策，贷款3万元开垦新茶园1.5亩，种植新品种茶叶，茶园总面积达到7.7亩，仅茶叶采摘一项，年收入就能突破4万元。此外，他还在江岔村田螺养殖基地养殖田螺3亩，每年可增收5 000元。勤劳的吴法堂还在农闲之余，在基地务工增加收入，现在他家家庭年收入已经稳定在10多万元，实现了稳定脱贫。

案例二

吴奶兴，寿宁县竹管垅乡江岔村贫困户。因自身患病，于2016年被识别为建档立卡贫困户。

2017年，吴奶兴在乡党委、政府的帮助下，加入了竹管垅乡"白茶银仓"茶叶促扶贫模式，在茶产业补助政策的支持下，在帮扶责任人和乡村干部的帮助下，开垦新茶园1.5亩，茶园总面积达到8.3亩，年收入达到3.5万元。通过茶园入股，每年还可以从合作社获得分红。儿子毕业后经帮扶责任人介绍外出务工，年收入达到2.6万元。经过帮扶，2019年他家人均年纯收入达到2万元，实现了脱贫致富。

产融结合促脱贫　裂变增值助民富

江西修水县典型案例

　　江西省修水县位于湘鄂赣三省九县交汇中心，全县面积4504千米²，人口87万人，是一个典型的山区农业大县，也是国家扶贫开发工作重点贫困县。近年来，修水县严格落实中央、省、市金融扶贫有关政策要求，县财政拿出2670万元撬动2亿元扶贫小额信贷，实行"5万元以下、3年期以内、免担保免抵押、基准利率放贷、财政贴息、县建风险补偿金"的扶贫小额信贷政策，坚持做到能应贷尽贷，解决贫困户产业发展资金"瓶颈"，累计发放扶贫小额信贷3.5亿元，涉及17703户次、11719户，并以"三定三带三扶"模式为抓手，推进产业发展和金融扶贫的深度融合，实现扶贫小额信贷"评得准、贷得到、用得好、收得回、富起来"的目标，为贫困群众增收脱贫发挥了关键作用。

蚕农在修水县马坳镇黄溪村千亩蚕桑基地摘桑叶

【主要做法】

一、"三定"助推扶贫小额信贷"贷得到、放得准"

一是逐村逐户"定额度"。采取"贫困户申请、村级初评、乡级评议、县级审核、银行授信、定级颁证、结果运用"的方式，为贫困户量身订制了以"811"信用评级为主导的扶贫小额信贷新模式，满分为100分，结合贫困户的诚信状况（80分）、家庭收入（10分）、基本情况（10分）、进行量化评分，得分在90分（含）以上的评为A级，根据其产业发展需要给予额度5万元及以下的贴息贷款。二是精准对接"定对象"。明确贷款对象为家庭具有完全民事行为能力，年龄18～65周岁，有在家发展生产的意愿，具备正常生产经营和清偿贷款本息能力的建档立卡贫困户；同时，要求贫困户家庭诚实守信、家庭和睦、遵纪守法，近3年无不良信用记录，家庭成员无黄、赌、毒、懒等不良嗜好。为确保贫困户"贷得到"，建立全县金融扶贫服务中心，在全县179个行政村成立金融扶贫服务站，实行现场办、一次办、上门办、集中办多种模式，经评级授信后只需凭身份证，就可到当地营业网点办理扶贫小额信贷手续，即报即审不过夜办，宁让干部多跑腿、不让群众跑二次路，实现了"让信息多跑路，群众少跑腿"。三是扬优成势"定产业"。充分结合传统产业优势和资源条件，明确扶贫小额信贷必须用于发展产业，重点支持蚕桑、茶叶"两叶"为主，兼顾发展菊花、猪、羊、禽类、水产、中药材等生产周期短、见效快的产业，鼓励贫困户通过扶贫小额信贷支持自我发展2亩以上蚕桑、茶叶（茶油、林果）特色产业，引导发展既美化环境又能促进增收的庭院经济。

二、"三带"力促扶贫小额信贷"用得好、见效快"

一是支部带领发展。农村基层组织是群众的主心骨，是一支带不走的扶贫队伍，村支部的扶贫责任与担当、产业发展的前景研判、市场营销先行理念等，大大增加了贫困群众敢投、愿投村领办产业、企业的信心，全县有137个村实行"村支部＋合作社（公司）＋金融＋农户（贫困户）"的模式，推进了"资源变资产、资金变股金、农民（贫困户）变股东"的嬗变，吸纳11 645户扶贫小额信贷资金4 940万元投入村集体产业发展，2019年，实现分红收益518万元；带动贫困户就业2 980人，户均年增收2 700元以上。二是能人带头发展。针对贫困户发展产业"项目选择难""经营管理难""市场销售难"等问题，修水县积极"穿针引线"，引导和帮助贫困户与能人大户等新型经营主体合伙发展，通过签订订单生产、代种代养、租赁、托管等方式，让贫困户发展产业增强信心，获得技术支持、生产服务和市场"通道"。近年来，全县培育农业经营主体等创业致富带头人653人，依托在外创业成功人士桑梓情怀，做大做强"回归工程"，促进了"人才回归、资金回流、企业回迁、技术回乡"华丽转身。在全县281个"一领办三参与"产业扶贫示范基地中，能人带头引领发展的达51.3%，通过"致富带头人（返乡创业人士）＋合作社＋金融＋产业基地＋贫困户"的发展模式，凸显扶贫小额信贷资金的放大效果，能人有底气、贫困群众有信心、干劲足，信贷资金投入让贫困户更有获得感、安全感。三是主体带动发展。"火车跑得快，全靠车头带"。作为一头连着基地、一头连着市场的农业龙头企业，在产品加工、品牌创建、市场开拓方面务必更领先一筹，修水县积极探索"龙头企业＋合作社＋贫困户＋扶贫信贷资金"的金融扶贫模式，鼓励支持市场前景好、热心社会公益心强、带贫益贫效果好的龙头企业加强与贫困户参与成立的专业合作社合作发展，在经营性收益联结型、工资性收益联结型、生产性收益联结型的模式上，增加贫困户财产性收入。

三、"三扶"确保扶贫小额信贷"还得上、可持续"

一是突出技术帮扶。为发挥贷款资金的最大效益，县桑、茶、林、畜、农等部门开展"工作到山头、服务到基地、指导到农户、联系到企业"服务活动，精准开展技术培训和业务指导，邀请省级以上专家现场解惑，及时为贫困群众解决生产过程中遇到的困难和问题。累计在乡村举办蚕桑、茶叶、蔬菜等培训600场次，培训人数达9 000余人，发放栽茶、养蚕、畜禽、蔬菜、水果等技术资料10万余份，让贫困群众通过面对面学、手把手教、对照资料查等方式，提高种养技术水平。二是加强保险帮扶。为确保扶贫产业稳定发展，降低贫困户扶贫小额信贷风险，修水县大力实施蚕桑（鲜茧）价格保险、茶叶低温冻害保险政策，扩大水稻、畜禽渔业、蔬菜等农业保险覆盖面，提高农业风险保障水平，稳定农民增收。如2019年，修水县为全县9 700余户蚕农（其中贫困户3 400余户）开展桑蚕鲜茧价格保险，按36元/千克中准价为桑蚕鲜茧价格保险承保价格政策，有效稳定了蚕茧价格市场风险压力，全年实际发生理赔14批次，理赔金额207.2万元。三是推进消费帮扶。为推动扶贫产品消费扩面升级，确保产业发展和扶贫小额信贷良性循环，修水县大力推进扶贫产品线上线下销售，组织开展扶贫产品进机关、进食堂、进企业、进社区等"六进"活动、"百县千品"直播直销活动、实行全县职工工会福利费的70%用于直购或采购扶贫产品等营销举措；搭建好35个乡镇消费扶贫合作社、县扶贫产品专馆、专区、电商（直播直销）四大平台。

【贫困户受益案例】

案例一

莫英发，修水县漫江乡宁红村建档立卡贫困户，一家5口，上有年过七旬的老人，下有患先天性心脏病的女儿。因家里的特殊情况，他与妻子无法外出务工，靠种桑养蚕为生，收入微薄，家庭负债累累，是典型的因病致贫户。

经帮扶干部耐心宣传，莫英发决心扩大蚕桑养殖来改变窘困的生活。但由于没有启动资金，蚕桑养殖一直没有发展起来。修水农商行漫江支行的工作人员上门宣传金融精准扶贫政策之时，了解到他有种桑养蚕的想法，但缺乏资金。主动上门对接，查看蚕桑基地、蚕棚建设，估算资金需求，及时为他发放了3万元的扶贫小额信用贷款，解决了他的燃眉之急。农商行的倾力相助让莫英发没有了后顾之忧，泽发、除草、施肥、打桑叶、养蚕、摘蚕茧，凭借过硬的技术，勤劳、肯吃苦的劲头，当年便实现了收入1.8万余元。如今，莫大哥9亩多蚕桑基地绿意盎然，蚕棚里一条条白白胖胖的蚕宝宝在吐着丝，一次又一次变成一沓沓红色的百元大钞，带他走上了脱贫致富的道路。

案例二

罗玉清，修水县何市镇上田铺村建档立卡贫困户，2016年，他父亲突发重病，为给父亲治病，罗玉清举债十几万元，家里上有老下有小要照顾，罗玉清无法再外出务工，沉重的债务压得他几乎喘不过气来。

正在罗玉清为生计一筹莫展之时，村里扶贫干部介绍他去学制作豆腐手艺，并为他联系好了师傅。学艺归来后，他起早摸黑，勤劳实干，豆腐销路越来越好，考虑到家里还背负着巨额债务，罗玉清想扩大规模，但没有资金发展。县农行了解到其缺乏启动资金后，客户经理快速上门服务办理好"扶贫小额贴息贷款"5万元。不久罗玉清的豆腐坊就盖起来了，经过两年多的努力，罗玉清由当初只卖白豆腐，扩展到了豆干、豆泡、酱豆腐等4个品种，生意越做越好，已将所有债务全部还清，还专门请了两个贫困户白天帮忙送货。2018年4月，罗玉清被修水县委、县政府评为脱贫致富光荣户。

产业沉下去　效果浮上来
江西余江区典型案例

　　江西省鹰潭市余江区地处中国东南部，近年来，余江区深入学习贯彻习近平总书记关于扶贫工作重要论述，把产业扶贫作为打赢脱贫攻坚战的核心和关键，结合区位优势和产业特点，引导和推动生产实体"下沉"到村组，组建"产业下沉"车间，既形成了可核查的物化资产，又让贫困户家门口就业，实现了群众增收、集体增益、企业增效、产业增强的多重效应，为产业扶贫探索了新路径、新模式。全区已建成并正常运营"产业下沉"车间47个，带动1843人就业，人均月工资2950元。其中贫困劳动力297人，人均月工资2075元。全区在"产业下沉"车间就业的贫困户，都已实现稳定收益和高质量脱贫。

余江区平定乡沙溪村"产业下沉"扶贫车间全貌

【主要做法】

一、推进"三种模式"，破解"平台怎么搭"

余江区因地制宜、精准施策，多模式搭建"产业下沉"平台。一是利用闲置房屋改建。充分利用乡镇、村集体老厂房、学校旧址和宅改后的闲置房屋，引进农产品初加工、手工业、来料加工等劳动密集型企业改建"车间"14家。如，邓埠镇马岗村利用村小学改建电子产品加工车间，马荃镇洪岩村利用旧粮库改建雕刻车间，平定乡东脑村利用闲置乡敬老院改建眼镜车间，现已连续运行3年。二是整合涉农资金新建。历年来整合财政涉农扶贫资金2 507万元，新建"车间"16家，产权归村集体，每年产生投入资金5%以上的收益，作为本村贫困户差异化收益，为贫困群众增收致富提供更高效益、更可持续的方式。例如，马荃镇雕刻"车间"，投资450万元建成5 000米²，现已吸纳69人就业，其中贫困劳动力11人，工人月最高工资可达6 000元以上。三是引导企业投资自建。通过宣传政府支持政策、"车间"用工等方面优势，引导企业投资自建"车间"17家。如，潢溪镇兄弟糖业车间，带动周边村民500户（其中贫困户20户）种植甘蔗，亩产收入约2 000元。

二、实施"三大工程"，破解"产业哪里来"

为进一步将企业发展与推动"产业下沉"相结合，余江区引导优质企业参与"产业下沉"，促进"产业下沉"强劲有力可持续。一是实施"招商工程"。依托雕刻、眼镜、金属回收加工、微型元件、生物医药等传统特色产业，加大招商引资力度，引导相关企业入驻"车间"，承接特色规模下游产业链。平定乡恩辉食品车间，属劳动密集型，2020年2月投产，带动35人就业，其中贫困劳动力9人，大规模生产后将带动80余人就业。二是实施"下沉工程"。制定一系列支持政策，引导本地规模化成熟企业将一些操作简单、适宜贫困户参与的工序"落户"到农村，解决贫困劳动力就业问题。江西征途体育有限公司，系2011年余江工业园区招商引资企业，该企业将扶贫车间"下沉"到潢溪镇，现有员工20余人，其中贫困劳动力5人，带动了当地贫困群众增收致富。三是实施"回归工程"。鼓励返乡创业人员将订单资源、代加工资源带回家乡承包创建"车间"。海青电子车间负责人吴春红，2017年带着相关资源回乡发展，目前其开办的公司上班人员80多人，其中贫困劳动力16人，外发手工加工200多人。

三、做实"三项服务"，破解"政府如何扶"

为进一步促进"车间"发展壮大，余江区多措并举、综合施策。一是加大政策扶持力度，落实"政策包"。制定出台《余江区加强"产业下沉"工作的实施意见》，规范和明确扶持产业种类、厂房建设、扶持政策等，为"产业下沉"量身定制一系列政策措施，助力产业扶贫有力有效、精准落实。二是加大资金扶持力度，兑现"黄金包"。2019年专项出台扶持奖补措施。即按所吸纳建档立卡贫困人员所获得报酬总额的30%给予奖补，按季核定拨付。根据吸纳建档立卡贫困人员数量，按1 000元/人的标准给予一次性开办费补贴。2020年，对疫情防控期间复工复产的，在原政策基础上，按每吸纳1名贫困劳动力就业给予每人每月300元奖补。同时，每年按企业生产成品发货费用给予物流费用50%的补贴，最高不超过5万元。三是加大培训扶持力度，定制"智慧包"。面向贫困人口推行"短平快"职业技能培训，围绕"车间"技能需求，对劳动年龄内、具有劳动能力并有培训意愿的农村贫困人口免费培训。

【贫困户受益案例】

案例一

吴朝辉，余江区画桥镇葛家店村贫困户，儿子患有先天性精神病，于2014年评为建档立卡贫困户。

2014年，他成为第一批享受精准扶贫政策的帮扶对象。在扶贫政策扶持和吴朝辉努力拼搏下，2016年他实现了稳定脱贫。2019年，当他得知葛家店村在建设"产业下沉"车间，他毅然决定回乡发展，带着自己在外务工人脉资源，决定返乡带着村民们一起干，注册了鹰潭博昊箱包有限公司，投资100万元购买设备，带领乡亲脱贫致富。车间现吸纳27人就业，其中贫困劳动力7人，员工月工资达1 600～7 000元不等。

案例二

吴会文，余江区平定乡平定村贫困户，妻子1989年因病去世，儿子先天性视力残疾，于2014年评为建档立卡贫困户。

由于儿子吴晨华先天性视力残疾，妻子又去世得早，吴会文只能在家照顾儿子，不能外出务工，只靠种几亩地和做些零工维持生活，是村里的特困户。自从海清电子有限公司"产业下沉"车间在村里落地，主要经营电线电缆、高清线加工，且操作程序简单，需招收大量务工人员。2020年吴会文及其儿子被车间吸纳就业，主要从事裁线工作，两父子搭配着干活，一个负责拉线、一个负责裁剪，既轻松又赚钱，两父子每月工资3 600元，实现了高质量脱贫。

吴会文感恩地说："通过产业下沉到村组，不仅实现了在家门口就业创收，还让我们一家人重拾了生活的信心。"

四权分置促产业扶贫长效发展
山东典型案例

　　脱贫攻坚以来，山东持续加大产业扶贫投入，实施了大量产业扶贫项目，形成了相当规模的扶贫资产，持续发挥产业扶贫带贫减贫作用。如何发挥扶贫资产的长效作用？山东省扶贫开发办积极探索创新扶贫资产"四权分置"管理机制，有效构建起产业扶贫长效机制，促进了贫困群众稳定增收脱贫，发展壮大了农村集体经济，为打赢脱贫攻坚战提供了有力支撑。

临沂市兰山区农业产业扶贫示范园

【主要做法】

一、强化制度建设，规范产业扶贫项目及资产管理

产业扶贫项目涉及规划建设、资产确权、后续运营、收益分配等众多环节，链条长，管理难度大。山东坚持把强化制度建设放在首位，在认真贯彻落实国家相关制度规定基础上，经过多年摸索，制定出台了《关于加强产业扶贫项目及资产管理工作的通知》，从项目规划实施、资产确权、管护运营、收益分配、要素供给等方面，提出了15条措施。

二、明确所有权，把扶贫资产装进集体的"篮子"

明确各级财政扶贫资金投入形成扶贫资产的所有权归属，是保证扶贫资产完整独立、安全有效的关键。近年来，受多种因素制约，对扶贫资产如何确权在认识上还不够统一，实践上也一直缺乏明确的规范性要求。经与专家、学者以及广大基层干部群众的反复研讨，山东提出，各级财政专项扶贫资金、整合涉农资金和社会帮扶资金投入形成的扶贫资产，除确权到户外，明确归村集体所有。多村联合建设形成的扶贫资产，按投资比例确权到相关村。县级、镇级统筹实施产业扶贫项目形成的扶贫资产，按照贫困程度和相对集中原则确权到相关村。扶贫资产确权到村后，全部登记纳入农村集体资产管理平台，建立资产管理台账，实现了全省扶贫资产的可盘点核查。

三、放活经营权，让最有实力的主体来经营

扶贫资产确权到村后，谁来经营、如何经营，是各地面临的一个重大课题。针对这一问题，山东进行了广泛深入调研，提出放活扶贫资产经营权，让善经营者来经营，合理确定所有者与经营者之间的权益，调动各方面的生产经营积极性，实现各方共赢。

对一些班子比较健全、有一定经营管理能力的村级组织，扶贫资产可以由村集体自营或委托村集体领办的合作社来经营。对采取其他经营方式的扶贫资产，引导各地选择有特色产业优势、治理结构完善、财务管理规范、经营状况良好、经济实力较强、乐于扶贫助困且诚信守约的经营主体来经营。对于扶贫资产的经营收益，要求各地尊重市场经济规律，综合考虑产业类型、行业特点、带贫作用等因素来合理确定，兼顾资产经营相关各方的利益，实现了互利共赢。

对扶贫资产的经营，山东坚持放活与监管相结合，一方面，在规范合同管理上下功夫。指导各地全面核查资产经营合同涉及的扶贫资产明细、经营期限、资产收益、资产管护保全责任以及违约责任等，明确双方权责，进一步规范完善合同的签订，确保扶贫资产保值增值。另一方面，在加强调研督导上下功夫。通过大数据分析，定期

比对村级光伏扶贫电站的发电能效，梳理核查全省其他各类产业扶贫项目的运行情况，督促各地抓好问题整改，保证了扶贫资产的健康有序运营。到2019年年底，山东各级财政专项扶贫资金投入产业扶贫项目的年化收益率在8%左右。

四、保障收益权，让最需要的人能受益

在收益分配方式上，提出了"村提方案、镇级审核"的工作流程，强化村级组织的主导作用，以村为单位研究提出收益分配使用方案，在确保稳定脱贫前提下，实行差异化分配，每年的收益不"分光吃净"、留有余地。五莲县灵活运用资产收益，把差异化分配的要求进一步落细，以村为单位将贫困户区分为重度、中度、轻度3类，加上即时帮扶户，分类精准施策，切实提高了帮扶的质量和成效。

五、落实监督权，让扶贫资产运行在阳光下

一是明确了有关部门的监管职责。制定印发的扶贫资产管理办法，明确扶贫、发改、财政、农业农村等部门的职责分工，进一步强化了有关部门对项目实施、资金使用、资产管理、收益分配等各项工作的业务指导和监督。

二是明确了县乡村的监管责任。扶贫资产确权到村后要在村内进行公告，资产经营、实现收益以及收益分配等情况也要及时在村内公告，主动接受群众监督。山东制定了《产业扶贫项目管理工作模板》和《产业扶贫项目检查指引》，细化了操作步骤，明确工作内容和标准，推进县乡两级对产业扶贫项目及资产监管的责任落实。

三是强化了实时在线监测分析。在省扶贫开发业务平台上开发了一套项目台账系统，对已建成产业扶贫项目的产业类型、资金投入、资产类别、经营状况、实现收益及分配等信息进行全面记录，实时反映扶贫资产运行情况。2019年年初，依托平台数据对全省2.8万个扶贫农业大棚的运营情况逐一进行了分析。同时，这个平台也为基层一线开展日常检查监督提供了数据支撑，提高了监管工作效率。

小微扶贫站点助力脱贫增收
山东沂源县典型案例

    淄博市沂源县把产业扶贫作为脱贫攻坚的重头戏，立足山区县地形复杂、土地资源紧缺、无法大面积推广扶贫车间的实际，创新推广了小微扶贫站点扶贫模式，充分利用农村的闲置农房、简易仓库、庭院闲场，大力发展桔梗加工、腰果去壳、玻璃贴花等门槛低、易操作、见效快、绿色环保的特色产业，带动贫困户在家门口务工增收，贫困老人、贫困残疾人在家门口就业变成了现实。目前，沂源县已发展带富主体108个、小微扶贫站点980个，带动1.9万户农户就近务工，其中贫困户超过9 000人，实现人均月增收600元以上，小微扶贫站点成为沂源县脱贫攻坚的"靓丽名片"。

沂源县南鲁山镇唐家六村小微扶贫站点

【主要做法】

一、坚持试点先行，创新产业模式

沂源县南鲁山镇依托桔梗产业优势，先行试点了小微扶贫站点模式，组织30家桔梗加工企业成立沂源县桔梗产业协会，采取"协会＋企业＋扶贫车间＋小微扶贫站点＋贫困户"模式，在该镇建设了5个扶贫车间、107个小微扶贫站点，带动1 600余名贫困群众就近务工，其中60周岁以上贫困老人1 600余人，实现人均月增收700元以上，有效解决了贫困群众尤其是贫困老人、贫困残疾人收入低、易返贫的问题。试点效果非常理想，南鲁山镇也因该项工作成绩突出，被国务院扶贫办列为"全国脱贫攻坚典型镇"，是全省唯一入选的乡镇。

二、推广试点经验，实现遍地开花

在试点成功的基础上，沂源县提出了"以产业发展为中心"的理念，导向鲜明推进产业扶贫，牢牢抓住产业扶贫这个根本，建设千个小微扶贫站点的目标，给贫困群众一个在家门口就业的机会。具体实践中，积极引导乡村致富能人，利用农村闲置房屋、简易仓库、庭院闲场，大力发展桔梗加工、腰果去壳、玻璃贴花等门槛低、易操作、见效快、绿色环保的手工业、副业项目，进一步扩大带富主体、小微扶贫站点覆盖面，实现贫困群众在家门口持续增收，确保稳定脱贫不返贫。

三、落实奖补政策，激发内生动力

为调动各方参与产业扶贫的积极性，沂源县专门出台了"两业融合、双百工程"奖励办法（产业和就业融合，产业项目覆盖率达到100％，有劳动能力且有就业意愿的贫困户就业率达到100％），拿出1 000万元财政资金，对带富主体、小微扶贫站点按带动贫困户人数进行奖励，带动人数越多、带动贫困户收入越高，享受的奖励金额也越高，吸引当地的企业、合作社或个人自发参与到小微扶贫站点创办中来，鼓励有条件的小微扶贫站点，扩大产业经营规模，带动更多的贫困群众实现高质量脱贫；对贫困户通过发展生产、务工等方式实现稳定脱贫的，也给予贫困户奖励，引导贫困群众自力更生、自主脱贫。通过实施奖补政策，有效吸引致富带头人和各类企业参与脱贫攻坚工作积极性，小微扶贫站点带动贫困人口数量不断增加。

四、加强精细管理，提升服务质量

实行挂牌管理，对小微扶贫站点统一挂牌，统一编号，将站点务工贫困户名单、产业类型、生产规模等建立工作台账，实行动态管理，站点每月将贫困户收入银行流水等凭证上报县、镇扶贫部门，作为兑现奖励资金的重要依据。同时，县里成立督查专班，每月抽10%的站点进行核查，对弄虚作假、虚报冒领的一律取消资格。

五、典型示范引领，实现多方共赢

通过导向鲜明推进产业扶贫，大力推进小微扶贫站点扩面升级，贫困群众的获得感、满意度普遍提高，真正实现了产业发展多方共赢。提供了就业机会。小微扶贫站点扎根乡村，其就业灵活、门槛低，对贫困人口的约束性小，大多实行计件工资，不耽误农时、农事，不耽误接送孩子、照顾老人，由于劳动强度低、手工操作简便，老人、妇女、残疾人都能干，为贫困群众，尤其是贫困老人、贫困残疾人创造了家门口就业的机会。培养了致富能人。通过政府出台政策，在外能人纷纷回乡创业，通过他们的辐射带动，培育了大批村头工厂、家庭作坊，越来越多的乡村致富能人不断涌现，为脱贫攻坚、乡村振兴夯实了人才基础。促进了家庭和谐。贫困户在家门口持续务工，收入不断增加，生活明显改善，手里有了余钱不用再麻烦孩子，家庭和谐指数普遍提高。优化了产业结构。通过产业扶贫带动，小微扶贫站点产业扩展到加工业、种植业、养殖业、休闲旅游业等多个行业，各村农业产业结构得到调整升级，通过小微扶贫站点到村到户，促进了人才、技术、资本、管理等要素向农村流动集聚，激活了农村闲置山场、林地、土地及人口红利，逐步形成了一批留得住、干得好的"小老板"和致富带头人，推动了农村一二三产业融合发展，让农民分享到全产业链增值收益。

【贫困户受益案例】

丁昌兰，沂源县南鲁山镇北流水村贫困户。因病致贫，老伴去世多年，本人无任何技术，家庭生活困难。

2018年，丁昌兰开始从事桔梗去皮工作，仅靠这一项就实现年收入3 000元以上，实现稳定脱贫。2019年，经村里引导帮助，丁昌兰利用自家房屋院落和过道，建设桔梗加工小微扶贫站点，带动周边10多名贫困老人刮桔梗增收致富，成为带动贫困户脱贫的模范典型。

如今，通过建设桔梗加工小微扶贫站点，丁昌兰实现稳定增收，并对房子进行了重新装修，配备了新家电，日子越过越红火。"现在政策好，感谢村里的帮助，我现在很满足。"丁昌兰乐观地说到。

以"短中长" 谋稳脱贫
河南淅川县典型案例

　　作为南水北调中线工程核心水源区和国家扶贫开发重点县，河南省淅川县立足特殊县情，科学处理水质保护和产业扶贫的关系，积极探索"短中长"生态经济可持续发展的产业扶贫模式，着力发展光伏、食用菌、中药材等特色短平快产业，确保短期能脱贫；着力发展软籽石榴、杏、李、大樱桃等特色林果产业，确保中期可致富；着力发展生态旅游，推进农旅、林旅、文旅、体旅深度融合，确保远期奔小康。截至目前，全县所有贫困户基本都有2项以上产业叠加，累计脱贫9万余人，"短中长"模式成为水源区深度贫困县产业扶贫的典范。

淅川县"短中长"产业分布图

【主要做法】

一、注重顶层设计，坚持"短中长"结合

立足保水质和促脱贫双赢，确立"短中长"结合发展思路，大力发展高效生态脱贫产业。一是坚持因地制宜，做实短线产业，确保贫困户短期可脱贫。采取"菜单式"扶贫，按照"基础好、销路广、见效快"的发展模式，引导贫困户参与，着力打造"四重叠加增收"：即光伏和生态助力贷增收、特色养殖增收、特色种植增收、就业增收。目前，全县所有贫困户基本达到2项当年可增收短线产业叠加，受益户年均收益3 000元以上。二是突出生态高效，做强中线产业，确保贫困户远期能致富。综合考虑水质保护、适地适生、群众认可等因素，重点发展软籽石榴、杏、李、薄壳核桃、大樱桃等生态林果38.7万亩，林下套种辣椒、花生、中药材等低秆高效作物，套种面积超过50%，基本实现贫困户全覆盖，受益户年均收益3 000元以上。三是立足资源禀赋，做大长线产业，确保贫困户未来可持续。以丹江湖5A景区创建为载体，将全域旅游、乡村旅游、乡村振兴等有机结合，大力推动农旅、林旅、体旅、文旅深度融合。通过景区拉动、典型带动、融合互动，将贫困群众嵌入旅游产业链增收致富。目前，全县建成旅游重点乡镇10个、重点村36个、农旅示范园40个、农家乐和特色民宿700多家，辐射带动1.8万余户贫困户，受益户年均收益3 000元以上。

二、注重模式创新，强化带贫成效

坚持用市场的办法来发展产业，统筹政府（集体）、带贫企业、贫困户各方利益，构建利益共同体，激活产业扶贫的"一池春水"。一是"三权分置、效益共享"模式。土地所有权归村集体、承包权归农户、经营权归龙头企业。政府负责顶层设计，落实扶持政策等，龙头企业负责承贷、担保、使用和偿还贷款，流转农户土地，规模化发展产业。农户采取反租倒包、务工等多种方式参与发展产业。产业见效后，村委会、企业和农户分别按1∶4∶5比例分享净收益，其中50%归农户。淅川县引进河南仁和康源公司，采取该模式发展软籽石榴3.5万亩，带贫450户，户均年收益7 000元左右。二是"保底分红"模式。在乡镇政府（村委会）的引导下，龙头企业免费提供苗木、并与农户签订协议，农户自行种植、管护，协议约定3年后亩净收益3 000元，不足部分由龙头企业补齐，超出部分由村委会、龙头企业、农户按5∶10∶85的比例分享净收益。其中85%归农户，作为生产劳动报酬。淅川县采取该模式发展千亩以上杏李基地12个，带贫9 700余户，户均年收益4 000元左右。三是"一带三统一保"模式。政府负责引进龙头企业，龙头企业统一提供优质种苗、统一指导服务、统一保护价回收，村"两委"负责牵头成立专业合作社，吸纳有发展意愿的贫困户入社，带动贫困户发

展产业。淅川县引进河南九州通公司，采取该模式发展中药材2万余亩，带贫1.8万户，户均年收益5 000元左右。上述模式，贫困户发展产业零风险、收入最大化，企业低成本扩张，村集体经济收入有保障，实现互利共赢。

三、注重要素保障，力求产业"可持续"

一是政策保障。出台产业实施意见、办法等系列文件，明确种养加及销售等奖励标准，充分调动带贫企业、村集体和贫困户等各方积极性。二是资金保障。建立产业发展基金、创新"党群扶贫＋"小额信贷、开展金融扶贫产业助力贷、落实扶贫到户增收补贴和县定奖补措施，保障扶贫产业发展的资金需求。三是技术保障。建立"县乡村户"四级"技术明白人"队伍，把"技术明白人"培养成致富带头人，培养1人带动1户、培育1户带动1组、发展1组引领1村。四是链条保障。引资2 000万元，配套建成12座冷链仓储项目，实现水果、农副产品保鲜贮藏，错峰供应，保值增值；投资1.2亿元，建成县乡村三级电商服务体系，畅通网络销售渠道；发挥南水北调对口协作帮扶优势，建立农副产品绿色通道，注册的"淅有山川""京津源"等32个"三标一品"绿色食品、53个有机食品，在北京销售火爆。

【贫困户受益案例】

案例一

王洪周，淅川县九重镇张河村贫困户，家中5口人，老两口患长期慢性病，女婿肢体一级残疾，3个孙子上学，家庭生活极其困难。

该户被识别为贫困户后，在脱贫责任组和帮扶人的帮助下，养牛2头，年收入5 000元以上。通过当地政府引导，利用"三权分置、利益共享"模式，发展软籽石榴产业，流转土地10余亩，年收入8 000多元；承包7个单元49亩软籽石榴的翻地、除草工作，年收入管护费2.1万元。通过县人社局提供的用工信息，女儿到广州务工，年收入4万元以上。

如今，王洪周全家年纯收入7万多元，人均1万元以上，已光荣脱贫。"现在土坷垃地里都能出金子，俺这日子好得很呐！"王洪周看着自己管护的石榴笑得嘴都合不拢。

案例二

寇军红，淅川县老城镇叶沟村贫困户，本人肢体二级残疾，妻子语言二级残疾，家庭生活十分困难。

识别为贫困户后，通过政府和帮扶人的引导，寇军红利用"保底分红"模式，自主发展杏李4.1亩、林下套种花生4.1亩、养蜂90箱，2017年全家年纯收入6万多元，人均年纯收入1.35万元，"两不愁三保障"达到国家规定标准，光荣脱贫。

产融结合蹚富路
湖北郧阳区典型案例

　　湖北省十堰市郧阳区抢抓金融扶贫政策机遇，按照"政府服务、群众主体、人行牵头、金融机构参与、产业对接"的总体思路，从解决农村金融服务最急需解决的实际问题入手，构建四大体系，抓实产融结合，探索出了一条贫困地区"依托金融创新推动产业发展、依靠产业发展带动贫困群众增收"的扶贫小额信贷新路子。

　　目前，全区累计发放扶贫小额信贷3.25万户8.4亿元，建成蔬、果、畜、药、油特色产业基地近100万亩，养殖畜禽606万头（只），发展香菇3500万棒，培育各类新型市场经营主体2440家，特色产业带动贫困户的比例达94%。

社区标准化香菇产业基地

【主要做法】

一、健全机制，夯实"1351"贷款服务体系

一是一笔资金强增信。区政府筹资 7 000 万元为贫困户增信，建立扶贫小额信贷风险补偿金，让有需求的贫困户和边缘户都能获得扶贫小额信贷支持。二是三级服务到门口。成立村级金融精准扶贫工作站，村支部书记担任站长，把扶贫小额信贷贷前调查部分业务权限下放到村，主办行主动下沉一线上门服务，信贷员下村精准对接需求，确保快速放贷。乡镇设立金融扶贫专干，每日收集汇总上报辖区内的贷款信息。区级组建扶贫小额信贷会签中心，抽调专人集中办公，资料受理、信息比对、人行初审、部门复审、保险出单、银行审贷"流水线作业"，对收到的资料即报即签。三是五步流程快审签。全面优化办理程序，原来多达13项的贷款流程压缩为5个，形成"五步工作法"，群众只跑一次路、贷款不出村。第一步，受理申请。村级金融扶贫工作站受理贫困户的贷款申请，对贷款项目可行性和资金需求量进行摸底调查。第二步，收集资料。由村级金融扶贫工作站帮助主办银行收集贷款申请资料，指导借款人填写相关表格。第三步，入户调查。主办银行到村开展现场录音录像工作，组织群众进行一次面签。第四步，集中会签。贷款资料收齐后，由乡镇扶贫专干送至区会签中心会签，即报即签。会签后的资料分类转交保险公司和主办银行。第五步，发放贷款。保险公司收到会签资料后最迟3天内出具保险单，主办银行收到保险单后3天内完成放款。四是一张保单保全程。与湖北省人保财险公司沟通汇报，促成并签订全国第一张保额为2亿元的扶贫小额信贷综合性大保单，涵盖种植业养殖业保险、借款人意外保险、贷款信用保证保险等一揽子保险产品，对贫困群众贷款综合保障率达到90%以上，对银行放贷综合保障率达到70%以上。2018年开始，推行一镇一张大保单，进一步提质提效，保障贫困户抢抓农时发展产业。

二、精准投向，培育"1＋2＋N"扶贫产业体系

立足实际，反复论证，慎重研究，推行一个劳务经济＋香菇、袜业两个兜底产业＋N个短平快增收项目的"1＋2＋N"产业扶贫模式，群众跟着产业走，银行围着群众转，产融结合，互促共进。一是投向香菇产业，建成特色小镇。创新推出"香菇贷"，通过"龙头企业＋基地＋村级合作社＋农户"模式，引导贫困户使用扶贫小额信贷发展香菇产业，引进生产、加工、流动、出口企业20多家，区建大型食用菌加工产业园1个、19个乡镇建自动化香菇制棒车间24个、各类菇棚4.9万个，年种植香菇3 500万棒，1.5万余户贫困群众依附在香菇产业链上稳定增收致富，青龙泉社区成为湖北省最大的易迁安置香菇产业特色小镇。二是投向袜子产业，打造中部"袜都"。量身定制"袜业

贷",引导贫困户通过扶贫小额信贷,购买缝头、翻袜、定型、包装等加工设备,参与到袜业后道工序加工等链条中增收。全区按照"扶贫车间＋扶贫作坊＋农户"的袜业扶贫模式,先后引进袜业企业26家,在柳陂镇建设袜业扶贫产业园,其他18个乡镇建设袜业扶贫车间,并将生产线延伸至各村,签约袜机规模5 066台,投产袜机2 858台,实现日产袜子80万双,2019年实现产值5亿元,带动近万人家门口增收,成为中部地区最大的袜业生产基地。三是投向"四小"产业,家家脱贫致富。探索实行"户贷户用户还社管"模式,全覆盖成立区、镇、村三级扶贫互助合作社,弱劳动力贫困户加入村级扶贫互助合作社,申请扶贫小额信贷发展小种养、小作坊、小庭院、小买卖"四小产业",建成生产互助组,形成产业联合体,增强抵御市场风险的能力。全区共建成蔬、果、畜、药、油特色产业基地近百万亩,涌现出一大批汽车坐垫村、服装玩具村、黄酒酿造村、粉条加工村、蔬菜种植村、旅游养生村。

三、严格监管,完善"四位一体"风险防控体系

一是专班清收一批。对即将到期的贷款,实行监管预警,由乡镇干部、村干部分组包干,点对点联系到户,协助清收。对按期还款的信用户,优先评为"十星级文明农户",发放额度为3 000元的信用卡,当年在商超、酒店、医院、学校、交通等6个方面指定地点消费可享受九五折优惠。二是保险理赔一批。一旦发生逾期3个月的贷款,政府、银行、保险按照1∶2∶7的比例承担风险。由主办银行与保险公司直接对接,保险公司除因借款人死亡或意外伤残无法还款的给予全额赔付外,其他情况按照贷款损失金额的70%予以赔付。三是过桥处理一批。对因生产周期与贷款期限不匹配,或因生产经营亏损暂时无力偿还、讲诚信的贷款农户,由区、镇、村三级专业合作社提供过桥资金,帮助解决临时还款难题。四是依法清收一批。对恶意欠贷的,利用法律手段提起诉讼,要求承担贷款本息和逾期罚息,将不良信息自动纳入人民银行征信系统,依法清收,确保应收尽收。

四、突出持续,强化"政银保"协同发力机制

一是打造社区银行,拓展服务空间。利用互联网技术服务,把村级金融扶贫工作站打造成为"社区银行",通过人员下沉、柜台前移、网上代办等办法,改进优化服务,及时满足贫困群众金融需求。二是升级一张保单,拓展保障空间。建立基本医保＋大病保险＋医疗救助＋补充保险"四维一体"健康扶贫保障机制,开发香菇等农业综合收入保险,构建覆盖"三农"领域的风险防控体系,防范化解各类风险。三是实行尽职免责,拓展容错空间。出台郧阳区扶贫小额信贷尽职免责办法,只要依法依规、履职尽责,一旦出现贷款损失风险,免予追责。

【贫困户受益案例】

武士有，郧阳区安阳镇王庄村贫困户。因交通条件落后、一方水土难养一方人致贫。老两口都将近60岁，工厂不要、工地重体力活干不了，两个女儿读书少工资低，日子过得紧紧巴巴。搬到湖北省最大的易地扶贫搬迁安置点青龙泉社区后，老两口贷款5万元，种植香菇8 000棒，两个女儿进入棉伙棉伴公司干挡车工，平均月薪4 000元。父母种香菇、孩子进车间，全家人都有了收入，武士有一家2018年已脱贫，正奔向小康。

四因四有兴产业　家家户户无空地
湖南汝城县典型案例

　　汝城县是红军长征"半条被子"故事发生地，地处湘粤赣三省交界处。近几年来，汝城县充分利用独特的生态环境、丰富的山地资源和区位交通优势，坚持"四跟四走"产业扶贫模式，既重当前又谋长远，既重生产又抓销售，在田间地头因地制宜谋产业、抓产业、兴产业，全县发展绿色蔬菜19万亩、特色水果10万亩、生态茶园6万亩、中药材3万亩，走出了一条规模化、标准化、品牌化、产业化的扶贫路子。目前，全县80个贫困村全部出列，累计脱贫18 956户61 792人，贫困发生率由19.81%下降至0.45%，其中通过产业脱贫人数占比超过85%。

汝城县辣椒产业基地

【主要做法】

一、因人而异抓帮扶，让人人有动力

坚持扶贫与扶志、扶技一起抓，不断激发群众内生发展动力。提供"滴灌式"扶持。出台产业扶贫奖励扶持办法，近年累计投入3.26亿元用于产业扶贫，以奖代补发放产业奖补资金9 750万元；深入开展"党建共创·金融普惠"行动，推进整村评级授信，目前累计发放信用贷款1 300笔2.5亿元；发放扶贫小额信贷资金3.4亿元，设立2 900万元的扶贫小额信贷风险补偿金，覆盖贫困户9 495户，金融扶贫经验做法在2019年全国扶贫小额信贷工作会议上作典型推介。抓好"菜单式"培训。按群众需求"配菜"，向贫困户发放《农村实用技术读本》1.2万本，录制《扶贫直播间》26期、技术微视频200期，实施"人人有技能"培养工程，累计培训3.5万余人次，开办"脱贫攻坚课堂"36期，将技能送到家家户户，该工程获评教育部2019年"终身学习品牌项目"。推行"蹲点式"服务。每个村安排1～2名科技特派员，480多名产业指导员分布在217个村，深入田间地头、猪舍牛棚指导服务；实施"百企联百村"活动，组织93家重点企业对接80个贫困村，帮助群众解决资金、技术、销售等难题。

二、因户施策强联结，让户户有产业

引导农业龙头企业、新型农业经营主体等与贫困户建立紧密的利益联结机制。"四跟四走"的"五统一"模式。坚持"四跟四走"，把传统产品嫁接到龙头企业，融入大市场。繁华食品公司实行"统一集中育苗、统一购买保险、统一技术指导、统一保底收购、统一加工销售"，带动全县1.2万户贫困户，发展辣椒3.2万亩，户均增收0.68万元。"企业＋合作社＋贫困户"的"抱团取暖"模式。120多家农业规模企业、580家合作社带动1.5万多户贫困户发展"一村一品"，建设特色产业基地5.4万亩，发展特色养殖13.09万头（羽）。"企业＋无劳动能力贫困户"的委托帮扶模式。金晋农牧是以禽蛋为主的挂牌上市企业，政府注入300万元产业扶贫资金，建设扶贫鸡舍，对文明瑶族乡所有老弱病残无劳动能力户采取企业分红为期6年的委托帮扶，让600名贫困人口年均增收600元以上。"合作社＋贫困户"的股份合作模式。推动建设"村党支部＋合作社"壮大村集体经济，全县共有1 810户贫困户入股村级合作社共享产业收益。"龙头企业＋基地＋贫困户"的订单联结模式。全县有1.67万户贫困户与20家龙头企业签订了种植、养殖收购合同。鑫利食品公司按高于市场价5%的标准，定购3 000多户贫困户种植的朝天椒，实现户均增收4 000元。

三、因地制宜树品牌，让产品有效益

以特色品牌为突破口，大兴产业、做强实体、带帮个体。突出特色育品牌。实施"一乡一业、一村一品"，建设绿色蔬菜、有机茶叶、特色水果等示范基地267个，发展农民合作社634个，文明水果、暖水蔬菜、泉水茶叶、马桥生姜、南洞中药材、热水楠竹、大坪辣椒、井坡玉米等扶贫产业"百花齐放"，泉水镇获评"全国农业产业强镇""湖南省辣椒特色小镇"。提升质量树品牌。与湖南农业大学、湖南省农业科学院、湖南省蔬菜研究所等科研院所战略合作，搭建"产学研"平台，创建了7套农业标准化生产技术流程、标准及规程，大力发展现代农业，建设了28万亩标准化基地，引导企业带动群众走标准化、品牌化农业产业发展路子。打响品牌增效益。全县累计注册各类农产品商标42件、认证"三品一标"44个，农业农村部认定为无公害农产品产地、产品认证企业5家，创建国家地理标志商标4个、省名牌产品5个。汝城辣椒摘下了"中国特色农产品优势区""全国农产品区域公用品牌"的"金招牌"，带动汝城农产品畅销全国。

四、因势利导拓市场，让群众有增收

大力开拓扩宽销售渠道，确保农产品卖得出、卖得好，农户只管种、不愁卖、能增收。向内扩市场。构建县乡村货源供应网络体系，引导批发市场、酒店餐馆、商场超市、机关单位、学校食堂等机构实施订单采购。积极开展消费扶贫活动，将全县干部职工个人工会福利的30%用于购买贫困户产品，建设文明沙洲水果、县城新农贸市场蔬菜和三江口茶叶等3个消费扶贫专区，新建长沙消费扶贫馆，目前开展消费扶贫达1 469万元。向外拓渠道。打通全省销售网络，支持企业开拓国内外市场，繁华食品公司在全国发展经销商400多家，建立销售网点4 100多个。通过举办旅游节、美食节、水果节、展销会、年货采购会等，上北京、下深圳大力推介销售汝城农产品。网上增销路。依托湘粤赣商贸物流园、农惠通电商产业城，扶持培育电商企业120多家、网店2 230多个，2019年成功创建"全国电子商务进农村综合示范县"，干部联合扶贫带头人、新农人"带货直播"，让特色农产品飞出大山。2020年已实现电商销售2 781万元，有效解决了疫情期间农产品滞销贱卖问题。错季卖好价。高度重视发展冷链物流，扶持建设农产品冷储冷藏链条。2019年奖补合作社建设冷冻库20个、农户挖地窖3 000余个，老百姓储存生姜错季销售，多赚差价近2亿元。

【贫困户受益案例】

案例一

朱根文，文明瑶族乡东山村人，家庭人口4人，2014年因缺技术纳入贫困户。

2015年，朱根文在驻村工作队和村"两委"的帮助下，参加了农村实用技术培训班，掌握了种植管理技术。在村里组建的明兴源农民专业合作社的带动下，利用产业奖补和扶贫小额信贷，近两年逐步把水晶梨扩种到14亩、生姜发展到7亩，顺利摘掉了贫困帽。2018年，种生姜纯收入就有六七万元，水晶梨从亩产2 000斤提高到7 000斤。2019年，看到里正在兴建冻库，又开荒3亩地种植水果。

如今，朱根文成了当地有名的土专家，种植的水果和生姜都得到了丰收，生活越过越好。他由衷地说："如果没有党的好政策、好干部，就没有我们的好生活。"

案例二

曾杰文，马桥镇金宝村人，因病致贫。2014年妻子患癌症去世，花去医药费22万元，女儿患病瘫痪在床，生活很困难，当年纳入建档立卡贫困户。

在驻村工作队的帮助下，曾杰文从2016年开始种植红辣椒，每年享受产业奖补，种出的辣椒由繁华食品公司保底收购。2017年，利用扶贫小额信贷，将辣椒扩种到10亩，收入可观并主动脱贫。2020年，流转了40亩土地种植艳红辣椒，在农技人员的培训指导下大获丰收，年收入达12万元。

曾杰文说："政府帮我脱贫了，现在我也要帮别人。"在丰收季节，每天有30多名贫困群众在他的辣椒基地务工。

春粮秋菇　亩收过万

湖南湘潭县典型案例

　　湖南省湘潭县发挥当地资源和农技人才优势，创建"一亩田脱贫"模式，推广稻菇循环生态种植法，达到一亩田一年内"春种水稻千斤粮，秋种蘑菇万元钱"的双丰收效果，适合一户一亩分散种植，能使2～3人1户的贫困家庭稳定脱贫，直接帮助1 316户贫困户脱贫摘帽，带动30多户贫困户发展家庭农场或成为种植大户；吸引尼泊尔、柬埔寨等国内外89批考察团队前来交流学习，探索了一种可示范、可复制、可推广的产业扶贫模式。

湘潭县"一亩田脱贫"示范基地

【主要做法】

一、技术"接地气"，帮扶更精准

坚持简单实用、低成本投入，区分有劳动能力、无劳动能力两类对象，精准施策，靶向帮扶，让"一亩田脱贫"模式充分适用贫困户。一是"低门槛"让贫困户"能参与"。湘潭县成立"一亩田脱贫"项目团队，深入研究"低门槛""无障碍"种植技术，目前已申报4项发明专利。免费为贫困户提供菌种、农膜等生产资料和一对一服务，让贫困户易学、易懂，普遍参与。指导贫困户当年5月种植水稻，10月至来年4月栽培蘑菇，轻装上阵，纯露天栽培，不需搭棚等其他成本。利用稻草为蘑菇种植提供养料，经过菌丝腐化后又可为来年种植水稻提供全季营养，既减少了农资使用成本，又解决了秸秆禁烧难题。二是"高效益"让贫困户"愿参与"。项目快速见效，落地性强，45天左右即可采摘收获蘑菇。在不影响粮食生产的前提下增加蘑菇收入，实现种植搭配最佳化、土地利用最大化。据测算，种植富硒稻亩产可达1 000～1 200斤，赤松茸亩产达到4 000斤以上，按照市场价自行销售，亩均收益最高可达4万元，是普通水稻田亩均收益约0.2万元的20倍。即使均按照保底回收价收购，也可实现收入0.75万元，是普通水稻田亩均收益的近4倍。三是"五包措施"让贫困户"敢参与"。对有能力参与的贫困户，项目团队实行包种子、包技术、包服务、包回收、包利润"五包"措施，使贫困户无技术障碍、无资金压力、无销售问题，力求做到零风险。合作起始，逐户签订协议，统一规范生产程序，统一安排产品收购。收购优质特色稻谷的价格比普通稻谷高30%左右，蘑菇收购价格根据市场情况定价2.5～8.0元不等。发放工作服（帽），把贫困户管理成正规军。开展产量竞赛、品质竞赛、销售竞赛等奖励性活动，激发贫困户参与热情。四是"五带一集"让贫困户"全参与"。对无劳动能力而又想参与的贫困户，采取"五带一集资助弱"模式，即对"五包"产品进行兜底收购，从中提取一定利润作为对无劳动能力贫困户的扶持资金。一般从5户种植户的收购和销售利润中至少可提取5 600元，帮助1户无劳动能力的贫困户稳定脱贫，确保了脱贫路上无一人掉队。

二、深耕"产业链"，发展可持续

始终聚焦可持续发展，打造"产供销"一体化链条，开拓产业化、市场化之路，帮助贫困户稳定脱贫、不返贫。一是建设孵化基地。项目团队在核心区域建设一亩田脱贫产品孵化园，不断改良产品和种植方法，引进和选育"黑花生＋赤松茸""黑土豆＋竹荪""赤松茸＋竹荪""虫草参＋赤松茸"等适应当地环境的种植模式。贫困户可根据自身条件选择不同模式，同时避开因产品单一导致产品滞销现象，有效规避市场风险。二是推进精深加工。主抓鲜菇销售，提升产品附加值。突出分级处理，将赤松茸分为三个等级：一级菇主攻鲜菇销售，抓好冷链设施设备建设和包装制作，保证产品质优价廉；二级菇主攻干片销售，在交通便捷的收购点建设烘干加工厂，日烘干能力达5吨；三级菇主攻膨化和熟食加工，让扶贫产品走深加工道路，也可加工成盐水菇销售，方便消费者食用。多样化开发产品，最大限度地满足市场需要。三是拓宽销售渠道。项目团队按照协议约定价格实行分级收购，通过定点售卖、微信推广、酒店配送等方式打开销路，形成了"团队＋村组＋贫困户＋企业"一体的产供销链条，极大程度地消除了贫困户后顾之忧。目前产品不仅打开了北上广等地销售渠道，更远销日本、韩国、俄罗斯等国际市场。

三、全县"一盘棋"，促进点带面

"一亩田脱贫"模式创建以来，湘潭县高度重视、积极支持，农业、扶贫等部门加强指导，迅速在全县形成以点带面、示范推广的格局。一是高位推动。湘潭县委、县政府组建工作专班，由县委副书记牵头主抓，统筹指导全县"一亩田脱贫"项目推广工作。全县农村工作会议、脱贫攻坚工作会议等进行专题部署。建立调度和考核机制，把"一亩田脱贫"项目作为重点内容，纳入全县17个乡镇的乡村振兴和产业扶贫工作考核指标。二是支持促动。市、县两级安排专项资金，出台系列措施鼓励发展"一亩田脱贫"项目。湘潭县委组织部、湘潭县农业农村局牵头成立"一亩田脱贫"专家工作室，提供专用办公场地，组织专家和智力资源，提供技术和人才支撑。把"一亩田脱贫"产品纳入到全县消费扶贫的重点范围，有效解决了大面积推广后扶贫农产品销售难的后顾之忧。三是示范带动。在核心区域建设了1个500亩的种植示范片、1个50亩的核心示范片和2个20亩的推广培训示范基地。全县17个乡镇均打造一个连片5亩的示范基地。累计组织"一亩田脱贫"项目培训会和现场观摩会216场次，培训贫困户5 000多人次，发放宣传资料2万多份，形成了辐射带动效应。

【贫困户受益案例】

案例一

贺光荣，湘潭县射埠镇百水村贫困户。因妻子、父母常年患病，经济收入来源少，家庭生活困难，欠债多，于2014年成为建档立卡贫困户。

2018年，贺光荣在专家邓述东的帮助和指导下，种植了1亩特色水稻（竹稻）和赤松茸，产出稻谷1 237斤，收入1 979元；种植的赤松茸，除去自己食用和送给亲戚朋友的，销售鲜菇3 500多斤，收入16 617元，1亩田的年收入达18 596元。经过2年的发展，现在已经成为种植大户，年收入达15万元。"邓专家指导我的这种种植模式，比单纯种水稻的效益高多了，现在种5分[①]田蘑菇的收入就比过去种12亩水稻的收入还

[①]分为非法定计量单位，1分 = 1/10亩 = 1/150公顷。

高！"有一次在接受湖南卫视记者采访时，贺光荣这样说。

目前贺光荣已还完欠债，一心一意发展自己的产业，同时还带动了同村的多户贫困户一起种植，共同致富。

案例二

楚松林，湘潭县易俗河镇友谊村贫困户。因妻子常年患病，儿子患小儿麻痹症，57岁的他是家中唯一劳动力，既要照顾妻儿又要赚钱养家，于2014年成为建档立卡贫困户。

2019年，"一亩田脱贫"项目团队在友谊村村委会召开宣传培训会议后，楚松林在项目团队的指导下种植了1亩特色水稻（竹稻）和赤松茸，10月产稻谷1 192斤，收入1 907元，随后马上收集稻草种下蘑菇，12月开始收获，至2020年4月底，鲜菇销售收入达2.1万元，另销售干菇收入5 000多元。其1亩田的年收入达2.8万元。

2020年，楚松林种了10亩特色水稻，计划10月时种2亩赤松茸。他激动地和人说："我家就我一个人能劳动，其他人连照顾自己都成问题，我不能外出打工，一直很苦恼。在搞了这个'一亩田脱贫'产业后，我在自己家门口就能做事，还能挣这么多钱，这是我以前想都不敢想的事情。现在生活好了，过去几天还吃不上一餐肉，现在可以餐餐想吃肉就吃肉了！"

在楚松林的影响下，2020年全村有39户贫困户参与"一亩田脱贫"模式。

做实"六个一" 铺就脱贫路

湖南永顺县典型案例

　　湖南省永顺县是深度贫困县，全县有贫困村190个、贫困人口14.5万人。近年来，永顺县坚持把培育产业作为推动脱贫攻坚的根本出路，以"一镇（乡）一业""一村一品"为主要抓手，以"资源变资产、资金变股金、农民变股东"为主要路径，以项目为载体，因地制宜发展脱贫当家产业，做好做活兴产业、置家业、增就业"三业"文章，构建"六个一"的产业扶贫体系，带动全县29 655户113 110人贫困人口实现增收。

　　目前，永顺县猕猴桃种植面积达11.2万亩，年产量12万吨，产值2.9亿元，带动3.4万余名贫困人口人均增收2 100元左右。猕猴桃产业已成为永顺群众脱贫致富奔小康的主导产业。

永顺县猕猴桃丰收

【主要做法】

一、突出科学发展，制定一个产业规划

坚持规划引领，在农业农村部的帮助支持下，立足全县特色产业资源，明确了打造"山地生态粮仓、山地精品农业"新思路，出台了《农业部定点扶贫地区帮扶规划 (2016—2020)》《永顺县产业精准扶贫规划（2016—2020)》，将猕猴桃产业纳入"一轴五综四带两区一园"产业布局蓝图。以产业布局蓝图为核心，强化猕猴桃产业发展科技支撑，积极开展院、县、企合作，与吉首大学、湘西老爹集团联姻，采取"公司+合作社+基地+农户"的产业开发模式，率先在松柏镇开发猕猴桃产业，逐步带动高坪、芙蓉、石堤等中高海拔乡镇大规模开发猕猴桃产业，猕猴桃产业已逐渐发展成为特色主导产业，带动群众脱贫致富的产业效益持续向好。

二、突出提质增效，培育一批龙头企业

坚持"扶持龙头企业就是扶持贫困户"的理念，通过在项目投入上给予政策倾斜、帮助解决融资困难等激励措施，构建了全县9大特色产业"一个产业均有一个以上龙头企业带动"的产业开发格局。重点支持湘西老爹集团做大做强，该公司现有1条年产5万吨果汁果脯加工线和1条年产100吨果王素加工线，开发新产品35个，并获得国家绿色食品、保健食品、特殊用途化妆品等认证，拥有30余项国家专利、10余项科技成果，猕猴桃精深加工技术水平居国际前列，以行业龙头之势引领全球猕猴桃精深加工向纵深领域发展。在湘西老爹集团的带动下，永顺县有机猕猴桃产业实现了大规模种植和规范管理，覆盖农户2 800户9 800人，其中贫困户740户2 800人，提供就业岗位3 200个。

三、突出高效生态，建设一批产业基地

以高坪乡为核心，周边松柏镇、芙蓉镇等乡镇猕猴桃种植基地和农村为腹地支撑，依托湘西老爹集团等企业成熟的产供销产业链，打造猕猴桃主体山地特色生态农业基地。建成一批产业特色鲜明、要素高度聚集、生产方式绿色、辐射带动有力的猕猴桃产业基地。目前已建成万亩精品园1个，千亩示范园8个，建立无公害猕猴桃基地6万亩，建成猕猴桃专业村26个，贫困群众的脱贫"造血"功能显著增强，产业扶贫之路越走越宽。

四、突出示范带动，发展一批专业合作社

充分发挥农民合作社、家庭农牧场等新型经营主体的桥梁纽带作用，促进小农户

与现代产业发展有机衔接，提升产业扶贫组织化程度。全县发展猕猴桃专业合作社共68家，带动3 200多贫困户增收脱贫。规范管理。建立一套科学规范的良性运行机制，全县68家猕猴桃合作社按照"民管、民办、民受益"的原则，为社员提供产前、产中、产后一条龙服务，并形成利益共享、风险共担的内部机制。如永盛猕猴桃专业合作社负责高坪那咱猕猴桃产业扶贫示范园日常管理，采取贫困群众入社返利和入股分红方式，发展猕猴桃3 000余亩，带动园区及周边贫困户173户591人脱贫。培育典型。全县发展国家级示范社2家、部级示范社2家、省级示范社6家、州级示范社8家、县级示范社12家。鸿丰、宏鑫、大青山等6家猕猴桃专业合作社获得中国绿色食品发展中心颁发的猕猴桃绿色食品证书，其中鸿丰猕猴桃专业合作社被定为湖南省绿色食品生产基地，已注册"御扇果王"牌猕猴桃商标，"湘西猕猴桃"为国家地理标志保护产品。

五、突出脱贫质量，建立一套利益联结机制

健全新型农业经营主体与贫困户联动发展的紧密利益联结机制，把共享理念贯穿到产业发展链条中去，让贫困户合理分享产业链增值收益，实现贫困户与现代农业发展有机衔接。直接帮扶带动一批。主要是针对"双有"的贫困户，在政府的组织和引导下，以产业项目带动，通过以奖代扶、免费发放种苗和肥料等方式，让贫困农户自主发展猕猴桃，直接带动贫困人口2.1万人实现增收。委托帮扶带动一批。主要是针对那些缺劳力、缺技术、缺思路、缺发展条件的贫困户。通过购买社会服务方式，将政府扶持项目资金和贫困户拥有的土地等资源直接委托给讲诚信和有实力的新型经营主体，相互间以契约形式，明确责权关系，支持建档立卡贫困户取得承包土地租金、帮扶分红等多份收入，带动贫困人口0.7万人实现增收。股份合作带动一批。主要是针对技能相对较弱的贫困户。将贫困户的政策扶持资金、土地、林地等生产资料折价入股，由新型经营主体统一经营管理，结成联股、联利的共同体，支持建档立卡户取得股金分红和务工等多份收入，带动贫困人口0.6万人实现增收。

六、突出服务管理，完善一套服务体系

政策支撑上。结合产业发展规划，出台《永顺县关于"产业兴村富民强镇乡村振兴"促进精准脱贫三年行动计划实施意见》等产业扶持文件。资金投入上。以规划为引领、以项目为载体，整合涉农资金11.75亿元用于产业扶贫，累计发放贷款5 637笔23 912.5万元、贴息1 151.5万元，为贫困户购买了产业发展商业保险。技术投入上。组织60名技术专家组成8个服务团队、201名科技特派员、285名农技人员深入全县299个村联村帮扶。产销对接上。建成村级电商服务站173个，电商企业35家，开设电商扶贫小店238个，其中贫困户开设153个，进一步保障了猕猴桃销售。县内积极搭建营销活动平台，举办猕猴桃开园节活动，把客商请进来；积极组织参加省内外等举办的

特色优质农产品产销对接活动，把优质农产品推销出去。2016年以来线上以猕猴桃为主的特色农产品销售额3.1亿元，带动贫困户4 550户1.68万人。

【贫困户受益案例】

罗建文，永顺县松柏镇龙桥居委会11组建档立卡户，全家共4人。罗建文的父亲罗远华在7年前不幸患上脑血栓，为给父亲治病，全家举债2万多元。2014年，该户被认定为建档立卡贫困户。

脱贫攻坚战打响以来，为了帮助罗建文一家早日脱贫，村"两委"为其申请了5万元的小额贷款，支持罗建文一家种植猕猴桃7亩，用来发展产业。罗建文善于管理，猕猴桃长势良好，挂果率高，卖价喜人。

"我现在种植猕猴桃，每年可以卖4万多元。加上我两个孩子也外出务工，全家收入一年有7万多元。"罗建文高兴地说。目前，罗建文通过卖猕猴桃，已经把贷款还清，日子也越过越红火。

品牌成引擎　富"硒"开富路

湖南慈利县典型案例

　　湖南省张家界市慈利县是湖南省补硒工程实施先进县、湖南省"1223"富硒工程实施先进县，"硒有慈利"成功入选2018年中国区域农业形象品牌十强。近年来，慈利县深耕富硒厚土，大力推行"富硒品牌＋富硒产业＋新型农业经营主体＋贫困户"的产业扶贫模式，富硒产业面积发展到150余万亩，实现了物以"硒"为贵，带动全县6万余名贫困人口通过富硒产业拔"穷根"、栽"富苗"、开"富路"。慈利县被评为湖南省"千企帮千村"先进单位。

土家阿妹采摘富硒茶叶

【主要做法】

一、创立一个品牌，打造产业发展的新引擎

2017年，慈利县打造了县域公用品牌"硒有慈利"，并先后组织举办了"硒有慈利"年货节、媒体采风和品牌恳谈等大型活动，积极参加了农博会、产销对接会、交易周等活动，"硒有慈利"的品牌价值和影响力持续提升，成为引领产业提质升级、助力扶贫的新引擎。全县硒产业年产值达到22亿元以上，已开发富硒农产品100多个，带动了稻米、茶叶、柑橘、杜仲等富硒绿色产业强势发展，"硒有慈利"成功入选2018年中国区域农业形象品牌十强。

二、遴选十家企业，树立产业帮扶的好标杆

从2018年起，慈利县通过现场答辩、电视直播的方式，每年公开遴选10家有实力、有担当的企业实施"千企帮千村"行动。每家企业帮扶带动700多名贫困人口，与每个贫困户签订"一户一册"帮扶协议，量身定制帮扶措施和目标，采取委托帮扶、入股分红、订单生产、技能培训等多种形式与贫困户建立紧密的利益联结机制。各企业在帮扶实施过程中，用心用情、用力用智，与贫困户拧成一股绳，一起建基地、拓眼界、争市场、创效益，两年来共带动1.5万多名贫困人口脱贫增收，树立起了慈利县产业扶贫的标杆和榜样。到目前，全县60家省市级龙头企业与107个贫困村开展了产业帮扶结对，"千企帮千村"行动成效突显并正在深入推进。

三、培育百家主体，壮大产业帮扶的主力军

在政府引导和龙头企业示范引领下，全县新型经营主体积极投身到产业扶贫中来，先富带后富，共建"满园春色"。每年，慈利县按照宣传发动、自主申报、分级审核、全程监管的流程，择优选择100家新型经营主体实施产业扶贫项目，每个主体帮扶带动100名以上贫困人口，精准实施"一户一策"，两年来共带动2万余名贫困人口脱贫增收。可以说，经营主体每到一个村落，便建起了一方基地、播撒了一颗种子、收获了一片希望。

四、推动万户齐奔，激发脱贫致富的内生力

慈利县着力在志智双扶上下功夫，采取多种措施，引导贫困人口摆脱"等靠要"思想，激发脱贫致富奔小康的内生动力。一是培育1 066名致富示范户，每名带动5户贫困户，形成互帮互助的产业发展"小圈子"，示范带动了5 352户贫困户共同奔走在产业发展路上。二是鼓励支持近6万名有产业发展意愿和能力的贫困人口以家庭为单位

发展特色种养业，激发贫困户自主创业的动能。三是开展技能提升大培训，慈利县组织各乡镇农技站为贫困户广泛开展产前、产中、产后技术培训。各乡镇按照全县统一部署，摸清贫困户需求，结合农事季节，采取集中培训、"田间学校"式互动操作、观摩示范样板等形式，每年培训贫困人口达1万人次以上。

五、试点村社合一，促进集体经济的大发展

充分发挥村"两委"在基层的核心堡垒和带动作用，在贫困村和贫困人口较多的非贫困村试点建立"村社合一"的产业扶贫新模式，让有发展意愿的贫困户都能加入村级集体经济组织共同产业，形成"村集体经济组织+合作社+贫困户"的产业扶贫新机制，让村集体发展有平台，贫困户脱贫有项目。共遴选了150个村开展"村社合一"试点，支持各村建冷链设施、发展乡村旅游、建设"一村一品"等，有力促进了农村集体经济不断发展壮大，全县集体经济5万元以上的村达到198个，其中30万元以上的村达到8个。

【贫困户受益案例】

魏金初，慈利县零溪镇大庄村建档立卡贫困户。因家庭负担重、经济来源少、缺少劳力和技术，家庭生活困难，于2014年被认定为建档立卡贫困户。

"老魏，你的柑橘管理水平太低、果品太差，不改变是不会有好收益的，来我们公司免费学习技术吧，我们共同把柑橘产业发展起来。"2018年，扶贫龙头企业金冠果业主动找到魏金初对接，引导他发展柑橘产业。

金冠果业柑橘种得好、卖得好，是慈利的柑橘龙头企业，这样好的企业主动来帮助，魏金初兴高采烈，他积极参加金冠果业举办的所有柑橘技术培训会，又到公司柑橘基地培训观摩了多次，魏金初大开眼界，也看到了自己的不足。从此，到金冠果业学技术成了魏金初最放在心上的事、最开心的事。

公司除了免费培训柑橘管理技术外，还帮助魏金初解决缺资金难题，为魏金初免费提供了1 685元的优质橘苗、农药和化肥，手把手指导他如何剪枝、如何施肥、如何管理……一年下来，魏金初的柑橘收入达到了5万多元，家庭生活改善了、技术也有了、产业也发展起来了，魏金初的笑容也越来越多了起来。

2019年，尝到了甜头的魏金初又开垦了几亩土地种上金冠果业发放的优质橘苗，虽然遭遇了春冻灾害，但在公司的帮助下，魏金初柑橘管理得较好，果子品质好，每斤卖到了1.4元的高价，当年又收入了5万多元。

成功来自勤奋，付出终有回报。现在的魏金初不再是乡里乡亲眼中的贫困户，而是种植能手，向他请教技术的人也多了起来，魏金初毫不保留，热心帮助。2019年年底，他被村里评选为科技示范户。

"个十百千" 以点带面
湖南浏阳市典型案例

　　湖南省浏阳市按照产业扶贫"四跟四走"要求，探索实施"个十百千"产业扶贫工程，在促进贫困群众稳定脱贫上找到了好路子。"个十百千"即：建设一个产业扶贫综合服务中心，培育10个长效扶贫产业，打造100个以上较大的特色产业和就业基地，树立1000名通过产业和就业脱贫致富的典型。2019年以来，引导146家企业（合作社）成为产业扶贫主体，实施扶贫项目277个，打造产业扶贫基地131个，就业扶贫基地148个，带动了95%以上贫困户参与产业和就业，取得了户均收益、产业基础和内生动力三提升的良好效果。

浏阳市沿溪镇沙龙村蔬菜基地

【主要做法】

一、一个中心架起产销对接桥

浏阳市成立了产业扶贫综合服务中心，该中心具备扶贫产品展示、线上线下销售、电商培训和物流配送等功能。依托这一平台，进一步创建了区域公用品牌"农品浏香"，从此，零散的扶贫产品实现了统一收购分拣、统一包装设计、统一仓储配送。2020年，在此基础上将平台完善升级，成立浏阳市扶贫综合服务中心，集产业扶贫、消费扶贫、社会扶贫三大功能于一体，着力做优做实"销"字文章。目前，中心累计帮助和带动贫困户销售农产品1.06亿元。

二、十项产业探索扶贫产业链

只有选准着力点，形成产业链，产业扶贫才会稳得住、立得久。浏阳市从产业基础、市场需求、个人意愿等方面综合比选、反复论证，选定了生态米、小水果、黑山羊、蜜蜂、油茶、花木、蔬菜、特色水产、乡村旅游、手工制作等十项长效发展产业。围绕产业链，引进和鼓励一批龙头企业建基地、做加工、带农户。如鼓励蜜蜂哥哥、蜂舞人间、锦寿堂等公司从事扶贫，从蜜蜂选种、养殖技术、蜂产品生产加工到销售一条龙服务，带动全市700余户贫困户发展养蜂，产值达到1000万元，实现了"鱼渔兼得"。湘典、九道湾食品等公司在小河乡、古港镇、沙市镇等建起原材料基地3200亩，浏阳河米业、田螺溪米业带动670户贫困户种植生态米1.1万亩。初显规模的特色产业链，支撑浏阳产业扶贫更加稳定长效。

三、百个基地建起田间大课堂

浏阳市针对贫困户的特点，采用"公司+合作社+贫困户"模式，在全市建设了131个特色产业基地，148个就业扶贫基地，帮助贫困户选产业、学技术、找门路。让就业就在家门口，把课堂开在田野上，使贫困户在边干边学中掌握了技术，增加了收入。如湖南荷香醉人农业公司的负责人张临英，在淳口镇、社港镇建立起莲田立体种养基地1000余亩，手把手教会280余户贫困户种植湘莲、水面养鸭、田埂养鸡，开发出荷叶茶、莲子面、莲子汁等深加工产品，参与的贫困户年收入超过1万元，2018年被评为全省最美扶贫人，她的事迹也在2019年9月被中央电视台农业频道专题报道。

四、千名示范树立脱贫信心

奋斗的历程感染人，身边的典型激励人。浏阳市着力培育自力更生、艰苦创业的产业就业示范户，着力推介饮水思源、惠及他人的时代新农民，在全市倡树了1000余个产业就业发展典型，以此激发贫困群众脱贫信心和发展动力。达浒镇椒花新村的李忠国，利用自己传统手艺开办油纸伞工艺品厂，不仅顺利实现脱贫，还带领本乡50余户贫困户年均增收1.15万元，工艺品厂2019年销售额突破了500万元，李忠国于2019年被评为全省最美扶贫人，2020年荣获全国脱贫攻坚奋进奖。此外，小河乡乌石村"泥鳅姐姐"张建南、关口街道金湖村"蔬菜基地领头人"陈甲沅等一大批贫困户成了产业发展带头人、电商小老板、技术传播者，他们的变化让更多贫困户增强了发展信心。

【贫困户受益案例】

陈甲沅一家是浏阳市关口街道金湖村建档立卡贫困户，全家五口人。陈甲沅先天视力残疾，戴着一副3 800度的眼镜；他的妻子肢体四级残疾，腿脚不便；母亲年事已高，一双儿女正在读书，家庭十分困难。2014年，他家被纳入建档立卡贫困户。

2018年5月，金湖村在备膳管家电子商务有限公司的大力帮助下，发展了30亩的精准扶贫户蔬菜基地，陈甲沅在蔬菜基地培土、施肥、播种、育苗，辛勤劳作，不仅于2018年实现脱贫，还从30亩基地中租种了近10亩蔬菜种植茄子、黄瓜、莴笋、红薯。这些农产品相继上市后，通过备膳管家生活超市直销点、菜市场摊点销售等方式卖出。2020年，陈甲沅的种植面积扩大到22亩，蔬菜收入达到15万元。在陈甲沅的经验分享与带动下，贫困户胡建章、刘佳富、刘辉明等人都扩大种植面积，改善种植品种，实现了稳定增收。

陈甲沅还把自己的种菜经验传授给其他贫困户，他经常说："现在共产党的政策这么好，给我们牵线搭桥联系脱贫致富的产业，又教我们种植技术，还包销售，我们一定要好好干，争口气！"

攻坚战场党旗红
广东陆河县典型案例

　　陆河县地处汕尾市东北部,是国家重点生态功能区,有着得天独厚的生态资源。全县总面积1 005公里^2,辖8个镇和1个国有林场,总人口35.8万人,农业人口占55.5%,全县建档立卡贫困户有19 541人,脱贫攻坚任务艰巨。近两年来,陆河县坚持"绿水青山就是金山银山"发展理念,以党建为引领,全力开展旅游扶贫,推动党建、乡村旅游与精准扶贫工作深度融合,持续在政策支持、资金扶持、旅游打造等方面发力。截至目前,全县20个省定贫困村已达到出列标准,18 228名贫困人口达到退出标准。

陆河县农村新貌

【主要做法】

一、县委牵头画蓝图，坚持落实党建促扶贫理念

陆河县委、县政府多次召开县委常委会、县政府常务会、专题会，研究扶贫思路和措施，制定相关政策，切实在政策上重点倾斜，产业上重点规划，联系点上重点推进。制定了陆河县《关于抓基层党建促精准扶贫实施意见》《关于扶持贫困村发展乡村旅游的实施意见》《关于动员社会力量参与扶贫的实施意见》等扶贫攻坚10项文件。牢固树立"围绕扶贫抓党建，抓好党建促扶贫，检验党建看扶贫"的工作理念，坚持党建引领，将党建工作与脱贫攻坚工作同部署、同安排、共推进。深入推进基层党建3年行动计划，夯实基层基础，建强战斗堡垒，提升村党组织的组织力。充分发挥村党支部引领、第一书记带头、党员致富能人示范、贫困户主体作用，凝聚各方力量，使党建与精准脱贫深度融合、互促共进。

二、畅通乡村微循环，确保多路径培育造血能力

2016年11月10日，河北村率先在陆河县20个省定贫困村中注册成立陆河县文盛种养专业合作社，建立了群众自发性的经济组织，变农民为社员，实现了"要我脱贫"向"我要脱贫"的观念转变。2017年，又从"631"资金中拿出71.73万元作为有劳动能力贫困户的入社股金注入合作社，变农民为股民，真正带领贫困户走上了一条自主生产经营、自我发展脱贫之路。产业起来后，工作队经过研究定下了"内销与外销相结合、线上与线下相结合、批发与零售相结合"的销售思路。内销方面，依托深圳市场监管系统工会及食堂采购，消化了养殖的全部扶贫鸡和部分葛根。外销方面，联系了采购商、批发商、医药公司等，分别与梅州威大地公司、深圳市广药医药有限公司签订了葛根保底收购协议和葛粉深加工销售协议，与深圳骏丰农产品公司达成战略合作，产品进驻农大妈、陆河县农产品网商平台、汕尾市汕美手礼网等电商。同时，工作队积极利用结对帮扶工作机制，开展慰问活动之际，向深圳宝安市场监管系统各党支部、宝安个体私营协会推销葛根及产品。几年来，深圳市场监管系统充分发挥本系统购买力，并发动社会力量参与消费扶贫，累计购买河北村扶贫鸡16 366只、葛根3万多斤，及一定数量葛根茶、葛根粉，累计消费扶贫经额达166.7万元。

三、基层经费有保障，激活多层次乡村发展引擎

陆河县着力加强村级党建工作经费保障，每村每年工作经费提高至7万元，其中1/3用于党建，另再拨付给每个村2万元党建专项经费。通过充分发挥镇级党校主阵地作用，培养懂农业、爱农村、爱农民的"三农"工作队伍。镇村深入落实陆河县委、

县政府工作部署，充分借用"夜间党校、上门党校、节日党校"，分门别类对全体党员干部开展培训，深入学习党的十九大精神和习近平总书记重要讲话精神，通过更加广泛地凝聚新时期广大党员干部参与各项建设，助力脱贫攻坚和乡村振兴的正能量。

四、共享理念入人心，人人贡献新农村示范村建设

全县宣传并坚持"双创"引领，共建共享理念，以创文创卫为抓手，广泛发动干部群众和新乡贤，建言献策、筹资投劳、捐资捐物、共建共享。全县新乡贤群众投工投劳6 000多人次，大力开展城乡环境"十大整治、十大提升"行动，积极推动新农村示范村创建。在此基础上，加大投入，改善民生，以脱贫攻坚为契机，大力推进农村"水电路气讯房"等建设，确保"水户户连通，电稳定贯通，路条条畅通，讯高速互通"。

五、紧抓机遇引名企，合作打赢脱贫攻坚战

一是引进华侨城集团，发展乡村旅游助推脱贫攻坚。乡村旅游可以实现农民脱贫，从生态、环境、乡风、文化等多方面整合农村资源，激发农民创业热情，激活乡村内在活力。以景区建设和旅游发展推动"美丽乡村"建设，着力于乡村环境提升、乡村设施完善、乡村文化构建、村民就业培训、特色农产品开发五大方面，探索形成全新的旅游扶贫措施体系。

二是资源盘活助力增收脱贫。实施华侨城·螺溪谷项目，全面盘活农村各类资源，动员村民共同参与发展，融合了土地、技术等生产要素，通过免费为农户提供种苗、肥料、技术指导，流转闲置土地。此外，农户以"农村土地承包经营权"入股合作社，把土地经营权变成股权，资金变成股金，农民变成股东。

【贫困户受益案例】

案例一

罗烈舵，陆河县螺溪镇欧田村硿子里自然村贫困户。因病致贫，老母亲患中风，治病花销是全家近一年收入，两个儿子在读书，全家靠户主在家开照相馆和大儿子在外打散工的微薄收入，生活很困难。

在2018年华侨城·螺溪谷项目进驻欧田村后，在驻村队长的帮扶和华侨城深东集团的帮助下，给罗烈舵安排了螺溪谷的保洁工作，景区的客流量还给他照相馆带来了生意，加上自身的勤劳努力，仅一人的年收入就有11万元。华侨城·螺溪谷项目通过"薪金＋股金＋租金"的形式，每年给他家带来了10多万元收入。几年来，家庭生活条件得到极大改善，家里的小平房变成了三层小洋楼。

在当地党委、政府及帮扶单位的共同努力下，在华侨城深东集团的帮助下，罗烈

舵全家通过自身的不懈奋斗，实现了"两不愁三保障"和"八有"脱贫标准，脱贫致富迈向小康生活，成为了全县典型的勤劳致富脱贫户。

案例二

陈秀朵，陆河县螺溪镇欧田村河背自然村贫困户。全家有6口人，因残因教致贫，母亲瘫痪在床26年，90岁父亲年老体弱，4个子女年幼在上学，本人无任何技术，且要照顾老人和小孩，无法外出务工，家庭生活极其困难。

华侨城·螺溪谷项目入驻后，在村委会干部和第一书记的引导帮助下，陈秀朵通过就业培训掌握了相关技能，就近在螺溪谷就业，任职民宿服务员，年收入3万多元，同时可以兼顾家庭，照顾老人和小孩。通过扶贫资金入股华侨城·螺溪谷项目，每年股金分红1200元；通过种植甘薯、红豆、黑豆、花生，以及养殖农家土鸡，借助华侨城线上线下平台销售农产品，年收入约3万元。2019年，依托华侨城·螺溪谷项目，年收入可达6万元，顺利脱贫。

"是党和政府让我能走上工作岗位，有了稳定收入，还能在家附近工作，照顾老人和孩子，感谢华侨城和扶贫工作队。"正在打扫民宿卫生的陈秀朵露出了开心灿烂的笑容。

在石漠化片区开辟养殖新路
广西都安瑶族自治县典型案例

　　广西壮族自治区都安瑶族自治县地处滇桂黔石漠化片区，石山面积达89%，人均耕地不足0.7亩。近年来，都安按照"前端抓好技术支撑，中间抓好生产组织，后端抓好市场营销"的发展思路，创新"贷牛（羊）还牛（羊）"产业扶贫模式，即贫困户从企业"贷"得牛犊（羊羔），养大后"还"给企业获得收益。贫困户每年每养1头牛（10只羊）可增收5 000元左右。2016年至2019年，该产业累计带动13.28万名贫困人口脱贫，全县贫困发生率下降至3.36%。2019年，都安优质肉牛肉羊现代农业产业园获批创建国家现代农业产业园。

都安的瑶山牛扶贫产业核心示范区

【主要做法】

一、三方联动共同推进，让牛羊"贷得到"

形成政府搭平台建机制、企业布局全产业链、贫困户零门槛参与的三方联动发展模式，确保牛羊"贷得到"。一是政府主导。制定"贷牛（羊）还牛（羊）"总体框架和保障措施，出台融资支持和贴息贷款等优惠政策，引进养殖龙头企业，落实产业扶持政策，共投入产业发展资金3.66亿元，有效解决产业发展无龙头带动、贫困户信心和资金不足等问题。二是企业牵头。企业负责采购、自繁、发放牛犊（羊羔），引进外地优良牛犊5.2万多头、外国纯种母牛1.8万多头和澳寒羊3.6万多只，建成3个万头种牛、5个万只种羊繁育基地，确保有牛（羊）可"贷"，已累计发放牛犊3.82万头、羊羔13.29万只。三是贫困户参与。贫困户与政府、企业签订三方协议，每户贫困户可从企业"贷"得1头牛犊或10只羊羔，养殖10～12个月出栏后将牛（羊）"还"给企业，企业扣除成本后收益归贫困户，实现贫困户"零成本、零门槛、零风险"参与。全县瑶山牛存栏从2016年的8万头发展到16.2万头，澳寒羊从零发展到10万只。

二、多措并举梯次推进，让牛羊"养得好"

通过激发养的动力、丰富养的形式、创新管的方式，确保牛羊养得好、贫困户多受益。一是动员户户都想养。通过开展争当脱贫攻坚"明白人"、"我的脱贫故事"、"脱贫先锋面对面"、"身边人讲身边事"等活动，激发贫困群众脱贫主动性，动员他们参与养殖。二是力争户户都能养。在个人自养为主的基础上，对劳动力不足的贫困户，实行互助共养（相邻几户共建栏舍、共同出力养殖）、联建联养（村民联合成立合作社建立养殖场轮值共管联养）、合作社代养（由合作社代养牛犊获取分红），建成乡级牛羊场19个、村级合作社247个，牛羊产业100%覆盖贫困户，个人自养比例达75%。三是保障户户都会养。对牛羊采取芯片跟踪管理，组建专家服务团队，选聘737名产业指导员，举办1 440期养殖技术培训班，为贫困户养殖提供全过程技术指导和防病治病服务。强化种养结合，通过水泡地再利用、错峰种植、土地流转等，发展"粮改饲"12万亩，创新"牧草银行"经营模式，既保障养殖饲料充足，又新开一条增收路子，每年每亩地可多增收2 500元，受益贫困户1.1万户5万人。

三、防范化解产业风险，让牛羊"还得上"

实行保险跟进和保价回收政策，确保"小牛（羊）贷出去、大牛（羊）还回来"，并"还"出效益。

一是保险跟进降低养殖风险。县财政投入2 132万元为"贷"出的每头牛交400元、每只羊交50～75元不等的保险费，如果牛羊出现意外死亡，经理赔后可免费再领。

二是保价回收降低市场风险。制定"还"牛羊流程，牛羊达到出栏标准后，由企业按市场价回购，如果市场价牛低于10元/斤、羊低于15元/斤，企业按保底牛10元/斤、羊15元/斤收购，财政提供差价补贴。

三是"还"完再"贷"实现滚动发展。贫困户"还"完大牛（羊）后，可再从企业"贷"新的牛犊或羊羔继续养殖，循环往复，滚动发展。目前得到产业扶持的贫困户户均牛存栏2头以上，价值超过3万元，实现持续稳定增收。

四、拓宽延伸产业链条，让牛羊"销得出"

通过精深加工、市场营销、品牌提升，确保牛羊产品打开销路。一是发展精深加工，提高综合利用率。支持企业投资3亿元建成西南冷链仓储物流中心、投资2.2亿元建设澳寒羊全自动化冷链加工中心，引进德国制流水线进行集中屠宰分割，加工制作多种成品，实现"一头牛羊变两头牛羊"的价值升级；再经过仓储、冷链、物流无缝衔接，销往全国。二是积极拓展渠道，提高市场占有率。拓宽新型业态"主力销"、广西市场"全面销"、粤桂协作"定向销"、社会组织"助力销"、机关采购"定点销"等五大销售渠道，2019年产值达18亿元，2020年将超过30亿元。三是着力打造品牌，提升产业影响力。推进"三品一标"认证，举办广西庆祝"中国农民丰收节"等活动，参加中国—东盟博览会、中国农产品交易会深圳农产品展等展销活动，都安澳寒羊肉、瑶山牛肉分别被列入第一批、第三批《全国扶贫产品目录》，品牌影响力明显提升。

【贫困户受益案例】

覃仕实，都安瑶族自治县安阳镇阳安社区地丁屯贫困户，一家三口夫妻两人四级肢体残疾，只能就近打些小零工，常常入不敷出，生活极其艰难。2015年，被认定为建档立卡贫困户。

2018年，经镇领导、社区干部、帮扶干部多次动员和鼓励，覃仕实与妻子苏晖商量后向企业"贷"了2头牛进行饲养。经过一段时间，夫妻俩觉得自己还能做更多、养更多。经商量决定，借款3万多元，扩大牛舍，自购6头牛，扩大养牛规模。一年后，覃仕实一家的努力和付出终于得到回报，2019年共出栏7头牛，收入71 100元。养牛带来了经济效益，覃仕实不仅还清了借贷，日子也逐渐好起来。

覃仕实妻子苏晖说："虽然我们夫妻俩都是残疾人，手脚不利索，但我们身残志不残，不能再这样贫困下去了，也不能什么都依赖政府，自己努力挣钱脱贫才是正道。"

"两培两带两促"育人才、兴产业

广西上林县典型案例

　　近年来，广西壮族自治区上林县以东西部扶贫协作和粤桂两省（自治区）贫困村创业致富带头人培育工程为契机，大力实施"两培两带两促"六大行动，即培育创业致富带头人，培育扶贫产业；带动贫困户增收脱贫，带动贫困村提升发展；促进本土人才回引创业，促进农村基层党建，走出了一条具有上林特色的依托致富带头人推动全县扶贫产业发展的新路子。

　　2016年以来，上林县共培育贫困村创业致富带头人600人，带动11 076户贫困户参与产业发展，占全县贫困户总数的53.72%。推动近2万户8万名贫困人口脱贫，65个贫困村摘帽，贫困发生率降至1.17%。2018年3月，全国贫困村创业致富带头人培育工作现场会在上林县召开。2018年7月，上林县作为唯一县级单位在全国东西部扶贫协作工作推进会上作经验发言。2018年10月17日，上林县荣获2018年全国脱贫攻坚奖的组织创新奖。

全国贫困村致富带头人现场会在上林县召开

【主要做法】

一、巧借粤桂基地协作平台，选好培育好创业致富带头人

上林县把"选准能人、培育好人、服务到人、带动穷人"放在首位。坚持"选、培、管、服"并重，选好选准致富带头人，以国务院扶贫办粤桂两省（自治区）贫困村创业致富带头人培训基地——广东九江河清培训基地为依托，配套建设本县实训基地，加强对致富带头人的培训、管理、创业孵化等服务工作，为扶贫产业壮大提供第一有利条件。

严格标准优选能人。严把人选质量关，重点从农民专业合作社负责人、种养大户、村"两委"干部、农村党员、退伍军人、大中专毕业生等中择优作为培育对象。严把遴选认定关，选好选准致富带头人。紧扣产业培育能人。搭建粤桂协作培训和产业合作平台，依托国务院扶贫办认定的广东九江河清培训基地，在上林县建立"1＋N"创业孵化实训基地。"1"即成立贫困村创业致富带头人服务中心，"N"即围绕高值渔、山水牛、生态鸡、乡村旅游、光伏发电等扶贫主导产业，以产业化龙头企业、合作社、产业基地等为依托，建立N个创业实训孵化基地。通过组织开展跟班式、体验式、观摩式培训，提高致富带头人创办、领办扶贫产业项目的实操能力。强化扶持激励能人。针对创业资金不好筹、用地不好拿、风险不好控等问题，出台实施"1＋15"政策体系，建立"政融保"贷款风险分担机制，提供"创业扶贫贷"贴息金融服务，并配套创业奖补、产业奖补、产业保险等扶持措施，为致富带头人提供全方位的创业服务保障。截至目前，已向11家致富带头人创办的公司、合作社发放融资贷款4 130万元，为87家致富带头人合作社兑现贴息贷款2 392.93万元。出台了与带贫规模、带贫效果直接挂钩的一系列扶贫产业规模化奖补政策，激励致富带头人创业扶贫和贫困户积极参与产业项目，全县累计发放产业奖补资金1.2亿多元，支持合作社、能人大户流转土地12.3万亩。

二、抢抓粤桂产业合作机遇，培育发展特色扶贫产业

上林县依托广东九江河清培训基地，建立粤桂产业合作平台，坚持培育致富带头人与培育扶贫产业、引进广东优质高效产业与发展壮大县域特色优势产业相结合，推动特色扶贫产业加快发展，为致富带头人创业提供产业平台。

积极引进广东高值渔产业。由广东九江河清培训基地负责人潘健章牵头，联合广东生生农业发展集团、九江达亿渔业有限公司等，成立广西澳益农业发展有限公司，在上林县发展高值渔产业。目前，已建成大丰镇云温村、白圩镇赵坐村2个养殖基地，面积达2 500亩。以这2个基地为龙头，孵化带动26个合作社发展高值渔养殖项目，带

动全县发展虾稻、鱼稻、渔菜共生水产养殖8 599亩，通过土地流转收等方式带动420户贫困户。

发展壮大县域特色扶贫产业。制定"5＋X"的产业发展规划（即全县主导发展高值渔、山水牛、生态鸡、乡村旅游、光伏发电五大扶贫产业，各乡镇因地制宜，自主选择发展产业，形成"一村一品""一村多品"），创新产业发展模式，出台产业扶持政策，推动特色优势产业发展壮大。建立"三保一送"模式（保价收购、保险分担、保底分红，送技术），引进广西山水牛畜牧有限公司，带动成立合作社67个，3 630户贫困户发展养牛，占全县贫困户的17.6%。全力创建国家全域旅游示范区，构建"四扶一共享促五变"（扶建房、扶就业、扶创业、扶养老，共享收益，家园变公园、村民变股民、民房变客房、上山变上班、忧老变养老）旅游扶贫模式，发展农家乐、乡村旅游景点130多个，带动贫困户脱贫1 244户。创业致富带头人领办百香果、食用菌、沃柑等产业合作社131个，直接带动1 000多户贫困户发展特色产业。目前，全县扶贫产业格局基本成型，主导产业地位逐步确立，群众自选产业多点开花，扶贫产业规模和覆盖面逐步扩大。

三、强化粤桂党建引领，增强党员示范带动作用

大力开展村企支部联建。推进"以企带村、村企互哺、共建共促"发展模式，引进广东14家企业和深度贫困村开展粤桂支部联建，由创业致富带头人创办的公司、合作社与村党组织开展"结对联姻"，进一步提升基层党组织凝聚力、战斗力。大力实施"两个带头人"互促互转。将发展党员指标向致富带头人倾斜，优先把致富带头人中的优秀分子培养成为党员；通过产业带动、政策扶持，把具备条件的党员或村干部培养成为致富带头人；及时将表现好、能力强、素质较高的党员致富带头人吸收进入村"两委"干部队伍，择优把懂经营、善管理、致富带富能力较强的发展为村党组织带头人。近年来村"两委"换届中，上林县就有135名党员致富带头人被选拔为村"两委"干部，29名优秀创业致富带头人还担任了贫困村党支部书记；同时，上林县还将村"两委"中有产业发展经验、善经营的干部培养成创业致富带头人，目前全县已有122名村干部成为致富带头人。

围绕"产业链上争先锋，脱贫攻坚党旗红"的党建工作思路，成功培育出一大批优秀党员典型。促进本土人才回引创业，出台《上林县实施"本土人才回引计划"工作方案》，实施促进本土人才回引创业提升行动，在创业培训、金融、财政、用地、税费等方面予以扶持，激励本土人才回引乡、扎根农村创业。截至2019年年底，已在上林县城乡成功创业的本土人才达1 068人。

【贫困户受益案例】

韦忠勇，上林县白圩镇繁荣社区人，全家4口人，因夫妻双残疾，加上两个女儿尚小需照顾，2015年被识别为建档立卡贫困户。

几年来，韦忠勇参加上林县"残疾人养殖技能培训班"，学到宝贵的畜牧业病害防治技能，还获赠6 000元养羊扶持资金；还参加了粤桂两省（自治区）贫困村创业致富带头人第二期培育班，创业导师教会他如何克服创业的各种困难，让他开阔了眼界，更坚定了信心。

尽管有坎坷，2016年年底，原来的26只羊已经繁殖到80余只，总值已达20余万元。尝到创业甜头，韦忠勇又成立了光华合作社带动群众一起创业，由最初带动的6户贫困户发展到34户贫困户，通过养殖肉牛每户年分红不低于4 800元。同时，还建起牧草加工厂，带动周边群众种草增收。

2017年10月，韦忠勇家光荣脱了贫，被认定为一名创业致富带头人。

把农产品加工做大做强

广西兴业县典型案例

　　近年来，广西壮族自治区玉林市兴业县大力发展农产品深加工业，将之作为促进农业增效、农民增收、贫困户持续脱贫致富的重要措施，以"公司＋基地＋农户（贫困户）"的模式，深挖禽畜、粮食、果蔬、茶叶等农产品深加工产业，从种养、初加工、深加工、储存、运输、销售等各环节，构建形成特色鲜明、布局合理、产出高效的全产业链格局。目前，全县农产品加工转化率达62%，农产品加工业产值与农业产值之比为1.71：1。培养了农产品加工龙头企业33家，其中，市级以上龙头企业11家，年销售额亿元以上19家，年销售额10亿元以上3家，形成了年加工家禽1 600万羽、优质大米15万吨、米粉1.2万吨，以及年加工生产饲料170万吨的规模。通过发展农产品加工，全县带动农民种植户近15万户、种植作物面积98万亩，其中贫困户19 854户、种植面积5.31万亩、户均增收2 150元；带动农民养殖户2万多户，常年出栏生猪81.5万头、出栏家禽9 650万羽，产值41.8亿元，其中贫困户养殖户3 011户、户均增收3 250元。

兴业县春茂公司肉鸡屠宰生产线

【主要做法】

一、做好顶层设计，突出发展规划引领

发挥农业大县拥有丰富资源的优势，按照广西提出的"强龙头、补链条、聚集群"产业发展思路，科学规划全县粮食、果蔬、畜禽等主要农产品加工产业布局，编制了《兴业县健康食品产业发展规划》，建设兴业县健康食品产业园，引导农产品加工企业向园区集中，打造高质量农产品精深加工产业集聚区。依托自治区级现代特色农业示范区——兴业县凤鸣雅江生态种养（核心）示范区和兴业县金谷水稻种植核心示范区，示范引领农产品在种养、加工环节上实现产业化。全县初步形成了北有沙塘镇精米加工、蒲塘镇米粉加工，中有山心镇茶叶加工，南有大平山镇肉鸡（生猪）加工、城隍镇果蔬加工，这样一个特色鲜明、布局合理、产出高效的农产品深加工产业格局。

二、打好政策组合拳，强化龙头企业带动

建立健全加快农产品加工产业发展的体制机制，一手抓好企业的精准招商，一手抓好企业的扶持培育。实施重大农产品加工项目招商引资"一把手"工程，用好用活金融、财税、发改等领域的产业扶持政策，推动农产品加工企业扩大生产规模，不断增强农产品加工企业辐射带动能力，实现全县农产品加工产业做大做强。全县新引进了广西伟泽年屠宰1 500万头生猪及农副产品加工全产业链项目、中科国康年屠宰5 000万羽家禽食品深加工及京东冷链物流建设项目、中农联电商物流园等一批延链补链项目；培育了春茂食品、温氏公司、百谷米业等农产品加工龙头企业33家。通过"农产品加工企业＋扶贫车间＋贫困户"就业扶贫模式，农产品深加工企业安排贫困户劳动力就业达6 236名，带动贫困群众年人均增收2.4万元。

三、抓好产销闭环，推动一二三产业融合

建立"农产品加工龙头企业＋村民合作社＋扶贫产业园（基地）＋贫困户＋保险＋购销平台"的产业扶贫模式，在全县214个行政村成立村民合作社，建设县、镇、村三级扶贫产业园和扶贫产业基地67个，带动贫困村、贫困户发展三黄鸡、生猪、优质稻、茶叶等现代优势特色扶贫产业，通过直接投资、合股经营、签订长期合同等方式，构建利益直接、风险共担、收益保底的联结机制，大力推广绿色种养循环模式，有效提高了全县绿色、优质农产品加工原料的精准供给水平。大力推进全产业链建设，积极完善农产品仓储、物流、电商等配套设施建设，引进知名电商企业，建设县、镇、村三级农村电子商务服务网络，推动形成了"原料基地＋加工龙头企业＋销售网络"一体化的农产品产业发展格局。

四、树好特色化品牌，主打绿色富硒产品

树立以质量为核心的品牌意识，依托国家现代农业示范区优势，实施农产品品牌"四大提升"工程，不断提高农产品品牌及产品价值。建设了兴业县域公共品牌"兴业尚品"，解决全县农产品深加工企业和种养户产品"无品牌"的问题。目前，全县打造了"金大叔""全上品""青云直上""硒有米"等30多个区内外闻名的绿色优质农产品品牌。获得"三品一标"农产品认证8个，富硒产品2个，广西名牌产品6个，广西著名商标4个，粉蕉、秀珍菇两个产品获得国家绿色食品认定。通过产品认证和品牌打造，有效提高了农产品加工附加值，实现了比普通产品价值增长20%以上。

【贫困户受益案例】

郑少勤，兴业县蒲塘镇炉岭村洋陂屯贫困户，因家里有两位老人常年患病、两个小孩读书，加之自身因肢体烧伤无法外出打工，2015年被评为建档立卡贫困户。

2017年，兴业县蒲塘镇10个贫困村的村民合作社，利用扶贫产业资金在炉岭村创建了广西兴业蒲塘寮峰食品有限公司，发展农产品深加工——米粉产业。该公司于2018年正式投产并大量招收贫困劳动力，为附近村民特别是贫困户提供了不少就业机会，郑少勤肢体烧伤好转后，在炉岭村委会及帮扶人的支持下到公司面试，顺利成为公司的第一批员工，凭借自身有着米粉制作经验的优势，郑少勤被安排在生产车间的机头，完成拌粉、进粉等核心工序岗位作业，每月工资收入达3000元以上。

现在，郑少勤在广西兴业蒲塘寮峰食品有限公司工作已经两年了，除了有稳定的工作收入，还能利用下班时间务农，靠种养获得以奖代补等，收入达到脱贫标准，顺利实现脱贫。

大河有水小河满
海南陵水黎族自治县典型案例

海南省陵水黎族自治县本号镇为规范有序推进扶贫产业健康发展，引入智力服务机构聚焦农村、服务农村，在本号镇设立创业辅导中心，采取"三指导、三帮助"举措，全镇创建了22个村集体企业并进行一对一专业化指导和"保姆式"孵化，走出了一条孵化村集体经济组织经营主体的新路子。通过扶贫产业实现收益，贫困户年底收到分红，惠及贫困户1 138户，受益人数4 712人。同时，在创业辅导中心的指导下，村集体凝聚力和公信力得到了普遍加强，有效解决了基层党组织软弱涣散问题。

陵水村集体经济组织为贫困户发放经营红利

【主要做法】

一、完善组织架构

创业辅导中心将现代企业管理理念植入村集体企业中，依据《中华人民共和国公司法》等有关规定设立，所有权归属村集体的有限责任公司，成立董事会和监事会，董事会成员由基层党组织和村"两委"成员组成，行使公司决策管理权。监事会成员由驻村第一书记、驻村干部、贫困户代表、村民监督委员会成员组成，突出抓好资金使用监管等工作。本号镇22个村委会分别成立了以村委会为股东的有限责任村集体公司。

二、改革分配制度

创业辅导中心积极帮助村集体企业制定各项规章制度和企业章程，在收益量化分红上，帮助村集体建立资产所有权量化分配台账，把贫困户、低保户、特困户和残疾户等统一纳入年度产业扶贫保障体系，确保了所有贫困户、低保户和特困户的资产收益权。同时，建立起收益量化台账，根据每年的帮扶对象进行动态调整，实现收益的动态调整。

三、规范财务管理

在创业辅导中心的指导下，本号镇成立了"村集体企业管理中心"，加强对扶贫产业发展立项指导，凡是对外合作项目或村办企业发展产业，必经专业市场项目前景评估、必经项目可行性测算、必经合作框架协议审议等，这些举措大大降低了财政专项资金投资风险。2017年，创业辅导中心指导和帮助军普村集体公司拟订了规范的协议，帮助其多增加了150万元收益。乡镇每月安排各村办企业财务人员到创业辅导中心接受指导和集中记账，边做边训、以训促做，使各村集体公司账务凭证装订完整、账簿记录清楚，做到账账相符、账实相符，有效降低了财政资金投入风险。

四、开展人才培训

创业辅导中心有针对性地组织各公司经营管理团队开展多轮次培训，内容包括国家扶贫产业政策解读、企业章程、董事会监事会职能职责、经营管理、财务管理、合同及相关法律法规等，累计举办20余场次培训班，参训900余人次，通过多角度、立体式、全覆盖的持续培训，为村集体培育了一批政治素质好、法律观念强、懂管理、善经营的村级干部人才，增强了村集体组织自我发展的能力。白石村集体公司2017年发展养鸽产业经济效益不明显，创业辅导中心通过财务分析决定转产，开发百香果产业，仅2019年第一季就实现收益50多万元，为贫困户分红36万元，每户平均1500元。

五、做好全程服务

创业辅导中心帮助村办集体企业开展农业社会化服务工作，特别是针对当地大力发展的火龙果、粉蕉和苗圃育种等产业，为农户提供农作物产前、产中、产后各环节指导服务，让集体企业增加了更多的经营和服务功能，企业的带动效应明显，加快了小农户和农业大生产的有机衔接，促进了集体经济与贫困家庭同步增收。创业辅导中心指导大里乡小妹村成立陵水什帝农业生态旅游有限公司，凭借得天独厚的原始热带雨林资源开发旅游产业，公司对农户民房统一规划、运营，发展民宿、旅游特色商品、农家乐等项目，初显成效。

六、进行感恩教育

创业辅导中心利用自身优势，针对当地贫困户内生动力不足问题，专门开设了"启志树新风"培训班，通过封闭式培训，对贫困户开展思想教育和引导，让贫困户切实感受到党和政府的温暖。同时，通过课堂互动，让贫困户感受到脱贫攻坚工作对其生产生活带来的变化。迄今以来，创业辅导中心在本号镇开展了《脱贫先立志–启志树新风》《脱贫攻坚—我们是主力军》《我的家庭梦想与行动计划书》等20多场感恩励志主题系列培训和多项职业技能及创业培训活动，促使贫困户从内心深处焕发主动脱贫的意愿。

【贫困户受益案例】

案例一

乐利村的贫困户王亚周，因缺资金、两小孩上学负担重致贫，2015年纳入建档立卡贫困户。

在参加"启志树新风"感恩教育培训后，立志彻底转变思想观念，激发自身内动力发展冬季瓜菜种植产业，2019年承包种植5亩圣女果，创业辅导中心专业技术团队无偿为其提供圣女果种植水肥营养套餐方案及病虫害防治技术，同时专家团队多次深入田间地头，上门为其提供生产技术管理跟踪指导服务，其种植的圣女果当年产量、品质都较周边其他村民要好许多。当年单圣女果收入一项就达3万元左右。同时王亚周在村集体企业做生产管理员，每月补贴1200元工资。年收入总计5万元左右，顺利实现脱贫。

案例二

大坡村贫困户学员胡茂文，因4个小孩上学，其中2个小孩在外地上大学，家庭负担过重致贫，2015年纳入建档立卡贫困户。

　　参加创业辅导中心培训期间，胡茂文慢慢地转变思想、激励斗志，在回家的路上看见路边有卖小鸭、小鹅苗的，当即就买了50只鹅苗回家发展养殖产业。创业辅导中心专家技术团队多次上门义务为其提供种植、养殖技术服务，鼓励其大力发展养殖业，并承诺长期为其提供免费技术服务支持。

　　在其第一批鹅苗长大出售尝到了甜头后，胡茂文开始扩大养殖规模、发展多种养殖品种，2020年养殖蛋鸭200多只、黑山羊20多头，与其他村民合伙养牛10多头，利用废置水塘养殖罗非鱼，陆海空全面发展养殖业，同时又在屋前屋后种植了50多株百香果，年收入达5万元以上，真正实现了脱贫的梦想。

　　胡茂文说："以前搞养殖没技术，赚不了钱。现在有了技术上的帮扶，我就没有后顾之忧了。"

打好特色牌　完善利益链

四川南江县典型案例

近年来，四川省南江县始终把产业扶贫作为持续巩固脱贫成果的关键之举，立足"生态、高山、富硒"资源禀赋，大力发展南江黄羊、南江大叶茶、南江金银花、南江核桃四大农业特色产业，积极探索利益联结模式，走出了产业扶贫的新路径。

南江订单蔬菜产业园区

【主要做法】

一、探索无偿借养模式，革新发展思路

以政府为引领、企业为带动，探索出无偿借养模式，切实解决养殖户资金短缺的难题，通过"五方共保"（财政保投入、农业保技术、银行保融资、专合保生产、企业保回收）积极推行"借羊还羊"模式。四川北牧集团在公山、杨坝、神门等28个乡镇84个贫困村，将种羊出借给贫困村专合组织，由专合组织借给有养殖意愿的贫困户1只公羊和20只母羊，3年期满后，贫困户仅归还等量或等价的羊只，四川北牧集团将质量合格的种羊再次借与其他有意愿养殖的贫困户滚动发展，企业按照高于市场10%的保护价收购贫困户出栏的黄羊。2016年至今，县级财政投入3800万元，融资1.35亿元，组建28家养殖专业合作社抱团发展，借养黄羊2万只，带动1500户贫困户，实现年收入户均5万元以上。

二、探索订单种植模式，强化龙头带动

以市场为导向，坚持农业产业化龙头企业引领，探索出订单种植模式，为贫困户发展农业产业指明了路径、降低了风险、保障了利益，并有力助推了农业供给侧结构性改革。重庆环永、成都益雅、南江华邦等农业产业化龙头企业投资3亿余元在南江县发展农业产业，推广"132"订单农业发展模式，即贫困户与企业签订保底回收合同，在产业园区内连片种植马铃薯、万寿菊和蔬菜，企业实行保底价收购，实现了贫困户1年种植3亩以上土地，年收入达2万元的目标。2016—2019年全县有6500多户贫困户与企业签订了保底回收合同，累计发展马铃薯2.4万亩、蔬菜48.6万亩、万寿菊2.8万余亩，户均增收3200元。

三、探索返租倒包模式，固化利益联结

积极组建土地股份合作社，发展特色产业园区，探索返租倒包模式，为入股农户富余劳动力与合作社建立了利益共享模式，实现双方收益最大化。在建成的百里茶业产业长廊和百里银花产业长廊内，积极推行"121"茶（花）模式。由专业合作社集中连片流转土地，建设产业基地，种植茶叶或金银花，贫困户将自身土地入股到专业合作社，专业合作社在保证统一指导、统一收购、统一加工、统一销售的同时，将基地内20亩以上茶园（金银花园）返租给一户贫困户，贫困户只负责管理、管护和采收。2016年以来，全县共有356户贫困户在茶叶（金银花）产业园区返租倒包8000多亩，户均增收5万元以上。同时，针对无劳动力贫困户增收难题，采取将其产业资金、基金结余资金交由村集体经济组织，投入到农业龙头企业，采取农业保险、保底

分红、保护价收购、销售补助"三保一补"的方式，确保无劳动力贫困群众收入稳定且可持续。

四、探索立体循环模式，优化产业结构

立足县域特情、凭借旅游优势，探索立体循环模式，优化产业机构，有效促进种养结合、农旅融合、一体化发展。积极推行"高效种植—生态养殖—观光休闲"三位一体发展模式，将农业产业发展与幸福美丽新村、乡村观光体验旅游深入融合，充分挖掘农耕文化、乡土文化、民俗文化，着力打造集有机种植、生态养殖、体验采摘、休闲垂钓、观光旅游于一身的休闲农业示范点，建成国家级、省级乡村旅游示范村68个。新发展以民森农业、本味源家庭农场为代表的立体循环种养企业20多家，引导鼓励群众开办农家乐、打造田园景点，努力提升农村产业结构改造升级，扩宽增收渠道。

五、探索以奖代补模式，激发内生动力

按照"县有支柱产业、乡村有主导产业、户有增收项目、人有一技之长"的产业发展思路，在做大四大农业特色产业的同时，坚持因地制宜、大小结合，大力培育"小种植、小养殖、小加工、小经营"四小增收项目，因户规划扶贫产业，按照已脱贫户400元/人、未脱贫户600元/人、当年脱贫户1 000元/人的上限标准实行增量奖补，实现"短平快"项目与长期增收项目错位互补、协调发展。依托巴中村政学院村干部、"能人"培养和产业、就业技能培训，组织专业技术人员到一线参与技术指导、业务培训，贫困群众"人无一技之长"的难题得到根本改变。着力乡村文明新风培树，探索开设"乡村道德银行"，晒新风正气、奖模范榜样，有效根治"等靠要"等顽障痼疾，不断增强贫困群众内生动力，"村美、人和、产业兴"的乡村振兴新生态不断形成。

【贫困户受益案例】

案例一

董绍碧，南江县大河镇北极村贫困户，由于无技术、妻子多病，家庭生活极其困难。

2018年春，在村里听扶贫政策宣讲时，董绍碧听到了关于"借羊还羊"的扶贫模式，便下定决心养殖南江黄羊，当年6月开始修建标准化圈舍。圈舍建好后，便借到了20只能繁母羊和1只种公羊，加上自己原有的40余只羊，通过发展，截至目前已出售南江黄羊66只，收入6.75万元。其中，出售骟羊11只，收入1.8万元；出售断奶羔羊13只，收入0.65万元；出售母羊40只，收入4.3万元。现还存栏南江黄羊98只，不到一年时间就摘掉了贫困的帽子。

对于自己的变化，董绍碧说："感谢党和政府的好政策，给我找了一个脱贫的好门路，我一定要把羊养得越来越好！"

案例二

何贵德，南江县兴马镇庙坪村贫困户，由于自己无技术、孩子正读书，一家5口人仅靠何贵德外出务工养家，家庭生活极其困难，2014年被评定为建档立卡贫困户。

在"一户一干部、一户一方案"的精准帮扶下，在南江县农业农村局送技术下乡到村到户到田间地头的背景下，何贵德自主发展金银花产业。2014年以来，何贵德一家通过种植金银花发展立体种养模式（在何贵德种植金银花的时候，妻子任国英也没闲着，她靠着自己勤劳的双手养了4头猪、1头牛、50只土鸡），通过近2年时间的耕耘，终于结出了甜蜜"致富花"。通过种养结合、长短结合，实现年增收10万元，2016年成功摘下贫困户的帽子。

对于自身的变化，何贵德夫妻说："在家门口就能挣钱，原来只是奢望，如今梦想成真。"靠双手致富，靠汗水追梦，金银花名副其实地成了南江人民脱贫增收的"致富花"。截至目前，南江县兴马镇庙坪村55户贫困户，通过种植金银花成功脱贫。

对接零距离 科技助脱贫
四川省科技厅典型案例

    四川省坚持把科技扶贫服务体系建设作为重要抓手，创新服务模式，构建服务体系，运用互联网和大数据等现代信息技术，推动建成"四川科技扶贫在线"平台。该平台开发了"专家服务、技术供给、产业信息、供销对接"四大功能，建成省、市、县三级运管中心104个，建立专家队伍1.9万余名、信息员队伍5.7万余名。平台用户通过手机端、电脑端实现互联互通，用一张"网"把全省农业科技专家、贫困户联起来，探索构建了加快农业先进适用技术进村入户的新型农村科技服务模式，推动技术需求跨地域、零距离高效对接。

2019年2月四川科技扶贫在线现场培训

【主要做法】

一、突出问题导向，建立新型科技服务体系

针对贫困地区农业产业发展面临的现实问题，提出"科技＋互联网＋扶贫"工作思路，投入专项经费1.5亿元，建成"四川科技扶贫在线"平台，实现88个重点贫困县所有贫困村全覆盖，为贫困地区产业发展提供了新动能。加强服务模式创新，有机整合省、市、县农业农村领域科技专家，组织农业、林业、供销、商务等部门积极参与，构建全新的扁平化专家服务模式。增强在线服务能力，采取线上线下相结合方式开展科技服务，农户遇到种植、养殖等实际问题，通过手机App"点对点""分级诊疗"两种方式图文式在线提问，平台管理机构通过判断，将受理的需求分为网络在线信息解答或调度专家现场服务两类予以解决，实现了技术需求的有效对接。这种模式打破了行政区划限制，克服了传统人工层层传导服务效率的不足，确保贫困户产业技术需求及时得到有效解决。

二、强化需求导向，构建特色服务功能

围绕贫困地区绿色优势和品种差、缺技术、产量低、销路难等普遍问题及科技需求，开发"四川科技扶贫在线"平台的"专家服务、技术供给、产业信息、供销对接"四大服务功能。专家服务重在实时、及时、快速、高效地解决贫困群众产业技术需求，技术供给在于提供品种、技术、加工、储运等广义农业技术，产业信息主要发布当前种植和养殖产业现状、龙头企业、技术依托单位、发展趋势等信息，供销对接的作用是通过链接电商平台，将贫困地区农产品销出去并将生产所需物资买进来。目前，在线平台网站访问量已超过2 494万人次，发布农业科技成果信息、产业信息、龙头企业信息、技术支撑单位信息4 000余条，链接水果、畜禽、特产等电商平台500余家，"大山老槽蜂蜜""巴山宏信虫草花""一口亲南江黄羊灯影羊肉"等30余个特色产品实时在线交易，为贫困地区特色优势产业发展提供了一站式综合服务。

三、推动机制创新，建设"活"的在线平台

面对产业发展科技人员专业结构不全、工作性质不专、解决渠道不畅、响应速度不快等深层次问题，抓住"需求上报、资源整合、专家调度、人员激励"四个关键，狠抓专家人才队伍、信息员服务队伍建设，组建科技扶贫在线平台专家、信息员服务队伍共7.6万余名，实时在线解决产业发展中出现的技术问题。凡县级专家不能解决的技术难题，将线上推送至市级专家，若不能解决还将推送到省级专家，重大问题可申请专家团队到现场会诊，直至问题解决，推动实现了技术需求跨地域、零距离高效对

接。目前，"四川科技扶贫在线"已实现专家技术咨询服务44.2万余次。中央电视台《焦点访谈》对"四川科技扶贫在线"平台进行了报道，科技部副部长徐南平、四川省委领导等多次充分肯定，并作出明确批示。

【贫困户受益案例】

案例一

2016年5月，四川省巴中市平昌县江口镇照灯村莉源养殖专业合作社成立，占地面积50余亩，吸引合作社原始成员5户，其中建档立卡贫困户3户。近年来，共带动12户社员增收，其中7户建档立卡贫困户顺利脱贫，共创造价值100余万元。

2016年10月16日下午两点，"四川科技扶贫在线"收到一条分诊信息："专家，你好！我是照灯村莉源养殖专业合作社肉牛养殖场驻场兽医孙仁贵，由于在给牛驱虫时，没有注意驱虫时间和量的掌握，导致牛'微虫净'中毒，已死亡9头，请问怎样抢救？""四川科技扶贫在线"平昌县分平台的兽医专家接到分诊信息，立即成立临时4人专家组赶赴现场。

"四川科技扶贫在线"平台专家通过现场检查，发现有31头牛已出现绝食、卧地不起、呼吸急促，62头牛食欲明显降低和喜饮等症状，9头已经死亡。对濒临死亡的牛进行了解剖，发现瘤胃和瓣胃都有积食现象，其余各内脏器官无明显病理变化。经到场专家会诊，最终确定为驱虫药中毒，并拟定出了一套快速精准的抢救方案。通过对牛静脉注射、药物灌服，在与时间赛跑中，专家们克服疲劳、饥饿，不分昼夜全力救治。最终，合作社103头牛有93头全部好转、10头死亡，为群众挽回经济损失80余万元。

案例二

王正钱，"四川科技扶贫在线"广元市平台食用菌和果树专家，也是广元市科技局驻水磨镇第一书记、"三区"科技人员。在水磨镇广福村，群众素有种植天麻的习惯，但没有规模，背篼装不下，汽车不够拉，没能形成气候。王正钱经多次论证，决定帮助村民发展乌天麻，突出"百花齐放中药材，一枝独秀乌天麻"的"一村一品"特色优势。王正钱组织全村90户贫困户、20户生产大户、12户科技示范户在村小学教室开展天麻林地栽培技术培训；组织8个科技小分队，手把手指导天麻栽培；帮助全村栽培乌天麻8万窝，产鲜天麻110吨，产值突破500万元，村民人均增收3 000元以上，贫困户依托天麻实现了脱贫。通过近些年的努力，广福村已建立乌天麻有性繁殖基地和天麻大棚栽培示范片，全村搭建天麻大棚50多个，建成了天麻科技驿站，被授予"四川省科技示范村"称号。

同时，王正钱还受"四川科技扶贫在线"调度安排，到东河、黄洋、木门、张华等乡镇帮助解决红心猕猴桃、核桃及食用菌栽培技术问题，得到老百姓的高度认可。

利益联结　共享发展

重庆巫溪县典型案例

完善产业发展与贫困户的利益联结机制，是实施产业扶贫、帮助贫困群众持续增收的有效举措。近年来，重庆市巫溪县以新型农业经营主体为依托，探索建立要素入股、以房联营、服务协作、联合合作、反租倒包、订单生产、流转返聘等七大利益联结模式，将1239个新型经营主体与5680户建卡贫困户利益紧紧捆绑在一起，让产业扶贫成为贫困群众增收脱贫的源头活水。

巫溪冬桃就业扶贫基地

【主要做法】

一、探索"要素入股"模式

一是大河乡红光村组建金丰泰养殖专业合作社，财政扶贫资金45万元作为村集体资产入股，45户农户以现金入股75万元，17户农户（贫困户13户）将25亩土地折价入股，修建标准化鱼塘32个，采取"村集体＋合作社＋农户"模式，发展鲟鱼养殖项目。2019年，养殖鲟鱼6万余尾，年产值达200万元，62户入股农户户均分红3 400元。二是峰灵镇谭家村成立股份经济合作社，建立"人头股""土地股""资金股""固定收益＋股份分红"分配机制，发展冬桃1 153亩。2019年，冬桃挂果10万斤，产值110万元，为村集体创收30万元，77户贫困户通过土地入股、就地务工户均增收1万元。三是天元乡新田村19户农户（贫困户8户），将187亩土地入股林熠专业合作社，种植樱桃65亩、冬桃10亩、药材187亩。2019年，受益农户通过企业务工、土地入股分红，户均增收5 000元。

二、探索"以房联营"模式

一是通城镇长红村探索"以地入股、以房联营"模式，由巴渝民宿公司出资902万元，贫困户通过财政补助、地票收益等方式出资334万元，建成休闲民宿18栋。客房收益公司提成20%，餐饮、农副产品收益均归贫困户所有。自运营以来，累计接待游客7.8万人次，实现客房收入37.8万元，贫困户户均增收1.8万元，并带动周边农户销售农特产品84万元。二是红池坝镇茶山村整合财政扶贫资金100万元，租用柑子坪4家农户（贫困户3户）四合院，引进宁之源公司将其打造成民宿接待中心——云中客栈，自2019年9月试营业以来，吸纳贫困户6人就业，贫困户务工人均每年增收7 000元，公司每年向村集体分红6万元，并按住房面积付给贫困户租金1.2万元。三是天元乡新华村引进春旺旅游开发公司，打造红池天谷生态康养度假村，已建成红池天谷接待中心，并带动周边农户按统一标准改造农房，由公司统一运营，公司与农户按1：9的比例进行收益分成，已吸纳贫困户15户参与乡村旅游发展，户均增收4 500元。

三、探索"服务协作"模式

一是腾展家禽养殖公司，为农户提供大宁河土鸡苗，免费提供药品，开展技术培训，无销路的由公司保底价回收，保证养殖户利益。年发放鸡苗350万羽，带动1.3万户农户（贫困户1.1万户）饲养大宁河鸡，户均增收2 000元。二是宁河刺绣有限公司开办宁河绣娘扶贫车间，吸纳培训学员从事工艺刺绣、家居绣品等产品生产，培训通过后与公司达成劳务协议，在家即可制作刺绣产品。目前，公司已发展刺绣车间4个，吸纳工人210人（贫困人口137人），人均年增收2万元。

四、探索"联合合作"模式

一是古路镇观峰村推行"股权量化·保底保利"模式，建立"村集体+企业+贫困户"利益联结机制，发展集体乡村旅游。村集体将公共设施、乡村酒店、山林土地折价成541万元，控股51%；80户贫困户以财政扶贫资金102万元入股，占股9.5%；企业投资420万元，占股39.5%。2019年接待游客30万人次，实现利润300万元，为村集体创收20万元。39户农户集约土地2 500亩，发展农业观光、花果采摘、乡村度假等服务项目，户均增收1万元。二是城厢镇酒泉村组建酒全种植专业合作社，通过"村集体+合作社+贫困户"模式，实行"统一规划、统一标准、统一品牌、统一包装、统一销售"，推动青脆李规模化发展，发展脆李6 000亩（成龄果树3 500亩），合作社年销售脆李400万元，为村集体分红12万元，带动62户贫困户，户均增收1万元。同时，成功举办"浪漫李花·唯美酒泉"李花节5届，吸引万余名游客游园赏花，培育乡村旅游接待户10户，年收入达100万元，探索出一条春赏李花、夏摘李果的农旅融合致富路。三是天元乡象坪村组建专业合作社，采取大户带散户模式抱团发展，将11户农户（8户贫困户）相对分散的山林、土地等资源统一规划、集中整合，集中发展毛猪1 000余头、黄牛50余头、山羊500余只、中蜂300余群，农户通过务工、土地入股户均增收1.5万元。

五、探索"反租倒包"模式

一是红池坝镇茶山村建立"公司+集体+农户"模式，集中打造生态休闲农业示范果园，收益按65∶30∶5的比例分红。在果园未见效期间，企业将果园反租给4户大户套种辣椒308亩，生产资料由企业包干，产品收益按农户与公司7∶3的比例分红，年产售辣椒50余万斤，亩均收益3 000元。示范果园吸纳140户农户土地，每亩获得租金400元，并带动66户（贫困户25户）参与季节性务工，户均增收3 400元。二是天元乡天元村仁贵专业合作社流转土地230亩，平整后反租给19户农户（贫困户16户）种植中药材，免费提供生产资料和管理技术，实行订单保底回收，超过预期效益实行二次分红，农户在从事中药材发展中获得租金、薪金、股金"三金"收入，户均增收1.1万元。

六、探索"订单生产"模式

一是发展订单烤烟。采用"订单种植+烟叶保险+保底收购"模式，鼓励贫困户订单种植烤烟，发展烤烟2.61万亩，参与种植农户767户（贫困户274户），实现户均增收8.8万元。二是发展订单中药材。天星乡寒峰村依托尚农农业专业合作社，与31户贫困户签订订单种植协议，种植前胡、金荞麦，年产值58.4万元，户均增收4 000元。

三是发展订单蔬菜。长桂乡依托重庆建工集团、重庆能源投资集团、重庆市建筑业协会等帮扶集团职工食堂，订单认购贫困户土鸡、蜂蜜、腊肉、蔬菜等农副产品70余万元。

七、探索"流转返聘"模式

一是胜利乡胜利村天平农业发展公司和祥胜食用菌专业合作社租用土地480亩，发展高山蔬菜，年支付租金19万元，返聘当地农户55人（贫困户32人）参与季节性务工，年支出工资40余万元，户均增收7 300元。二是青山包专业合作社在尖山镇川山村、白云村租用600亩土地发展中药材，支付租金25余万元，返聘当地农户临时性用工达110人（贫困户25人），支付工资80余万元，户均增收7 500元。

【贫困户受益案例】

案例一

刘才军，巫溪县天元乡香源村1社贫困户，因学致贫，家中2名学生其中1名为大学生，每年因学支出2万余元。

帮扶人根据刘才军的实际情况，为其购买养殖书籍、引导其参加养殖技术培训，帮助其发展养殖业。目前，养殖中蜂150群，蜂蜜产量达1 500斤，直接收益10万元。同时还养起了黄牛，收入达4万元。在刘才军的带领下，周边14户农户发展中蜂养殖，实现增收致富，昔日贫困户已转变成农村致富带头人。

"没有政府的帮扶指导，我真不知道该干什么，更谈不上怎么挣钱养家糊口。"刘才军有感而发。

案例二

何志明，巫溪县大河乡红光村贫困户，全家4口人，3名成年人都患有不同程度的疾病，孙子正在义务教育阶段，家庭条件相对贫困。

在何志明建档立卡以来，大河乡在落实既定扶贫政策（养老保险、残疾人补贴、医疗补助、最低生活保障金、教育资助、临时救助）基础上，想方设法落实"加码"扶贫措施，包括落实公益性岗位、"点穴式"医疗救助、土地入股分红、代管发展蜂蜜产业、房屋出租、双帮扶等措施，目前何志明一家生活质量得到明显改善。

"没有国家的好政策，没有国家的帮助照顾，我们全家都不会像今天这样有吃的、有穿的，还能过上这种想都不敢想的好生活！"何志明经常对帮扶干部这样说。

广黔协作 土鸡出山
贵州纳雍县土鸡典型案例

　　贵州省毕节市是广州市东西部扶贫的协作地，纳雍县是毕节市3个尚未摘帽的深度贫困县之一。受2020年新冠肺炎疫情影响，3月份以来，纳雍县的土鸡销售陷入困境。为帮助纳雍县解决土鸡出山难题，广州市组建"消费扶贫特别战斗队"，通过整合各方资源、创新营销模式、优化运营管理，探索出"产品带动产业、产业带动企业、企业带动脱贫"的帮扶新路，让土鸡"东南飞"。在不到一个月的时间里，广东市场销售纳雍土鸡超1000万元，并推动每单物流费用由40元降至15元，助力土鸡产业成为当地贫困群众稳定脱贫的重要支撑。

纳雍县的滚山鸡养殖基地

【主要做法】

一、疫情影响，土鸡出山陷困境

2016年纳雍县启动实施了"3 000万羽土鸡养殖全产业链建设项目"，目前纳雍土鸡养殖产业孵化、育雏育成、生态放养、饲料生产、屠宰冷链、食品加工全产业链基本闭合，产业已初具规模。该项目由纳雍县国有控股企业贵州纳雍源生牧业股份产业有限公司运作，通过项目实施，基地全产业链带动就业500余人，综合利用荒山、荒坡、林地等资源1 000余亩，累计实现向3 676户贫困户、13 848名贫困人口分红，支付土地流转费600万元。土鸡养殖作为毕节纳雍县大力发展的主导产业，已成为当地贫困群众稳定脱贫的基础。

纳雍土鸡又名"滚山鸡"，是云贵高原少数民族在终日放牧和粗放的饲养管理条件下，经长期自然选择形成的肉蛋兼用型地方鸡种，为贵州省十大优质特色禽产品。2020年受疫情防控、供应链断裂、市场需求不振等因素影响，纳雍"滚山鸡"出山面临前所未有的挑战，屠宰冷藏滞销的土鸡达到200多吨。面对这一难题，广州市各有关部门、前方工作组积极作为，力破困境。

二、把脉问诊，开出对症良方

一是组建消费扶贫联盟。2020年3月，在广州市协作办的指导下，由各线上线下销售平台扶贫企业联合发起，广州市区协作（扶贫）和相关部门、前方指挥部和工作组（队）、有关媒体共同参与支持，广州市消费扶贫服务中心（中洲农会）负责具体承办，成立广州消费扶贫联盟，为实施消费扶贫专项行动提供了组织保障。

二是深入调研。3月下旬，广东省第一扶贫协作工作组深入纳雍土鸡育雏基地、生态放养基地、屠宰冷链、食品加工厂，对纳雍土鸡项目企业生产经营状况进行"望闻问切"，全方位了解企业生产规模、产品质量、市场销售等情况，为解决销售难题准确把脉。

三是成立土鸡专班。4月初，由广州市协作办牵头，广东省第一扶贫协作工作组、毕节市扶贫办、广州市消费扶贫联盟核心骨干成员、项目企业联合，成立纳雍"滚山鸡"出山工作专班。

四是召开专题研讨会。4月11日，广州市协作办会同广州消费扶贫联盟成员，邀请广州市土鸡行业专家召开专题研讨会，现场品鉴土鸡和鸡蛋样品，全面分析产品品质、市场定位、包装物流、成本价格、销售模式、服务保障等各环节，解剖"麻雀"，"会诊开方"。

三、搭建平台，强化产销对接

一是升级生产平台。广东省第一扶贫协作工作组会同毕节、广州两市农业部门推动毕节市农业生产与粤港澳大湾区"菜篮子"工程深度融合，指导完善纳雍土鸡质量检测、溯源体系，帮助企业于4月3日成功申报粤港澳大湾区"菜篮子"基地，进一步拓宽纳雍土鸡销售市场。

二是完善物流平台。发挥广州市消费扶贫联盟成员企业的力量，提供广州前置冷藏仓库，协调京东物流承接配送，有效解决批量到货与终端配送难题，推动每单物流费用由40元降至15元，降幅达50%以上。三是建立销售平台。"消费扶贫特别战斗队"主动对接资源，促成贵州源生牧业与广州中洲农会、广州优生活共同签订纳雍土鸡产销三方战略合作框架协议，达成3年实现1.8亿元销售额的合作意向，华润万家超市每年计划销售上百万只土鸡，以"企业＋基地＋农户"的形式，带动农民就业、农户致富、地方增收。

四、优化营销，加快"上行""出山"

一是实行直播带货。创新营销模式，4月17日，由广州市协作办、广东省第一扶贫协作工作组联合主办，依托"南方＋"、广州电视台等多家媒体资源，邀请援黔干部、网红主播、资深美食家为纳雍土鸡站台，使用粤语、普通话花式喊话，穿插抽奖等趣味环节，在线带消费者识鸡、烹鸡、吃鸡，实力助推纳雍土鸡销售。举办的"南方＋"平台援黔干部直播活动仅1小时，即带动当天销售逾千单、平均每天上线销售10万元，吸引广州市多家生鲜超市和电商平台前来接洽。在不到一个月的时间里，广东市场销售纳雍"滚山鸡"超1 000万元。

二是提高线上热度。启动在线预售，由消费扶贫专班统筹，推动纳雍土鸡上线中洲农会、禾家助农等扶贫助农平台，制定统一销售价格，为整体营销预热。吸引各大媒体关注，人民网、凤凰网、《南方日报》等主流媒体相继报道干部带货新闻，广泛推介东西协作消费扶贫模式。

三是精准投放广告。在广州地铁内投放灯箱和视频公益广告，在华润万家、盛佳超市、新亚兴安等大型连锁超市现场销售推广，从4月26日起广州电视台连续8天16位（每天2位）当红主播开启2个半小时的直播宣传带货，6月广州连续开启不间断的"滚山鸡"直播带货活动，让优质肉鸡被送上更多广东人的餐桌。

五、优化服务，擦亮土字号招牌

一是明确出品要求。实行标准化发货，指导企业制定纳雍土鸡（白条）出货品质标准，明确包装流程和外观、装箱、封箱要求，设置质量抽检、跟踪回访等环节，实现产品安心到家。

二是提升服务质量。开展纳雍土鸡品质管控、产品包装、物流运输"三大提升"行动，组织专题研讨，设立电商服务部，邀请专业技术团队驻场指导，组织各分销平台电话回访采购客户，全面梳理整改存在的问题，提升客户满意度。

三是抓好稳产保供。广州销售端安排专人全流程跟进，严把货源供应关，纳雍县政府协调市场监管部门加强监督抽检频次，把好食品安全关。根据市场销量增长情况，同步加大育苗投放力度，逐步释放需求产能，稳定提升生产供应能力。2020年4月，在广州市的协调推动下，温氏集团与纳雍县达成合作，为纳雍3 000万羽土鸡养殖扶贫产业注入新动力。

脱贫摘帽不是终点，而是新生活、新奋斗的起点。除了打通线上线下销售路径之外，广州还在产品优化、宣传方式、品牌创新、服务质量上狠下功夫。同时，帮助对口帮扶地区打造一支会营销、懂市场的队伍，丰富完善对口帮扶地区传统农产品的产业链，以消费扶贫撬动当地的产业革命。

【贫困户受益案例】

贺元坤，纳雍县猪场乡人，为县内精准贫困户，家里抚养着4个孩子，赡养着2位老人，因缺技术、缺资金致贫。2019年9月经吸纳承包公司育雏（半育成）场，贺元坤积极报名参加纳雍县农业农村局和公司共同举办的土鸡养殖技术培训班，认真学习养殖技术，养殖期间积极向公司技术人员讨教。贺元坤自承包鸡场以来，细心负责、管理精细，认真打理育雏场，一心扑在养鸡上。至今已养殖6批土鸡，共77 262羽，鸡只出栏后结算承包费18.42万元，通过养殖实现明显经济增收。

但为保畅通　何辞对接忙

贵州供销社典型案例

　　面对脱贫攻坚以来丰硕的农产品成果，贵州省供销社系统发挥优势，积极作为，大力畅通农产品交易市场、电子商务、产销对接、东西部扶贫协作4个销售通道，充分运用"扶贫832平台"，强化农产品冷链基础，着力完善农产品流通体系。2019年共计销售农产品154.86亿元，较上年增长37.85%。2020年以来，再接再厉，以大量创新性的工作，有力克服疫情影响，为助力农产品销售发挥了重要作用。

贵州麻江供销社40多万元农产品通过832平台销往北京

【主要做法】

一、农贸市场做基础

发挥农贸市场在农产品产销对接中的基础性作用，全系统共建有94个此类市场，主要布局在县城及乡镇。各级供销社通过改善基础设施、完善服务功能，推动企业、农民合作社、市场经营户等经营主体与贫困户建立合同购销关系，在帮助贫困户就地销售农产品方面起到了十分关键的作用。2020年1～5月，全系统农产品市场交易总额达到29.97亿元。

二、"校农结合"拓渠道

各级供销社以"校农结合"为中心，搭建农产品直供直销通道，推动系统企业积极开展农产品"七进"工作（即进学校、进机关、进医院、进军营、进社区、进超市、进对口帮扶城市）。截至目前，全系统有20个县开展"校农结合"等相关业务，共对接机关及企业、学校食堂1 542所，服务受众达65.78万人，2019年累计供应农产品4.03万吨，金额2.85亿元。

2020年以来，已供应农产品8 467吨，价值3 578万元。其中贵州省绿通控股有限公司及贵州省绿通惠农有限公司分别被纳入了国家发改委及贵州省发改委的疫情防控重点保障企业名单。

三、电子商务成劲旅

贵州省各级供销社成立了58个专业电子商务公司，对257家企业、合作社开展农村电商培训，开设网店1 145个，形成了农产品销售的网络大军。其间，培育了"贵农优选""贵阳贵电商"等省市平台，遵义供销电商公司运营有京东·遵义馆、天猫·供销特产直营店、苏宁·遵义馆，这些平台、网店常年线上展示各地特色农产品4 000余种，销售效果十分明显。其中，遵义供销电商公司承办了第12届贵州茶产业博览会网上茶博会，通过抖音、淘宝、京东和地方新媒体等进行推广，搭建的贵州网上茶博会商城召集528家茶企入驻，截至目前，线上、线下累计销售4 647万元，平台流量达6 906万次。此外，疫情期间，贵阳、遵义、六盘水、铜仁等地供销电商公司还化危为机，开通"送菜到家"服务；遵义销售电商公司结合群众消费需求，创新推出"中药养生、抗击疫情"鱼腥草雪梨饮等18味中药药膳并在线上销售，市场反响良好。2020年1～5月，全系统电子商务销售额15.48亿元，其中农产品电商销售额11.47亿元，占74.1%。

同时，按照财政部、国务院扶贫办、中华全国供销合作总社的统一部署，贵州省供销社大力推进三部委联合主导的"扶贫832"政府采购贫困地区农产品平台在贵州的运营工作，已会同贵州省财政、省扶贫办共同起草了《关于政府采购贫困地区农副产品实施方案》，计划下一步按照"1＋66＋N"的模式统筹推进，"1"即是以"贵农优选"作为省级运营公司，推动66个贫困县"N"企业对接"扶贫832"平台，专注于通过技术指导和渠道对接，帮助各地完善农特产品包装、品牌升级、活动策划、人才培训、宣传推介、物流运输等关键环节，打通全省贫困地区农产品供应体系。目前，全省66个县已全部接入，410家企业已入驻，商品上架数达653个，近一个月销售额突破400万元，并已开通采购预算单位账号7 024个，激活"扶贫832"平台采购交易账号4 769个，预算单位年度拟采购额为12亿元，其中预留采购贫困地区农副产品采购额1.6亿元。

四、冷链物流为支撑

冷链物流是限制贵州省农业高质量发展的瓶颈因素，针对这一短板，贵州省供销社于2017年成立贵州省冷链物流投资发展有限公司，计划按照"1＋20＋N"模式增加冷库容量40万吨，提升农产品冷链物流能力。目前已完成黎平、赫章、纳雍等13个区域性农产品现代流通中心的布点工作，其中金沙、赤水、绥阳、黄平、西秀5个项目正在建设中。针对金沙、纳雍冷链物流短板，根据当地产业发展需要，积极配备移动冷库、预冷设施各2套。这一硬件建设使2020年纳雍5.5万亩玛瑙红樱桃告别了"路边摊"，变身远销北上广深的"高档货"，为延长樱桃销售上架期、卖出好价钱、助农增收发挥了积极作用。

五、多方对接强销售

一是推动各地与东西部协作帮扶地供销社、目标市场积极对接，已在全国20个城市设立了32个农产品销售窗口、专卖店，在13个省外超市设置了售卖专区。二是积极开展部门联结。与贵州省扶贫办、贵州省商务厅、贵州省农业农村厅、贵州省军民融合办协调，会同贵州省水果专班研究制订"贵州精品水果"提质增效营销宣传推广方案，并积极推进实施。三是积极开展上下衔接。由贵州省供销社党组成员监事会主任、贵州省水果专班省社负责人廖开菊同志牵头，前往纳雍县调研指导推动各项工作落实落地。四是积极开展市场对接。与中国果品协会、首杨水果、惠民生鲜、合力超市、盒马生鲜及供销社所属企业等市场主体洽谈合作、打通渠道，推进与首扬水果合作，在贵阳建立30个贵州精品水果消费扶贫店。五是积极搭建网络链接。运用网络直播授课方式，举办水果营销知识理论培训班；策划组织"玛瑙樱桃红•果农开颜笑"为主题的县长代言直播活动，通过抖音、快手、微信、贵农优选等渠道进行广泛宣传；完成京东中国特产•贵州农特产馆、淘宝•贵州农特产馆、拼多多•贵州农特产、有赞微商城•贵农优选等电商平台的产品上架工作，这些平台每日可销售农产品

2万斤左右。

【贫困户受益案例】

案例一

宋太元，32岁，余庆县花山乡万里村建档立卡农户。

2016年，宋太元被评为贫困户，对于一个有手有脚的年轻人来说，被评为贫困户心里是很不服气的。2017年，宋太元决定不再打工，回到村里种植蔬菜，由于之前一直在外打工，对于地里种植出来的蔬菜该如何保鲜、如何销售，几乎没有任何经验，第一年种植蔬菜亏损了很多。正在苦闷的时候，供销社工作人员主动上门帮助他，蔬菜不仅进了供销社的冷链车，还通过供销社的电商平台走向了北上广深，受到市民们的青睐。2019年，宋太元种植的蔬菜净赚了8万元，也终于退出了贫困户行列。

挣到钱后的宋太元说，自己一个人挣到钱意义不大，要带着村子里的人一起挣钱，2020年流转了100亩土地，村里的群众不仅有土地流转金，还有务工费，通过供销社的平台，宋太元种的蔬菜每季都能销售一空。下一步，他打算到县城去开一家蔬菜专卖店，实现种植、销售一体化发展。

案例二

彭德建是马场坪村的建档立卡户。2014年以前，栽种玉米和水稻维持生计，家庭人均年纯收入不到2 000元。2015年，参加了马场坪村党支部组织的太子参基地考察学习后，将种植太子参作为家庭脱贫致富之路，把家里的5亩地用来种太子参，在供销社的帮助下，提振了种植太子参的信心。2015年的试种，5亩太子参净赚了6 000元。2016年，流转他人的土地进行了扩种，太子参纯收入近2.8万余元，人均纯收入超过了7 000元。

脱贫后，彭德建坚持自力更生不停步，不仅流转本村土地，还到邻县租地种太子参，扩大产能。产业发展步上正轨后，彭德建没有忘记养育他土地和曾经给予他帮助的乡亲，积极地引导其他农户抓好中药材种植。从2016年的1 000余亩逐渐扩大现在的6 000余亩，将太子参打造成马场坪村的龙头产业、地标品牌，推进全村产业结构调整，扩大经济作物种植面积，通过产业发展、技能培训、就业推荐等措施相结合，全村贫困户223户841人，户均增收5 000元，提高了全村收入水平。

产业"六个全覆盖" 脱贫一个都不少
陕西周至县典型案例

　　陕西省西安市周至县地处关中平原腹地，近年来，抢抓"一带一路"机遇，依托特色农业产业优势，深化优势产业带动、经营主体帮扶、财政资金支持、技术培训服务、惠农保险护航、电商帮扶助力"六个全覆盖"。全县猕猴桃总面积达43万亩，年产值近50亿元，被誉为"中国猕猴桃之乡"，是世界上最大的猕猴桃生产基地；苗木花卉总面积达17万亩，年供各类苗木1.5亿株，总产值达7亿元，是西北地区最大的苗木花卉集散地；无公害蔬菜总面积达9.2万亩，年上市鲜菜21万吨，是西安市主要的蔬菜供应地。产业发展成为带动贫困群众脱贫致富的重要支撑，23 450户贫困户发展有中长期产业，占建档立卡总户数的95.07%，如今的周至县村村有产业、户户有项目、人人有收入。

猕猴桃成为周至县百姓脱贫致富的"金蛋蛋"

【主要做法】

一、优势产业全覆盖，鼓了"钱袋子"

开对"药方子"，才能拔掉"穷根子"。周至县在农业产业布局上注重远谋划、全覆盖、强带动，经过广泛调研、充分论证，立足本地实际提出了"南部山区发展中蜂、杂果产业，中部平原发展猕猴桃、蔬菜产业，北部沿渭发展苗木花卉产业"的农业产业发展整体规划，打出了"猕猴桃创品牌、苗木花卉上档次、绿色蔬菜提品质、杂果优品种、畜牧业上规模"的产业发展组合拳。借助"星动陕西"助力扶贫行动邀请张嘉译代言周至猕猴桃，扶持带动1.14万户贫困户发展猕猴桃3.55万亩，5 433户发展苗木花卉1.53万亩，4 279户发展杂果1.33万亩，保证了有劳动能力的贫困户至少有一项长期稳定增收产业，实现了贫困户优势产业带动全覆盖，确保了贫困群众持续稳定增收。

二、主体帮扶全覆盖，结了"好对子"

"一根筷子轻轻被折断，十双筷子牢牢抱成团。"周至县积极发展多种形式的股份合作，将贫困群众产业发展嵌入合作社、集体经济，改变了以往小农小户单打独斗的局面，实现抱团取暖，形成了产业集聚发展促脱贫的新模式。培育打造新型经营主体61家（其中企业25家、合作社36家），带动贫困户7 610户。村级股份经济合作组织264个，带动贫困户8万余人。通过创新"合作社＋公司＋农户"模式，成立周至有机猕猴桃专业合作社，把一家一户小生产联合起来，实施统一管理标准、统一技术指导、统一包装销售，确保了贫困户持续稳定增收。同时，整合各村资源，积极推进贫困户嵌入猕猴桃生产、储存、加工、包装、销售全产业链，通过"产业＋就业"，带动贫困户增收，多渠道增加群众收入。

三、资金支持全覆盖，撑起"腰杆子"

没钱买种子、没钱买肥料、村上也没钱，资金短缺一直是挡在贫困群众产业发展道路上的拦路虎。为最大限度发挥涉农资金使用效益和政策撬动效应，切实解决涉农资金"零、乱、散"的问题，周至县积极探索多种整合形式，按照"因需而整""应整尽整"的原则，将各部门涉农项目资金整合使用，集中财力办大事。2018—2019年为有发展意愿、有劳动能力的贫困户每年提供3 000 ～ 10 000元不等的资金支持，帮助贫困户发展产业、更新品种、调整结构、扩大规模。通过产业奖补和差异化补助，鼓励多劳多得，帮助贫困户发展主导产业，实现有劳动能力的贫困户至少有一项长期稳定增收产业。

四、技术培训全覆盖，育出"好苗子"

俗话说："技术在手，饭碗长久。"周至猕猴桃栽植面积很大，但是受种植技术、管理方式等影响，品质参差不齐。为此，周至县把技术服务作为产业帮扶的一项有力举措，坚持"做给农民看、教会农民干、帮着农民赚"的服务理念，成立了产业脱贫110技术服务中心、百名科技人才服务团、76人农技专家团，按照"服务到村、指导到户、精准到人"的工作要求，整合技术力量，采取"扶贫基地＋职业技校＋农民工就业培训＋各镇设点培训＋手机联网"相结合的模式，开展产业脱贫技术"田间课堂"，定时向农户手机上推送"气象预报、科技知识、技术指导、防灾减灾"等服务信息，累计进行产业脱贫技术服务54 332户次，实现了技术服务全覆盖。

五、电商带动全覆盖，摘了"愁帽子"

面对农产品销售的难题，周至县抢抓省级电子商务扶贫试点县机遇，大力实施"电商＋产业＋扶贫"战略，全面推进"三级平台、人才培训、示范创建、联盟带动、招商引资、宣传推介"六大板块，带动消费扶贫。线上引进了阿里巴巴、京东、赶街等知名电商，加强与顺丰、德邦、邮政、京东等快递合作，运营了全省第一个电商大数据平台，成立了周至县电商微商联盟，形成覆盖20个镇街、150个村的县镇村三级电商服务网络。优选24户与全县建档立卡户中有猕猴桃、秦岭山货的15 937户贫困群众结对帮扶销售，逐一签订兜底销售协议，2019年电商交易额达34.42亿元。

六、金融护航全覆盖，装上"保险阀"

周至县为促进产业发展、降低产业风险，创新推出"脱贫贷＋助农保"模式，为全县建档立卡贫困户提供5万元以下、3年以内免担保免抵押的扶贫小额信用贷款，由财政全额贴息，县级建立风险补偿金。开发了涵盖自然灾害、家庭种植及养殖等为一体的"助农保"扶贫保险，每户每年保费160元，由周至县政府与人保公司按照8∶2的比例共同出资，降低群众负担，鼓励群众参保，为贫困群众发展种植、养殖产业保驾护航。

【贫困户受益案例】

案例一

竹峪镇鸭沟村张随斌一家3口人，夫妻二人都患有严重眼疾，不能从事重体力劳动。家中6亩地，人均年收入不到2 000元，家里十分困难，2013年被识别为贫困户。

2017年帮扶干部经过多方联系免费为张随斌夫妇二人治疗眼疾，眼疾治愈后，帮扶干部为他家制定了帮扶计划，落实了5万元贴息贷款，又帮助买了打料机，扩大了养猪规模，当年就养了46头猪。2019年通过养猪增收10万多元，2020年家里添置了一台"奔腾"牌小汽车。老张高兴地说："没想到变化这么大，感谢党和政府、感谢帮扶干部，让我日子更有奔头了。"

案例二

马召镇熨斗村陈小杭一家6口人，父母因年龄大基本丧失劳动能力，家庭缺资金、缺技术致贫，2016年被识别为贫困户。

在扶贫干部的指导下，陈小杭办理了扶贫小额贷款，种了2亩李子、4亩猕猴桃，农技人员经常入户指导果树田间管理技术。2020年5月，陈小杭家李子丰收，但受新冠肺炎疫情影响，销售受阻，一家人一筹莫展。帮扶干部主动联系负责包联的电商平台，借助电商平台促销，很快他家的2 000余斤李子销售一空，拿到贷款的陈小杭咧嘴笑着说："以前一年忙到头就怕水果卖不出去，丰产不丰收。现在有了电商帮助销售，再也不怕销售难了，让我们种地更有底气、更有信心了！"

四位一体　共赴小康

陕西留坝县典型案例

留坝县地处秦岭南麓腹地，全县4.7万人，农业人口3.6万人，森林覆盖率高达90.8%，是南水北调水源涵养地。留坝生态好，农产品品质优良，但传统农业小、散、乱、弱，产业发展没有方向，品牌、市场更是弱项。脱贫攻坚战打响以来，留坝县坚持把产业扶贫作为治本之策，着眼于提升农民组织化程度，探索建立"政府＋龙头企业＋扶贫社＋农户"的"四位一体"订单农业模式，构建起产供销结合、"以销定产"的完整产业链。2020年上半年，全县已建成产业示范基地（场）210个，培育产业大户253户，带动贫困户2 050户（含已脱贫）6 201人，占产业扶贫户的100%。新发展代料香菇2 473万筒，土鸡15.23万只，生猪饲养量达1.33万头，中蜂3.8万群。预计带动参与农户年人均增收5 100元。

贫困户在食用菌大棚采摘香菇

【主要做法】

一、政府主导

一定方向。留坝县全面调查分析资源禀赋和市场需求，确立了以"四养一林一旅游"长中短相结合的扶贫主导产业发展方向，即"土鸡、土猪、代料食用菌、中蜂养殖为主的四养短线产业，以板栗经济林、中药材种植等林下产业为主的中线产业和旅游扶贫长线产业"，明确了产业发展干什么的问题。二聚要素。政府聚合资金、政策、土地、制度等生产要素，集中人、财、物投入选定的主导产业，控制种源，解决企业、扶贫社或者农户单家独户无法解决的问题。三做品牌。围绕优势特色农产品，政府加大申报认证"三品一标"力度，打造公用品牌，先后拿回了留坝香菇、黑木耳、土蜂蜜等12个国家地理标志认证和集体商标，打造了"留坝香菇""留坝棒棒蜜"等一批名优农产品品牌，大幅提升了"留字号"农产品在全国的影响力和知名度。四管市场。严格品牌规范使用和保护，严厉打击假冒伪劣、以次充好等破坏市场秩序的行为。建立农产品质量安全追溯体系，健全县镇村三级农产品质量安全监管网络，从源头上保证了农产品质量和安全创造良好的发展环境。

二、企业引领

农产品产销对接是产业扶贫的关键环节，产品没销路，前端的生产就前功尽弃，后端的利益联结也无从谈起。一是解决龙头引领的问题。通过贷款贴息、项目扶持、投资参股、政策优惠等方式，留坝县扶持引进留香益品、社员网、山城公司、惠康公司等10个龙头企业，分门别类地解决全县"四养一林"农产品生产和销售问题。二是解决销路问题。利用龙头企业的资本、技术、营销等优势，解决贫困户难以直接对接大市场、参与市场竞争的难题，让龙头企业带上政府拿回来的"金字招牌"农产品跑市场、接订单，接到订单再组织生产。2017年留坝香菇就坐上了飞机，从田间地头直接卖到了上海、北京、南通等地。三是解决技术服务难题。采用政府购买服务的方式，会同留坝县农技人员共同发力，实施全方位、全过程的产业技术服务。先后聘请20余名技术员，深入食用菌基地及农户开展日常技术服务；农业、林业等部门的技术干部组成专业服务队，全部下沉到生产一线，为"四养一林"产业提供全天候技术服务。

三、扶贫社衔接

扶贫社对上与龙头企业谈判农产品收购价，保证农民利益，承接生产订单；对下分解订单、组织农民生产，执行农产品生产标准，按时完成订单，并获得龙头企业支付的管理费（合同额的3%）作为集体积累。一是解决产业发展缺资金问题。留坝县给每个扶贫社注入30万元原始资本金，成立村"扶贫互助资金协会"，另外，还给各扶贫社30万元贷款额度，作为扶贫社经济活动的流动资金，政府承担贴息。扶贫互助资金协会主要解决群众发展生产缺乏资金的问题，鼓励农户入股。二是解决生产设备的问题。留坝县以项目资金的形式支持村扶贫社建设厂房、大棚等作为集体资产，支持扶贫社建立养蜂、养鸡、养猪和食用菌等产业基地；各基地由能人大户承包或有偿使用，承包费、租赁费是集体收入；以贫困户为主的农户在基地参与生产或入股托管，实现增收。3年来，政府投资8 000余万元，支持扶贫社建立各类产业基地210个，基地的厂房、设施、设备等基础设施都成为扶贫社的集体资产，群众、企业有偿使用，国有、集体资产在服务群众生产的过程中实现保值增值。三是解决了小农生产的问题。留坝以村集体为单位，以相对专业的产业基地为依托，将生产要素适度聚集，通过"能人示范、基地引领、扶贫社托管"等模式，彻底改变了个体农户单打独斗、提篮小卖的落后生产方式，极大地提高了农民的组织化程度。

四、农户参与

农民只需按照与村级扶贫社签订的协议完成生产任务或者入股扶贫社生产基地，就可以确保收入。按照这个思路，全县75个行政村由扶贫社组建各类产业基地210个，"四养"产业基地170个，培育产业大户253户。基地由能人大户引领，保证适度的产业发展规模，引领发展方向。贫困户在基地务工挣工资、学技术、入股享受分红。没有劳动能力的贫困户则直接由基地托管，享受分红。通过"能人示范、基地引领、扶贫社托管"的方式，留坝把占全县86.2%的农户100%的产业贫困户全部捆绑在了产业链上，预计2020年可带动参与农户人均增收5 100余元。

【贫困户受益案例】

贾俊明，留坝县马道镇沙坝村贫困户，家中5人，因妻子患癌症，还有两个上学的女儿和一个常年有病的老母亲，2016年被识别为建档立卡贫困户。

2016年8月，贾俊明加入马道镇沙坝村扶贫互助合作社。与村扶贫社签订入股协议，入股9 000元参与村扶贫社发展的椴木食用菌托管产业，累计分红达1.65万元。村扶贫社实施代建项目后，贾俊明入股3 000余元，年底分红近1 000元。2019年，贾俊明在村扶贫社贷款5万元，按照"政府+龙头企业+村扶贫社+农户"的模式，自主发展代料香菇3万筒、养殖土猪2头、土鸡40只，年纯收入达13万元。2020年，贾俊明订购夏菇菌筒4万余筒，同时还发展20架椴木香菇，种植猪苓300余斤。

如今，贾俊明已顺利脱贫，住进了新房子，并掌握了代料食用菌种植技术，现在村里的人都称呼他为食用菌种植技术土专家。他坚信，以后的日子会更加红火。

"五动"模式促牛产业上台阶

甘肃崆峒区典型案例

　　甘肃省平凉市崆峒区充分发挥群众饲养肉牛的传统优势，把肉牛产业作为助推脱贫的首位产业，以政策驱动、科技带动、市场拉动、服务促动、监管推动"五动"模式，引导牛产业向规模化、特色化、绿色化发展，对促进区域经济发展，增加农民收入发挥了重要作用，有力地加快了贫困群众脱贫致富步伐。截至目前，牛产业已覆盖全区17个乡镇252个村，肉牛饲养量达到19.6万头，出栏9.32万头，畜牧业总产值达到8亿元，人均畜牧业收入达到2 300元。在牛产业的强力支撑下，全区农村居民人均纯收入达到11 376元，贫困群众人均纯收入达到6 216元。

崆峒区大秦乡大张村规模化的养殖牛棚

【主要做法】

一、"政策驱动"扩规模

坚持"量身定制"政策，在基础设施、金融保险等方面加大支持力度，有效缓解贫困群众发展牛产业"供血不足"的问题。强化政策扶持。出台"八补一投"牛产业扶持政策，对贫困户新建养殖小区、暖棚牛舍、青贮窖、养殖或新购基础母牛分别补贴2万元、1万元、2 500元、3 000元；对繁殖牛犊每头补贴500元，规模青贮户补贴1 000元；为3头以上肉牛养殖户每户补贴玉米籽种12千克、投放铡草机1台，引导和帮助贫困群众多养牛、养好牛。强化金融支撑。积极引导金融机构开发了"惠农e贷·养牛贷"等无抵押、无担保、程序简便的扶贫小额信用贷款产品，累计发放贷款2亿元，推动贫困群众购买优质肉牛1万多头。强化保险兜底。把实施肉牛保险作为抵御自然风险，保障产业稳定发展的重要举措，为贫困群众减免90%的保险费用，按照每头肉牛保额7 000元、保费280元的标准，每年为贫困户办理肉牛保险1万余头。

二、"科技带动"创品牌

坚持把科技创新作为提高肉牛品质、打造红牛品牌、增加养殖收益的关键，不断提升科技助推产业升级的能力。推广实用农技。制定并大力推广肉牛科学饲养管理、"五良"配套等18个技术操作规程，推广玉米秸秆气爆破壁、全混合日粮等新技术，科技对牛产业发展贡献率达到48%。围绕牛产业发展，每年开展畜牧实用技术培训2 000余人次，实现了有培训意愿的贫困户劳动力培训全覆盖。实施品种改良。把生产优质安全无公害畜产品作为牛产业发展的主攻方向，建成区、乡、村三级冻配改良点65个，年均采购优良肉牛冻精细管5万多支，改良肉牛4万头以上，全区肉牛良种化率达到85%。健全科研机构。新建中国农业科学院西部肉牛种质科技创新基地、任继周院士工作站，与中国农业科学院北京畜牧兽医研究所签订了合作协议，推动崆峒区成为国家种牛繁育基地、平凉红牛国家级育种核心区和全国大牲畜繁育样板。

三、"市场拉动"增效益

围绕养牛、加工、销售等环节，不断加快市场体系建设，有效增强了贫困群众发展养殖产业的信心。强化利益联结。先后组建肉牛养殖专业合作社123个，为4家合作社入股配股728万元，引导433户贫困户入股合作社。目前，入股的贫困户采取"保底分红＋按股分红"的模式年户均分红1 000多元。拓展销售渠道。撬动民间资本建成活畜、屠宰、肉食、皮毛等交易市场15个，发展贩运个体户87个，从业人员600多人，构建起了年交易肉牛10万头，总销售额17亿元的交易网络。提升品牌效应。坚持以品牌化带动标准化生产、规模化发展、产业化经营，先后推出"凯沣""伊通"系列牛肉食品和"景兴"牛骨髓油茶等一批自主企业品牌，积极组织参加进博会、丝博会等大型节会，成功举办了第十四届全国牛业发展大会，唱响了"平凉红牛"品牌。

四、"服务促动"强保障

不断提高肉牛产业发展服务水平，帮助贫困群众规避养殖风险。强化链条保障。大力发展龙头企业、专业合作社等新型畜牧经营主体，建成伊通、景兴、天源等牛产业龙头企业23家、肉牛屠宰场2个，牛肉产品深加工达到1.8万吨，辐射带动农户5.25万户，实现收益1500多万元。强化防疫保障。不断完善区、乡、村三级疫病防控体系，建成动物疫病控制中心1个、乡镇畜牧兽医站17个，配备村级防疫员252人，做到了疫情监测、消毒灭源、检疫监督全覆盖。强化饲草保障。积极引进推广紫花苜蓿、饲用甜高粱等优质牧草，大力推广全膜双垄沟播旱作农业技术，全区人工种草面积达到17.88万亩，玉米种植面积达28万亩，为牛产业发展提供了充足的饲草资源。

五、"监管推动"促发展

始终将食品安全作为"头等大事"来抓，有效保障了全区牛产业健康发展。抓实检疫监督。严格落实各项检疫规范，严把肉牛入场、宰前、屠宰流程检疫"三道关"，进场畜禽产地检疫率、屠宰检疫率、出场产品持证率、病畜禽及其产品无害化处理率均达到100%。抓细日常监管。深入开展屠宰行业、兽用药品、饲料及饲料添加剂质量安全日常监管及专项整治行动，健全完善标准化畜产品质量安全追溯体系，确保了畜产品质量安全。抓好生态养殖。积极推进牛产业高质量绿色发展，投资1.2亿元实施畜禽粪污资源化利用整区推进项目，新建（扩建）区域化畜禽粪污集中处理中心4处、区域化粪污收集中心19个，对21个规模养殖场和199个养殖大户配套修建粪污处理设施，全区畜禽粪污资源化利用率达到90%以上，实现了经济效益和生态效益的双赢。

【贫困户受益案例】

案例一

马龙，崆峒区峡门乡颉岭村贫困户，与妻子陈西云在家务农，抚养4岁的女儿和刚出生的儿子。由于缺技术，加之受地理条件限制，生活困难，2013年被识别为贫困户。

在2015年实施易地扶贫搬迁后，经帮扶责任人的推荐，马龙加入了颉岭村的养殖专业合作社，以4头牛为资本入股合作社，由合作社统一饲养、统一管理、统一销售，增加收入。2016年，由合作社统一出售他家肉牛2头，收入26 000元；同时，他还在合作社参与日常饲养，获取劳务报酬8 000元，人均可支配收入达到7 250元，实现了脱贫退出，成了远近闻名的致富带头人。

马龙说:"以前我养1头牛,搬上来的时候是4头牛,现在我养到了18头,这多亏了党的好政策。"

案例二

杨长恩,崆峒区西阳乡西阳村贫困户,与妻子韩花兴在家务农,抚养3岁孙子。由于年龄偏大、无技术、收入低,生活极为困难,2013年识别为贫困户。

2013年以来,在乡村干部、驻村帮扶工作队、帮扶责任人的帮助下,杨长恩确定了牛产业发展思路,先后享受5万元精准扶贫小额贷款、1万元新建牛棚补贴、3 000元未养牛贫困户新购基础母牛补贴、肉牛饲养培训等政策。他埋头苦干,虚心学习,白天喂牛种玉米,晚上查阅养殖资料,一步一步扩大养殖规模。2019年,出售肉牛3头,收入45 000元,家庭年人均纯收入达到6 454.59元,实现了稳定脱贫。

2020年,他又种了50亩玉米,养了9头牛。杨长恩说:"现在国家政策好,养牛补贴这么高,只要人勤快、肯吃苦,就能过上好日子。"

党建引领合作社　兴办产业促增收
甘肃宕昌县典型案例

　　宕昌县是甘肃深度贫困县之一，贫困发生率高、脱贫难度大。2018年以来，宕昌县抢抓中央和省市脱贫攻坚政策倾斜机遇，把产业扶贫作为脱贫攻坚最根本的举措，针对宕昌县农业产业龙头企业少、合作社"小散弱"的短板，突出党建引领，由村党支部直接领办合作社，按照"能合则合、乡贤促合、抱团联合、多方混合"的原则，探索建立了"以贫困户为基础、村办合作社为单元、乡镇联合社为纽带、县联合社为主体、股份公司为龙头"的产业发展体系，构建了电商销售引领、线上线下结合、多种手段互补的农特产品营销体系，推动合作社和扶贫产业做优做大做强，为全县全面决战决胜脱贫攻坚战提供了重要保障。

宕昌县的村办合作社流转土地2万亩建成的中药材标准化种植基地

【主要做法】

一、支部领办合作社，力促运营规范化

一是解决"有没有"的问题，针对原有农民专业合作社带贫能力弱、不易监管和少数村合作社空白的实际，2018年年初由每个村党支部在本村领办合作社，全县共组建村办合作社336个，实现了每个行政村都有以村办合作社为主导的2个以上合作社全覆盖。与此同时，宕昌县成立国有农发公司，乡镇成立分公司，指导和带动村办合作社发展。二是解决"好不好"的问题，及时制定出台了《宕昌县村办合作社生产经营管理办法》等成套制度，对村办合作社从生产经营计划制定到盈余分配等9个环节，全过程制定了操作规程，形成村办合作社内部相互监督、相互制衡的运营机制。村办合作社财务实行"社财乡管"，并聘请财务管理公司代为记账，开发了合作社专属管理软件系统，建立了县村办合作社数据管理中心，实行统一记账管理，定期分析研判，全面及时监管村办合作社财务，确保资金安全、运营规范。

二、以我为主建龙头，抱团发展促增收

一是把产业发展到户、资金入股到村办合作社。为2017年年底全县5.92万名未脱贫对象、7.88万名已脱贫对象安排产业到户资金4.14亿元，并动员贫困户将这些资金全部入股到村办合作社，由村办合作社与每个贫困户签订入股协议并发放社员证、股权证，实行8%保底分红和村办合作社70%盈余的二次分红，实现了村办合作社带动贫困户全覆盖。二是组成由村办合作社联合控股的股份制富民公司。先将336个村办合作社组成这25个乡镇联合社，然后将这25个乡镇联合社组成县联合社，同时将原国有农发公司进行改制，引入甘肃农垦集团、甘肃琦昆有限公司、甘肃中药材交易中心3家战略合作伙伴，与宕昌县联合社、县国资办共同发起成立了股金总额1.76亿元的羌源富民农业发展股份有限公司，其中县联社占73.9%，县国资办占11.4%，3家合作伙伴占14.7%。通过多方混股构建龙头企业的方式，既解决了全县缺少龙头企业及单个合作社抵御风险能力弱、自身发展动力不足、难以在市场中快速发展的问题，又确保了全县村办合作社在公司中联合控股，掌握经营主动权，最大限度使贫困户受益。

三、延长链条建实体，健全体系兴产业

着力打造产业实体，综合考虑各村资源禀赋、生产条件、产业发展基础等因素，探索出了全链条式、订单式、托管式、跨村联合式、扶贫车间合作式等五种村办合作社生产方式，推进特色农产品品种、品质、品牌和标准化生产"三品一标"的统一。2019年，全县村办合作社流转土地种植中药材3.9万亩，与贫困户签订种植订单6.1万

亩，产量高，质量优；特别是北部5乡镇的58个村办合作社集中连片流转土地种植2万亩中药材，经行业部门质量检测，已达到了绿色甘味农产品要求，被甘肃省农业农村厅认定为省级绿色中药材标准化生产基地。另外，全县村办合作社还发展香菇和黑木耳生产大棚671座242万棒，订单种植辣椒5 600亩，养殖中华蜂7.4万箱，草畜养殖、养鸡等其他产业也呈现出蓬勃发展的良好势头。强化龙头企业带动，宕昌县羌源富民公司统筹做好全县村办合作社产业规划制定、项目筛选论证、技术培训和生产指导，并投资建成了年生产菌棒2 000万棒的菌棒加工厂、加工能力600吨的蜂蜜加工厂；为106个村办合作社投放产业发展资金9 500万元，保证了村办合作社发展产业资金需求。同时，宕昌县还扶持建成了腊肉臊子、辣椒酱（粉）、中药材饮片等一批小型加工扶贫车间，实现了由出售农产品原料向出售加工产品的转变。

四、线上线下齐发力，真金白银显优势

宕昌县羌源富民公司对村办合作社生产和与农户订单生产的各类产品统一收购、加工和包装，代表合作社及千家万户对接市场，通过有关企业销售、借助战略合伙人销售、电商销售、帮扶单位销售、开设实体店销售、对接商场超市销售等途径，拓宽了销售渠道。2019年"双11"，宕昌县羌源富民公司电商营销部当日销售额达到1 250余万元，同比增长23.2%。同时，在中央帮扶单位天津大学餐厅开设了"定点扶贫甘肃宕昌食材"窗口，累计订单销售农特产品530余万元。通过推动村办合作社联合控股富民公司带动产业发展的扶贫机制落地实施，使产业扶贫的政策措施精准滴灌到每家每户，贫困群众收入来源由原来仅靠农产品销售，转变为产业扶贫资金入股保底分红、合作社盈余分红、相关资源"三变"入股分红、土地流转收益、务工取酬、产品销售收入等多渠道增收。截至2019年年底，全县村办合作社累计向贫困户和村集体分红3 599.04万元。2019年全县农村居民人均纯收入达到7 059元，增长10.6%，其中建档立卡贫困人口人均纯收入达到5 909元，增长18.3%。

五、统筹联动强保障，齐心协力促发展

坚持把村办合作社发展产业作为产业扶贫的重要抓手，统筹谋划，协同推进。在县级层面，县委常委工作分工由组织部长分管全县产业扶贫工作，并主抓食用菌产业发展和村办合作社建设管理；对每一主导产业都确定了一名常委牵头主抓。筹措2 609万元对村办合作社进行了规范提升和奖励扶持，将7 830万元村级集体经济发展资金全部由村入股到村办合作社，还将16个品种纳入政策性农业保险补贴范围，配套县级补贴资金1 134万元，有效降低合作社自然灾害和价格风险。在乡级层面，把村办合作社发展成效纳入乡镇领导班子考核评价内容，作为选拔任用乡镇干部的重要依据，激励各乡镇依托村办合作社兴建产业基地、打造产业集中区，树起了选拔干部鲜明导向，形成了各方联动、集中发力、合力推进的工作格局。在村级层面，结合"四抓两整

治"，把能否推动产业发展作为衡量村级班子是否坚强有力的重要内容，把村党支部书记能否抓好村办合作社作为是否胜任岗位的重要标准，促进了农村基层党建全面进步、全面过硬。

【贫困户受益案例】

案例一

南阳镇下付村彭永平，家庭人口4人，属2014年脱贫户。驻村干部摸底了解到，2020年受疫情影响他家没有外出务工人员，收入受到严重影响，有返贫的可能。因朋友做大黄生意，承诺可以带动他收购大黄赚钱，但因缺周转资金想法难以实现。经驻村干部协调推荐，为他落实小额贷款5万元。目前已收购大黄10吨，出售后可稳赚一笔钱，他表示将用好扶贫小额信贷资金，讲诚信多赚钱，脱贫奔小康，把家庭建设得更加美好。

案例二

阿坞镇哈达村三组村民包小平，现年45岁，家庭人口4人。因缺资金，2013年被评为贫困户，通过参加中药材种植技术培训，发展了12亩中药材，2014年脱贫。2020年因疫情影响存在返贫风险，被列为脱贫监测户。包小平一直有发展养殖的想法，但由于缺资金没有实现。在驻村工作队和镇村干部的帮扶下，他向银行申请扶贫小额信用贷款5万元购买了20只山羊。在他的精心经营下，所养殖的20只羊已发展为30只，到年底除去人工、饲料等成本，预计实现纯收入1.5万元，为稳定脱贫铺平了道路。

生态畜牧　良性循环

青海泽库县典型案例

　　青海省泽库县地处三江源生态保护区的核心区，是以藏族为主体民族的纯牧业县，也是国家级扶贫开发重点县和"三区三州"深度贫困县。2015年建档立卡识别26个贫困村、1.79万贫困人口，贫困发生率27.65%。脱贫攻坚以来，泽库县委、县政府以习近平新时代中国特色社会主义思想为指导，按照"发展产业脱贫一批"要求，把发展以"拉格日模式"草地生态有机畜牧业作为全县的脱贫主导产业，提前一年实现了县域整体脱贫摘帽。

泽库县的拉格日养殖合作社

【主要做法】

一、试点引路，积极探索牧区产业新模式

拉格日是泽库县宁秀乡的一个典型藏区牧业村，生态地位突出、产业结构单一、发展条件受限。2015年，泽库县委、县政府紧紧抓住脱贫攻坚政策机遇，通过"以草地和牲畜折价入股组建合作社、牲畜分群饲养、草地划区轮牧、社员分工分业、牛羊统一销售、用工按劳取酬、收益按股分配"，形成收入多元化的"拉格日模式"，带动全村181户牧户，实现了资源变股权、资金变股金、牧民变股民，初步构建了生态、生产、生活"三生"共赢格局。目前，通过牲畜和草地折价入股，全村牧户入社率达到98.9%，牲畜及草场入股率分别为98.8%、95.9%，实现了牲畜分群饲养和草地划区轮牧现代科学养殖体系。通过分工分业，实现全村389名有劳动能力的牧民就业务工，特别是组成28个牛羊饲养小组，每组配备1～3名饲养员，在人均月基本工资1 500元基础上，结合年度绩效按劳取酬。截至2019年年底，合作社总收入1 200万元，实现分红570万元，户均分红31 666.67元，年底人均总收入达到15 385.02元，51户288名建档立卡脱贫户人均增收6 242元。

二、延伸链条，做大做强特色优势扶贫产业

泽库县委、县政府确定"生态立县、有机富民强县"目标，积极推广"拉格日模式"，强化创新驱动，延伸产业链条，把草地生态畜牧业打造为全县精准扶贫第一产业。加大科研合作力度，与青海大学等3家省级科研单位开展科研成果转化合作，建成功能完善的农牧业职业教育实训基地，良种率从2015年的32.39%提升到75.11%，母畜比例由2015年的51.51%提升到71.03%。加快推进53.85万头牦牛、藏羊原产地可追溯体系建设，全县8.59万亩饲草基地获得国家有机认证，牦牛藏羊屠宰加工与销售获得全链有机认证，获得国家地理标志产品认证。建成牦牛、藏羊标准化高效养殖基地37个，有机畜产品生产基地村19个。建成4个饲草料配送中心，年配送青干草及草颗粒3.8万吨，配套购置各类农用机械2 268台（套），机械化率达到95.4%，生态畜牧业合作社生产条件得到飞跃发展。先后引进西北弘、叶堂、雅稞等多家知名企业，年产有机牛羊肉5 879.74吨、有机奶14 221.72吨的生产规模，实现农畜产品加工产值9.078亿元。同时，积极在开展线上线下消费扶贫行动，在省内和西藏、甘肃等地开设了合作社畜产品直销店28家，直销窗口42家，与国家体育总局训练局签署牦牛肉购销协议，实现消费扶贫收入2.5亿元。

三产融合 十城百店

新疆阿克苏地区典型案例

　　近年来，新疆维吾尔自治区阿克苏地区紧紧围绕"精准扶贫精准脱贫"基本方略，按照自治区党委"1＋3＋3＋改革开放"总体部署，坚持新发展理念，创新实施推进农业产业化"十城百店"工程，加快培育产业新动能，增强产业增收增益带动能力，走出了一条拉长产业链、提升价值链、拓宽增收链、促进三产融合发展助推脱贫攻坚与乡村振兴、农业供给侧结构性改革有效衔接之路。

　　通过实施农业产业化"十城百店"工程，建设绿色优质农产品生产基地111.08万亩，在浙江市场累计销售阿克苏农产品23.44万吨，价值36.62亿元；覆盖带动农户14.76万户，其中贫困户2.2万户，户均年增收4300元左右。

乌什县特色农产品直销店

【主要做法】

一、强化顶层设计，明确工作目标

一是做好顶层设计。在凝聚各方共识和智慧的基础上，启动建设"百十一"标准化生产基地（百万亩林果、十万亩粮食、一万吨牛羊肉）、"十仓百企"流通加工产业联盟（建设10座共计6.5万吨冷链公共仓，组建农产品加工销售"百企"联盟）、"十城百店"市场营销网络（在浙江省10个地级城市建设100家以上阿克苏农产品专营店、旗舰店）。通过"百十一"基地，连接"十仓百企"联盟，形成"十城百店"销售网络，覆盖浙江、辐射上海及华东地区，带动其他内地市场的阿克苏优质特色农产品生产、加工、流通、销售体系。二是加强组织领导。成立了由地区主要领导、分管领导、浙江省援疆指挥部领导及相关部门组成的推进农业产业化"十城百店"工程领导小组，下设综合协调组、基地建设组、产品加工组、"十城百店"组、品牌培育组，明确了地区领导小组成员单位、专项小组、县（市）乡镇领导、部门领导的主体责任。地县各级建立了月工作例会制度，强化部门联动，适时召开工作推进会，协调解决存在的问题。三是强化制度保障。地区先后制定出台《阿克苏地区推进农业产业化"十城百店"工程建设实施意见》及四个子工程实施方案、四个管理（实施）办法和各子工程年度行动方案等系列指导性文件，联合浙江省援疆指挥部出台了《浙江市场援疆"十城百店"工程扶持资金管理办法（修订)》，为产业促增收工作高质量开展提供了制度保障。同时，建立财政产业化发展专项资金，连续3年、每年投入1亿元，通过贴息、奖补等方式扶持涉农龙头企业做大做强，带动产业体系及"外销网"建设。

二、推进工程实施，实现三产融合

一是夯实基地建设。通过"合作社＋基地＋农户""企业＋基地＋农户""企业＋合作社＋基地＋农户"等模式，建成特色林果"百十一"基地111.08万亩、粮食基地19.57万亩，畜牧基地产肉量1万吨；完善"百十一"基地农产品生产标准，建立生产环节质量可追溯体系，有效提升基地农产品品质。二是组建企业联盟。以涉农国有企业为龙头，吸纳各业态企业（合作社）119家，共同打造"百企"联盟。加快"十仓"建设，建成覆盖全地区以冷链仓储为主、常温储藏为辅的公共仓。目前，公共仓总仓储能力达到9.75万吨。通过"十仓百企"联盟，推动产业上下游紧密连接，促进企业抱团发展。三是构建销售网络。在浙江省建立"十城百店"销售网点601个，形成了联结地级城市的仓储物流布局和覆盖80%县级城市的营销网络体系。同时，积极搭建电商、微商平台648个，搭建农村电商孵化、运营服务中心1 000余家，推进阿克苏农产品线上销售。四是培育公共品牌。打造培育区域公用品牌，统一设计"十城百店"工程"驿疆南"LOGO，发售使用"阿克苏好果源"标志和二维码，全面推进"阿克苏"公用区域品牌的规范使用，形成用公共品牌的社会信誉带动企业品牌使用机制。持续开展维权打假行动，积极打击假冒的阿克苏特色农产品。

三、转变职能，切实做好服务工作

始终把农产品营销作为重要突出工作来抓，坚持把功夫用在指导、协调服务上，逐步建立起调控、服务、监督相结合的领导管理机制。一是做好规划。紧紧围绕"粮、棉、果、畜、特色农业"五大主导产业，制定科学合理年度层次发展规划，重点围绕加工、流通、销售环节，加强全产业链打造和产业链"续链、延链、强链"能力建设。二是着眼长远，加强全产业链体系建设。重点加强加工、保鲜、运输、仓储、配送、服务各关键环节能力，促进农产品全产业链健康发展。加大招商引资力度，提高果品保鲜、加工转化能力，扶持流通企业、配送中心、物流中心和各类营销主体开展连锁经营、网上交易、电子商务，多渠道促进产销对接，提高果品流通整体服务水平，推进特色农产品产业化进程。三是加强宣传推广，扩大农产品销售。组织各县（市）、农产品企业组团参加新疆、北京、上海、广州等地各类农产品展销推介等宣传活动，扩大了阿克苏农产品销售区域，提高了阿克苏特色农产品的知名度。

【贫困户受益案例】

案例一

居曼汗·沙阿力，温宿县依稀来木齐乡苏鲁瓦村贫困户，丈夫因患眼病看不清东西，基本不能劳动，有一儿一女都在上小学，因耕地少、缺劳力，家庭人均年收入仅有3000元左右，生活十分困难。

2019年，居曼汗·沙阿力经村委会牵线，到温宿县"十城百店"工程"公共仓"工作，主要从事农产品分拣、装箱及包装筐生产工作，月收入3000元。她说："自从到这儿工作以后，我1个月就可以挣到往年大半年的钱，现在感觉生活宽裕多了，今后我要加倍努力工作，争取挣更多的钱。"

案例二

吐尔地·阿皮孜是温宿县柯柯牙镇英沿村2组"十城百店"林果"百十一"基地的贫困户。被识别为贫困户后，吐尔地·阿皮孜17.9亩的核桃地里就经常出现扶贫干部、村干部和技术员忙碌的身影，他们手把手传授核桃的田间管理要点和栽培技术。通过扶贫干部、村干部的热心帮扶，吐尔地·阿皮孜熟练地掌握了核桃管理技术，当年平均亩产效益提高了250元。看到自己的果园效益好转，吐尔地·阿皮孜更增信心，高兴地说要把自己学到的知识和技术传授给周边的农户，带动乡亲们共同增收致富。

"十百千万亿" 小康画卷美
新疆和田地区典型案例

近年来，新疆维吾尔自治区和田地区紧盯脱贫攻坚任务目标，顺应农民发展畜禽产业强烈意愿，积极将和田土净、空气净、环境污染少、病害少、地域辽阔、气候干燥等自然环境优势转化为产业发展优势，科学谋划、精准定位、高位推动，大力实施"十万"级规模的驴产业、"百万"级规模的羊产业、"千万"级规模的鸡鸭鹅兔鸽产业、"亿"级规模的食用菌产业脱贫带贫增收工程，加快标准化、规模化、集约化、产业化的现代农业发展，带动区域经济发展和贫困群众增收脱贫。2019年全地区农牧民人均纯收入达到9 783元，年人均增收有史以来首次突破1 000元，展示出迈向小康的强劲态势。

和田地区昆仑雪种植合作社贫困户社员正在采摘黑木耳

【主要做法】

一、提速提档"畜禽产业"，启动主导产业弯道超车"金钥匙"

一是转思路，谋划产业发展出路。和田地委、行署立足经济社会发展实际和潜力，开创全产业链的新思路，重构当地现代农业主导产业。积极优化政策供给和营商环境，加大设施建设力度，从"种子号"工程入手，打造投资兴业"洼地"，汇聚优质的金融资本、优秀的专家人才、成熟的管理模式、专业的营销团队和先进的养殖经验技术，建成一批"兔老大""鹅司令""鸽将军""羊管家"等各类龙头企业，推动"十万、百万、千万、亿"级主导产业快速高质量发展。二是建机制，主要领导亲自挂帅。在深入基层调研、广泛征求群众、合作社、企业等各方建议的基础上，建立健全"地委主要领导统领全面抓，主管领导牵头具体抓，分管领导蹲点系统抓、分工统筹抓、分片区重点抓"五抓机制，采取周汇报、月排名、季考核、县市交叉观摩学习等方式，各县市加快加速培育壮大特色优势产业，确保目标任务如期完成。三是抓重点，精准发力补齐短板。通过引进优良畜禽品种，按照"三级繁育体系"建设标准，建设120万只规模的种兔育种基地、55万只规模的种鹅育种基地、30万只的种鸭规模育种基地、35万对种鸽的规模育种基地、30万只种鸡的育种基地，满足和田本土70%的供种需求。和田地区兔、鹅、鸽产业从无到有，实现突破式增长，为将和田地区打造成新疆兔、鹅、鸽等畜产品生产及加工的基地，以及面向全国销售的集散基地奠定了坚实基础。

二、精耕深耕"农业产业"，挖潜传统产业促农增收"大文章"

坚持把订单农业生产作为农民脱贫增收的有效举措，积极做好"葡萄、蔬菜、瓜果、玫瑰花"增收大文章，通过引进九鼎集团、寿光集团等龙头企业，切实解决农产品销售难的问题，确保农户收益有保障。一是做好30万亩葡萄增收文章。引导鼓励群众在庭院里发展鸡心无核白葡萄产业，串点成线、连线扩面，在庭院、林带、道路、水渠等空间见缝插针式种植葡萄和搭建葡萄架，2.1万公里的葡萄长廊相当于4个万里长城，发展成和田农村美丽的风景线和增收的助跑线。二是做好蔬菜增收文章。主要以山药、胡萝卜、番茄、辣椒、豇豆、马铃薯、芜青等特色蔬菜种植，全年种植面积突破58万亩、产量达83万吨，预计可带动13万户贫困户增收。三是做好瓜果增收文章。主要以西甜瓜种植为主，种植面积达到10万亩，主要分布在和田市、和田县、墨玉县、于田县、民丰县，预计可带动3.3万户贫困户增收。四是做好花茶增收文章。主要以玫瑰花、万寿菊、雪菊种植为主，种植面积8万亩，主要分布在皮山县、和田市、策勒县、于田县，预计带动4万户贫困户增收。

【贫困户受益案例】

案例一

依盖木拜尔迪·艾合麦提，墨玉县普恰克其乡喀萨夏合乐村贫困户。墨玉天驭公司为其配送了55只种兔，一只种兔一窝可以生产6～13只仔兔，按最低成活6只来算，一年至少可以生产2 000多只仔兔，这样一年至少有1万元的收入，还不耽误干农活。在"访惠聚"工作队和村干部的帮助下，2018年9月依盖木拜尔迪·艾合麦提开始养殖扶贫兔，到现在已出栏商品兔900多只，收入7 000多元。

案例二

吐尔逊托合提·赛杜力，洛浦县多鲁乡墩库孜来克村贫困户。村里为拓宽贫困户增收渠道，建立了黑木耳种植基地，号召成立昆仑雪黑木耳种植合作社。吐尔逊托合提·赛杜力积极响应号召，第一个报名加入了合作社。在工作队的帮扶下，他的妻子热比罕·喀斯木被吸纳到昆仑雪生物科技公司务工，成为一名产业工人。

热比罕·喀斯木说："以前，自己只是做些针线活贴补家用，现如今，在国家好政策的扶持和工作队的帮助下，现在在家门口务工，每个月收入2 100元。老公参加合作社年底分红4 500元，空闲时间还发挥个人手艺开理发店挣钱，每个月也有2 000多，女儿在工作队的培养下也光荣地加入计生宣传员队伍，每个月1 000元，一年下来，全家就有6万元，除去日常开支，每年净收入达到4万元，家里有了这些收入，脱贫信心更足了。"这个昔日面对贫穷和病魔束手无策的妇女，在国家政策和乡村两级的帮扶下，正在努力奋斗，向着美好生活奋进。